远程与继续教育系列教材

西方经济学

主　编　李　晖　李清娥
副主编　陈丽娜　黄琼英
主　审　王朝全

电子科技大学出版社

图书在版编目（C I P）数据

西方经济学 / 李晖，李清娥主编. 一成都：
电子科技大学出版社，2007.9（2015.1 重印）
（远程与继续教育系列教材）
ISBN 978-7-81114-629-5

I. 西… II. ①李…②李… III. 现代资产阶级经济学一远距离教育
一教材 IV. F091.3

中国版本图书馆 CIP 数据核字（2007）第 137479 号

内容提要

本书简明、通俗地阐述了西方经济学的基本原理和主要理论。全书共分十四章，分别介绍了西方经济学的研究对象与方法，微观经济学和宏观经济学的基本内容。本书注重用通俗易懂的文字、合理的结构层次，并辅以大量的案例，使读者了解并掌握西方经济学理论体系中最基本最重要的知识点，为今后进一步学习其他相关课程打下一个良好的基础。各章后还附有适量的复习思考题，便于学生对所学知识的巩固。本书可作为普通高等学校、成人教育学院经济管理类专业本科和专科教材，也可供开设本课程的其他专业本、专科学生作为教材，尤其适合网络教育学院经济管理类专业本科和专科教材。此外，对于一般读者，也是一本了解西方经济学基本知识的通俗读物。

远程与继续教育系列教材
西方经济学
主编　李　晖　李清娥
主审　王朝全

出　　版：电子科技大学出版社（成都市一环路东一段 159 号电子信息产业大厦　邮编：610051）
责任编辑：谢应成
主　　页：www.uestcp.com.cn
电子邮件：uestcp@uestcp.com.cn
发　　行：新华书店经销
印　　刷：绵阳西科印务有限公司
成品尺寸：185mm×260mm　　印张 17.25　字数 416 千字
版　　次：2007 年 9 月第一版
印　　次：2015 年 1 月第五次印刷
书　　号：ISBN　978-7-81114-629-5
定　　价：22.80 元

序

在人类文明的历史上，文字与印刷术的出现，曾是人类文明发展史中的两个里程碑，并引发了教育体制与教学模式的两次飞跃，前者将书面语言加入到了以往只能借助口头语言与动作语言的教育活动中，扩展了教育内容与形式，提高了学生的抽象思维与自学能力；后者使纸张印刷的书籍——课本成为知识的主要载体，大大推动了科学文化的传播与教育的普及。20 世纪末，现代网络技术、现代通信技术、现代传媒技术在全球范围内得到了迅速的发展。渗透到人们生活的各个领域，深刻地改变着人们的生活方式，包括学习方式，使教育体制与教学模式产生了前所未有的重大飞跃。在传统教育体制与现代教育体制的冲撞、对抗中“网络教育”应运而生、并日趋成为这个时代创新教育的代言人。网络教育是计算机技术与通信技术相结合的产物，是应国际互联网的发展而出现的一种新的教学模式。网络教育的产生与发展将彻底改变传统教学的模式、内容、手段和方法，最终将导致整个教育思想、教育理论甚至教育体制的根本变革。

随着现代信息技术的日益发达和网络技术的日臻完善，我国高校网络教育也迅速兴起，并取得了长足发展。1999 年，国务院批转的教育部《面向 21 世纪教育振兴行动计划》明确提出了实施现代远程教育工程的目的和任务是：形成开放式教育网络，构建终身学习体系。2002 年，党的十六大明确提出了全面建设小康社会的教育目标是：“形成比较完善的现代国民教育体系”，“构建终身教育体系”，“形成全民学习、终身学习的学习型社会，促进人的全面发展”，为全面建设小康社会提供高素质的人力资源。与传统的国民教育体系相比，现代国民教育体系更加注重体系完善，结构合理，机会公平，区域均衡，注重各级各类教育的相互衔接，正规教育与非正规教育相互沟通，提倡学历本位与能力本位并重，学校教育与社区教育结合。

发展网络教育是一项具有战略性和全局性意义的举措。它的成败直接关系到国家创建学习型社会是否成功，因而决不可等闲视之。在网络教育方面，西方发达国家无疑已走在了世界的前列，它所积累的大量成熟经验，以及他们在这一领域发展的新趋势和相应的新问题值得我们重视。“他山之石，可以攻玉”，为实现我国教育事业现代化的宏伟目标，现实要求我们，必须在借鉴西方发达国家网络教育经验的基础上，结合我们的实际，走出一条适合我国国情，具有中国特色的网络教育之路。第一，全方位，多角度开放，扩大网络教育的开放程度；第二，调整网络教育的办学结构，实现多层次的人才培养；第三，适应教育体制改革的需要，向受教育者提供全面的素质教育；第四，加强与普通高等教育的交流、合作，实现教育资源的共享；第五，加速网络教育课程和教材体系建设，实现体系化。

从1999年开始迄今，我国已有68所高等学校开展了网络教育试点工作，注册学生500万，高校网络教育已经形成一定规模，并且开发使用了大量的多媒体教学资源，逐步形成了网络环境下的教学与管理方式，同时吸引了大量社会资金投入网络教育，促进了高校信息化建设。但是，伴随着网络远程教育的迅猛发展，也出现了一些亟待解决的问题，首先就是网络教材建设滞后问题。

教材建设与管理是保证网络教育质量的重要措施之一，为适应网络教育的教学形式和教学要求，组织编写出版网络教育系列教材就显得十分迫切和重要了。西南科技大学网络教育学院和电子科技大学出版社的领导们为改变目前国内网络教育普遍存在使用普通高等教育所用教材的现状，决定出版一套真正面向全国网络教育学生的系列教材，这是一个非常好的决策。

西南科技大学是较早被教育部批准进行网络教育试点的高校之一，早在1995年就受加拿大国际发展署（CIDA）资助，开展“中国西部远程教育”项目的研究。在六年的项目合作中，西南科技大学先后选派200余名管理人员、教师和网络技术人员赴加进行有关远程教育的管理、教学设计和网络技术支持等方面的培训，这为西南科技大学开展网络教育奠定了坚实的基础。

编写教材除了应该具有针对性外，还应努力编出特色。根据电子科技大学出版社和西南科技大学远程与继续教育系列教材编审委员会的决定，以CIDA项目的研究成果和几年来西南科技大学网络教育教学实践的经验总结为基础，编写出具有自己特色的系列教材。同时该系列教材将完全按照网络教育各专业培养方案所设置的公共基础课程和各专业主干课程来编写，这就保证了该套教材可以满足不同院校办出各自专业特色的需要。

按照西南科技大学远程与继续教育系列教材编审委员会的规划，该套教材包括公共基础、经济与管理、土木建筑、电气信息、法学、机械制造6类共计30余种，涵盖了网络教育各专业的主要公共基础课程和部分主干课程而形成系列，因而可以较好地满足网络教育的教学需要。

我殷切地希望，这套教材能在加强基础、适当降低难度、适应继续教育应用型人才培养、大力引入现代教育技术手段上取得进展，真正成为能满足网络教育需要的优秀教材，别具特色。

按照该套教材编审委员会的计划，这套教材将在2008年年底全部出齐。金无足赤，人无完人，书无完书。我相信，在读者的关心和帮助下，随着这套教材的不断发行、应用和改进，必将促进西南科技大学网络教育质量的进一步提高，推动我国网络教育教学改革的进一步深入。

全国高校现代远程教育协作组秘书长

严继昌

前言

西方经济学是一门高度抽象的理论经济学,包括微观经济学和宏观经济学两部分内容。

全书共分十四章,包括导言、需求供给与市场均衡、弹性理论、消费者行为理论、生产理论、成本理论、市场理论、分配理论、市场失灵与政府干预、国民收入的核算、国民收入决定理论、经济增长与经济周期、失业和通货膨胀理论、宏观经济政策。任课教师可根据各专业的教学时数进行取舍,各章后附有适量的复习思考题,便于学生对所学知识的巩固。

本教材注重用通俗易懂的文字、合理的结构层次,并辅以大量的案例,使读者了解掌握西方经济学理论体系中最基本最重要的知识点和所运用的基本分析方法,为今后进一步学习其他相关课程打下一个良好的理论基础。

本教材的编写特点:

1. 紧密结合教学基本要求,教材内容精炼、重点突出、文字通俗易懂。

2. 侧重基本理论的应用,强调知识的应用性,教材中辅以大量的案例分析,帮助学生加深理解,拓展视野,具有较强的针对性。

3. 充分体现网络教育特点,注重理论知识基本概念和基本原理的讲解,避免繁琐的论证和推导。

4. 每章前面有教学目标与要求,章末有本章小结和复习思考题,既便于学生对知识点和知识体系的把握与巩固,又方便教师教学。

本教材编写分工如下:李清娥(第一章);李晖(第二章);黄琼英(第三、四、九、十章);陈丽娜(第五、六、七、八章);嘉蓉梅(第十一章);张宏亮、周艳恒(第十二章);彭琳(第十三、十四章)。最终由李晖、李清娥统稿和定稿,陈丽娜为本教材的修纂定稿也做了很多工作。

在编写过程中,我们参考了大量国内外相关的论著、教材及资料,正是这些作者的智慧结晶使我们深受启发,才能最终完成本书的编写工作。在此,我们谨向这些作者表示诚挚的谢意,同时也感谢西南科技大学网络教育学院和电子科技大学出版社对我们的大力支持和帮助!

由于时间紧迫,加之编写人员水平有限,错误、疏漏和不当之处在所难免,恳请专家、读者批评指正,以便进一步修改。

编　者

2007 年 6 月

目　录

第一章 导 论

【教学目的】

通过本章学习,使学生对西方经济学的研究对象、假设前提、研究方法、西方经济学的两大分支——微观经济学与宏观经济学的关系、西方经济学发展简史等知识有所了解和掌握,从而对西方经济学建立一个总体印象。

【教学要求】

通过本章学习,学生能够:

1. 掌握西方经济学的研究对象。
2. 掌握西方经济学研究的假设前提。
3. 熟悉西方经济学的研究方法。
4. 掌握微观经济学与宏观经济学的关系。
5. 了解西方经济学发展简史。

【重点难点】

本章重点:

1. 西方经济学的研究对象。
2. 微观经济学与宏观经济学的关系。

本章难点:

西方经济学的研究方法。

【知识要点】

西方经济学定义　资源稀缺性　欲望无限性　机会成本　微观经济学　宏观经济学实证分析与规范分析　动态分析与静态分析　结构分析

本章为西方经济学的概论部分,主要介绍西方经济学的研究对象、西方经济学的若干基本假设、微观经济学与宏观经济学的关系以及西方经济学的研究方法。通过本章的学习,从总体上认识西方经济学是一门什么样的学科。

第一节　西方经济学的研究对象

经济学研究的所有问题都是以资源的稀缺性与人类欲望无限性之间的基本矛盾为出发点。因此,如何在有限的资源约束下,完成对资源的有效配置与充分利用,以最大限度地满足人类无限欲望,即解决资源稀缺性与欲望无限性的基本矛盾就成为西方经济学这门科学的研究对象。

一、西方经济学关于经济学的定义

关于经济学的定义，迄今为止，西方经济学界并不存在一个被所有经济学家都一致接受的说法。但不同的定义都包括以下三方面的内容：无限的欲望、稀缺性以及由此而产生的选择。

英国经济学家 L. 罗宾斯（Robbins）给经济学所下的定义是："经济学是一门科学，它把人类行为作为目的与可以有其他用途的稀缺资源之间的关系来研究。"

美国出版的《国际社会百科全书》中给经济学下的定义是："按广泛接受的定义，经济学是研究稀缺资源在无限而又有竞争性的用途中间配置的问题。它是一门研究人与社会寻求满足他们的物质需求与欲望的方法的社会科学，这是因为他们所支配的东西不允许他们去满足一切愿望。"

美国著名的经济学家 P. A. 萨缪尔森（Samuelson）给经济学下的定义是："经济学研究人和社会如何作出最终抉择，在使用或不使用货币的情况下，来使用可以有其他用途的稀缺的生产性资源来在现在或将来生产各种商品，并把商品分配给社会的各个成员或集团以供消费之用。它分析改善资源配置形式所需的代价和可能得到的利益。"

以上各种定义可以归纳为：经济学是研究各种稀缺资源在可供选择的用途中进行配置的科学。这也是一种比较流行的定义。该定义有三要素，即欲望、稀缺性和选择。

二、西方经济学的研究对象

解决资源稀缺性与欲望无限性的基本矛盾是西方经济学这门科学的研究对象。主要包括三个方面的内容。

（一）欲望无限性

欲望是指人们的需要，它是一种缺乏与不满足的感觉以及求得满足的愿望。欲望是一种心理现象。人类的欲望具有多样性和多层次性，进而具有无限性。

人类的欲望是多种多样的，归纳起来可以分为两大类：一类是由人的生理本能对生活质量、自然环境所产生的需要，主要是指人们的衣食住行等生存方面的需要；另一类是由社会决定或历史形成的需要，主要是指人们的社会荣誉、自我价值实现等社会需要。

人类多样性的欲望又是有层次的。心理学家马斯洛把欲望分为五个层次：

第一，基本的生理需要，即生存的需要，如饮食等，这是最低层次的需要。

第二，安全和保障的需要，如免受伤害、免受剥夺、生活上有保障等。

第三，归属感与爱的需要，如所属社会阶层的认同感等。

第四，尊重的需要，这既包括得到别人的尊重，也包括尊重别人。

第五，自我实现的需要，既包括个人潜力的实现，也包括对理想社会的追求。

其实，除了这五个层次的需要外，还有认知需要、审美需要等。一般情况下，人们各个层次的需要是依次产生的和依次得到满足的，但也常有交叉现象，即人们往往在较低层次需要还没有得到充分满足时，就产生了较高层次的需要，人们的需要作为一种心理现象具有无限性，即人类欲望的无限性。

（二）资源稀缺性

在无限欲望的支配下，人类的需要是无限的。随着生产力的发展和社会的进步，人类的需要具有无限增长和扩大的趋势,为了适应这种趋势,社会就要生产更多精美的物品和提供更多完善的劳务,需要更多的资源。但是,在一定时期,可用于生产物品和提供更多劳务的资源相对于人类无限增长的需要总是远远不足的,这就是资源的稀缺性。资源稀缺性是相对于人类欲望的无限性而言的。稀缺性是人类社会永恒的问题,只要有人类社会,就会有稀缺性。经济学分析就源于资源稀缺性与人类欲望无限性的基本矛盾。

经济学所考察的资源是广义的资源概念,是供人们从事生产和其他经济活动所用,能够产生经济价值以提高人类当前和未来福利的自然资源、人力资源、资本资源及其他资源的总称。除了时间与信息这两种重要资源外,经济学中所讨论的资源基本上分为三种,即人力资源、自然资源与资本资源。当资源被投入生产过程用以生产满足人们欲望的最终产品与劳务时,这些资源又被称作生产要素,如土地、资本、劳动等生产要素,实际上就是自然资源、资本资源、人力资源等的有效利用。

从存在总量与是否支付代价的角度考察,可以把满足人类欲望的物品分为自由提取物品和经济物品两大类。前者如空气、阳光等,一般情况下,人们认为自由提取物品的总量是无限的,可以随意使用而不需要支付任何代价。而后者如食品、衣物等,需要耗费一定的资源才可以生产出来,而生产这些物品的资源总量是有限的,生产出来的经济物品的总量也是有限的,因而使用时必须支付必要的代价。相对于人类的无限需要而言,生产经济物品的资源乃至经济物品都是稀缺的,而这些经济物品又是满足人类需要最常用的,因此,就产生了许多经济问题,诸如生产什么物品可以更好地满足人类的需要,如何使某一物品的生产数量在满足人类需要的同时又不至于产生资源的浪费,如何配置这些稀缺资源才能更有效率等等。于是就产生了以解决诸如此类社会经济问题为目的的经济学这门科学。

(三)选择

由于人类的欲望是无限的,而用于生产满足人类各种欲望的资源是稀缺的。由于资源的有限决定了人们收入的有限。因而,任何人都不得不考虑如何使有限的收入在稀缺的物品中作出取舍选择,尽可能使个人的欲望得到最大限度的满足。

具体来说,经济学中的选择问题包括以下三大基本经济问题:

1. 生产哪些物品或劳务(what)及生产多少某种物品或劳务(how many)

由于人们的需要具有多样性和多层次性,不同条件下,每种需要的相对重要性不同。由于资源稀缺,使人们的全部需要不能同时得到充分满足,于是人们就不得不作出选择,应首先满足的需要种类及满足程度。这就决定生产什么和生产多少的问题,而生产什么,主要取决于哪些需要被优先选中,这种被选中的需要是根据它的重要性而来的。如,钢铁资源既可以用来制造各种日常生活用品,也可以用来制造枪支大炮等军事武器,在战争年代,钢铁更多用于军事;而在和平年代,人们对日常用品的需要更强烈,钢铁就会被更多地选择用于制造生活用品。每种产品生产多少,则取决于被选中的每种需要到底要被满足到什么程度,并据此决定每种产品到底该生产多少。

2. 怎样生产这些物品或劳务(how)

包括用什么资源进行生产,用什么方法进行生产。因为,每种资源都有多种用途,并且各种资源的相对稀缺程度是不同的。所以,在生产一种物品时,必须选择最佳资源组合,以使成本最低。如橱柜可以用钢铁,也可以用陶瓷、还可以用塑料生产,由于这些资源的稀缺程度不同,决定了生产橱柜的成本不同,不同的时期人们选择所用的资源就不同。这就是用什么资源生产的问题。关于用什么方法生产的问题，则是指用什么方法生产才能使资源的使用效率更高，与生产方式、技术水平直接有关。

3. 为谁生产这些物品或劳务(for whom)

即收入分配问题，指生产出来的物品和劳务如何进行分配，才能最大限度地调动劳动者的积极性，从而提高劳动生产效率。这个问题涉及的是分配的效率和公平问题。

以上三个问题是人类社会面临的基本经济问题，而这三大问题的核心是资源配置问题，这就是经济学研究的基本问题之一——微观经济问题。

三、生产可能性曲线与机会成本

1. 生产可能性曲线

稀缺资源的合理配置与有效利用所要解决的基本问题，可以用生产可能性曲线来进行图示说明。

在既定的资源和技术条件下所能生产商品的最大产量的组合，就是生产可能性边界，也叫生产可能性曲线或产品转换曲线。生产可能性曲线反映了资源稀缺性的特征。

假定一个社会利用其全部资源生产两种物品：军用品和民用品。如图1-1所示，用横轴表示军用品的生产数量，用纵轴表示民用品的生产数量。斜 A 点表示只生产民用品而不生产军用品时一国所能够生产的最大数量的民用品，B 点表示只生产军用品而不生产民用品时一国所能够生产的最大数量的军用品。如果沿着生产可能性曲线从 A 点向 B 点移动，表示社会在增加军用品生产的同时将减少民用品的生产。反之亦然。

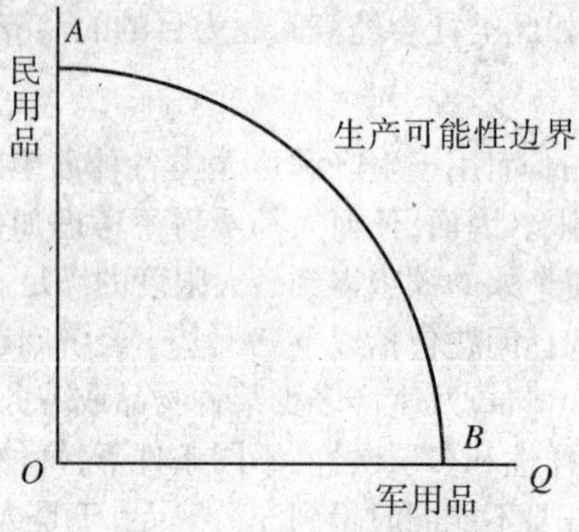

图1-1　生产可能性曲线

该曲线经常被用来说明资源的稀缺性、选择、效率、资源配置等经济问题。

2. 机会成本

欲望的无限性、资源的稀缺性以及由此产生的选择，就引出了经济学中一个重要的概念——机会成本。当具有多种用途的稀缺资源使经济主体需要选择时，选择会带来成本，选择的成本我们称为机会成本。所谓机会成本，是指当把一定资源用于生产某种产品时所放弃的另一种产品的数量就是机会成本，它是做出一次决策时所放弃的其他可供选择的最好用途。

只要资源是稀缺的，并且只要人们对于稀缺资源的使用进行选择，就必然产生机会成本。由于资源对于个人、企业和国家而言都是有限的，所以在作出选择时都存在机会成本。例如，一个学生必须决定如何配置他的最宝贵的资源时间时，他可以把所有的时间用于学习经济学，可以把所有的时间用于学习文学，也可以把时间分配在这两个学科上。他把某一个小时用于学习一门课时，他就必须放弃本来可以学习另一门课的这一小时。而且，对于他用于学习一门课的每一个小时，他都要放弃本来可用于睡眠、骑车、看电视或打工赚点零花钱的时间。对于大多数学生而言，为上大学而放弃的工资是他们选择受教育的机会成本。尤其是那些运动员，如果不上大学，作为职业运动员每年可以赚几百万美元，他们上大学的机会成本极高。

阅读材料1-1

日常生活中很多问题可以用机会成本来解释，比如排队等车，早来的人先上，因为人家付出了更多的时间和体力；你想先上也行，但要付给人家一定的补偿。你说这是道德问题也行，说是经济问题也行。

阅读材料1-2

《光明日报》2005年2月1日理论周刊上发表了《经济学的边界》一文，作者列举了某些经济学家认为海啸后的经济援助会从某种程度上增加受灾国对灾难的接受程度，使之降低对灾难的防范；著名经济学家巴罗认为所有的减少艾滋病痛苦的努力都是对预防艾滋病的负面激励；以及"扩大贫富差距有利于经济增长，降低失业保险有助于充分就业"等观点，从而提出"经济学是一门以价格为中心轴的社会科学，这一本质属性决定了她的边界……纵容经济学对社会问题的肆意渗透，只能得出有悖于人之常情的冷酷结论"。最后作者言道，对另类经济学论断需保持清醒，经济学不是万能的，经济学家的论断不总能令人信服，没有边界的科学不是科学。

第二节　西方经济学的若干基本假设

西方经济学在进行经济分析时，是以若干的假设条件作为前提的。西方经济学的基本假设条件至少有以下三个：

一、经济人假设

"经济人"被视为经济生活中一般的人的抽象。"经济人"具有两大基本特征：

一是自利性。在经济活动中，各个市场行为主体(主要指居民户和厂商)所追求的唯一目标是实现自身利益最大化。例如，消费者所追求的是最大限度的自身满足；生产者所追求的是最大限度的自身利润；生产要素所有者所追求的是最大限度的自身报酬。对这些市场行为主体而言，对自身利益的追求是其行为的根本动因。任何"经济"人主观上既不考虑社会利益，也不考虑自身的非经济利益。

二是理性。在经济活动中，各个市场行为主体的所有经济行为都是有意识的或理性的，不存在经验型或随机决策。它以利己为动机,充分比较每一项决策的成本与收益,力图以最小的经济代价去追求和获得自身的最大经济利益。

二、完全信息假设

这一假设条件的主要含义是指市场上每一个经济活动主体都对有关的经济情况拥有充分的和相同的信息,而且获取信息不需要支付任何成本。经济活动的所有当事人都清楚地了解所有经济活动的条件和后果。因而经济活动中不存在任何不确定性。例如,每一个消费者都能充分地了解每一种商品的性能和特点,准确地判断一定商品量给自己带来的消费满足程度,掌握商品价格在不同时期的变化,从而确定最优的商品购买量;每一个商品生产者都能准确掌握产量和生产要素投入量之间的技术数量关系,了解商品价格和生产要素价格的变化等,从而作出最优的生产决策。

三、产权明晰假设

产权,就是对自己所拥有的财产,在一系列可供选择的排他性行为中作出选择的权利。

最初人们认为,如果地主拥有一块土地的产权,就意味着地主可以决定这块土地的用途,是用来种植玉米或者用来放牧等等。地主对土地的使用肯定是排他性的,在未经允许下别人不能在它上面建筑楼房,但紧接着人们就发现,即使地主拥有这块土地,也仍然存在许多的约束条件和不明朗的地带,例如根据法令地主不能在他的土地上种植大麻,也不能在他的土地上训练自己的小型部队。此外,当航空公司的航线恰好穿越了他的土地上空时,地主是否有权禁止飞机飞越其土地,也是难以确定的。针对这个现实,我们可以把产权理解为附带约束条件的拥有,比如,拥有土地但不能用来种大麻,拥有手枪但不能打劫银行,拥有汽车但不能违反交通规则等等。

任何一件简单的物品,一块土地、一个杯子、一张面孔,都可能和无数的潜在行为联系着,拥有这件物品的产权,并不意味着拥有所有与这件物品有关的行为的选择权。所以,与其把产权看做是对物品的有条件的拥有,不如把产权看做一定范围内的与物品相关的行为的选择权。按照这个定义,面对一块土地,严格来说,谁也不能完全拥有这块土地,地主仅仅拥有在"种菜、放牧、闲置"等可能行为中作出选择的权利,航空公司拥有在"飞越、吵闹、观察"等可能行为中作出选择的权利,而政府则拥有"拍摄、修防空洞"等可能行为中作出选择的权利。所谓明晰产权,就是要把使用权、收入的独享权和转让权这"三权"落实到个人。

案例1-1:打开罐头的"假设"

一个烈日炎炎的中午,几位在沙漠上旅行的学者经过长途跋涉,饥渴交困。然而不幸的是,当他们坐下来围着随身所携带的一堆罐头时,却因为没有开罐工具而一筹莫展。于是,一场研究如何用最简单的办法开启罐头的学术讨论会开始了。

物理学家首先发言:"给我一个聚光镜,我可以用阳光把罐头打开。"

化学家接着说:"我可以利用几种化学药剂的综合反应来开启罐头。"

而经济学家则说:"我的办法最简单。假设我有一把开罐刀……"

可见经济学的方法是以假定前提为出发点。离开了一定的假设条件,分析与结论都是毫无意义的。

第三节 微观经济学与宏观经济学

西方经济学根据其研究的不同领域、对象及角度，把有关经济问题的全部内容区分为两个组成部分：微观经济学和宏观经济学。

一、微观经济学

（一）微观经济学的含义

微观经济学是以单个经济单位为研究对象，通过研究单个经济单位的经济行为和相应的经济变量单项数值，来说明如何解决社会资源的配置问题。

（二）微观经济学的研究对象

（1）单个经济单位：居民户（消费者）、厂商（企业生产者）。

（2）经济行为：居民户的经济行为是指研究居民户如何把有限的收入分给各种物品的消费，以实现满足程度最大化。厂商的经济行为是指研究如何把有限的资源用于各种物品的生产，以实现利润最大化。

（3）解决的问题是资源配置：即从研究单个经济单位的最大化行为入手，来解决社会资源的最优配置问题。

（4）中心理论是价格理论：在市场经济中，单个经济单位的一切经济行为都受价格的支配，价格就像只看不见的手，调节着社会的经济活动和每个经济单位的经济行为，即通过价格的调节，使社会资源配置达到最优化。

（5）研究方法是各量分析，即研究经济变量的单项数值是如何决定的。

（三）微观经济学的基本内容

（1）均衡价格理论：主要是研究商品的价格是如何决定的，以及价格如何调节整个经济的运行。

（2）消费者行为理论：主要研究消费者的消费行为如何实现效用最优化。

（3）生产理论：主要研究生产者的生产行为如何实现利润最优化。

（4）分配理论：研究产品按什么原则分配给社会各个成员。

（5）一般均衡理论与福利经济学：研究社会资源配置最优化的实现，以及社会经济福利的实现问题。

（6）市场失灵与微观经济政策：主要针对市场机制失灵而导致社会资源达不到最优配置时，所应采取的经济调节政策。

二、宏观经济学

（一）宏观经济学的含义

宏观经济学以整个经济的总体行为为研究对象，通过研究经济中各种有关经济总量的决定及其变化，来说明社会的资源如何才能达到充分利用。

(二)宏观经济学的研究对象

(1)研究的是经济总量和经济整体状况。

(2)重点解决的问题是资源利用的问题。

(3)中心理论是国民收入决定理论。

(4)研究方法采取的是总量分析方法。

(三)宏观经济学的基本假设

(1)市场机制失灵，无法使社会资源达到最优配置。

(2)政府有能力、有条件来调解整个经济运行，纠正市场机制的缺陷，使社会资源达到最优配置和充分利用。

宏观经济学的前提就是：政府应该调节经济，政府可以调解经济，并且有能力调节经济。

(四)宏观经济学的基本内容

(1)国民收入核算理论。

(2)国民收入决定理论。即就是从总供给和总需求的角度，分析国民收入决定及其变动的规律。

(3)失业与通货膨胀理论。把失业问题与通货膨胀问题联系起来，分析其原因及其相互关系，以便从中找出解决这两个问题的方法和途径。

(4)经济周期理论。是从动态的角度来分析国民收入是如何决定的问题，即通过研究分析影响经济周期变动的各种原因，进而提出实现经济长期稳定发展的一般方法和手段，确定国家干预经济的必要性。

(5)经济增长理论。通过对国民收入决定理论长期化和动态化的分析研究，提出实现经济长期增长的各种具体模型，确立以期实现经济长期增长的一般方法和途径。

(6)宏观经济政策。基于宏观经济学的任务是要说明国家为什么必须干预经济，以及应该如何干预经济，分析研究宏观经济政策制定的理论依据，以及宏观经济政策的目标、种类、作用及其效应等问题。

第四节　西方经济学的研究方法

由于研究对象及研究任务在性质、内容上存在差异，每一门科学都有自己的研究方法。在对经济问题进行长期的研究过程中，西方经济学也形成了有自己特色的研究方法。

一、实证分析与规范分析

(一)实证分析

首先给出与经济行为有关的假定，但它并不对这些假定是否正确进行探讨，而是在此基础上预测经济行为后果。它企图超脱一切价值判断，只研究经济本身的内在规律，并根据这些规律，分析和预测人们经济行为的效果。实证分析有以下几个特点：

(1)非价值判断的含义:是指不对经济事物是与非、好与坏、积极意义与消极意义等进行判断。实证分析就是避开这些带有一定主观性、阶级性的价值判断,根据一定的假设,从客观的角度来分析研究有关经济问题。

(2)实证分析所要解决"是什么"的问题,即只确认经济事实的本身,研究经济本身的内在规律,分析经济变量之间的关系,并用于进行分析和预测。

(3)实证分析的研究内容具有客观性,所得出的结论是可以进行事实检验的。

(二)规范分析

以一定价值判断为基础,提出经济行为的标准,作为制定经济政策的依据,并研究如何做才能符合这些标准。规范分析的特点如下:

(1)规范分析是从一定的价值判断来研究经济问题,即判断某一具体经济问题的是与非、好与坏、积极意义与消极意义,带有一定的主观性和阶级性。

(2)规范分析所要解决"应该是什么"的问题,即要说明事物本身的好坏、是非以及社会意义等。

(3)规范分析所得出的结论会受到不同价值观的影响,其研究得出的结论,是无法进行事实检验的。

(三)实证经济学与规范经济学的关系

两者并不是绝对相互排斥的。规范分析是以实证分析为基础,而实证分析则是以规范分析作为指导的。一般来说,具体经济问题和微观经济现象具有实证性,而高层次的、决策性的宏观经济问题和现象,就具有规范性。例如,国家要求企业减少污染的法律增加了生产物品与劳务的成本,其成本提高了多少,因此企业的利润减少了多少,收取的价格提高了多少等等,这些分析就属于实证分析;国家污染管制给予我们的好处是更清洁的环境,以及由此带来的健康水平的提高,但其代价是企业所有者、工人和消费者的收入减少,这就是规范分析。

二、静态分析与动态分析

按照分析经济活动时是否考虑时间因素,分析方法可以分为静态分析与动态分析。

静态分析不考虑时间因素,不考虑均衡达到和变动的过程,主要说明各种经济变量达到均衡时所应具备的条件。

动态分析则引入时间因素,是在充分考虑时间因素影响的基础上,来说明在某一时点上经济变量的变动是如何影响原有均衡状态的变化的。

三、结构分析方法

结构分析是西方经济增长理论和发展经济学所采用的分析方法,也是现代经济学中一种具有很大影响的理论思路。20 世纪 80 年代下半期,随着西方经济学的引进和研究的深入,结构分析方法对我国经济理论和实践都产生了重大影响。

这一方法的理论特征是从经济整体性及结构分析的角度分析经济的发展。他们认为,在发展中国家,经济结构缺乏弹性,价格的相对变动对资源重新配置的推动作用很小,供给与需求向均衡点的运动不能自动进行,从而市场不能结清,缺口无法填平。

因此,发展中国家经济中普遍存在的不是自我均衡的体系,而是持续的不均衡状态。这种不均衡状态的主要根源是部门间的结构上的差异。因此,必须把经济分解成几个构成部分,从结构联系的角度去分析经济发展的进程。

产业结构是一个重要的宏观经济问题,随着对产业结构理论认识的发展,经济学界在对宏观经济的分析方法上产生了不同的意见。概括地说,一派主张总量分析,一派主张结构分析。经过讨论,我国在经济结构调整的思路上和宏观经济分析方法上都发生了向结构主义思想理论的转变。

第五节　西方经济学发展简史

一、重商主义(15 世纪~17 世纪中叶)——经济学的早期阶段

(一)主要代表人物

约翰·海尔斯、托马斯·曼、蒙克列钦、柯尔培等。

(二)基本观点

认为金银是社会财富的唯一形态;一国财富的来源主要依靠对外贸易,即社会财富主要来源于流通领域;增加社会财富的方法就是扩大出口,限制进口;主张国家干预经济,即利用国家的力量限制进口,增加出口,实行贸易保护主义。

二、古典经济学(17 世纪中叶~19 世纪 70 年代)——经济学形成时期

(一)主要代表人物

英国的威廉·配第、洛克、达德利·诺斯、蒙德维尔、大卫·休谟、詹姆斯·斯图亚特、亚当·斯密、大卫·李嘉图、马尔萨斯、约翰·斯图亚特、约翰·穆勒、西尼尔等。法国的让·巴蒂斯特、萨伊、西斯蒙第等。

其中以亚当·斯密为最重要的代表人物,其代表作是 1776 年出版的《国富论》。

(二)基本观点

以亚当·斯密为代表的古典经济学的贡献主要体现在四个方面。

(1)把经济学的研究从流通领域转向生产领域,使经济学真正成为一门独立体系的科学。

(2)以研究国民财富如何增长为中心内容。确立了物质财富观,认为增加国民财富主要来自于社会分工和增加资本积累这两个生产途径。围绕这一点,全面系统地研究了经济增长、价值、价格、收入分配等一系列经济问题。

(3)从人是利己的“经济人”这一基本假设出发,论述了有价格这只看不见的手来调节经济,可以把个人利己行为引向增加国民财富和社会福利的行为的问题。

(4)提出了自由放任的经济政策结论。

三、新古典经济学(19 世纪 70 年代 ~20 世纪 30 年代)——微观经济学的形成与发展

(一)主要代表人物

K. 门格尔[奥]、W. S. 杰文斯[英]、瓦尔拉斯[法]、帕累托[意]、克拉克、马歇尔[美]、J·罗宾逊[英]、张伯伦[美]等。

他们从新的角度来论述自由放任的思想,创立了边际效用论。引发了经济学上的"边际革命"。

(二)基本观点

1. 不像古典经济学只重视对生产的研究,而转向消费和需求,明确把资源配置作为经济学研究的中心,论述了价格如何使社会资源达到最优配置,力图证明以价格为中心的市场机制的完善性。

2. 以边际分析为基础,把消费-需求分析、生产-供给分析、竞争-垄断市场、分配理论结合在一起,建立起了现代微观经济学的基本框架和内容体系。

四、当代经济学(20 世纪 30 年代以来)——宏观经济学的建立与发展

(一)主要代表人物和观点:

1936 年英国经济学家凯恩斯发表了《就业、利息和货币通论》。这本书标志着现代宏观经济学的建立,史称"凯恩斯革命"。

凯恩斯针对 20 世纪 30 年代的经济大危机和市场调节机制的缺陷,把产量与就业联系起来,从总需求的角度,全面分析了国民收入的决定,并用有效需求不足来解释失业、危机产生的原因。明确了以国民收入决定为理论研究中心,提出了放弃自由放任政策,实行国家干预的政策,从而创立了现代宏观经济学的基本框架和内容体系。

(二)当代主流经济学

从二战后直到 20 世纪 70 年代,新古典综合派一直居于正统地位。但是 20 世纪 70 年代,西方世界出现"滞胀"(失业与通货膨胀并存),新古典综合派受到沉重打击,经济理论出现混乱。于是出现许多学派,主要有货币主义、供给学派、理性预期学派等。以萨缪尔森为代表的新古典综合派通过吸收和兼容其他学派论点,形成了各种学派的混合物,自称为当代主流经济学。

1. 新古典综合派

新古典综合派又称后凯恩斯主流派,是产生于美国的现代凯恩斯主义的一个重要学派,是在第二次世界大战后新的经济历史条件下,在诠释、扩展凯恩斯主义的过程中,融合新古典经济学而形成的。其主要代表人物有:萨缪尔森、阿尔文·汉森、詹姆士·托宾、罗伯特·索洛、阿瑟·奥肯等。

新古典综合派认为,微观经济学是以充分就业为分析前提,宏观经济学则着重研究各种不同水平的就业量的情况。这一"综合"可以很好地把两种不同的理论(传统的自由放任和凯恩斯的国家干预)纳入同一系统,弥补了西方经济学内部的漏洞。新古典综合派也就成

为西方经济学的主流学派。

新古典综合派从凯恩斯理论出发,以凯恩斯的收入－支出分析为核心,把通货膨胀、经济增长、财政政策和货币政策的论述作为这一理论的延伸。在理论方面,这一流派用IS－LM模型解释凯恩斯主义,并发展了消费函数、投资函数、利率理论和周期与增长理论。在政策方面,这一流派主张国家用财政与货币政策刺激经济,以实现充分就业。这种政策主张成为美国20世纪60年代的政策基调。

新古典综合派的政策主张,是以凯恩斯的政策主张为基础的,认为凯恩斯的宏观经济政策是有效的,能够刺激需求,促进经济增长。但他认为,单纯用宏观方法来解决.不足以应付多种经济目标。

宏观经济政策有扩张性政策和紧缩性政策。扩张性财政政策是通过政府增加支出和减少税收来刺激经济的政策。扩张性货币政策是增加货币供应量,降低利率,刺激总需求的货币政策。其中包括在公开市场上买进有价证券、降低贴现率并放松贴现条件、降低准备率,等等。这些政策可以增加货币供给量,降低利率,刺激总需求。紧缩性财政政策是通过减少政府支出与增加税收来抑制经济的政策。紧缩性货币政策,即减少货币供应量,提高利率,抑制总需求的货币政策。

2. 货币主义

货币主义是20世纪50～60年代在美国出现的一个经济学流派,亦称货币学派。创始人为美国芝加哥大学教授弗里德曼。1968年布伦纳使用"货币主义"一词来表达这一流派的基本特点,此后被广泛沿用于西方经济学文献之中。

货币主义的理论基础是货币数量论。货币数量论在19世纪末和20世纪初就非常盛行。货币主义在理论上强调货币的价值和商品的价格决定于货币数量,该学派强调货币供应量的变动是引起经济活动和物价水平发生变动的根本的和起支配作用的原因,市场经济中的一切经济活动都是通过货币来实现的,货币对经济的发展起着决定性的作用。经济理论的主要特色在于宣扬经济自由主义,反对政府干预经济。

货币主义的代表在美国有哈伯格、布伦纳等人,在英国有莱德勒和帕金等人。

3. 供给学派

供给学派是20世纪70年代在美国兴起的一个经济学流派。该学派强调经济的供给方面,认为需求会自动适应供给的变化,因而得名。学派的先驱者是芒德尔(加拿大籍、美国哥伦比亚大学教授),主要代表人物是拉弗、万尼斯基等。

供给学派认为,生产(供给)的增长决定于劳动力和资本等生产要素的供给和有效利用。个人和企业提供生产要素和从事经营活动是为了谋取报酬,对报酬的刺激能够影响人们的经济行为。自由市场会自动调节生产要素的供给和利用,应当消除阻碍市场调节的因素。人们随着刺激而改变行为,为积极性刺激所吸引,见消极性刺激就回避。政府在这一结构中的任务在于使用其职能去改变刺激以影响社会行为。芒德尔在20世纪70年代初多次批评美国政府的经济政策,提出同凯恩斯主义相反的论点和主张。拉弗进一步研究并发展了芒德尔的论点。

供给学派还没有建立其理论和政策体系,只是学派的倡导者对于资本主义经济机制、产生"滞胀"的原因及政策主张有些共同的看法。

供给学派的主要论点和政策主张有:恢复"萨伊定律",强调"供给第一";降低税率能刺激供给，促进经济增长和抑制通货膨胀；反对国家干预，主张市场调节；削减政府开支，主张财政平衡等。

4. 理性预期学派

理性预期学派是对新古典综合派的理论和政策提出挑战而兴起的。1961 年，约翰·穆思在一篇题为《理性预期和价格变动理论》的文章中，最早提出了“理性预期”的概念，这可以看做是该学派的缘起。之后，卢卡斯、萨金特、华莱士等人循着理性预期的思路，阐发了诸如工资、就业、失业、货币、通货膨胀、经济周期、政府行为和经济政策的作用等一系列理论问题，并猛烈批评凯恩斯主义的理论和政策，形成了独具特色的理论体系——新古典宏观经济学。

理性预期学派的兴起，在西方经济学界颇为引人注目。理性预期理论及其在经济学中的应用，被看成是 20 世纪 70 年代以来宏观经济学领域最重要的突破性成果之一。卢卡斯因此获得了诺贝尔经济学奖（1995 年）。

理性预期学派的基本理论是理性预期假说。理性预期论者的理论体系实际上是建立在凯恩斯以前的传统经济学一般均衡模型所假定的两个基本前提之上的。

第一个假定前提是，每个经济行为主体对未来事件的预期是合乎理性的。

第二个假定前提是，只要让市场机制充分发挥作用，即各种产品和生产要素的价格会随供求状况而相应变化，那么在每一种产品和每一种生产要素的市场上终究会各有一个价格使它们各自的供求处于均衡状态，其中也包括劳动力的供求总是处于均衡的充分就业状态，而实际上还存在的失业，仅限于摩擦性失业或结构性失业以及所谓自愿的失业。

预期是指从事经济活动的行为主体在做出决定之前，对将来的经济形势或经济变量作出的估计。西方经济理论看重预期行为由来已久。但凯恩斯所讲的预期是盲目的、变化不定的预期，以致成为经济不稳定、甚至周期波动的原因。作为凯恩斯反对派的现代货币主义代表人物弗里德曼所讲的预期是适应性预期，是指人们在进行预期的时候，事先没有掌握足够的信息，没有经过很严密的思考，也没有作很仔细的判断。

所谓“理性预期”是指人们对未来事件的预期总是完全地、准确无误地符合将来实际发生的情况，或者说各个经济行为主体的主观概率分布的期望值将与客观概率分布的期望值相一致，可以通俗地理解为人们的预测符合于实际上将会发生的事实，也叫做合理预期。这种预期是人们根据有关信息形成的。这种信息不单指统计资料，而且也包括对于经济变量的因果关系的知识。在进行合理预期时，经济行为主体是主动的，事先掌握了充分的信息，经过周密的思考和判断。也就是说，在形成预期时，私人经济机构利用了可以获得的所有有关信息，并做了明智的处理。理性预期理论提出，参加市场活动的人在进入市场以前，已经了解以往的市场变化情况。人们在思想上是有准备的。进入市场之后，人们就把过去的信息和现在的信息结合在一起，根据它们做出判断。这样。人们就不会因市场上的价格变化而受到欺骗。他们的决策是有根据的，是经过深思熟虑的，因而就不会轻易加以改变。

【本章小结】

本章主要介绍了西方经济学的定义、研究对象、基本假设、研究方法以及西方经济学发展简史。

1. 西方经济学定义：经济学是研究各种稀缺资源在可供选择的用途中进行配置的科学。

这也是一种比较流行的定义。该定义有三要素,即欲望、稀缺性和选择。

2. 西方经济学的研究对象:解决资源稀缺性与欲望无限性的基本矛盾就成为西方经济学这门科学的研究对象。

3. 西方经济学的基本假设:经济人假设、完全信息假设、产权明晰假设。

4. 西方经济学的研究方法:实证分析与规范分析、静态分析与动态分析、结构分析。

5. 西方经济学发展简史:重商主义——经济学的早期阶段;古典经济学——经济学形成时期;新古典经济学——微观经济学的形成与发展;当代经济学——宏观经济学的建立与发展。

习 题

一、名词解释

1. 欲望　2. 稀缺性　3. 生产可能性曲线
4. 机会成本　5. 实证分析　6. 规范分析
7. 结构分析　8. 静态分析　9. 动态分析

二、问答题

1. 什么是西方经济学?
2. 西方经济学的研究对象是什么?
3. 西方经济学的基本假设主要有哪些?
4. 西方经济学的研究方法有哪些?
5. 西方经济学经历了怎样的发展历程?

第二章 需求、供给与均衡价格

【教学目的】

微观经济学用价格机制研究资源的配置问题，其核心内容是价格决定理论。均衡价格取决于供给与需求。本章在介绍需求与供给一般知识的基础上，讨论均衡价格的决定与应用，树立经济学基本分析方法——供求分析。

【教学要求】

通过本章的学习，学生能够：

1. 掌握需求与需求函数以及影响需求的因素。
2. 掌握供给与供给函数以及影响供给的因素。
3. 掌握均衡价格的决定及其变动。
4. 熟悉均衡价格理论在经济中的应用。

【重点难点】

本章重点：

1. 影响需求的因素及需求定理。
2. 影响供给的因素及供给定理。
3. 均衡价格的决定。

本章难点：

1. 区分需求的变动和需求量的变动。
2. 区分供给的变动和供给量的变动。
3. 均衡价格理论的应用。

【知识要点】

需求　供给　需求曲线　供给曲线　需求定理　供给定理　均衡价格　支持价格　限制价格

在市场经济中，资源配置主要是通过价格机制进行的，而价格决定于供给与需求。无论是商品、劳务，还是生产要素，其价格都由供给与需求决定。生活中任何一件不确定事情的发生和政策变动都会通过影响需求和供给来影响价格。因此，需求和供给理论是经济学的一个非常重要的分析工具。它是微观经济学的核心内容，学习它对于理解以后各章内容非常重要。

本章主要介绍需求、供给、需求和供给如何决定均衡价格，以及政府价格政策的影响。

第一节 需求理论

一、需求

需求不同于需要,需要是人们想要获得的商品和劳务的数量,不以货币支付能力为基础,可以是无限的。而需求是指消费者在某一特定时间内,在各种可能的价格下愿意并且能够购买的商品和劳务的数量,需求一定是有限的。

这里需要指出的是"愿意并且能够购买"指消费者不但要有购买欲望,而且还要有购买能力。只有购买欲望,表明消费者有需要和要求,但还不能成为需求,要构成需求,消费者还必须具有货币支付能力。因此,需求是购买欲望和购买能力的统一。假如一个人很有钱,买得起豪华汽车,但他对汽车不感兴趣,也不打算买,他就构不成对汽车的需求。另一个人,很喜欢汽车,也想买,但买不起,他同样构不成对汽车的需求。只有主观上有买汽车的欲望,客观上又具有货币支付能力的人,才构成对汽车的需求。

二、影响需求的因素

影响一种商品需求数量的因素很多,为了集中思考,我们以鸡肉为例来说明。考虑一下你自己对鸡肉的需求,有哪些因素会影响你每个月购买鸡肉的决策呢?一般来说主要包括:

1. 商品本身的价格

如果每斤鸡肉的价格上升了 2 元钱,你将会少买鸡肉,你可能会购买更便宜的猪肉。如果每斤鸡肉的价格下降了 2 元钱,你会多买一些。也就是说,需求量的多少与商品价格的高低成反向变化,商品本身价格高,人们对该商品的需求量减少,价格低,人们的需求量增加。而且价格也是影响需求量的一个最重要、最灵敏的因素。

2. 消费者的收入水平

如果某个时期你失去了工作,你对鸡肉的需求可能会减少。收入较低,使你不得不在某些物品上少支出些。如果当收入减少时,一种物品的需求减少,这种物品就被称为正常物品。但并不是所有的物品都是正常物品,如果当收入减少时,一种物品的需求增加,这种物品就被称为低档物品,比如乘坐公共汽车。随着你收入的减少,你不大可能买汽车或者乘坐出租车,而是更可能坐公共汽车。

3. 相关商品的价格

当一种商品本身的价格保持不变,而和它相关的其他商品的价格发生变化时,这种商品本身的需求量也会发生变化。

相关商品包括两类:一类是替代品,是指在消费时,能为消费者提供类似满足的两种商品。比如鸡肉和猪肉,假定猪肉价格下降,你会多买猪肉而减少对鸡肉的购买,因为猪肉和鸡肉都是肉食品,可以满足相似的欲望。当两种商品具有替代关系时,一种商品价格下降,那么另一种商品的需求会随之减少,消费者对两种商品的需求呈反向变化。

另一类相关商品是互补品,指一种商品在消费时,将引起对另一种商品的需求,也就是说，两种商品要共同使用才能更好地发挥各自的效用。比如录音机和磁带、鸡肉和香菇等。假设香菇价格下降，你将购买更多的香菇，但你也可能购买更多的鸡肉，因为鸡肉和香菇通常是一起吃的。当两种商品具有互补关系时，一种商品价格下降，那么另一种商品的需求会随之增加，消费者对两种商品的需求呈同向变化。

案例2－1：天然气的价格

由于20世纪70年代石油价格猛涨，许多人在思考能否分化对石油的依赖。到了80年代，美国东海岸的不少大学购进了许多昂贵的设备，准备迅速地从使用石油作为热源转化为使用天然气。1990年夏，伊拉克入侵科威特，世界石油价格飞涨。这些大学非常得意地使用了新设备，不再使用石油而是用天然气作为热源，并指望这一举措为学校节省大量经费。但是，令他们震惊的是，他们并没有省到什么钱。当他们收到公众服务公司的账单时，他们发现，像石油价格一样，天然气价格也猛涨了。这些大学的行政长官对公众服务公司非常气愤并指控他们搞价格欺诈。其理由是，伊拉克入侵科威特对天然气没有影响，因此，没有理由涨价。

实际上，伊拉克入侵科威特导致重要产油国科威特石油产量下降以及对伊拉克石油的禁运，导致石油的供给减少，供给曲线向左移动，石油价格上涨。对此人们都能理解，大学的长官们也不会感到吃惊。他们忽略了天然气是石油的替代品。石油的价格上升将导致其替代品——天然气需求的增加。天然气的需求增加，天然气的价格自然会上涨。伊拉克入侵科威特并未影响天然气的供给，但却影响了天然气的需求（这正是他们遗漏的关键一点）。

4. 消费者的偏好

消费者的偏好对需求量也有明显的影响。如果你喜欢吃鸡肉，你会买得多一些，反之，你会较少地购买。消费者的偏好反映了消费者愿意消费各种商品的程度。具有相同收入的人，面对共同的商品价格，愿意消费的商品组合的差异反映了他们各自的消费偏好。这种偏好差异的原因，可能是年龄、文化传统、地理环境，以及人为的引导等等。消费者的偏好并不是固定不变的，企业应该经常研究这种变化，并根据这种变化来改进老产品、开发新产品，只有这样才能经常保持人们对产品的高需求。

5. 预期

你对未来价格和收入的预期，也会影响你现在对商品与劳务的需求。比如，如果你预期下个月会赚到更多钱，你可能愿意动用现在的储蓄来买鸡肉。如果你预期明天鸡肉的价格会下降，你就不太愿意以今天的价格去买鸡肉，也就是说，如果价格看涨，需求量就会增加；如果价格看跌，需求量就会减少。我国1988年曾经出现过“抢购风”，就是因为消费者预期商品将涨价，都想在涨价前多买一些，结果导致某些生活必需品的需求量猛增。

以上只是影响商品需求量的一般因素，不同的商品往往还有影响需求量的特殊因素。比如，空调机、羽绒服、雨伞等商品的需求量与季节有关；手表、自行车等商品的需求量与人口数量有关等。

案例2-2:不断创新,满足消费者的需求,海尔洗衣机销量再攀新高

多年来,海尔洗衣机致力于节水、节能、环保洗衣机技术的创新研发,通过关注消费者需求,不断以创新产品消除用户的抱怨,满足消费者潜在需求。

2003年,海尔开发出可以分公斤洗涤的自选挡滚筒洗衣机,实现按照衣量多少进行洗涤的突破;2004年,海尔将自选挡技术升级,开发出我国首款具备自主知识产权的自动挡系列滚筒洗衣机;2005年,海尔将自动挡再次升级为自动挡洗、干一体机,不仅通过了国家权威的6A检测,还达到了国际领先水平。

不仅如此,由海尔发明的世界第四种洗衣机-双动力洗衣机也是一个成功案例。双动力洗衣机把波轮式、滚筒式、搅拌式三种洗衣机的优点集于一身,创造了一种全新的洗涤方式,满足了人们健康环保的现代洗衣需求,因此,这款洗衣机不但获得了法国列宾国际唯一发明金奖,而且成功入围国际IEC标准提案,海尔也由此成为我国第一个也是唯一获此荣誉的厂家。这一全新的洗衣机以旺盛的市场生命力给世界洗衣机行业注入了前所未有的生机,上市两年多,销量突破了100万台。

多年来,海尔正是把对社会、对用户的责任感深深地融入节能、环保产品的创新研发中,才使海尔洗衣机赢得了社会的尊重和用户的忠诚,最终赢得了市场回报。据中怡康统计,2004年在洗衣机行业增长不到4%的大环境下,海尔增幅高达57%;2005年上半年,海尔洗衣机市场份额月月递增,销售额是第二、三、四名的总和,成为行业独树一帜的领跑者。

三、需求函数和需求定理

1. 需求函数

如果把影响需求的各种因素作为自变量,把需求作为因变量,则可以用函数关系来表示影响需求的因素与需求之间的关系,这种函数称为需求函数。以Q_d代表需求,$a,b,c,d,\cdots,n$代表影响需求的因素,则需求函数为:

$$Q_d=f(a,\ b,\ c,\ d,\cdots,n)$$

为了研究的简便,我们通常假设其他条件不变,即影响需求的其他因素不变,只考虑商品本身的价格对该商品需求量的影响,并以P代表价格,则需求函数为:

$$Q_d=f(P)$$

例如,鸡肉的需求函数为$Q_d=140-10P$,反映了鸡肉的需求量和价格之间的关系。

2. 需求表和需求曲线

商品的需求量和商品价格之间的函数关系可以分别用商品的需求表和需求曲线来表示。

需求表是表示商品的需求量和价格之间函数关系的表格。表2-1是鸡肉的市场需求表。它表示在不同的鸡肉价格下,市场对鸡肉的需求量。

表2-1 鸡肉的市场需求表

鸡肉的价格(元)	鸡肉的需求量(kg)
4	100
6	80

续　表

鸡肉的价格(元)	鸡肉的需求量(kg)
8	60
10	40
12	20

需求曲线是表示商品的需求量和价格之间函数关系的几何图形。图 2－1 是根据表 2－1 的数字画成的需求曲线。在西方经济学中习惯上用横轴表示需求量,纵轴表示价格。把价格和需求量的不同组合点连接起来的向右下方倾斜的曲线被称为需求曲线。它表示在其他条件不变的情况下,当商品的价格变动时,市场对商品需求量的变动。

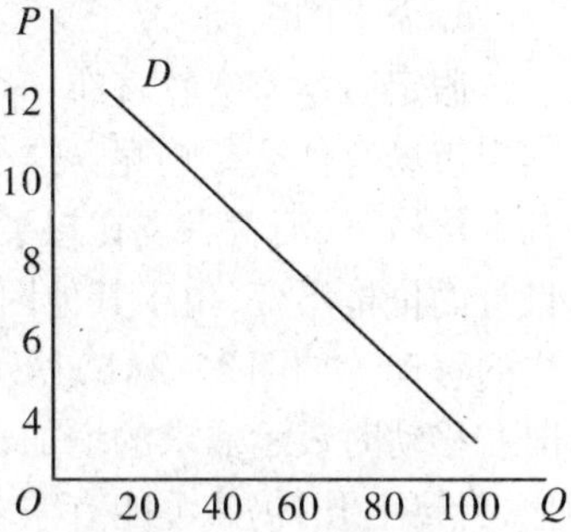

图 2－1　鸡肉的需求曲线

3. 需求定理

从需求表和需求曲线可以看出,鸡肉的需求量与其价格是成反方向变动的。这种现象普遍存在,被称为需求定理。需求定理描述了商品本身价格与其需求量之间的关系,其基本内容是:假定其他影响需求的因素不变的条件下,商品的需求量与其价格反方向变动,即价格上升,需求量减少;价格下降,需求量增加。

价格下降使需求量增加的原因是:(1)商品价格的下降吸引了新的需求者。(2)商品价格降低后,消费者可以用同样的钱买到比以前更多的东西,这意味着消费者实际收入的提高,因而使需求量增加。(3)商品价格降低后,消费者会把对替代品的需求转移到这种商品上来,从而使这种商品的需求量增加。同样的道理,价格上涨,需求量就会减少。

需求定理就绝大多数商品而言是成立的,但在现实生活中也有例外。第一,以英国经济学家吉芬而得名的"吉芬商品",在特定条件下当价格下跌时,需求量会减少;而价格上涨时,需求量反而增加。如:1845 年爱尔兰发生大灾荒时马铃薯的价格上涨,需求量反而增加。第二,某些炫耀性商品,如珠宝、文物、名画、名车等,这类商品的价格已成为消费者地位和身份的象征。价格越高,越显示拥有者的地位,需求量也越大;反之,当价格下跌,不能再显示拥有者的地位时,需求量反而下降。第三,某些商品的价格小幅度升降时,需求量按正常情况变动;大幅度升降时,人们会因不同的预期而采取不同的行动,引起需求量的不规则变化,如证券、黄金市场常有这种情况。

四、需求量的变动和需求的变动

需求量的变动和需求的变动都是需求数量的变动,它们的区别在于引起这两种变动的因素是不相同的,而且,这两种变动在几何图形中的表示也是不相同的。

1. 需求量与需求的区别

需求量与需求是两个不同的概念。需求量是在给定价格下,消费者愿意并且能够购买的商品量。比如,当鸡肉价格为 6 元时,消费者愿意购买 40 公斤,这 40 公斤就是需求量。在图形上,需求量是需求曲线上的一个点。需求是指在不同价格水平时的不同需求量的总称,比如鸡肉 4 元时,需求量为 100 吨,6 元时为 80 吨,8 元时为 60 吨……这种与不同价格水平相对应的不同需求量总称为需求。在图形上需求是指整条需求曲线。

2. 需求量的变动

需求量的变动是指在影响需求的其他因素不变时,由商品自身价格的变动所引起的需求量的变动,它表现为沿着同一条需求曲线的移动。如图 2-2(a)所示,D 是一条需求曲线,如果所有非价格因素都是不变的,需求曲线还是原来的需求曲线,价格由 P_0 下降到 P_2,将使需求量由 Q_0 沿着原需求曲线增加到 Q_2,这就是需求量的变动。从 B 点沿着需求曲线向左上方变动表示需求量减少,向右下方变动表示需求量增加。

3. 需求的变动

假定医学家突然宣布一个新发现:那些经常吃鸡肉的人更长寿,也更健康。这个发现对鸡肉市场有什么影响呢?这个发现改变了人们的偏好并增加了对鸡肉的需求。在任何一种既定价格下,消费者现在想买更多的鸡肉,需求曲线向右移动,这就是需求的变动,即指商品自身的价格不变,由于其他因素变动所引起的该商品的需求量的变动,它表现为整条需求曲线的移动。如图 2-2(b)所示,需求曲线由 D_0 移至 D_1 和 D_2 都是需求的变动。当需求曲线向右移动时表示需求的增加,当需求曲线向左移动时表示需求的减少。注意:由于需求的变化,价格上升,仍然可能有需求量的增加。

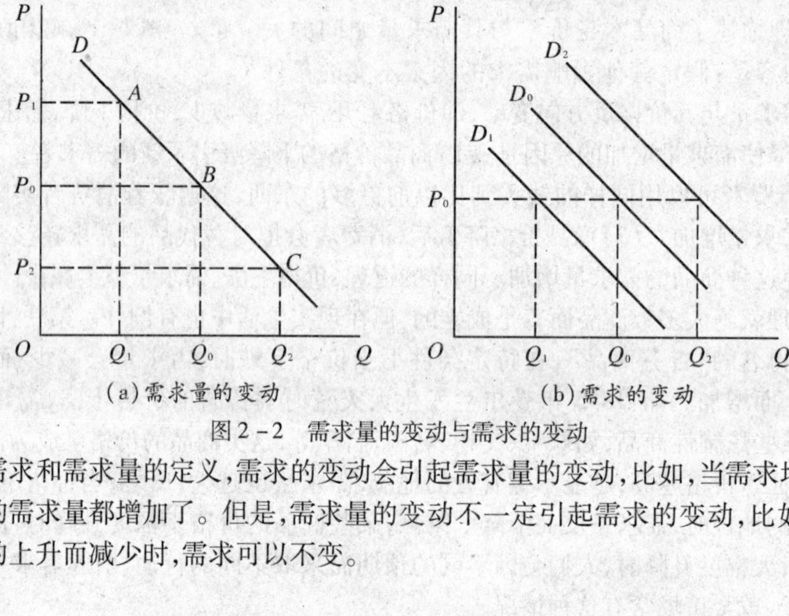

(a)需求量的变动　　(b)需求的变动

图 2-2　需求量的变动与需求的变动

按照需求和需求量的定义,需求的变动会引起需求量的变动,比如,当需求增加时,在各个价格下的需求量都增加了。但是,需求量的变动不一定引起需求的变动,比如,当需求量随着价格的上升而减少时,需求可以不变。

案例 2-3:减少香烟需求量的两种方法

公共政策制定者常常想减少人们吸烟的数量。政策可以努力达到这一目标的方法有两种。减少吸烟的一种方法是使香烟或其他烟草产品的需求曲线移动。公益广告、香烟盒上有害健康的警示,以及禁止在电视上做香烟广告,都是旨在任何一种既定价格水平时减少香烟需求量的政策。如果成功了,这些政策就使香烟的需求曲线向左移动。

此外,政策制定者可以试着提高香烟的价格。例如,如果政府对香烟制造商征税,烟草公司就会以高价格的形式把这种税的大部分转嫁给消费者。较高的价格鼓励吸烟者减少他们吸烟的数量。在这种情况下,吸烟量的减少就表现为沿着同一条需求曲线移动到价格更高而数量更少的点上。

吸烟量对价格变动会有多大的反应呢？经济学家试图通过研究香烟税变动时出现的情况来回答这个问题。他们发现，香烟价格上升10%会引起需求量减少4%。还发现青少年对香烟价格特别敏感：香烟价格上升10%使青少年的吸烟量减少12%。

五、个人需求与市场需求

单个消费者对某种商品的需求，就是个人需求；市场上所有消费者对某种商品和劳务需求的总和，就称为市场需求。图2－3表明，市场需求曲线D是通过把个人需求曲线D_1和D_2水平相加而得出的。这就是说，市场需求是个人需求的加总，任何一种价格时的总需求量可以通过把个人需求曲线横轴上表示的需求量相加而求得。市场需求曲线表示一种商品的总需求量如何随着该商品的价格变动而变动。

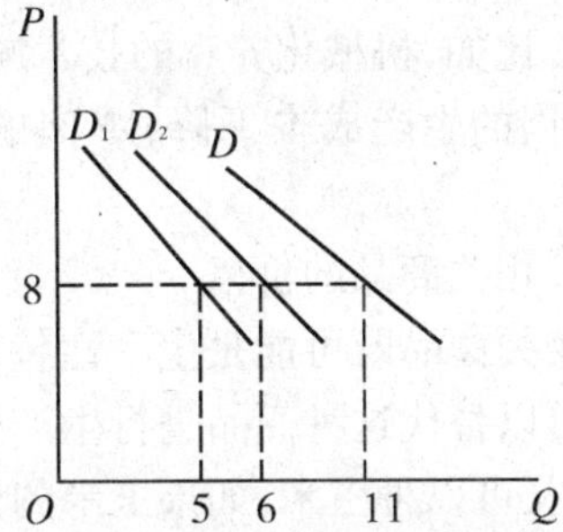

图2－3 个人需求曲线与市场需求曲线

第二节 供给理论

一、供给

供给是与需求相对应的概念，是指在某一特定时期内，厂商（生产者）在各种可能的价格下，对某种产品和劳务愿意并能够提供的数量。

和需求相类似，“愿意并且能够提供”指生产者不但要有供给欲望，而且还要有供给能力。供给是生产者的供给欲望和供给能力的统一，但更重要的是供给能力。而且，一般来说，厂商从愿意提供某种产品到实际提供出这种产品存在着一定的时间差，称为时滞。例如：今年西瓜供不应求，从生产者希望多生产一些，到生产出来一般存在一年的时滞。这是与需求理论不一样的地方。

二、影响供给的因素

影响厂商供给量的因素很多，为方便分析，我们仍然以鸡肉为例来加以说明。设想你经营一家养鸡场，什么因素决定你愿意生产并销售鸡肉呢？一般来说主要有以下几方面：

1. 商品本身的价格

价格是影响供给量的一个决定因素。一般说来，一种商品的价格越高，供给量就越大。相反，商品的价格越低，供给量就越小。当鸡肉价格提高时，出售鸡肉有利可图，你愿意供给的数量也多。相反，当鸡肉价格降低时，对你的经营不太有利，你将生产较少的鸡肉。

2. 生产要素的价格

为了生产鸡肉，你投入了各种生产要素：鸡、饲料、厂房以及养鸡工人的劳动。当这些生产要素中的一种或几种价格上升时，生产鸡肉的成本上升，在鸡肉价格不变时，生产鸡肉的利润减少,你的养鸡场提供的鸡肉也会减少,反之则会引起鸡肉供给的增加。也就是说,生产要素价格提高,将增加生产成本,在商品自身价格不变的条件下,生产成本增加会减少利润,从而使商品的供给量减少。相反,生产成本下降会增加利润,从而使商品的供给量增加。

3. 生产的技术水平

在一般情况下,生产技术水平提高可以降低生产成本,增加利润,从而使商品的供给量增加。比如,机械化养鸡的技术减少了生产鸡肉所必需的劳动量。在鸡肉价格不变的条件下,鸡肉的生产成本下降,鸡肉的供给量增加。相反,生产技术水平降低,鸡肉的供给量减少。

4. 相关商品的价格

相关商品既可能是生产性替代品,也可能是生产性互补品。一种商品的生产性替代品是指可以替代这种商品进行生产的另一种商品。例如,农民利用同样的土地资源,既可以种小麦,又可以种玉米,如果玉米的价格不变而小麦的价格上升,人们就会多种小麦,从而玉米的供给就会下降。同样的道理,你的资本既可以用来开养鸡场,又可以开养猪场。如果鸡肉的价格下跌,养鸡的利润减少,你可能会把资本转到养猪上去,这样猪肉的供给量就会增加。一种商品的生产性互补品是指必须和这种商品一起生产的另外一种商品。例如,你的养鸡场在生产鸡肉时,也生产了鸡蛋。当鸡肉的价格上升时,鸡蛋的供给就会增加。

5. 预期

当生产者预期某种商品的价格在下一期会上升时,就会在制订生产计划时增加对该商品的供给量。当生产者预期某商品的价格在下一期会下降时,就会在制订生产计划时减少对该商品的供给量。也就是说你现在供给的鸡肉量还取决于对未来鸡肉价格的预期。如果你预期未来鸡肉的价格会上升,你将会把你现在生产的一些鸡肉储存起来,这就减少了今天鸡肉的市场供给量。

6. 政府税收与政府补贴

政府税收降低可看作是生产成本降低。反之,税收增加,相当于成本提高。对于政府补贴,可看作"负税收",作用正好相反。例如,假设政府为使农民脱贫致富而鼓励兴办家庭养鸡场,每户补贴 1 000 元,这样你生产鸡肉的成本下降,利润增加,你会增加鸡肉的供给量。

三、供给函数和供给定理

1. 供给函数

如果把影响供给的各种因素作为自变量,把供给作为因变量,则可以用函数关系来表示影响供给的因素与供给之间的关系,这种函数称为供给函数。以 Q_S 代表供给,$a,b,c,d,\cdots,n$ 代表影响供给的因素,则供给函数为:

$$Q_S=f(a,b,c,d,\cdots,n)$$

为了研究的简便,我们通常假定影响供给的其他因素不变,只考虑商品本身的价格对该商品供给量的影响,并以 P 代表价格,则供给函数为:

$$Q_S=f(P)$$

例如,鸡肉的供给函数为 $Q_S=-20+10P$,反映了鸡肉的供给量和价格之间的关系。

2. 供给表和供给曲线

商品的供给量和商品价格之间的函数关系可以分别用商品的供给表和供给曲线来

表示。

供给表是表示商品的供给量和价格之间函数关系的表格。表 2－2 是鸡肉的市场供给表,它表示随着鸡肉价格的变动,生产者愿意提供的鸡肉数量。

表 2－2　鸡肉的市场供给

鸡肉的价格(元)	鸡肉的供给量(kg)
4	20
6	40
8	60
10	80
12	100

供给曲线是表示商品的供给量和价格之间函数关系的几何图形。图 2－4 是根据表 2－2作出的一条供给曲线。图中横轴表示鸡肉的供给量,纵轴表示鸡肉的价格,把价格和供给量的不同组合点连接起来的向右上方倾斜的曲线就是供给曲线。它表示在其他因素不变的情况下,鸡肉的价格变动时,市场所提供的鸡肉数量的变动。

3. 供给定理

从供给表和供给曲线可以看出,鸡肉的供给量与其价格是成同方向变动的,这种情况普遍存在,被称为供给定理。供给定理描述了商品本身价格与其供给量之间的关系。其基本内容是:假定影响供给的其他因素不变的条件下,某种商品的供给量与其价格同方向变动,即价格上升,供给量增加;价格下降,供给量减少。

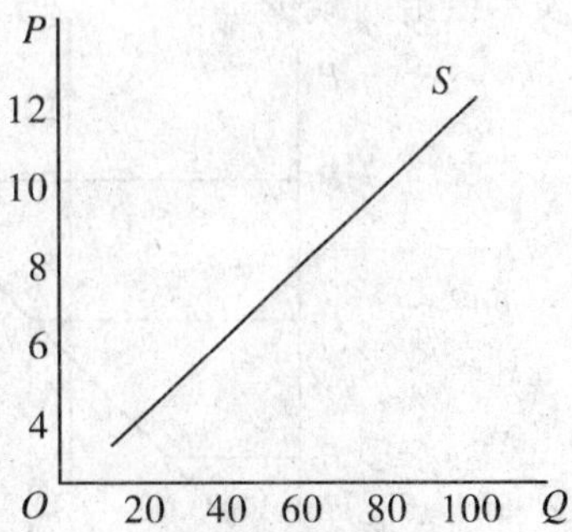

图 2－4　供给曲线

价格上涨,供给量增加的原因是:产品价格上涨后,原来亏损的企业有可能扭亏为盈,变得愿意生产这种产品了;原来盈利的企业更有利可图,会进一步扩大生产,增加供给量;企业会把原来用于生产替代品的资源转为生产这种产品,也会使这种产品的供给量增加;会吸引新的企业加入到这个行业中来,从而增加该产品的供给量。同样的道理,价格下降,供给量就会减少。

供给定理就绝大多数商品而言是成立的,但也有例外:第一,劳动,当工资增加到一定程度时,如果继续增加,则劳动的供给量不仅不会增加,反而会减少。第二,某些特殊商品,如土地、文物等,由于受各种条件限制,其供给量是固定的,无论价格如何上升,其供给量也无法增加。

四、供给量的变动和供给的变动

供给量的变动和供给的变动都是供给数量的变动,它们的区别在于引起这两种变动的因素是不相同的,而且,这两种变动在几何图形中的表示也是不相同的。所以在分析供给问题时,仍然要注意区分供给量的变动与供给的变动。

1. 供给量和供给的区别

供给量和供给是两个不同的概念。供给量是在给定价格下生产者愿意并且能够提供的商品量。比如，当鸡肉价格为 8 元时，生产者愿意提供 60 公斤，这 60 公斤就是供给量，在图形上，供给量是供给曲线上的一个点。供给是指在不同价格水平时的不同供给量的总称，比如鸡肉 4 元时，供给量为 20 公斤，6 元时为 40 公斤，8 元时为 60 公斤，……这种与不同价格水平相对应的不同供给量总称为供给。在图形上，供给是指整条供给曲线。

2. 供给量的变动

供给量的变动是指在其他影响供给的因素不变时，由商品本身价格变动所引起的生产者供给数量的变动，它表现为沿着同一条供给曲线的移动。如图 2－5(a)所示，S 是一条供给曲线，如果所有非价格因素都是不变的，供给曲线还是原来的供给曲线，价格由 P_0 提高到 P_1，将使供给量由 Q_0 沿着原供给曲线增加到 Q_1，这就是供给量的变动。从 B 点沿着供给曲线向右上方变动表示供给量增加，向左下方变动表示供给量减少。

3. 供给的变动

供给的变动是指商品本身价格不变，由其他影响供给的因素变动所引起的生产者供给数量的变动，它表现为整条供给曲线的平行移动。如图 2－5(b)所示。供给曲线由 S_0 移至 S_1 和 S_2 都是供给的变动。当供给曲线向右移动时表示供给的增加，当供给曲线向左移动时表示供给的减少。

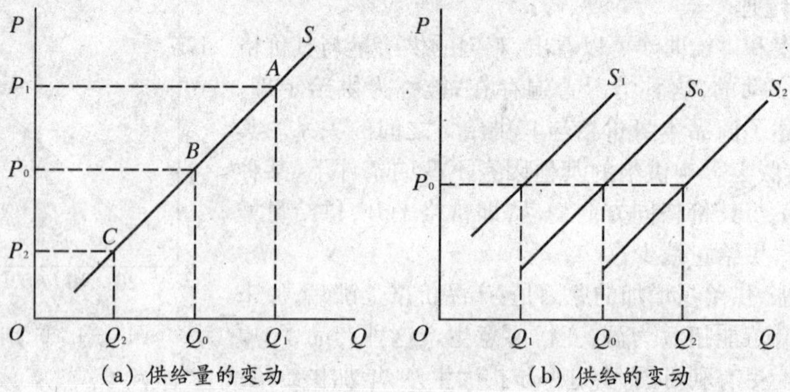

图 2－5　供给量的变动与供给的变动

五、个人供给与市场供给

如同前文对需求的分析，单个生产者对某种产品的供给是个人供给；市场上所有生产者对某种产品的供给的总和，被称为市场供给。市场供给是个人供给的加总。图 2－6 表明，市场供给曲线 S 是通过把个人供给曲线 S_1 和 S_2 水平相加而得出的。即市场供给是个人供给的加总，任何一种价格时的总供给量，可通过把个人供给曲线横轴上表示的个人供给量相加而求得。市场供给曲线表明，一种商品的总供给量如何随着它的价格变动而变动。

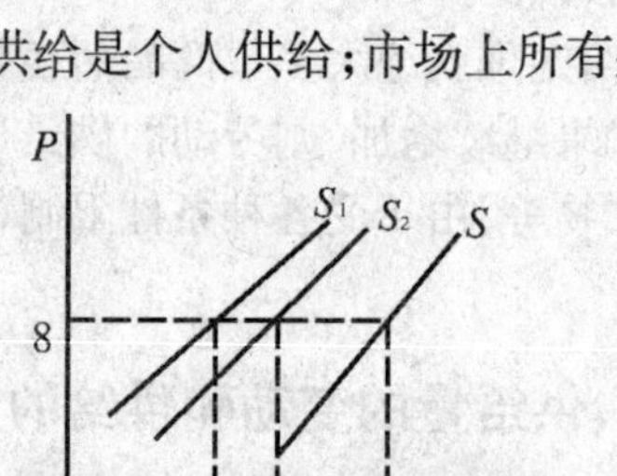

图 2－6　个人供给曲线与市场供给曲线

第三节　均衡价格

在市场上,需求和供给两种力量同时存在,任何价格要能成为一种使供求双方成交的价格,就必须是为需求和供给双方同时接受的价格。需求价格是需求一方所愿意接受的价格;供给价格是供给一方所愿意接受的价格。在市场中,价格的形成或确定,是需求和供给这两种基本力量共同作用的结果。因此,要说明一种商品价格的决定,必须把需求和供给两个方面结合起来进行分析。在微观经济学中,价格的决定问题,也就是均衡价格的确定或形成问题,下面我们来探讨均衡价格的决定及其变动。

一、均衡价格的形成

1. 均衡价格和均衡数量

在经济分析中,均衡指的是一种状态,即各个经济决策正好相容,并且在外界条件不变的情况下,每个人都不愿意再调整自己的决策,从而不再改变其经济行为,也就是各种力量处于平衡的状态。均衡价格是指市场供给量和市场需求量相等时的价格,或者是需求曲线和供给曲线相交时的价格。如图 2－7 所示,E 点就是均衡点,P_0 为均衡价格,Q_0 为均衡数量。

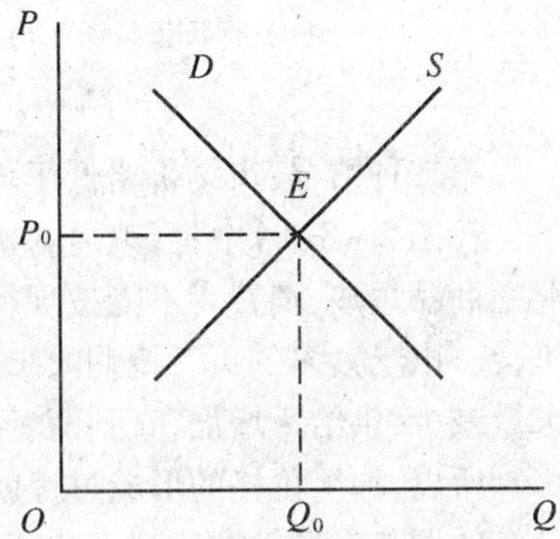

图 2－7　供求的均衡

均衡价格有时也被称为市场出清价格,因为在这种价格下,买者愿意买进的数量和卖者愿意出售的数量正好相等,既没有过度需求,也没有过度供给,买者得到了他想要买的所有东西,卖者卖出了他想卖的所有东西,市场处于均衡状态。由需求函数和供给函数可以求出均衡价格和均衡数量。

以前两节所列举的需求函数和供给函数为例:

需求函数:　$$Q_d = 140 - 10P \qquad (2.1)$$

供给函数:　$$Q_S = -20 + 10P \qquad (2.2)$$

令需求 Q_d 与供给 Q_S 相等,解出 P:

由　$$140 - 10P = -20 + 10P$$

得到均衡价格 $P = 8$,将求出的 P 值代入式(2.1)或式(2.2),得到均衡数量 $Q = 60$。

2. 均衡价格的形成

均衡价格是通过市场供求关系的自发调节而形成的。由于供求的相互作用,一旦市场价格偏离均衡价格,买者和卖者的行为使市场具有自动恢复均衡的趋势。

我们用图 2－8 来说明均衡价格的形成。

第一种情况:市场价格高于均衡价格。

在图 2－8(a)中,当鸡肉的市场价格在 6 元时,供给量(80 公斤)超过了需求量(40 公斤)出现商品过剩。如果市场上有这么多的鸡肉卖不出去(它表现为库存的增加和鸡肉的滞销),激烈的竞争会在供给者之间发生,产生一个把价格压低的力量,根据需求定理和供给定理,价格下降使需求量增加,供给量减少,直到两者相等、市场价格回复到均衡价格为止。

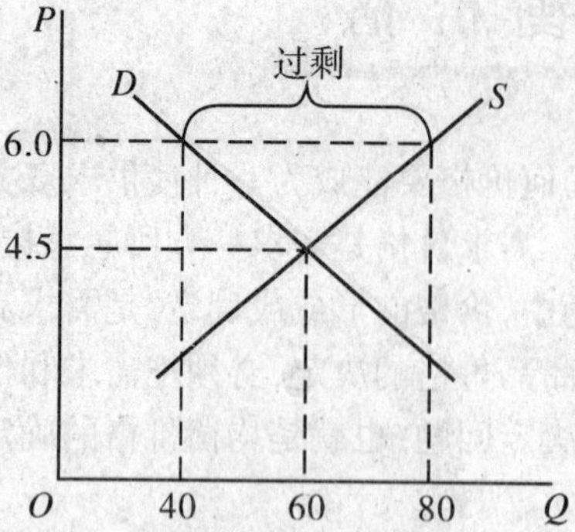

(a) 市场价格高于均衡价格

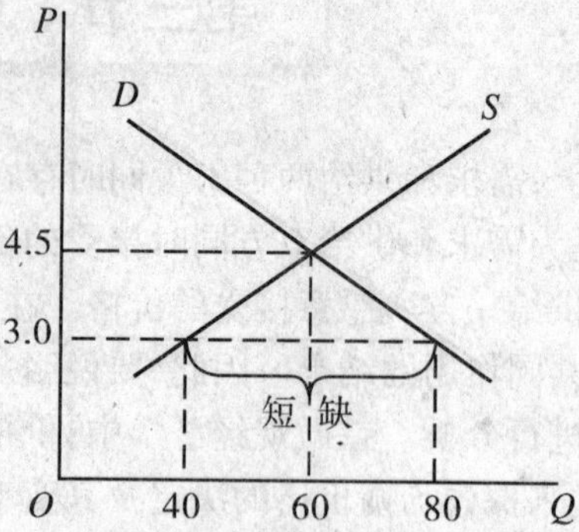

(b) 市场价格低于均衡价格

图2-8 非均衡的市场

第二种情况:市场价格低于均衡价格。

在图2-8(b)中,当鸡肉的价格在3元时,需求量(80公斤)超过了供给量(40公斤),存在商品短缺,消费者不能按现行价格买到他们想买的商品,不得不排长队等候购买鸡肉的机会。由于太多的买者抢购太少的物品,卖者的反应必然是提高市场价格。价格上涨使需求量减少,供给量增加,直到两者相等、市场价格又回复到均衡价格为止。

所以,均衡价格的形成过程就是市场价格机制的调节过程。市场的价格机制是指价格具有的调节市场供求达到一致而使稀缺资源按需要的比例配置的内在功能。当市场价格偏离均衡价格时,市场上会出现需求量和供给量不相等的非均衡状态。一般来说,偏离的市场价格会自动地回复到均衡价格水平,从而使供求不相等的非均衡状态逐步消失。如果社会上每一件商品和劳务都能实现供求平衡,按需要配置稀缺经济资源这一基本的社会经济问题就会自动地解决,而无须计划和政府干预。

二、均衡价格的变动

均衡价格是由需求曲线和供给曲线的交点所决定的。因而,需求曲线和供给曲线的位置移动都会使均衡价格发生变动。

1. 需求变动对均衡的影响

假如某个时期煲鸡汤成为时尚,这将如何影响鸡肉市场呢?煲鸡汤的时尚改变了人们对鸡肉的偏好,使人们想购买更多的鸡肉,所以需求曲线向右移动。但供给曲线不变,因为煲鸡汤的时尚并不直接影响鸡肉的生产者。如图2-9(a)所示,需求曲线从D_0移动到D_1,这意味着人们对鸡肉的需求增加了。需求增加使均衡价格由4.5元上升到6元,均衡数量由60公斤增加到80公斤。

假如医学专家警告过量消费鸡肉会影响身体健康,这会影响人们对鸡肉的购买量,但供给曲线不变。由于人们开始限制对鸡肉的购买量,需求曲线向左移动,如图2-9(a)所示,需求曲线由D_0移动到D_2,这意味着人们对鸡肉的需求减少。需求减少引起均衡价格下降,均衡数量减少。

由此可见,若供给不变,需求的变化引起均衡价格和均衡数量同方向变化。

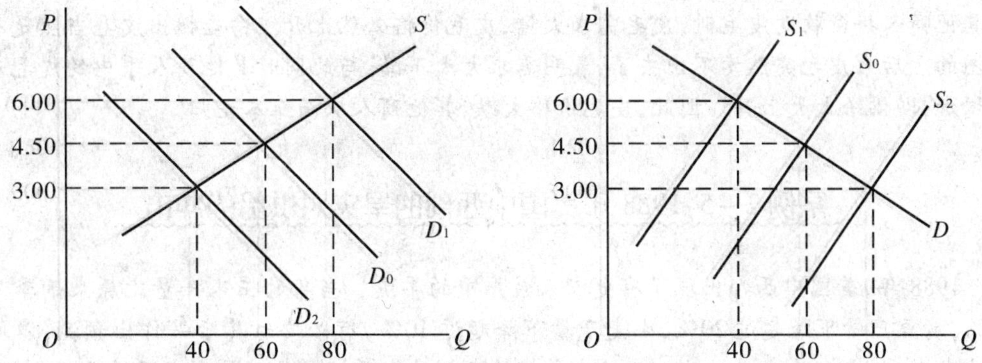

(a) 需求变动对均衡的影响　　(b) 供给变动对均衡的影响

图2－9 供求变动对均衡的影响

2. 供给变动对均衡的影响

假如某个时期地震摧毁了几家大的养鸡场，这一事件如何影响鸡肉市场呢？地震减少了养鸡场的数量，也就改变了在既定的鸡肉价格下企业生产和销售的鸡肉数量，使供给曲线向左移动，但需求曲线不变，因为地震并没有直接改变消费者愿意购买的鸡肉数量。如图2－9(b)所示，供给曲线从 S_0 移动到 S_1，这意味着企业对鸡肉的供给减少了。供给减少使均衡价格由4.5元上升到6元，均衡数量由60公斤减少到40公斤。

假如政府为使农户脱贫致富而鼓励兴办家庭养鸡场。这一事件会影响供给曲线，但需求曲线不变；养鸡场的增加使供给曲线向右移动，如图2－9(b)所示，供给曲线由 S_0 移动到 S_2，这意味着鸡肉供给的增加；供给增加引起均衡价格下降，均衡数量上升。可见，供给变动引起均衡价格呈反方向变化，引起均衡数量呈同方向变化。

通过上述分析，可以说明供求变动对均衡价格和均衡数量的影响，这就是“供求定理”：第一，需求增加，使均衡价格上升；需求减少，使均衡价格下降。第二，需求增加，使均衡数量增加；需求减少，使均衡数量减少。因此，需求的变动引起均衡价格和均衡数量同方向变动。第三，供给增加，使均衡价格下降；供给减少，使均衡价格上升。第四，供给增加，使均衡数量增加；供给减少，使均衡数量减少。因此，供给的变动与均衡价格呈反方向变动，而与均衡数量呈同方向变动。

案例2－4：逆潮流的白圭

战国时代，有位商人名叫白圭。白圭的经营方法与众不同，总是逆潮流而行。有一次，别的商人都在一窝蜂地抛售棉花，拼命地大减价，白圭却拼命地买进棉花，甚至花钱租地方存放棉花。卖完棉花，别的商人都抢着购进皮毛，白圭却打开仓库，把库存的皮毛一下子卖得精光。没有几天，有消息说今年棉花严重歉收，商人们心急火燎地到处寻找棉花。白圭高价卖出全部库存棉花，发了一笔大财。又过了一段时间，由于某种原因，满街的皮毛突然卖不出去了，价格降得越来越低，其他商人后悔不迭、血本无归。司马迁在《史记》中记载了白圭的事迹，赞扬了白圭“人弃我取，人取我予”的经营手段。

其他商人拼命抛售棉花，使棉花供给大增，价格下跌。白圭趁机低价大量收购棉花。而后棉花歉收，意味着供给大幅度减少，棉花价格自然大幅度上扬，白圭因此而发了一笔财。

当其他商人拼命收购皮毛时，皮毛需求大增，皮毛价格必然上升。白圭抛出皮毛当然是有利可图的。后来皮毛突然卖不出去了，表明需求大大下降，与此同时其他商人手中的皮毛却大大增加，即供给大大上升。因此，皮毛价格大跌，其他商人从而血本无归。

案例2－5：1988年美国中西部的旱灾对供给的冲击

1988年，美国中西部出现了有史以来最严重的旱灾。当年的玉米产量比原来雨季下降35%，黄豆产量下降超过20%，小麦产量下降超过10%，有必要对其后果作出预测，以便供政府参考，制定有关应变措施。而经济学家的预测依据并不是什么特别高深的手段和理论，而是有关供求关系的基本法则。

首先可以确定一件事，即这场旱灾已经大幅度减少了谷物的产量，供不应求的局面已经不可避免。因此这场旱灾可以看做是将谷物的供给曲线向左移动，由此得出结论：在需求曲线一定的前提下，供给曲线大幅度左移应该导致农产品价格大幅度上升。具体而言就是当年夏末时节玉米价格已经迅速上升80%，黄豆价格也上升了接近70%，而小麦价格则上升50%。

由于谷物是许多其他产品（尤其是畜牧产品）的基础，经济学家同时运用供求关系模型预测这场旱灾对其他产品的供求状况的影响。例如，谷物是牲畜的主要食粮，随着谷物价格的上升，养殖牛羊等各种牲畜的利润便相应下降，农民的积极性难免受到负面影响。因为牲畜每天都需要喂养，多留一天无疑意味着耗费更多的谷物，成本也相应提高，于是农场里出现了农民纷纷提前宰杀牲畜出售的现象。结果在1988年，市场上可供选择的肉类供应量稍稍上升，虽然只是短期现象，却引起了肉类价格的轻微下降。

另外一个例子就是谷物作为养鸡场的主要饲料来源，其价格大幅度上升必然导致鸡的数量下降，鸡肉和鸡蛋供给曲线向左移动，价格因此略上升。与此同时，农产品的价格上升引起相关替代产品的需求曲线向右移动，即需求上升。结果证明这样的分析相当准确，仅在当年7月间，不受中西部旱灾影响的其他农产品（包括蔬菜和水果）的价格已经上升5%，而且继续看涨。

三、均衡价格理论的运用

在现实经济生活中，政府经常出于某些社会或政治目的对价格进行干预。比较常见的价格干预形式有支持价格和限制价格。下面我们可以用均衡价格理论来分析其影响和结果。

1. 支持价格

支持价格又叫最低限价，是政府为了扶植某一行业的发展而规定的该行业产品的最低价格。如不少国家都有对本国的农产品生产采取最低限价，以扶植农业的发展。它有时也被用于要素的价格上，如最低工资法。支持价格总是高于市场自发形成的均衡价格。可以用图2－10来说明支持价格政策所产生的后果。

我们仍以鸡肉为例。如图2－10所示，在一个没有政府干预的市场上，鸡肉的均衡价格为P_0，均衡数量为Q_0。政府为了扶持养鸡业的发展，对鸡肉实行了支持价格P_1，支持价格

P_1 高于均衡价格 P_0。在 P_1 价格下，需求量为 Q_D，供给量为 Q_S，即供给大于需求，Q_DQ_S 为供给过剩部分。

也就是说支持价格会引起供给过剩。为了维持支持价格，政府必须采取相应措施来处理过剩产品。比如政府收购过剩产品，要么用于储备，要么用于出口等。在出口因国家之间的贸易争端而受阻的情况下，会增加政府财政支出的负担。

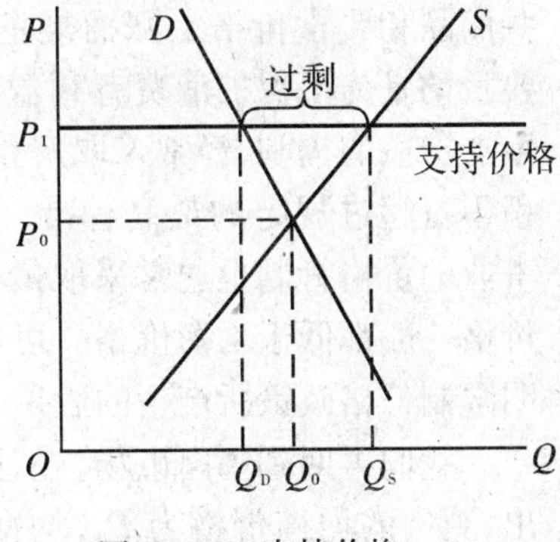

图 2－10　支持价格

案例 2－6：农产品保护价的利弊

支持价格的一个典型例子是许多国家出于保护农业的需要都对农产品实行保护价格或出口价格补贴。

各国对农产品实行保护价格通常有两种做法。一种是缓冲库存法，即政府或代理人按照某种平价（保护价）收购农产品，在供大于求时政府按这一价格增加对农产品的收购，在供小于求时政府抛出农产品，以保护价进行买卖，从而使农产品价格由于政府的支持而维持在某一水平上。另一种是稳定基金法，也由政府或代理人按某种保护价收购全部农产品，但并不是按保护价出售，而是在供大于求时低价出售，供小于求时高价出售。这两种情况下农产品收购价格都稳定在政府确定的价格水平上。

应该说，支持价格稳定了农业生产，保证了农民的收入，促进了农业投资，也有利于调整农业结构，整体上对农业发展起到促进作用。但支持价格也引起了一些问题。首先使政府背上了沉重的财政包袱，政府为收购过剩农产品而支付的费用、出口补贴以及为限产而向农户支付的财政补贴等等，都是政府必须为支持价格政策付出的代价。许多国家用于支持价格的财政支出都有几百亿美元左右。其次形成农产品的长期过剩。过剩的农产品主要由政府收购，政府解决农产品过剩的重要方法之一就是扩大出口，这就引起这些国家为争夺世界农产品市场而进行贸易战。最后，受保护的农业竞争力会受到削弱。

在世贸组织前身关贸总协定"乌拉圭回合"谈判中，欧美各国为解决自己的农产品过剩问题，都力图保护本国的国内市场而打入别国市场。因此，农产品自由贸易问题成为争论的中心。乌拉圭回合通过的农业协议的总目标是实现农产品自由贸易和平等竞争，其中重要的内容有两点：一是减少各国对农产品的价格支持，包括农产品保护价、营销贷款、投入补贴等等，要求各国支持总量减让幅度为农业总产值的 5%，同时降低对农产品的出口补贴；二是"绿箱政策"，各国政府应实行不引起贸易扭曲的政府农业支持措施，包括加强农业基础设施，实现农业结构调整，保护环境等政府支出。这表明，实行支持价格的老办法将难以为继，政府以提高农业竞争力的方式支持农业将成为趋势。

我国实行的"保护价敞开收购"也是一种支持价格。支持价格治标不治本。要从根本上改变我国农业落后状况，改变农民收入低的状况，并使我国农业能进入世界市场与发达国家农业竞争，必须提高农业自身的竞争力。比如，政府可增加对水利、科研、环保等支出，注重发展蔬菜、花卉、渔业、畜牧业，发展农产品加工业，提高农产品的附加值。国外农业并不仅仅是靠支持价格发展起来的，农业发达国家的政府在加强农业竞争力方面已进行了大量的投入。中国农业也只有走出对保护价的迷信，才能有良好的发展前景。

2. 限制价格

限制价格又叫最高限价，是政府为了限制某些商品和要素价格上涨而规定的最高价格，其主要目的是为了保护消费者利益。如西方政府为了增加贫民的福利，经常采取房租限价政策，规定房租不得超过规定的最高标准。再如，对垄断公用事业的价格管制也通常采取最高限价政策。限制价格一般都低于均衡价格。可以用图 2－11 来说明限制价格政策所产生的后果。

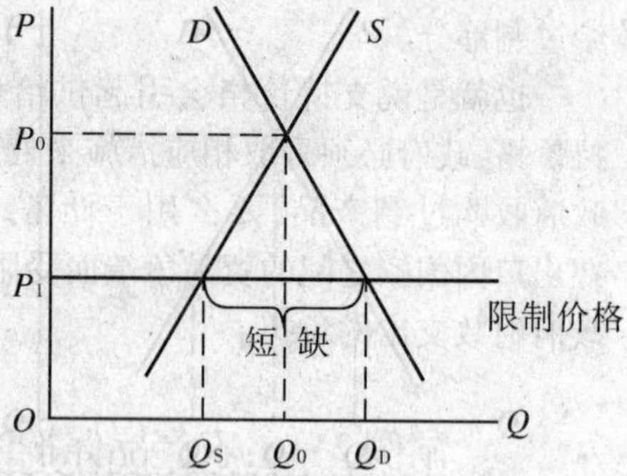

图 2－11　限制价格

我们再回到鸡肉市场。从图 2－11 中可以看出，鸡肉的均衡价格为 P_0，均衡数量为 Q_0。但政府为了防止价格上涨，确定了鸡肉的限制价格为 P_1，限制价格 P_1 低于均衡价格 P_0。在 P_1 价格下，需求量为 Q_D，供给量为 Q_S，即需求大于供给，Q_SQ_D 为供给不足部分，也就是说限制价格会引起物品的短缺。解决短缺的办法：一是排队抢购；二是实行严格的配给制度；三是出现黑市交易和利用限制价格和均衡价格的差额进行投机活动。另外，供给短缺又会造成卖方市场，使商品质量和服务态度变坏。二战后美国纽约市实行房租最高限价政策，使房主无利可图，不仅出租房屋数量急剧减少，而且房主拒绝投资修缮房屋，致使有的经济学家认为，房租最高限价政策对城市建设的破坏作用比希特勒的炸弹还要厉害。因此，一般经济学者都反对长期采用限制价格政策。

案例 2－7：纽约市的房租管制——最高限价例证

最低限价和最高限价能够，而且也的确会影响我们的日常生活。自 1943 年起，纽约市就实行了一个规定房租最高价格的房租管制制度，其目的当然是为了使房租(即租用一套公寓一个月的价格)低于其均衡价格水平。据说主张对房租实行最高限价的一个重要理由是为了帮助穷人。在短期内，房租管制可能把收入从出租人转移给承租人。据《纽约时报》报道："在近半个世纪的时间里，房租管制曾经给数以万计的家庭提供了廉价而有效的生活保障或低于市场价格的住所。不管财力如何，这一直是纽约市的一项在政治上无人敢碰的政策。"

但是，随着时间的推移，房租管制可能产生一些非常不合意的影响。最高限价导致住房短缺。也就是说，对公寓的需求量超过其供给量。据一些观察家的估计，尽管在 20 世纪 70 年代纽约人口大约减少了 100 万，并且国家对中等收入阶层和低租金公共住房实施了规模最大的资助计划，但纽约仍短缺价值大约 30 亿美元的可供出租的新住房。据报道，在 1986 年，有些人不得不花费一年、甚至更长的时间去寻求租房。

由于需求量超过供给量，现有的公寓不得不采用价格以外的措施来进行分配。这自然可能使房东采取微妙的歧视方式来选择房客。同样，房东也可能从那些急于寻找住所的房客手中接受额外的支付或贿赂。在很多情况下，房东将减少对房屋的维修。由于住房短缺，承租人也只能接受较差的服务，许多事都得靠自己去做。在可能的情况下，房东会把一套公寓分成几个部分出租，因为从划分后的几个部分各自在最高限价下得到的租金之和超过原来整套公寓的租金。房东就是通过这些办法来对付最高限价的限制。

根据兰德公司的估计,在纽约,由于受房租管制法的影响,租金的增加远远低于成本的增加。对1943年以前建造的单元住宅来说,房租每年的平均增长幅度大约为2%,而房东的各种成本的平均增长幅度每年大约为6%。这样,新住宅难以兴建,老住宅又年久失修也就不足为奇了。

《纽约时报》呼吁:"当公寓空出来以后,就应当终止租金管制……它将增加住房供给,这是符合大多数人利益的。"大多数经济学家肯定也会认为,房租最高限价的继续施行,决非解决住房严重短缺的一项适当措施。但我们这里的目的决不是判断房租管制的反对者的是非曲直,而是要表明我们所讨论的微观经济学概念在了解这些问题时所发挥的重要作用。

案例2-8:票贩子屡禁不止的原因

看过病的人都知道,在一些名牌医院挂专家门诊号有多难。价钱倒不贵,北京协和医院专家门诊号的最高价格为14元。这是政府规定的专家门诊的最高价格。这种政策的目的是为了保证穷人也能找专家看病,但它却引起了什么后果呢?由于价格低,无论大病、小病,人人都想看专家门诊,但愿意从事专家门诊的专家积极性并不高。这样,供给量小于需求量,存在短缺。在存在短缺但价格又不能上升的情况下,解决供给小于需求的方法有三种:配给(由医院决定给谁)、排队和黑市。黑市交易是票贩子和病人之间的交易。票贩子是一批以倒号为业的人,他们或拉帮结伙装做病人挂号,或者与医院有关人员勾结把号弄到手,然后以黑市的均衡价格(比如100元)卖给病人。尽管公安部门屡次打击票贩子,但由于丰厚的利润,票贩子屡禁不止。医院为了对付票贩子,实行了持身份证的挂号实名制看病,但仍没有解决问题,变化只是票贩子由卖号变为卖排队的位置,可见只要存在限制价格,短缺就无法消除,票贩子决不会消失。

票贩子的存在既损害了病人的利益,又损害了专家的利益。病人不得不付出高价,这种高价又不由专家所得。在我们的例子中,限制价格14元是医院得到的价格,病人却付出了100元,其间的差额86元就归票贩子及提供号的人所得。政府有关部门制定限制价格的意图也许是为了维护消费者的利益,但实际上却损害了消费者的利益。

从经济学的角度看,消除票贩子的办法 不是"加大打击力度"等等,而是取消对专家挂号费的限制价格政策。一旦价格放开,挂号费上升,想看专家门诊的人减少(小病不找专家,大病、疑难病症才找专家),而愿意从事专家门诊的专家增加(收入增加愿意每周多门诊几次),最终实现供求相等。这时,票贩子无利可图,自然也就消失了。

当然,放开专家门诊涉及医疗制度的改革问题,比如医院分级收费、医药分开、完善社会保障体系等。但要解决专家门诊的供求矛盾,从根本上铲除票贩子,还是要放开价格。这是医疗市场化改革的重要内容。

【本章小结】

本章主要介绍均衡价格的决定和应用,包括对需求和供给的一般知识、需求和供给共同作用对价格的决定问题的研究。

1.需求是指消费者在某一特定时间内,在各种可能的价格下愿意并且能够购买的商品和劳务的数量。可分为个人需求和市场需求。影响需求量的主要因素有：商品本身的价格、相关商品的价格、消费者收入水平、消费者的偏好、预期等。商品本身的价格是影响需求量的主要因素，可以用需求函数、需求表和需求曲线来反映价格和需求量之间的关系。需求定理又称需求法则，是假定其他影响需求的因素不变的条件下，商品的需求量与其价格反方向变动。需求变动不同于需求量的变动，引起需求量变动的是商品自身价格的变动，这种变动是在同一条需求曲线上的移动；需求变动则是由于商品自身价格以外的“其他条件”变动，如消费者收入、消费者偏好等的变化而产生的整个需求曲线的移动。

2. 供给是指在某一特定时期内，厂商（生产者）在各种可能的价格下，对某种产品和劳务愿意并能够提供的数量，它可分为个别厂商的供给和市场的供给。影响供给的主要因素有：商品本身的价格、生产要素的价格、相关商品的价格、生产技术水平、厂商对未来的预期、政府税收与政府补贴等。商品本身的价格是影响供给量的主要因素，可以用供给函数、供给表和供给曲线来反映价格和供给量之间的关系。供给定理又称供给法则，它是假定在价格以外的其他条件不变的情况下，商品价格上升，供给量上升，价格下降，则供给量减少。供给变动不同于供给量的变动，引起供给量变动的是商品自身价格的变动，这种变动是在同一条供给曲线上的移动；供给变动则是由于商品自身价格以外的“其他条件”变动，如生产要素的价格、生产的技术水平等变动而产生的整个供给曲线的移动。

3. 供给和需求双方的综合作用最终形成市场均衡价格，均衡价格就是使需求量正好等于供给量的价格。在图中，均衡价格发生在需求曲线和供给曲线的交点上。供给或需求的变动会改变均衡价格和数量。需求的变动引起均衡价格和均衡数量同方向变动。供给的变动与均衡价格呈反方向变动，而与均衡数量呈同方向变动。

4. 支持价格和限制价格是政府干预市场的两种方法，但应注意其负面影响。

习　题

一、名词解释

1. 需求　　2. 需求量　　3. 需求定理　　4. 供给　　5. 供给量

二、选择题

一般而言，供给曲线是一条(　　)。

A. 垂直直线　　B. 向右下方倾斜的曲线

C. 向右上方倾斜的曲线　　D. 水平直线

三、问答题

1. 影响需求和供给的主要因素有哪些？

2. 什么是需求的变动和需求量的变动并用图表示。

3. 什么是供给的变动和供给量的变动并用图表示。

4. 均衡价格是如何形成的？

5. 什么是支持价格？政府实行支持价格对产品的供求关系会产生什么影响？政府应采取什么措施？

四、计算题

假定在某小型市场中，猪肉的需求函数为：$Q_d = 200 - 10P$；供给函数为：$Q_S = 15P - 50$（Q_d、Q_S 均以“kg”为单位，P 以“元/kg”为单位），问：

（1）猪肉的均衡价格是多少元？

（2）猪肉的均衡销售量是多少 kg？

（3）如果规定猪肉的最高限价为 5 元/kg，猪肉的供求关系会发生什么变化？会出现什么现象？

第三章 弹性理论

【教学目的】

本章介绍了价格的变动情况与需求量或供给量的变动情况之间的关系,让学生了解一些基本的弹性理论如需求的价格弹性,需求收入弹性,需求的交叉弹性和供给的价格弹性。

【教学要求】

通过本章的学习,学生能够:

1. 掌握各类弹性的概念。
2. 掌握需求价格弹性和供给弹性的分类和其影响因素。
3. 了解弹性理论的应用。
4. 了解弹性的两种计算方法即弧弹性和点弹性。

【重点与难点】

本章重点:

1. 需求价格弹性分类。
2. 供给弹性的分类。
3. 需求弹性的影响因素。
4. 供给弹性的影响因素。

本章难点:

弹性的计算方法

【知识要点】

需求价格弹性　需求价格弹性分类　影响需求价格弹性的因素　收入弹性　交叉弹性　供给弹性

价格的变动会引起需求量或供给量的变动。但是,不同的商品,需求量(或供给量)对价格变动的反映是不同的。有的商品价格变动幅度大,而需求量(或供给量)变动幅度小,有的商品价格变动幅度小,而需求量(或供给量)变动幅度大。弹性理论正是要说明价格的变动比率与需求量(或供给量)的变动比率之间的关系。弹性理论最早由 19 世纪法国经济学家古诺(A. A. Cournot)提出,以后由马歇尔发展成为一个完整的理论。

第一节 需求价格弹性

一、需求价格弹性的定义

需求价格弹性简称为需求弹性或价格弹性,它表示在一定时期内一种商品需求量相对变动相应于该商品价格相对变动的反应程度。不同的商品,需求量对价格变动的反应是不同的。例如,电视机的价格变动会引起需求量的较大变动,而食盐价格的变动所引起的需求量变动幅度很小。需求价格弹性是需求量变动百分比与价格变动百分比之间的比率,通常用价格弹性系数加以表示:

需求的价格弹性系数=需求量变动百分比/价格变动百分比

价格弹性系数衡量了价格每变动一个百分点,需求量变动的百分比。

我们注意到,如果消费者对商品的需求行为满足需求规律,即价格升高,需求量减少,那么需求的价格弹性为负数值。由于大多数商品的需求都服从需求规律,因而实际运用时,在需求的价格弹性系数中增加一个负号,以便使得价格弹性系数为正数值或者以绝对值表示出来。

如果用 E_d 表示需求的价格弹性系数,Q 表示一种商品的需求量,P 表示该商品的价格,ΔQ 和 ΔP 分别表示需求量和价格的变化量,则需求的价格弹性公式为:

$$E_d = -\frac{\Delta Q/Q}{\Delta P/P} = -\frac{\Delta Q}{\Delta P} \times \frac{P}{Q} \tag{3.1}$$

例如,某商品的价格由每公斤9元下降到8元,需求量由30公斤增加到40公斤,则

$$E_d = -(10/-1) \times (9/30) = 3$$

在这个例子中,需求价格弹性是3,反映了需求量变动是价格变动的3倍。

二、需求价格弹性的分类

根据对需求价格弹性系数符号的约定,对绝大多数商品而言,需求的价格弹性系数最小为0,最大则可以是无穷大。根据价格弹性系数的大小,我们可以把它划分为以下几种类型:

(1)如果一种商品需求的价格弹性系数 $E_d=0$,则称消费者对该商品的需求完全无弹性,或简称为需求无弹性。对于完全无弹性的商品而言,无论商品价格变动多少,消费者的需求量都不发生改变。这种商品对消费者而言绝对必需,此时,商品的需求曲线是一条垂直于数量轴的直线。

(2)如果需求的价格弹性系数在0和1之间,即 $0<E_d<1$,则称消费者对该商品的需求缺乏弹性,或简称为需求缺乏弹性。当需求缺乏弹性时,商品价格变动一个百分点,需求量变动小于一个百分点。这表明,消费者需求量的相对变动关于价格的相对变动不敏感。生活必需品,如粮食、蔬菜等属于这种情况。

(3)如果需求的价格弹性系数 $E_d=1$,则称需求为单位弹性。此时,价格每变动一个百分点,需求量将会随之变动百分之一。

(4)如果需求的价格弹性系数为大于1的有限数值,即 $1<E_d<+\infty$,则称消费者对该商品的需求富有弹性,或简称为需求富有弹性。它表明,如果商品价格变动百分之一,需求量的变动会超过百分之一,即需求量相应于价格的变动更为明显。奢侈品,如汽车、珠宝、国外旅游等属于这种情况。

(5)如果需求的价格弹性系数系数 $E_d=+\infty$,则称需求为无限弹性。在这种情况下,价格的轻微变动就会导致需求量急剧变动。此时,商品的需求曲线是一条垂直于价格轴的直线。

一般而言，商品需求的价格弹性是上述五种情况之一。据此，在一个特定时期内可以根据消费者对商品需求的价格弹性系数而把商品划分为五种类型，并相应的称为完全无弹性、缺乏弹性、单位弹性、富有弹性和无限弹性的商品。由于无弹性、单位弹性和无限弹性的商品属于特殊情形，因而一般的商品可以粗略地被划分为缺乏弹性和富有弹性两种类型。

三、影响需求价格弹性的因素

上面提到，需求或者商品可以根据需求的价格弹性系数的大小进行分类，那么价格弹性系数是如何决定的，它受哪些因素的影响呢？

作为衡量消费者的需求相应于价格变动作出反应程度的一种尺度，需求的价格弹性概念可以应用于整个市场，也可以应用于单个消费者。既然如此，价格弹性的大小就与个人的偏好有直接关系。比如，如果某个人非常喜欢吸烟，那么相对于那些偶尔吸烟的人而言，他对烟的需求就会缺乏弹性。除了偏好以外，下面一些一般性的因素也对需求的价格弹性产生影响。

1. 商品可替代的程度

商品的可替代程度越大，相互接近的商品就越多。当一种商品的价格提高时，消费者可以很容易的转向消费其他商品。因此，商品的可替代程度越大，商品的需求价格弹性就越大。反之，商品的可替代程度越低，商品的需求价格弹性就越小。例如，某种蔬菜因为替代品多而富有弹性，而调料品的价格弹性相对就小。

2. 商品用途的广泛性

如果一种商品的用途很广泛，当商品的价格升高以后，消费者在各种用途上可以适当减少需求量，从而使得需求量的改变量较大。因此，商品的用途越广泛，需求的价格弹性就越大。反之，用途越狭窄，需求的价格弹性就可能越小。

3. 商品对消费者生活的重要程度

对消费者而言，不同的商品可能处于不同的需求层次上。通常基本的需求，其需求的价格弹性较小，而较高层次的需求的价格弹性就较大。例如，粮食的需求价格弹性较小，而家用汽车的需求价格弹性就较大。

4. 商品的消费支出在消费者预算支出中所占的比重

当一种商品在消费者预算支出中所占的比重很小的时候，消费者可能不会太在意这种商品的价格变动。比如，当你到超市购物时，顺便购买了一袋奶糖，你或许并没有注意到这种奶糖已经从1元涨到2元，因为这种价格的变动对你的生活并没有多大的影响。因此，某种商品在消费支出中所占的比重越小，该商品的需求价格弹性就越小。相反，某种商品在消费支出中所占的比重越大，该商品的需求价格弹性可能就越大。

5. 相应于价格变动，消费者调整需求量的时间也是一个重要因素

一般说来，消费者调整需求的时间越短，需求价格弹性就越小；相反，调整时间越长，需求价格弹性越大。例如，原油价格上涨，消费者很难在短期内相应的调整需求量。但如果给消费者更多的时间，他们会开发新的能源或者运用新的节能设备等。因此，相应于同样的价格变动，消费者在短期内对需求量的调整就少，从而需求的价格弹性就小，而在长期则价格弹性就较大。

上述关于影响需求价格弹性因素的分析并不是孤立的，这些因素共同发挥作用，决定了

需求价格弹性系数的大小。

四、需求价格弹性与总收益

需求价格弹性对于企业制定价格策略是非常有用的。因为它有助于弄清价格变动对总收益的影响。对许多企业来说，要想增加总收益，在制定价格策略时，一定要考虑所生产的商品的需求价格弹性与总收益的关系。

（一）缺乏弹性的商品需求价格弹性与总收益的关系

如果一种商品的需求是缺乏弹性的，那么，价格上升会使总收益增加；价格下降会使总收益减少。价格与总收益成同方向变动，这是因为对于需求缺乏弹性的商品来说，需求量变动的比例总是小于价格变动的比例。

粮食降价而总收益减少，就是我们一般所说的谷贱伤农。其原因就在于粮食是生活必需品，需求缺乏弹性。粮食丰收造成粮价下跌，并不会使需求量同比例增加，这就使总收益减少，农民的收入下降。同理，遇到灾荒年，粮食价格飞涨，农民也许将"因祸得福"。

（二）富有弹性的商品需求价格弹性与总收益的关系

如果一种商品的需求是富有弹性的，那么，价格上升会使总收益减少，价格下降会使总收益增加。价格与总收益成反方向变动，这是因为对于需求富有弹性的商品来说，需求量变动的比例总是大于价格变动的比例。

富有弹性的商品价格下降而总收益增加就是我们一般所说的薄利多销。"薄利"是由于降价使每单位商品的利润减少了，但降价能"多销"，"多销"则会增加总收益。因为需求富有弹性的商品降价引起销售量增加的比例大于降价的比例。在现实中"跳楼价"、"出血价"等实现薄利多销的产品均为需求富有弹性的商品。

案例3－1：七宝古镇的收费教训

上海近郊的七宝古镇以物美价廉的各色小吃见长，且交通便利，吸引了大批游客，客流滚滚带来了财源滚滚。但有关方面却动起了圈起古镇卖门票的念头，尽管反对者众多，还是要"试收费半年"，结果实际门票收入与预期相去甚远，游客减少，让镇上商户叫苦连天。管理者只好在2005年春节黄金周到来之际，叫停试行了半年的10元门票收费。放弃收费之后的七宝古镇又恢复了收费前的人流如织。这说明七宝古镇门票的需求弹性是很大的。

案例3－2：对酒类征收高额税能否减少青少年喝酒问题

有人认为对酒类增收高额税能够减少青少年喝酒；而也有一部分人认为对酒类增收高额税不能够减少青少年喝酒，这些反对对酒类增收高额税的人认为，青少年喝酒的主要原因是由于他们身边的朋友喝酒，青少年喝酒更多的是受身边朋友的影响。据此他们认为高额税收对遏制青少年喝酒收效甚微。这些人的观点是否符合经济逻辑呢？

这些人认为，同龄人的影响是青少年喝酒的最重要的决定因素，这一点基本上是成立的。但是，这并不意味着高额税对减少青少年喝酒率没有成效。因为大部分青少年没有多少钱可以用于自主消费，所以酒类在一个普通青少年喝酒者的预算中占据着相当大的比例。

因此,酒的需求价格弹性不可忽视。征收高额税收后,一些青少年将因为无法负担高额费用而放弃喝酒。即使在那些仍能负担这种高价的青少年中,还是会有一些人将选择消费其它产品而不愿为继续喝酒支付高价。

既然税收至少能影响一部分青少年喝酒者,那么这些人的观点就有问题了——如果税收能通过影响酒的价格直接阻止一小部分喝酒者,那么它也能通过减少同伴中喝酒人群的数量,从而间接阻止其它的喝酒者。进一步地,那些因为间接影响而停止喝酒的人也将不再影响其他人喝酒,如此反复。因此,虽然对酒类征收高额税对青少年喝酒的直接效应很小,但是累计效应却可能相当大。所以,"同等人群压力是青少年喝酒的主要决定因素"这个纯粹的事实并不能说明高额税对减少青少年喝酒人数没有成效。

五、需求价格弹性的计算

以上我们在一般意义上讨论了需求的价格弹性概念。现在我们来讨论需求价格弹性的计算问题。

无论是理论分析还是经验分析,人们时常借用弧弹性和点弹性来对需求的价格弹性系数加以估计或计算。

(一) 弧弹性

弧弹性是以某种商品需求曲线上两点之间的价格和需求量为基础计算出来的需求的价格弹性。根据前面介绍的需求价格弹性系数的定义,如果预先知道需求曲线上的两个点,则可以计算出价格和需求量的改变量及其相对变动,从而得到弹性系数值。

假定消费者对某种商品的需求曲线上的两个点分别为 A 和 B 时,它们对应的价格和数量组合分别为(P_1,Q_1)和(P_2,Q_2)。如图 3-1 所示。于是,可以得到价格和数量的改变量分别为 $\Delta P=P_2-P_1$ 和 $\Delta Q=Q_2-Q_1$。然而,我们仍有一个问题没有解决,那就是,在考虑价格和需求量变动的百分比时,选取(P_1,Q_1)和(P_2,Q_2)作为初始点会得到两个结果:

$$E_{\mathrm{d}}=-\frac{\Delta Q}{\Delta P}\times\frac{P_1}{Q_1}\text{和}E_{\mathrm{d}}=-\frac{\Delta Q}{\Delta P}\times\frac{P_2}{Q_2}$$

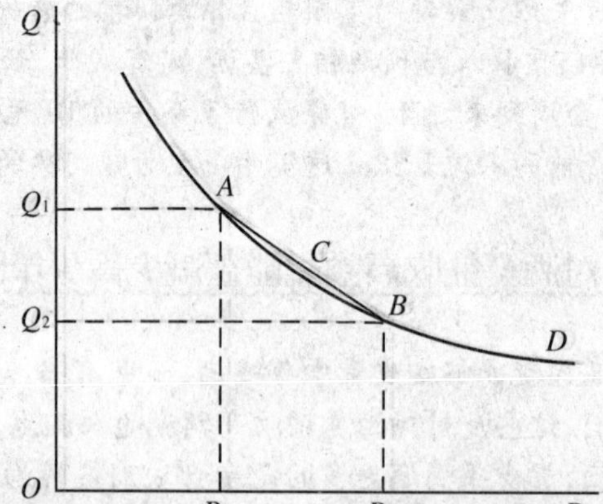

图 3-1 需求价格的弧弹性

在一般情况下,上述两个结果会有所不同。那么我们将其中哪一个作为该需求的价格弹性呢?

为了解决这一问题，经济学家采用了一个变通但是却很有效的方案，即用 A 和 B 的中点 C 作为 A 和 B 的代表，以避免 A 和 B 的初始点之争。我们知道，A 和 B 的中点 C 的坐标为 $[(P_1+P_2)/2,(Q_1+Q_2)/2]$。把这一结果代入到 $E_d=-(\Delta Q/Q)/(\Delta P/P)=-(\Delta Q/\Delta P)\times(P/Q)$ 中得到：

$$E_d=-\frac{\Delta Q}{\Delta P}\times\frac{\frac{P_1+P_2}{2}}{\frac{Q_1+Q_2}{2}}$$

对上式进行化简，并注意到 $\Delta P=P_2-P_1$，$\Delta Q=Q_2-Q_1$，则可以得到：

$$E_d=-\frac{Q_2-Q_1}{P_2-P_1}\times\frac{P_2+P_1}{Q_2+Q_1}=-\frac{Q_2-Q_1}{P_2-P_1}\Big/\frac{Q_2+Q_1}{P_2+P_1} \tag{3.2}$$

这一结果即为需求价格弧弹性的计算公式。

由式(3.2)可以知道，只要已知价格变动前后的数值以及相应的需求量，就可以得到这一需求的价格弹性的数值。这一数值与需求曲线上 A 和 B 之间的一段弧上的弹性值近似，故被称为弧弹性。但是，以此方式得到的价格弹性系数只与这两个点有关，而与我们要考察的需求曲线的倾斜程度没有任何关系。换句话说，弧弹性反映了过 A 和 B 两点的所有需求曲线的价格弹性值。很显然，对特定的需求而言，A 和 B 之间的距离越远，由(3.2)式提供的弹性系数越可能出现偏差。

（二）点弹性

点弹性衡量了在需求曲线某一点上的需求量的无穷小的变动率对于价格的无穷小的变动率的反应程度。需求价格的点弹性是以需求曲线上的某一点为基础而得到的，它表示了需求曲线上某一点的价格弹性。

根据式(3.1)关于价格弹性的定义，对应于一个特定的价格和需求量的组合 (P,Q)，当价格的改变量 ΔP 无穷小时，需求量的改变量 ΔQ 相应地作出调整，此时需求的价格弹性可以表示为：

$$E_d=-\lim_{\Delta p\to 0}\frac{\Delta Q}{\Delta P}\times\frac{P}{Q}$$

由于价格 P 和需求量 Q 是既定的，因而上述极限可以表示为：

$$E_d=-\left(\lim_{\Delta p\to 0}\frac{\Delta Q}{\Delta P}\right)\times\frac{P}{Q}$$

我们注意到，上式括号内的极限值恰好是需求量关于价格的导数，即需求曲线的斜率，因此需求价格的点弹性可以表示为：

$$E_d=-\frac{dQ}{dP}\times\frac{P}{Q} \tag{3.3}$$

式(3.3)给出了需求价格点弹性系数的计算公式。不难看出，这一弹性系数只与需求曲线上点 (P,Q) 的斜率 dQ/dP 有关，故被称为点弹性。与弧弹性相比，对于特定需求而言，点弹性可以精确地反映出需求曲线上每一点的弹性值。

我们提及式(3.3)的一个副产品。由式(3.3)可以看出，尽管需求的价格弹性概念与需求曲线的倾斜程度有关系，但二者并不尽相同。在一个特定点上，需求曲线斜率的绝对值越大，即需求曲线相对于价格轴越陡、相对于数量轴越平缓，则价格弹性值就越大；反之，需求曲线相对于价格轴越平缓、相对于数量轴越陡，需求的价格弹性就越小。这适用于对过同一点的两条需求曲线的弹性进行比较。

但是，在同一条需求曲线上，弹性值不仅取决于需求曲线的斜率，而且与需求曲线上的特定点有关系。特别的，即使在一条倾斜程度相同的线性需求曲线上，需求的价格弹性也不相同。例如，假定需求函数为：

$$Q = 15 - 2P$$

则在需求曲线上的每一点上，曲线的倾斜程度都是相同的，其斜率均为 -2。但是，当价格等于 1 从而需求量等于 13 的点上，需求价格的点弹性为 2/13，而当价格等于 5 从而需求量等于 5 的点上，需求价格的点弹性为 2，它们二者并不相同。显然，在斜率相同的一条向右下方倾斜的需求曲线上，价格越高，弹性值越大，价格越低，则弹性值越小。

第二节　需求的其他弹性

除了需求的价格弹性之外，我们还可以扩展其他的需求弹性概念，其中较为重要的是需求的收入弹性和交叉弹性。

一、需求的收入弹性

需求的收入弹性简称为收入弹性，它表示在一定时期内，相对于消费者收入的相对变动，商品需求量的相对变动的反应程度。与其他弹性一样，收入弹性的大小由弹性系数表示，它被定义为消费者对商品需求量变动的百分比与消费者收入变动的百分比的比率：

需求的收入弹性系数 = 需求量变动的百分比/收入变动的百分比

如果用 E_m 表示需求的收入弹性系数，用 Q 表示消费者对商品的需求量，M 表示消费者的收入，ΔQ 和 ΔM 分别表示需求量和收入的变动数值，则收入弹性可以表示为：

$$E_m = \frac{\Delta Q/Q}{\Delta M/M} = \frac{\Delta Q}{\Delta M} \times \frac{M}{Q} \tag{3.4}$$

一种商品收入弹性系数的符号取决于需求量相对于收入变动而变动的方向。如果消费者的收入与商品的需求量呈同方向变动，那么收入弹性系数为正数值；相反，收入弹性系数为负数值。对于正常商品而言，随着收入的增加，消费者对商品的需求量增加。从而，正常商品需求的收入弹性系数 E_m 大于 0。如果商品为劣质品，随着消费者收入的增加，消费者会逐渐减少对这些商品的需求量，因此，劣质品的收入弹性系数 E_m 小于 0。

反之，利用收入弹性系数的大小也可以对商品进行分类。首先，如果商品的收入弹性 E_m 大于 0，则该商品是正常商品；如果 E_m 小于 0，则表明该商品是低档商品或劣质品。其次，对于正常商品而言，如果 E_m 大于 1，那么表明随着消费者收入的增加，需求量增加的百分比超过收入增加的百分比，因而该商品是奢侈品；反之，如果 E_m 小于 1，则表明随着消费者收入的增加，需求量增加的百分比低于消费者收入增加的百分比，因而该商品是非奢侈品。

二、需求交叉弹性

有关需求弹性的另一个扩展是需求的交叉弹性。需求的交叉弹性简称为交叉弹性，它表示，在一定时期内，相对于相关商品价格的相对变动，一种商品的需求量的相对变动的敏感程度。交叉弹性的大小由交叉弹性系数加以衡量。交叉弹性系数被定义为消费者对商品需求量变动的百分比与相关商品价格变动百分比的比率，即：

需求的交叉弹性系数 = 需求量变动的百分比/相关商品价格变动的百分比

假定我们考察 A 商品相应于 B 商品的交叉弹性，即考察 A 商品需求量相应于 B 商品价格变动作出反应的敏感程度。以 Q_a 表示消费者对 A 商品的需求量，P_b 表示相关商品 B 的价格，ΔQ_a 和 ΔP_b 分别表示 A 商品需求量和 B 商品价格的改变量，E_c 表示需求的交叉弹性系数，则交叉弹性可以表示为：

$$E_c = \frac{\Delta Q_a / Q_a}{\Delta P_b / P_b} = \frac{\Delta Q_a}{\Delta P_b} \times \frac{P_b}{Q_a} \tag{3.5}$$

一种商品关于另一种商品价格的交叉弹性系数的符号取决于相关商品的价格变动如何影响到消费者对该商品的需求量。假如相关商品 B 的价格升高，首先引起 B 商品需求量减少，在这时，如果 A 和 B 两种商品之间存在替代关系，那么消费者就会增加 A 商品的需求量，以便替代 B 商品需求量的减少。这就是说，如果 A 和 B 两种商品是替代关系，则 A 商品需求关于 B 商品价格的交叉弹性系数 E_c 大于 0。相反，如果 A 和 B 两种商品是互补关系，则 B 商品需求量的减少将会导致 A 商品需求量随之减少。因此，在 A 和 B 两种商品是互补关系时，E_c 小于 0。

基于上述理由，如果一种商品关于另一种商品的交叉弹性系数大于 0，则二者之间是替代关系；反之，如果交叉弹性系数小于 0，则二者之间是互补关系。

第三节 供给弹性

弹性概念也可以由需求朝着供给方向推广，如同需求的各种弹性概念一样，根据影响供给量的因素，也可以定义各种供给弹性，例如供给的价格弹性、供给的交叉弹性等。在这里，我们以供给的价格弹性为例做出说明。

一、供给价格弹性的定义

供给的价格弹性简称供给弹性，它表示在一定时期内相应于商品价格的相对变动，商品供给量相对变动的反应程度。供给价格弹性的数量表示是弹性系数，它被定义为商品供给量变动的百分比与价格变动百分比的比率，即

供给的价格弹性系数 = 供给量变动的百分比/价格变动的百分比

如果用 E_s 表示供给的价格弹性系数，Q_s 表示某一种商品的供给量，P 表示该商品的价格，ΔQ_s 和 ΔP 分别表示供给量和价格的变动数值，则供给的价格弹性可以定义为：

$$E_s = \frac{\Delta Q_s / Q_s}{\Delta P / P} = \frac{\Delta Q_s}{\Delta P} \times \frac{P}{Q_s} \tag{3.6}$$

我们注意到,生产者对商品的供给通常满足供给规律,从而商品的价格越高,供给量越大,因此供给量的改变量 ΔQ_s 和价格改变量 ΔP 具有相同的符号。这表明,供给弹性系数通常为正数值。

二、供给弹性的分类

依照供给价格弹性系数的大小,也可以把生产者对商品的供给划分为以下五种类型:

(1)如果一种商品供给的价格弹性系数 $E_s=0$。则称生产者对该商品的供给完全无弹性,或简称为供给无弹性。对于供给完全无弹性的商品而言,其供给曲线是一条垂直于数量轴的直线。

(2)如果供给的价格弹性系数在 0 和 1 之间,则称生产者对该商品的供给缺乏弹性,或简称为供给缺乏弹性。对供给缺乏弹性的商品而言,价格每变动一个百分点,供给量的变动小于一个百分点,即商品供给量的相对变动关于价格的相对变动不敏感。

(3)如果供给的价格弹性系数 $E_s=1$,则称供给为单位弹性。此时,价格每变动一个百分点,供给量将会随之变动百分之一。此时,商品的供给曲线是一条过原点的向右上方倾斜的直线。

(4)如果供给的价格弹性系数为大于 1 的有限数值,即 E_s 大于 1 小于无穷大,则称生产者对该商品的供给富有弹性,或简称为供给富有弹性。它表明,如果商品价格变动百分之一,供给量的变动会超过百分之一,即供给量的变动相应于价格的变动更为明显。

(5)如果供给的价格弹性系数等于无穷大,则称供给为无限弹性。在这种情况下,价格的轻微变动就会导致供给量急剧变动。此时,商品的供给曲线是一条垂直于价格轴的直线。

三、影响供给价格弹性的因素

影响供给价格弹性的因素也是多种多样的,概括起来主要有以下几个方面:

1. 生产技术的类型

生产者所使用的生产技术类型影响到供给弹性的大小。一般而论,生产技术越复杂,技术越先进,机器设备占用越大,生产周期越长,供给的弹性越小。如果生产者使用先进的复杂技术,各种生产投入之间就不容易替换和调整。例如,一个小贩要比一个使用资本密集型技术的大型企业对价格作出的反应更迅速,从而供给弹性就会更大。

2. 生产能力的利用状况

对于使用相同技术的生产者而言,拥有多余生产能力的生产者的供给会更富有弹性,因为它在价格变动特别是价格升高时更容易调整产量。

3. 生产成本因素

在其他条件不变的情况下,如果产量增加只引起边际成本的轻微提高,则供给弹性较大;相反,供给弹性就比较小。

4. 生产者调整供给量的时间

弹性通常都是在一定时间范围内加以讨论的。当商品的价格发生变化时,生产者对供给量进行调整总需要一定的时间。时间越短,生产者越来不及对供给量作出调整。因此,即使对使用同一种生产技术的商品而言,供给弹性也和考察弹性的时间密不可分。例如,如果在一个月内考察粮食的供给,则它很可能是缺乏弹性的,而在一年或以上的时间内,则粮食的供给弹性就可能很大。

四、供给的弧弹性和点弹性

供给的价格弹性也有弧弹性和点弹性之分。

(一)弧弹性

一种商品供给的价格弧弹性是以该商品供给曲线上两点之间的价格和供给量为基础计算出来的弹性值。如果已知生产者在价格为 P_1 时的供给量为 Q_{s1},而在价格为 P_2 时的供给量为 Q_{s2},那么供给的弧弹性定义为:

$$E_s = \frac{Q_{s2} - Q_{s1}}{P_2 - P_1} \times \frac{P_2 + P_1}{Q_{s2} + Q_{s1}} = \frac{Q_{s2} - Q_{s1}}{P_2 - P_1} \Big/ \frac{Q_{s2} + Q_{s1}}{P_2 + P_1} \tag{3.7}$$

它反映了供给曲线上 (P_1, Q_1) 和 (P_2, Q_2) 两点之间的供给弹性值。

(二)点弹性

供给的点弹性是在供给曲线某一点上衡量的相应于价格无穷小的变动率,供给量变动率的反应程度。对应于供给曲线上的一个特定的价格和供给量组合 (P, Q_s),供给的点弹性定义为:

$$E_s = \lim_{\Delta P \to 0} \frac{\Delta Q_s}{\Delta P} \times \frac{P}{Q_s} = \frac{dQ_s}{dP} \times \frac{P}{Q_s} \tag{3.8}$$

其中,dQ_s/dP 恰好是供给曲线在这一点的斜率。供给的点弹性反映了供给曲线在一个点上的弹性值的大小。

最后同样需要注意,尽管我们时常说,供给曲线越陡(即 dQ_s/dP 越小),供给弹性越小,供给曲线越平缓(即 dQ_s/dP 越大),供给弹性越大,但供给弹性并不只与供给曲线的倾斜程度有关。供给弹性也与价格和供给量的组合在供给曲线上的位置有关系。

案例 3-3:为什么汽油的价格比汽车的价格更多变?

在美国,汽车价格经常一年才发生一次改变(当生产者宣布价格提高几个百分点时)。相反的,汽油价格却经常大幅度波动。在加利福尼亚州两个最大的城市,一年中最高的每日油价比最低的每日油价高 3 倍。为什么汽车价格和汽油价格在波动性方面会存在如此巨大的差别呢?

至少有两个重要特征决定了汽油市场和汽车市场在价格波动性方面的巨大差别。一个是短期需求价格弹性:汽油的短期需求价格弹性比汽车小很多。另一个是供给的变化。汽油市场上供给的变化比汽车市场更显著、更频繁。

为什么两个市场在以上这些方面存在差异呢?首先考虑需求价格弹性方面的差异。我们对汽油的需求量很大程度上取决于我们所拥有的汽车类型以及行驶的里程。短期内,汽车的所有权状态和行驶的里程基本是不变的,因此即使汽油价格急剧变化,需求量也不会改变太多。相反的,如果汽车价格突然发生变化,那么我们可能会延迟或者加快新车的购置。

接着考虑汽油市场上供给的变化比汽车市场更显著、更频繁的原因。为了弄清这一点,我们只需要考察两个市场上卖主所使用的投入的相对稳定性。对于汽车市场而言,生产汽车所使用的大多数投入——钢铁、玻璃、橡胶、塑料、电子产品、零件、劳动力以及其他投入供应充足。相反的，对于汽油市场而言，生产汽油所使用的关键投入——原油却经常受到不可预测的供给干预的影响。

以上提到石油市场经常会受到供给干预，这是符合现实的，因为世界上绝大部分的原油供给是由OPEC控制的，该机构是一些石油出口国的联合体，曾经几次急剧缩减对美国的石油出口。退一步说，即使OPEC没有采取类似的行动，石油市场还是会出现大规模的供给缩减。例如，当生产者担心政治动荡可能波及中东的主要石油生产国时，他们也会减少供给。

2001年9月11日，美国世贸大厦以及五角大楼遭受恐怖袭击后油价猛涨。是因为很多人认为这些袭击预示着穆斯林世界与西方社会大规模战争的开始，所以担心中东产油国将对原油供给进行干预。虽然战争最终并没有爆发，但是这些担忧本身就足以引发暂时性的供给干预。未来发生战争的可能性使人们预期到原油供给将会减少、未来油价将会升高，于是生产者将会从现有市场中撤出一部分石油（为了能在将来以更高的价格出售）。但是，一旦人们对战争的担忧消除了，汽油的供给曲线将以同等的速度恢复到原位。总结起来，汽油市场供给移动的幅度大、频度高，汽油的需求弹性较小，这两方面的因素共同作用导致汽油市场价格波动性较强。

【本章小结】

本章介绍了价格的变动情况与需求量或供给量的变动情况之间的关系，各类弹性的概念、分类、及其影响因素，在经济生活中通过弹性分析，可以进一步研究和了解商品的不同特性。

1. 需求价格弹性是需求量变动的百分比与价格变动百分比之间的比率。它依据弹性系数的大小进行分类，它的计算可以用点弹性和弧弹性两种方法来进行。

2. 需求价格弹性与总收益的关系。

3. 除了需求的价格弹性之外，需求的收入弹性是需求量变动的百分比与消费者收入变动百分比之间的比率；需求的交叉弹性是需求量变动的百分比与相关商品价格变动百分比之间的比率。

4. 供给价格弹性是商品供给量变动的百分比与价格变动百分比之间的比率。它也有点弹性和弧弹性之分。

习 题

一、名词解释

1. 需求价格弹性　2. 收入弹性　3. 交叉弹性　4. 供给弹性

二、选择题

1. 下列商品需求价格弹性明显大于其他的是（　　）。

A. 食盐　B. 大米　C. 鸡蛋　D. 汽车

2. 如果需求无弹性，那么降价将会（　　）消费者在产品上的总支出。

A. 增加　B. 减少　C. 不会影响

3. 当需求价格弹性(　　)时,消费者在产品上的总支出达到最大值。

A. 小于0　　B. 大于0小于1　　C. 等于1　　D. 大于1

三、计算题

当一张电影票的价格为40元时,买者愿意购买1 000张,而当价格降为30元时,需求量上升为1 500张。在初始价格水平下,电影票的需求价格弹性是多少? 电影票的需求关于价格是有弹性的吗?

四、问答题

1. 需求价格弹性的分类。
2. 影响需求价格弹性的因素。
3. 需求价格弹性和总收益的关系。
4. 供给弹性的分类及其影响因素。

第四章 消费者行为理论

【教学目的】

通过阐述决定市场均衡价格的一方即消费者受到什么规律的支配，从市场需求和市场供给决定市场均衡价格，个人需求决定市场需求，从而进一步阐述消费者怎样作出经济决策，如何使用自己的既定收入来达到效用最大化。

【教学要求】

通过本章的学习，学生能够：

1. 掌握基数效用论的内容及边际效用分析方法。
2. 掌握序数效用论的内容及无差异曲线分析方法。
3. 了解价格效应和消费者选择。

【重点难点】

本章重点：

1. 基数效用论。
2. 边际效用分析方法。
3. 序数效用论。
4. 无差异曲线分析方法。

本章难点

1. 价格效应
2. 消费者选择

【知识要点】

效用　边际效用递减　消费者剩余　无差异曲线　边际替代率　预算线　价格效应

消费者行为理论是要说明决定市场均衡价格的需求的一方受什么规律的支配。市场均衡价格是由市场需求和市场供给决定的。市场需求取决于个人需求，而个人需求是由单个消费者的消费决策决定的。消费者又称居民户是指具有预算的、能作出统一的消费决策的经济单位。这个经济单位可以是一个人，也可以是一个由部分人组成的家庭。西方经济学分析假定，所有经济行为者都是有理性的，也就是说，每一个经济行为者在作出经济决策的时候，都力图使自己在一个既定的条件获得最大的效益。消费者通过提供生产要素获得收入，然后利用既得的收入在购买各种不同数量的商品中使自己获得最大的满足程度，即效用最大化。消费者行为理论就是要说明消费者如何使用自己的既定收入来达到效用最大化。

西方经济学中曾先后出现过使用基数效用与序数效用研究消费者行为的理论。基数效用论者用边际效用分析来研究消费者行为，序数效用论者用无差异曲线分析来研究消费者行为。

第一节 基数效用论与边际效用分析

在19世纪和20世纪初期,西方经济学家普遍使用基数概念来描述效用,即早期的基数效用理论。

一、欲望和效用

在商品价格及消费者收入既定的情况下,消费者根据他们的欲望购买商品和劳务,从而得到欲望的满足,即效用。所以,研究消费者行为的出发点是欲望,归宿是效用。

欲望是指一种缺乏的感觉与求得满足的愿望。作为一种欲望,既要有不足之感又要有求足之愿,因此,它是一种心理现象。经济学家认为人的欲望是有层次的,当人们较低层次的欲望得到满足后,人们又会产生更高层次的新的欲望,因此人们的欲望是多种多样的,而且是无限的。本章中所涉及的欲望仅仅是对商品和劳务的需要的欲望。

效用是指商品或劳务满足人们欲望的能力,即消费者从消费某种物品中所得到的满足感。可见,效用是存在于消费者心目中的一种感觉,这种感觉是主观的而不是客观的。因为某种物品是否具有效用及效用的大小都取决于消费者对该物品的主观感受,而且一种物品所具有的效用也会因人、因时、因地不同。例如,一个人在口渴的时候,水对他来说就具有很大的效用,但当他不渴的时候,水对他来说就不具有效用,或者效用很小。只有冬季才用的东西,如羽绒服,在夏季对于人们来说就没有效用。效用除了具有主观性特点以外,还有另一个特点,即效用在伦理概念上是中性的。因为衡量一种商品或劳务是否具有效用,只需要看它是否能满足人的欲望,而并不需要评论这个欲望是好是坏,被满足的欲望可以是一种无聊的甚至是不道德的欲望,例如吸毒。

19世纪的德国经济学家H.H.戈森曾经提出关于欲望和效用的两条规律:第一,欲望强度递减规律,即在一定时期内,一个人对某种物品的欲望强度随着该种物品的增加而减少;第二,享受递减规律,即随着欲望的不断满足,人所得到的享受是递减的。而享受递减规律实际上就是效用递减规律。这两条规律的提出为以后的边际效用学说奠定了理论基础。

二、基数效用、总效用和边际效用

早期的效用论者用基数来描述效用。基数这个术语来源于数学,指1、2、3……基数效用论对效用给出了数量的含义,从而使基数效用具有两个显著特征:一是可以进行数量比较;二是可以加总求和。

阅读材料4-1

对一个爱好篮球的消费者来说,一顿丰盛晚餐的基数效用是10效用单位,而看一场精彩球赛的基数效用则是20效用单位,这样这个消费者就可以依据基数效用的数量差别进行比较而进行消费选择;如果晚餐和球赛可以同时享受,消费者还可以进行加总计量得出总效用,即30效用单位。

基数效用论的核心观点在于,效用如同长度、重量等概念一样,可以具体衡量并加总求和,具体的效用量之间的比较是有意义的。

基数效用论将效用分为总效用(TU)和边际效用(MU)。

总效用指消费者在一定时间内从一定数量的商品消费中所得到的效用量的总和。也即消费者消费的多种商品的效用量的数量之和。而边际效用是指消费者增加一单位商品的消费中所得到的效用增量。

假设消费者对一种商品的消费数量为Q,则总效用函数为:$TU=f(Q)$

相应的边际效用函数为: $MU=\frac{\Delta TU(Q)}{\Delta Q}$

当商品的增加量趋于无穷小时,即$\Delta Q\to 0$时有:

$$MU=\lim_{\Delta Q\to 0}\frac{\Delta TU(Q)}{\Delta Q}=\frac{\mathrm{d}TU(Q)}{\mathrm{d}Q}$$

三、边际效用递减规律

(一)边际效用递减规律的内容

边际效用递减规律是指在一定时间内,随着消费者对某种商品消费量的增加,消费者从该种商品连续增加的每一消费单位中所得到的效用增量即边际效用是递减的。也就是任何一种商品随着使用量增加,其效用增量越来越少。例如对于一个饥饿的人,第一个馒头给他带来的效用是很大的,而随着这个人所吃的馒头数量的连续增加,虽然总效用是不断增加的,但是增加的每一个馒头给他所带来的效用增量即边际效用却是递减的。当他完全吃饱时,所有馒头的总效用达到最大值,而边际效用却降为零。此时,如果还要求他继续吃馒头,他就会感到不舒服,也就是说边际效用进一步降为负数,总效用也开始下降。

(二)边际效用递减的原因

对边际效用递减的原因有三种解释:

1. 用生理或心理原因来解释

随着一种商品消费量增加,从同一种商品消费中得到的生理满足程度,或心理上对重复刺激的反应程度是递减的,所以边际效用递减。

2. 反证法

如果边际效用不呈递减趋势,假定消费者可免费取用商品时,则他对任何消费品的需要量都是无穷大的。而事实上,消费者对某一种商品的需要总会停止的,在停止的这一点上,消费者的总效用最大而边际效用为零。那么,在停止之前边际效用必然是递减的。

3. 配置论

一般情况下,每种物品都有几种用途,按重要性可以分出顺序。消费者随着获得该物品数量的增加,会将其逐次用到几种用途上。这说明边际效用是递减的。比如水,按重要程度顺序,依次有饮用、洗浴、洗衣、浇花等用途。水很少时,它会被用于最重要的用途如饮用。随着得到的水量增加,它会被逐次用到洗浴、洗衣、浇花等相对来说越来越不重要的用途上。这说明水的边际效用是递减的。

在以上三种解释中,第一种解释只能靠心理感受证实,缺乏客观性。第二、第三种解释可以通过观察消费者行为并进行推论来证实。

(三)总效用和边际效用的关系

关于总效用和边际效用之间的关系可用表4－1来说明。

由表4－1可以看出,当商品的消费量由0增加为1时,总效用由0增加为10效用单位,总效用的增加量即边际效用为10效用单位。当商品的消费量继续增加为2时,总效用由10效用单位增加为18效用单位,总效用的增加量即边际效用下降为8(18－10＝8)效用单位。依此类推,当商品的消费量增加为6时,总效用达到最大值为30效用单位,边际效用递减为0。此时,消费者对该商品的消费已达到饱和。当商品的消费量再继续增加为7时,边际效用进一步递减为负值即－2效用单位,因此总效用下降为28效用单位,小于效用最大值30效用单位。由表4－1数据绘制的总效用和边际效用曲线如图4－1所示。

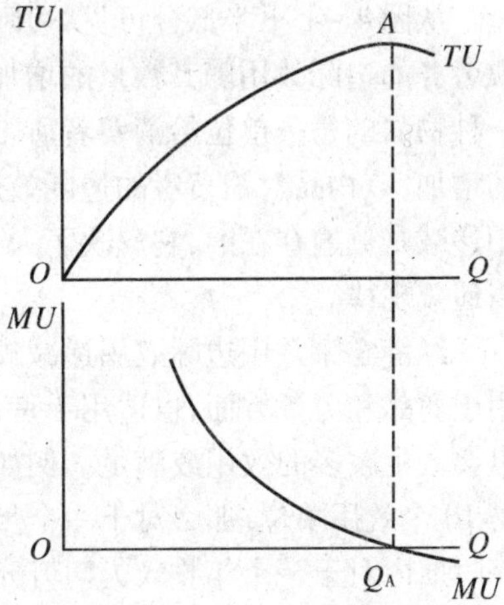

图4－1　总效用和边际效用曲线

表4－1　商品效用表

商品数量(1)	总效用(2)	边际效用(3)	价格(4)
0	0	–	–
1	10	10	5
2	18	8	4
3	24	6	3
4	28	4	2
5	30	2	1
6	30	0	0
7	28	–2	–

在图4－1的上半部分,横轴 Q 代表商品数量,纵轴 TU 代表总效用,TU 曲线表明随着商品数量的增加,人们从消费中得到的总效用在开始的时候不断增加,逐渐达到最大值(A 点),然后再增加商品数量时,总效用又逐渐减少。在图4－1的下半部分,横轴 Q 代表商品数量,纵轴 MU 代表边际效用,MU 曲线表明随着商品数量的增加,人们从消费每一个增加的商品中得到的效用逐渐递减,即边际效用递减。总效用 TU 曲线在某一点上的斜率表明在该点的效用增加量,这个效用增加量等于边际效用曲线 MU 在该点相应商品数量上的高度。也就是说,总效用是由每一个增加的商品的效用相加而得到的。在商品数量小于 Q_A 时,边际效用大于0,为正,因此,随着商品数量增加,总效用一直增加。但是,当商品的数量不断增加时,由于边际效用递减,所以总效用的增加幅度不断减少。当商品数量为 Q_A 时,边际效用等于0,总效用达到最大。当商品数量大于 Q_A 时,边际效用小于0,为负。这时随着商品数量的增加,总效用会逐渐减少。正的边际效用意味着商品能给消费者带来满足;零边际效用意味着消费者对增加或减少某一商品或劳务的数量无所谓;负的边际效用意味着

某种物品或劳务的增加会引起人们不舒适或痛苦。例如,当一个人已经吃得很饱的时候,再给她食物吃,就会产生负的边际效用。

从图4-1下半部分可见,边际效用曲线是一条向右下方倾斜的曲线,这表明某一商品或劳务的边际效用随其数量的增加而减少。这是因为欲望强度与享受程度都是递减的,同一种物品的每一单位给消费者所带来的满足程度是不同的,所以随着所消费的某物品数量的增加,该物品对消费者的边际效用是递减的。西方经济学认为,对一切物品来说,边际效用递减是普遍存在的,它反映了人类的一个普遍经验,因此,通常视它为一条规律,即边际效用递减规律。

经济学家常用边际效用递减规律来解释需求定理。他们认为,边际效用递减规律既适用于商品和劳务方面,也适用于货币收入方面,即收入低和收入高相比较,每增加一元的支出会产生较多的效用或满足。例如,假定对于一个消费者一元的效用(即货币的边际效用)是10个效用单位,那么对于一个年收入为一万元的消费者每一元是10个效用单位,而在同一时期内对于一个年收入为两万元的消费者每一元的效用就应少于10个效用单位,即收入越高,每一元的效用单位量就越小。因此,在分析中就要假定每一元的效用单位在消费者购买时保持不变,以确定货币价格的效用标准。消费者购买物品是为了得到效用,所以在进行购买时他总要比较一下他的货币支出与能获得的效用。如果每一单位的货币(即每一元)给他带来的效用都是相等的,那么,他对某物品愿意付出的价格就以该物品的边际效用为标准。如果边际效用大,消费者愿付出较高的价格;如果边际效用小,消费者只愿付出较低的价格。随着消费者购买某物品数量的增加,该物品的边际效用递减,这样消费者愿付出的价格也就降低了。因此,消费者对某物品的需求量与价格呈反方向变动,即需求定理所示。

阅读材料4-2

在西方经济学史上,曾出现过所谓的"价值的矛盾",即为什么有些用处很大的物品(如水)价值很小,而有些用处很小的物品(如钻石)价值却很大。19世纪70年代奥国学派的门格尔、庞巴维克等人用边际效用来解释价值的决定,认为商品的价值决定于其有用性与稀缺性,价值量的大小由边际效用决定,越是稀缺的东西,边际效用越大,其价值量就越高;反之,越是数量多的东西,边际效用越小,其价值量就越低。这就是所谓的边际效用价值论。西方经济学家认为,边际效用价值论解决了所谓的价值的矛盾。

四、消费者剩余

消费者是按他对物品效用的评价来决定他愿意支付的价格的,但在实际购买中,市场上的实际价格并不必然等于他愿意支付的价格。这样,消费者在购买一定量的商品时,他所愿意支付的金额与他实际支付的金额之间将会有差距。根据效用论的观点,消费者对每种商品愿意支付的价格取决于它的边际效用。由于边际效用递减规律,消费者对同种商品的不同数量愿意支付的价格不同,该商品的数量较少时,消费者对其边际效用的评价较高,愿意支付较高的价格;反之则愿意支付较低的价格。但是,商品的市场价格大都定在某一价格水平上,也就是说,消费者购买任何数量的该种商品实际支付的价格是相同的。这样,消费者根据其所了解的边际效用大小而愿意支付的价格总额与他实际支付的价格总额之间就会出现差额,这个差额被称为消费者剩余。表4－2说明了如何计算消费者剩余。

表4－2　消费者剩余表

商品需求量(*Q*)	消费者愿付价(*MU*)	消费者实付价(*P*)	消费者剩余(*CS*)
1	10	2	8
2	8	2	6
3	6	2	4
4	4	2	2
5	2	2	0
合计	30	10	20

由消费者剩余表可以看出,在消费量为1时,消费者愿意支付的价格为10单位。但实际支付2单位,消费者剩余为8单位,类推下去,消费量为2时,消费者剩余为6单位……

可以用图来说明消费者剩余的概念,如图4－2所示。

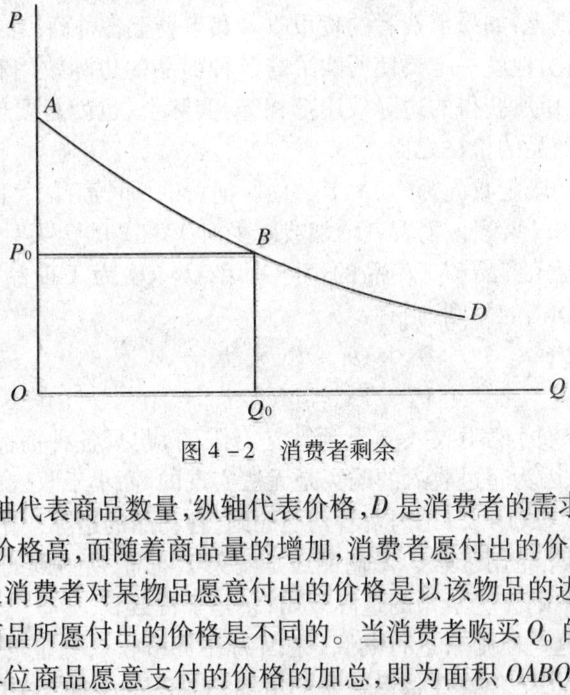

图4－2　消费者剩余

在图4－2中横轴代表商品数量,纵轴代表价格,D是消费者的需求曲线,表明商品量少时,消费者愿付出的价格高,而随着商品量的增加,消费者愿付出的价格越来越低。因为边际效用递减规律以及消费者对某物品愿意付出的价格是以该物品的边际效用为标准,所以消费者对每一单位商品所愿付出的价格是不同的。当消费者购买Q_0的商品时,他愿意付出的金额为购买每一单位商品愿意支付的价格的加总,即为面积$OABQ_0$。但是,消费者购买Q_0商品时,他所实际支付的每一单位商品的价格是最后一单位商品他所愿意支付的价格,即为P_0,所以,他购买Q_0的商品时,他实际付出的金额为实际价格P_0与商品购买量Q_0的乘积,即为面积OP_0BQ_0。这样,他所愿意支付的金额(即面积$OABQ_0$)减去他所实际支付的金额(即面积OP_0BQ_0)就是消费者剩余(即面积AP_0B)。如果一种商品或劳务的价格上升,则消费者受到损害;如果价格下跌,则消费者受益。这种消费者损害和受益表现为消费者剩余的一笔损失和一次收获,如图4－3所示。

在图4－3中,D为消费者的需求曲线。最初价格为P_0时,消费者剩余是面积A与面积B之和。当价格上升到P_1时,消费者剩余就缩小为面积A,这样,面积B就是因价格上升而带来的消费者剩余的一笔损失。同样，当价格从 P_0 下降到 P_2 时，消费者剩余就扩大到面积 A、面积 B 和面积 C 之和，面积 C 就是因价格下降而带来的消费者剩余的一次收获。消费者剩余的收获和损失的大小取决于价格变动的幅度和需求的价格弹性。消费者剩余是消费者心理上的一种感觉，它表明消费者实际获得的总效用比消费者实际支付的货币总效用多，而并不意味着消费者有实际收入的增加。

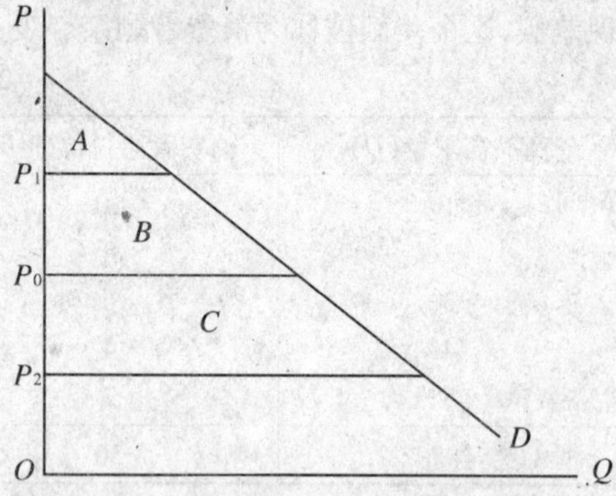

图 4－3　消费者剩余的减少与增加

五、基数效用论下的消费者均衡

消费者的货币收入总是有限的，他要把有限的货币收入用于各种商品的购买以满足自己的欲望。他应该如何把货币收入分配于各种商品的购买才能获得最大程度的满足，即达到效用最大化呢？消费者均衡正是要研究这一问题。

消费者均衡的原则是：如果消费者的货币收入和市场上各种商品的价格是既定的，消费者要想达到效用最大化，他就一定要使所购买的各种商品的边际效用和他所付的价格成比例，即要使每一单位货币所获得的边际效用都相等，实际上，也就是要使所购买的各种商品的边际效用等于各种商品的价格之比。

假定一个消费者的既定收入为 M，X、Y 为他所消费的两种商品，X 商品和 Y 商品的价格是已知的，分别为 $P\text{x}$ 和 $P\text{y}$，当该消费者增加或减少对 X 和 Y 的购买时，不会对 $P\text{x}$ 和 $P\text{y}$ 有影响。设 $MU\text{x}$、$MU\text{y}$ 为 X 商品和 Y 商品的边际效用，$Q\text{x}$、$Q\text{y}$ 为 X 商品和 Y 商品的购买量。用公式来表示消费者均衡的原则，则有：

$$P\text{x} \times Q\text{x} + P\text{y} \times Q\text{y} = M \tag{4.1}$$

$$MU\text{x}/P\text{x} = MU\text{y}/P\text{y} = \lambda \tag{4.2}$$

式(4.1)是限制条件，说明收入支出预算是有限的，购买各种商品的支出不能超过收入，也不能小于收入。因为超过收入的购买是无法实现的，而小于收入的购买也达不到既定收入下的效用最大化 。式(4.2)是消费者均衡原则，各物品的边际效用与价格之比相等，也就是说，每一单位货币不论用于购买 X 商品还是购买 Y 商品，所得到的边际效用（货币的边际效用 λ）都相等，式中的 λ 为货币的边际效用，它是个常数。

消费者之所以按这一原则来进行购买，是因为在货币收入既定的条件下，多购买了 X 商品，就要少购买 Y 商品。随着 X 商品数量的增加，X 商品的边际效用递减，而随着 Y 商品数量的减少，Y 商品的边际效用递增。这样，消费者用每一单位货币购买 X 商品获得的边际效用，比用每一单位货币购买 Y 商品获得的边际效用少，即 $MU\text{x}/P\text{x}$ 小于 $MU\text{y}/P\text{y}$。作为有理性的消费者，这时会增加对 Y 商品的购买，而减少对 X 商品的购买。随着 Y 商品的数量增加，Y 商品的边际效用递减，而随着 X 商品的数量减少，X 商品的边际效用递增，直到每一元钱购买的 X 商品和 Y 商品的边际效用相等，即 $MU\text{x}/P\text{x} = MU\text{y}/P\text{y} = \lambda$，消费者实现了均衡购买。因此，当消费者的购买不能满足 $MU\text{x}/P\text{x} = MU\text{y}/P\text{y}$ 时，为了使所购买的 X 商品与 Y 商品的总效用达到最大，消费者就会调整 X、Y 两种商品的数量组合，从而使消费者对商品的购买达到均衡。

如果消费者购买多种商品，那么消费者在一定货币收入条件下购买这些商品的消费者均衡原则为：

$$Px \times Qx + Py \times Qy + Pz \times Qz + \cdots = M$$

$$MUx/Px = MUy/Py = MUz/Pz = \cdots = \lambda$$

案例4－1：小张是否应该增加对葡萄的消费量

假如小张每周从其对葡萄的消费中获得100单位的效用，从其对西瓜的消费中获得40单位的效用。每公斤葡萄的价格是2元，每公斤西瓜的价格是1元，她每周消费的葡萄数量为5公斤、西瓜数量为5公斤。判断以下观点的正误：小张应该增加对葡萄的消费量，减少对西瓜的消费量。

小张每周在葡萄上的支出为10元，在西瓜上的支出为5元。因此，她从对葡萄的消费中能获得(100单位/周)/(10元/周)＝10单位/元的平均效用，从对西瓜的消费中能获得(40单位/周)/(5元/周)＝8单位/元的平均效用。由于在葡萄上获得的平均效用高于西瓜，因此很多人可能会认为小张应当增加对葡萄的消费量。但是事实上，仅知道在每种产品上获得的平均效用不足以判断小张现有的消费组合是否最优。如果要对该问题做出明确的回答，我们需要比较小张在每种产品上的每单位支出所产生的边际效用。如果增加一单位葡萄获得的边际效用高于减少一单位西瓜的边际效用，从而使得总效用得到增加的话，小张就应该增加对葡萄的消费；但是如果增加一单位葡萄获得的边际效用低于减少一单位西瓜的边际效用，从而使得总效用得到减少的话，小张就不应该增加对葡萄的消费。

第二节　序数效用论和无差异曲线分析

无差异曲线分析是消费者行为理论的另一种分析方法，它与边际效用分析不同之处最主要在于，它是以序数效用论为基础。序数效用论者反对效用可以计量并且可以加总求和的观点，他们认为效用在理论上、概念上和现实中都是不可计量的，消费者行为理论即使不用可计量的效用概念也能加以说明。序数效用论者认为，消费者所获得的效用是不可以计量并加总求和的，它只能用序数(第一，第二，第三……)来表示满足程度的高低与顺序。他们认为，消费者的行为是有理性的，消费者在其个人环境既定的条件下，会作出前后一致的选择，从而导致最大可能的效用量。因此，消费者的理性行为可以表述为产生最优化决定的行为，对于消费者来说，最优化就是可达到的最大效用。在具体分析消费者需求理论时，序数效用论者采取的是无差异曲线分析的方法。

一、序数效用论

(一)消费者偏好

以序数描述效用是建立在消费者偏好假定基础上的。效用具有主观性特点，因此个人偏好在很大程度上影响着消费者的决策和行为。序数效用论提出消费者偏好的概念取代了“效用单位”来描述效用的大小,认为消费者对于各种商品组合的偏好程度是有差别的,这种偏好程度的差别决定了不同商品组合所带来的效用的大小顺序。

消费者偏好是消费者对不同商品组合进行选择时的倾向,反映选择对象效用水平的差别。序数效用论对消费者偏好有三个基本假设。

1. 完备性假设

消费者对所有各种商品或各种商品组合都能进行比较,即对任何两个或更多商品的组合,消费者都能明确说出自己的偏好。例如对商品组合 A 与 B,或认为对 A 的偏好胜于对 B 的偏好,用 $A>B$ 表示;或认为对 B 的偏好胜于 A,$B>A$;或对两个组合的偏好相同即无差异,$A=B$。换言之,消费者能够给不同的商品组合按照偏好排列顺序。

2. 传递性假设

也就是说,消费者的比较与选择是符合逻辑的。例如消费者已判明 $A>B$,$B>C$,则必须做出 $A>C$ 的判断。因为这才能使消费者行为前后一致,才是理性行为。

3. 不充分满足性假设

消费者认为数量多的商品组合优于数量少的。如果两个商品组合的区别仅在于其中一种商品的数量的不同,则消费者总是偏好于含有较多数量的组合,也就是说,消费者对每一种商品的消费都处于饱和以前的状态。

(二)序数效用论

在提出消费者偏好的基础上,序数效用论认为,效用水平的高低通过消费者选择来表现,消费者选择的基础是偏好。

序数效用论强调作为主观感受的效用是无法计量的,但又承认各种商品所带来的效用又存在差别,并认为这种差别只能用顺序或等级来表示,而以同样来自于数学的概念——序数如第一、第二等取代基数来描述效用更有意义。因此,反映消费者选择顺序的第一、第二等序数,可用来证明被选择商品或商品组合的效用水平高低。例如一个音乐爱好者在面对一场音乐会和一顿晚餐的选择时,会首选音乐会,也就是说,音乐会对他而言具有第一效用,晚餐次之。

与基数论强调绝对效用相比,序数论考察的是相对效用,只是对所能选择的各种效用进行排序,因而在理论分析过程中无须确定效用量,从而避开了对主观感受进行计量的难题。

二、无差异曲线

(一)无差异曲线的概念

无差异曲线是和消费者偏好相联系的。按序数效用论观点,如果效用是按序数排列的,就可以用一组无差异曲线来描述消费者偏好。无差异曲线是表示在偏好既定的条件下,消费者获得满足程度相等的商品组合点的轨迹。

在研究两种商品 X 和 Y 组合的情况下,与无差异曲线相对应的效用函数为:

$$U=f(Q\text{x},Q\text{y})$$

其中,Qx 和 Qy 分别为商品 X 和商品 Y 的数量;U 是常数,表示一定的效用水平。由于无差异曲线用于表示序数效用,所以,U 只表示消费者期望达到的某一个效用水平,而没有具体的数值。

表4－3是某消费者关于商品 X 和商品 Y 的一系列消费组合所构成的无差异表，该表是由三个子表即表(a)、表(b)和表(c)组成，每个子表中有商品 X 和商品 Y 的不同数量的五种组合。每个子表中的五种组合给消费者所带来的效用水平被假设为是相同的。以表(a)为例进行分析：表(a)中有商品 X 和商品 Y 的 A、B、C、D、E 五种组合，A 组中有20单位的商品 X 和130单位的 Y 商品，B 组合中有30单位的 X 商品 和60单位的 Y 商品，以此类推。假设消费者对于这五种组合的偏好程度是无差异的，即是相同的。表(b)、表(c)同理。

表4－3　某商品无差异表

商品组合	表(a)		表(b)		表(c)	
	X	Y	X	Y	X	Y
A	20	130	30	120	50	120
B	30	60	40	80	55	90
C	40	45	50	63	60	83
D	50	35	60	50	70	70
E	60	20	70	44	80	60

由此可知，在表(a)、表(b)、表(c)内部，消费者获得的效用水平是相同的；但是，它们之间的效用水平是不相同的。根据不完全满足性假定，分析总表可以得出，表(a)所代表的效用水平低于表(b)的，表(b)的又低于表(c)的。在实际中，随着消费者偏好程度的无限多，也同时有无限多个无差异表。

依据表4－3可以绘制出无差异曲线图4－4。由于消费者有无限多个无差异子表，所以依据无差异子表做出的无差异曲线相应有无数条，图4－4中所表示的不过是其中的三条。其中，横轴代表商品 X 的消费数量，纵轴代表商品 Y 的消费数量，IC_1，IC_2，IC_3 分别代表与表(a)、表(b)、表(c)相对应的三条无差异曲线。每一条无差异曲线都是依次把各个子表中的五个不同的消费组合点连接起来得到的光滑的曲线。

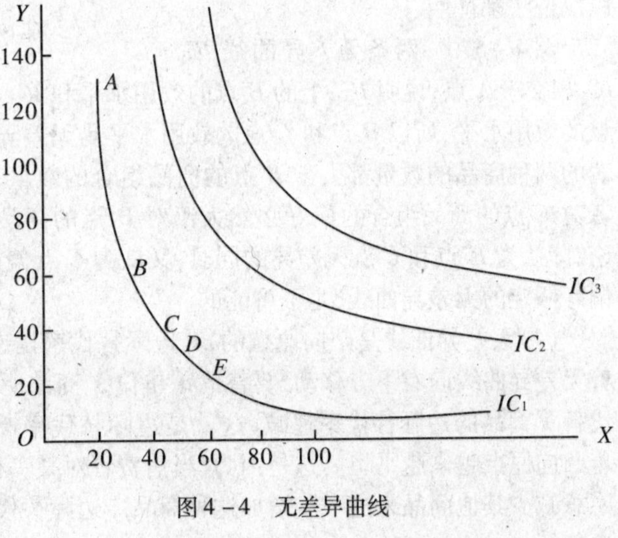

图4－4　无差异曲线

(二)无差异曲线的特点

根据前述无差异曲线的概念及其形状，可归纳出无差异曲线的特点。

(1)无差异曲线向右下方倾斜，斜率为负。无差异曲线表明，两种不同数量的商品组合带来的效用是相等的，为维持相同的效用，增加商品 X 就必须减少商品 Y，两种商品之间是此消彼长的替代关系，反映在图上为曲线向右下方倾斜。无差异曲线斜率为 $\Delta Y/\Delta X$,由于 ΔY、ΔX 的变化方向相反,$\Delta Y/\Delta X$ 比值为负。

无差异曲线的斜率表明消费者愿意以一种商品替换另一种商品的比率。在满足程度不变的前提下,消费者为了增加一单位某种商品而需要减少的另一种商品的单位数,叫做边际替代率。为了便于比较商品的边际替代率的大小,通常将边际替代率取绝对值,因此,无差异曲线的斜率等于以商品 X 代替商品 Y 的边际替代率的负值。假设有商品 X 和 Y ,用 MRSxy 表示以商品 X 代替商品 Y 的边际替代率,则:

$$MRS\mathrm{xy} = -\Delta Y/\Delta X$$

当商品的变化量趋于无穷小,即 $\Delta X \to 0$ 时,求解无差异曲线上任何一点的边际替代率,只要过该点作切线,这条切线的斜率的绝对值就是该点的边际替代率。这样,边际替代率的表达式可以表示为:

$$MRS\mathrm{xy} = -\mathrm{d}Y/\mathrm{d}X$$

(2)由于通常假定效用函数具有连续性,因此在同一坐标平面上存在着由无数条无差异曲线组成的一组无差异曲线群,每一条无差异曲线都表示一种满足程度。在偏好为一定的条件下,消费者从商品 X 和商品 Y 的不同消费组合中所得到的满足程度是不同的。例如,在表 4 - 3 中,假定商品 X 增加一个单位,而商品 Y 不变,那么商品 X 与商品 Y 新的组合就代表着更高的满足程度,因此,对于消费者来说,无差异曲线是无限多的,它们构成消费者的无差异曲线群覆盖在整个坐标平面上。离原点越近的无差异曲线代表的效用水平越低,离原点越远的无差异曲线代表的效用水平越高。如图 4 - 4 所示,无差异曲线 IC_1 代表的效用水平最低,IC_3代表的效用水平最高,IC_2 代表的效用水平居中。

(3)在同一坐标平面上的任意两条无差异曲线不能相交。可以用图 4 - 5 以反证法来证明。

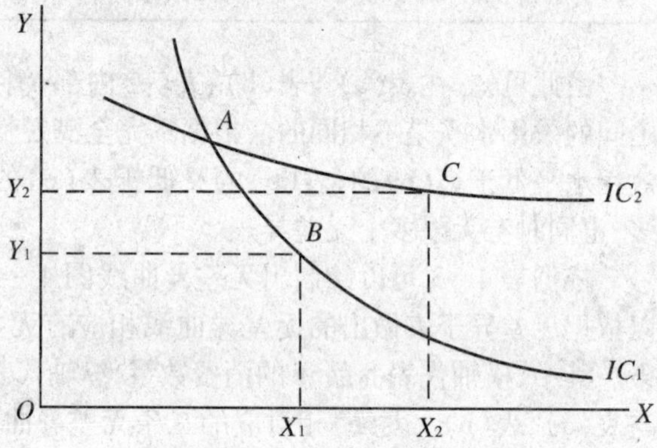

图 4 - 5 违反偏好假定的无差异曲线

图 4 - 5 中,两条无差异曲线 IC_1、IC_2相交于 A 点,说明 IC_1 上的 B 点的效用水平和 IC_2 上的 C 点的效用水平都等于相交于 A 点的效用水平,所以 B 点和 C 点的效用水平是无差异的。可是,C 点的商品消费组合所代表的两种商品的数量都大于 B 点的商品组合的数量,依据消费者偏好的第三个假设,消费者对 C 点的商品组合的偏好必然大于对 B 点的商品组合的偏好。这样,就得出矛盾的结论,即认为 B 点和 C 点无差异的同时,又认为 C 点偏好优于 B 点偏好,所以图 4 - 5 是违反偏好假定的无差异曲线,是不可能的。

(4)无差异曲线是凸向原点的,其边际替代率是递减的。对于大多数商品组合而言,沿着无差异曲线向右下方移动,要替代 1 单位 Y 商品所需要的 X 商品不断增大,即以 X 商品代替 Y 商品的边际替代率递减,这就是边际替代率递减规律。从图形上看,无差异曲线随着凸向原点越来越平坦。这是因为,当消费者对某一种商品的拥有量增加后,他就越来越不愿意减少其他商品来进一步增加这种商品。边际替代率递减是消费者的偏好普遍具有的一个特征。

边际替代率递减也可以用边际效用来说明。已知效用函数 $U(X,Y)$，商品 X 的微小变化 ΔX 所引起的效用变化也可以表示为 $\Delta U = MUx \times \Delta X$，同样，商品 Y 的微小变化 ΔY 所引起的效用变化也可以表示为 $\Delta U = MUy \times \Delta Y$。

在保持效用水平不变的前提下，消费者每增加一单位商品 X 的消费量所增加的效用和相应减少商品 Y 的消费量所减少的效用必定是相等的，即：

$$MUx \times \Delta X + MUy \times \Delta Y = 0$$

求得无差异曲线的斜率：

$$MRSxy = -\Delta Y/\Delta X = MUx/MUy$$

因此，商品 X 对商品 Y 的边际替代率等于它们的边际效用之比。由于随着商品 X 的增加和商品 Y 的减少，MUx 是递减的，而 MUy 是递增的，所以 MUx/MUy 一定是递减的。

三、特殊的无差异曲线

上面分析的无差异曲线的特征是针对一般情况来说的。例如，两种商品都被假设为能给消费者带来满足；两种商品在一定程度上可以相互替代或者互补等。但是，对于一些特殊性质的商品或特殊的商品关系来说，无差异曲线也可能不具备上述特征。

对一些比较特殊的商品关系而言，无差异曲线可能不是凸向原点的曲线。对于在一定程度上可以互相替代的商品来说，随着不断增加一单位某种商品的数量，愿意牺牲的另一种商品的数量不断减少，则边际替代率是逐渐递减的。此时，无差异曲线呈凸向原点的曲线，这是一般的情况。但是，对于完全可替代商品来说，两种商品彼此可完全替代，随着不断增加一单位某种商品的数量，愿意牺牲的另一种商品的数量不变，即边际替代率始终保持不变，此时，无差异曲线呈一条向右下方倾斜的直线，如图 4－6 所示。

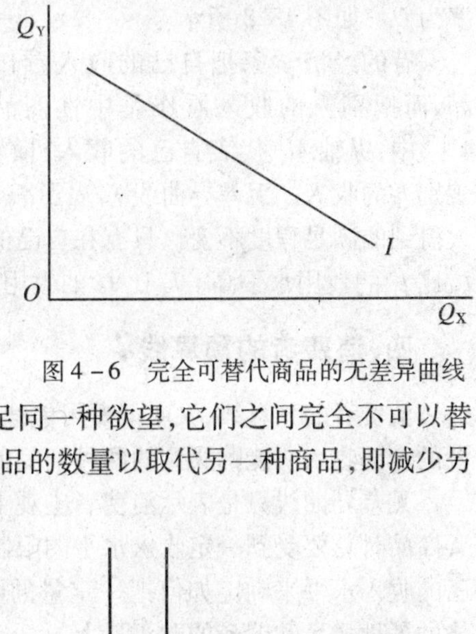

图 4－6 完全可替代商品的无差异曲线

另外，对于严格互补商品来说，两种商品共同满足同一种欲望，它们之间完全不可以替代，因此，为了维持满足程度不变，就不能增加一种商品的数量以取代另一种商品，即减少另一种商品的数量。这实际上意味着增加某一种商品的数量，若不增加另一种商品的数量，则满足程度保持不变。此时，无差异曲线呈直角直线形状，如图 4－7 所示。无差异曲线表明若 X 商品数量为 X_1，不断地增加 Y 商品的数量，或 Y 商品数量为 Y_1，不断地增加 X 商品的数量，所带来的满足程度都与 X 商品数量为 X_1、Y 商品数量为 Y_1 时所带来的满足程度一样。若要同时增加 X 商品和 Y 商品的数量，分别至 X_2 和 Y_2，满足程度才会提高，即为无差异曲线 I_2 所示的情形。实际上这种情形意味着若减少一种商品的数量，即使增加另一种商品的数量，所带来的满足程度也会减少。

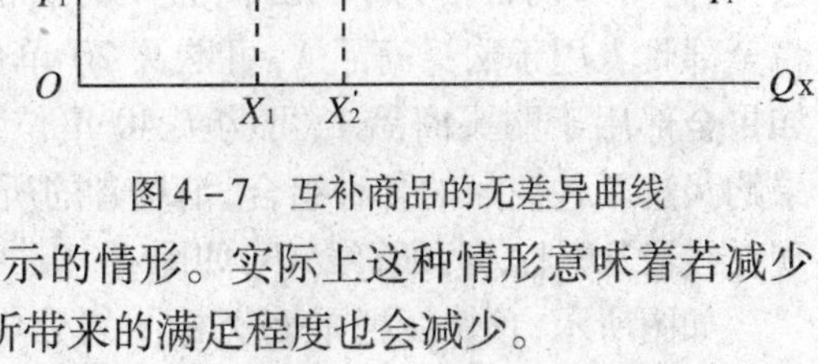

图 4－7 互补商品的无差异曲线

西方经济学中，把能够给消费者带来满足的商品称为“好商品”。这种商品的数量增加时，给消费者带来的满足程度（即效用水平）也增加。在前面，我们所涉及的都是两种好商品的不同数量组合给消费者带来的满足程度相等。为了保持满足程度不变，增加一种商品数量，就必须减少另一种商品数量，即边际替代率为负值，无差异曲线向右下方倾斜。如果两种商品数量都增加，则表明消费者获得了更高的满足水平，即无差异曲线离原点越远，代表的满足水平越高。如果一种商品的数量增加给消费者带来的满足程度降低，或者说这种商品给消费者带来不愉快，那么，这种商品被称为“坏商品”。如果用无差异曲线表示一种好商品和一种坏商品的不同数量组合时，那么，无差异曲线的斜率为正，即边际替代率为正值。

有些商品在数量较少时为好商品，但数量增加到一定程度，变成了坏商品。例如，人们在某一时刻享用的食物。在这种情况下，一种好商品和一种先是好商品后是坏商品数量组合的无差异曲线，先是向右下方倾斜，边际替代率为负值，到后来是向右上方倾斜，边际替代率为正值，无差异曲线为U形曲线。

如果一种商品数量的多寡对消费者的满足没有任何影响，这种商品被称为“中性商品”。在这种情况下，一种中性商品和一种好商品数量组合的无差异曲线为一条水平线，边际替代率为O。如图4－8所示。

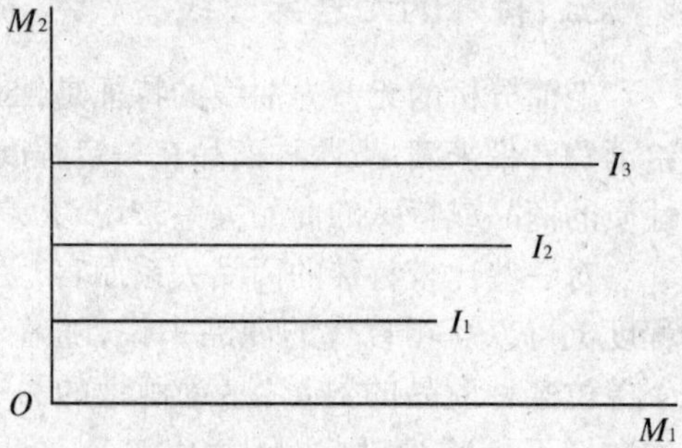

图4－8 中性商品的无差异曲线

有的经济学家把自己的收入看作是好商品，而把别人的收入看作是中性商品。在图4－8中，纵轴M_2代表自己的收入，横轴M_1代表别人的收入。无差异曲线I_1表示一个人在其既定的收入上别人收入不管怎样变动，他本人得到的满足程度不变。只有在自己的收入增加时，才能给他本人带来更高的满足程度，如I_2比I_1的效用水平高。I_3比I_2的效用水平高。

四、消费者的预算线

消费者的预算线，又叫消费可能线，是指在消费者收入和商品价格既定的条件下，消费者的全部收入所能购买到的两种商品的不同数量的各种组合。

无差异曲线只是表示消费者主观上对两种商品不同组合的偏好，但事实上，消费者在购买商品时总要受到一定收入水平的限制，即消费者总要根据自己的收入水平来确定如何把一定量的收入分配于具有特定价格的各种物品和劳务的购买量上。

假定某消费者的收入为800元，要面临商品X和商品Y的选择，商品X的价格为40元，商品Y的价格为20元。如果他将全部收入用于购买商品X，可购买20单位，如图中的B点；如果全部用于购买商品Y，可购买40单位，如图中的A点；如果购买这两种商品的各种组合，消费者的所有可能选择都会表现在线段AB上，即预算线AB，如图4－9。

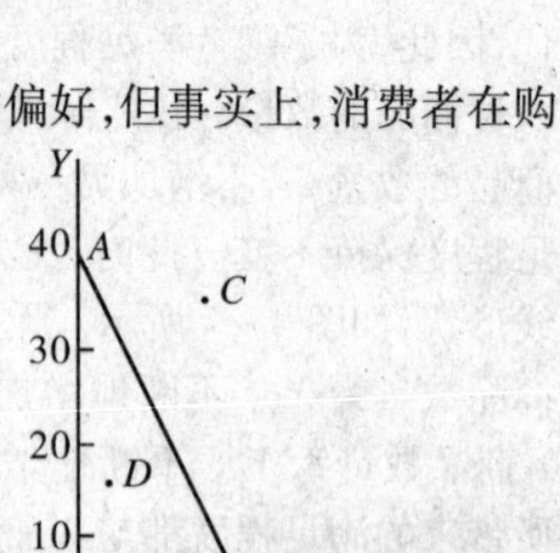

图4－9 消费者的预算线

如图所示，预算线把平面坐标图划分为三个区域：预算线AB以外的区域中的任何一点，如C点，是消费者的有限收入不可能实现的商品购买的组合点；预算线 AB 之内的任何一点，如 D 点，表示消费者的全部收入没有用完，尚有剩余；只有预算线 AB 上的任何一点，才是消费者在收入和价格既定条件下可能购买的这两种商品的最大组合。

假定某消费者的既定收入为 M，全部用来购买商品 X 和商品 Y；商品 X 的价格为 Px，购买量为 Qx；商品 Y 的价格是 Py，购买量是 Qy，购买商品 X 所支付的收入是 PxQx，购买商品 Y 所支付的收入是 PyQy。这个消费者的预算线可以用下列方程式来表示：

$$M = P\text{x}Q\text{x} + P\text{y}Q\text{y}$$

由上式可得，消费者用全部收入购买商品 X 的数量为 M/Px，为预算线在横轴的截距，即为图中的 OB 段。消费者用全部收入购买商品 Y 的数量为 M/Py，是预算线在纵轴的截距，即为图中的 OA 段。预算线的斜率为：

$$-\frac{OA}{OB}=\frac{\frac{M}{P\text{y}}}{\frac{M}{P\text{x}}}=\frac{P\text{x}}{P\text{y}}$$

这说明预算线的斜率可以表示为两种商品的价格之比的负值，因此，消费预算线又称价格线。

五、序数效用论下的消费者均衡

无差异曲线代表消费者的主观偏好，每个消费者都有获得最大满足的愿望。这种愿望在无差异曲线图上表现为想要达到更高的无差异曲线。实际当中，这种愿望还要受到预算线的约束，也就是说，一个消费者只能在收入和价格所限定的范围内选择各种商品的组合，来获得尽可能多的效用。下面借助于无差异曲线和预算线共同来分析消费者均衡。

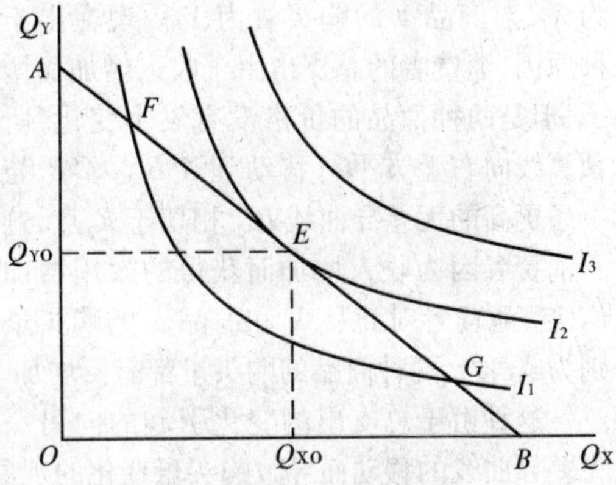

图 4-10　消费者均衡的实现

如果把无差异曲线和预算线合在一个图上，那么预算线必定与无数条无差异曲线中的一条相切于一点。在无差异曲线和预算线的切点上就实现了消费者均衡，如图 4-10 所示。在图 4-10 中，I_1，I_2，I_3 为三条无差异曲线，其中 I_3 的满足程度最高，I_2 次之，I_1 代表的满足程度最低。AB 是预算线。AB 与 I_2 相切于点 E，E 点实现了消费均衡。这就是说，在收入与价格既定的条件下，消费者购买 $Q\text{x}_0$ 数量的 X 商品和 $Q\text{y}_0$ 数量的 Y 商品，可以获得最大的满足程度，即 I_2 所代表的满足程度。

为什么只有在 E 点才能实现消费者均衡呢？这是因为 I_3 所代表的满足程度大于 I_2 所代表的满足程度，但是 I_3 与预算线 AB 既不相交又不相切，说明达到 I_3 满足程度的 X 商品和 Y 商品的任何组合在现有收入水平下是达不到的。AB 线与 I_1 相交于 F 点与 G 点，F 点与 G 点在 AB 线上，也是在既定收入下所购买的 X 商品和 Y 商品的最大数量组合，但在这两种组合的情况下所达到的满足程度小于 I_2 所代表的满足程度，因此并没有达到最大程度的满足。此外，I_2 上的其他各点也是在 AB 线之外，无法实现，所以只有在 E 点上才能实现消费者均衡。在消费者均衡点上，预算线的斜率与无差异曲线的斜率相等。预算线的斜率是两种商品的价格比率，即 $-Px/Py$，无差异曲线的斜率是边际替代率，即 $-\Delta Y/\Delta X$。因此，消费者均衡的条件是：两种商品的边际替代率等于两种商品的价格比率。

第三节　收入、价格效应和消费者选择

上面进行的消费者选择分析是建立在价格不变、收入不变、消费者偏好不变的假设基础上的，而在实际当中，这些假设条件经常发生变化。本节讨论收入、价格发生变化时对消费者选择的影响。

一、收入效应

如果消费者的偏好不变，商品的价格也不变，但是消费者由于收入水平发生变化，总支出也要发生变化，这对消费者的消费选择会产生一定的影响。可以用预算线来对收入变动对消费选择产生的影响进行说明。

如图 4－11 所示，预算线 AB 与无差异曲线 IC_1 相切于点 E_1，消费者对商品 X 的购买量为 X_1，对商品 Y 的购买量为 Y_1。现在出于某种原因，消费者的总支出由于收入增加而增加了，但是两种商品的价格没有发生变化，所以预算线向右上方平行移动到 $A'B'$。$A'B'$ 与另一条更高的无差异曲线 IC_2 相切于 E_2点，这表示消费者因为收入增加而获得的效用增加到 E_2 点，消费者对商品 X 和商品 Y 的购买量分别为 X_2、Y_2，两种商品的购买量都有所增加。

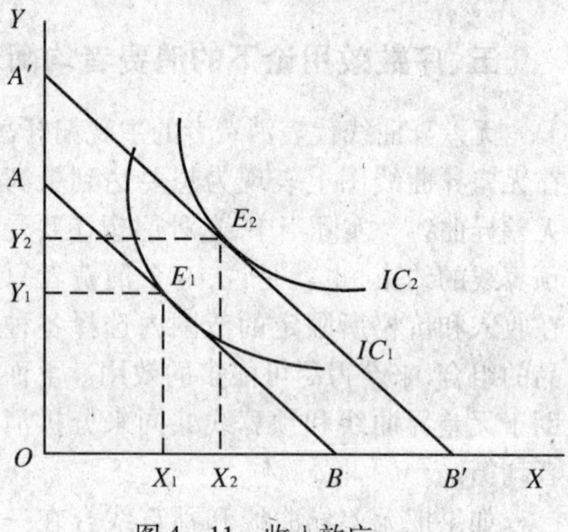

图 4－11　收入效应

这种由于总支出的变化引起的向另一条无差异曲线的移动而导致购买量变化的现象，称为收入效应。

如果收入增加，预算线外移与较高的无差异曲线 IC_2相切，在新的均衡点上，商品 X 和商品 Y 的购买量都增加了。如果收入减少，总支出减少，则由此引起的影响与上述情况相反。

一般消费品的需求量与人们的收入成同方向变化，这种类型的消费品称为正常物品。

当消费者的总收入增加，进而总支出增加后，也有可能对某种商品的购买量不但没有增加，反而减少。这种在总支出增加的时候，人们对该物品的购买量反而减少的物品，称为劣质商品。产生这种现象的原因在于消费者在收入提高后，可能选择购买品质较高的商品，因而对这种劣质商品的购买量反而减少了。

二、价格效应

在消费者偏好、收入不变的情况下，一种商品价格的变化会引起商品的需求量的变化，

这称为价格效应。价格效应可以被进一步分解为替代效应和收入效应两部分。

当一种商品的价格发生变化时,将对消费者产生两种影响:一是使消费者的实际收入水平发生变化,即引起效用水平的变化;二是使商品的相对价格发生变化。这两种变化都会对消费者的选择行为发生影响。

在消费者购买商品 X 和商品 Y 两种商品的情况下,当商品 X 的价格下降时,一方面,对于消费者来说,虽然货币收入不变,但是现有的货币收入的购买力增强了,即实际收入水平提高了。实际收入水平的提高,会使消费者改变对这两种商品的购买量,从而达到更高的效用水平。这种效应称为收入效应。另一方面,商品 X 价格下降,使得商品 X 相对于价格不变的商品 Y 来说,较以前便宜了。商品相对价格的这种变化,会使消费者增加对商品 X 的购买而减少对商品 Y 的购买。这种效应称为替代效应。这里,替代效应不考虑实际收入水平变动的影响,所以替代效应不改变消费者的效用水平。同理,也可以分析商品 X 的价格提高时的替代效应和收入效应。

因此,一种商品价格变动所引起的该商品需求量变动的总效应可以被分解为替代效应和收入效应两个部分,即价格效应 = 替代效应 + 收入效应。其中,由商品的价格变动所引起的实际收入变动,进而由实际收入水平变动所引起的商品需求量的变动,为收入效应。由商品的价格变动所引起的商品相对价格的变动,进而商品的相对价格变动所引起的商品需求量的变动为替代效应。收入效应表示消费者的效用水平发生变化,替代效应则不改变消费者的效用水平。可以利用图 4 - 12 来说明价格效应。

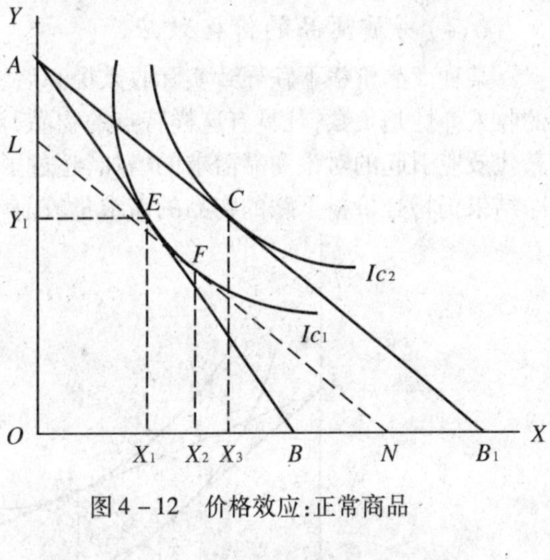

图 4 - 12　价格效应:正常商品

图 4 - 12 的价格效应表示,在消费者的收入 M 和商品 Y 的价格均假定不变情况下,另一种商品 X 的价格下降后,消费者对于相对便宜的商品 X 的需求,将受到替代效应与收入效应共同的影响。图 4 - 12的预算线 AB 与 IC_1 切于 E 点,则对商品 X 的消费量为 OX_1,对商品 Y 的消费量为 OY_1。现在 Py 不变,Px 下跌,收入 M 不变,则预算线 AB 绕 A 点沿逆时针方向旋转到 AB_1,与更高的无差异曲线 IC_2 切于 C 点,则 OX_1 增加为 OX_3,此时,消费者对商品 Y 的购买量可能有三种情况:即可能由于收入提高而增加,也可能受商品 X 的替代而较前减少,但也可能不变。当总支出不变,由于其中一种商品的价格下跌,而使消费者能够获得更大的效用,也就在是从较低的无差异曲线上的 E 点转移到较高的无差异曲线上的 C 点,并增加对跌价商品的购买量,这种现象称为价格效应。价格效应实际上是由替代效应和收入效应共同构成的。

由于不同商品的性质不同,价格效应有不同的作用和影响,消费者选择也会不同。下面针对三种不同性质商品的价格效应进行说明。

(一)正常商品的价格效应

图 4 - 12 中,在收入 M 和 Py 不变情况下,Px 下跌所引起替代效应和收入效应,可以将

AB_1 向左下方平行移动到与 IC_1 相切的位置 LN，均衡点由 E 点移到 F 点，以此来表示 Px 下降后，假如把消费者的货币收入减少一定金额，使之在货币收入减少后仍能维持原来的效用水平具有的购买情况。此时，消费者对商品 X 的消费量由 X_1 增加为 X_2，主要是由于替代效应使商品 X 的购买量增加，对商品 Y 的购买量则必须相应减少，因为按照维持效用水平的假定，商品 X 与 Y 所提供的总效用是不变的。现在以 F 点与 C 点进行比较，由于 C 点表示 Px 下降后，货币收入和支出不变时该消费者实际上的购买情况，所以从 F 点变动到 C 点可以设想为是将减少的货币收入退还给消费者后，由于收入增加，他购买的商品 X 的数量由 X_2 增加为 X_3。由此可见，当货币收入和支出不变，Px 下降所引起的价格效应，即对于商品 X 的购买量从 X_1 增为 X_3，是由替代效应与收入效应共同作用的结果，即（价格效应）X_1X_3 =（收入效应）X_2X_3 +（替代效应）X_1X_2。

所以，假如某种商品具有这样特点：价格下跌会引起用这种商品来代替其他价格未变的商品，因而对该商品的需求的增加即替代效应是正数。价格下跌引起的实际收入提高会引起的对该商品的需求增加，即收入效应也是正数，大多数商品都具有这些特点，这类商品被称为正常商品。

（二）劣质商品的价格效应

某种商品价格下跌导致实际收入提高后，对该商品的需求反而减少，即对该商品的需求的收入弹性是负数，凡具有这样特点的物品，被称为劣质商品。劣质商品价格下跌后，假如替代效应引起的对该商品需求的增加，超过了收入的负效应引起的对该商品需求的减少，其净结果仍将是价格下跌的物品的需求量较前增加。图 4－13 说明了这种情况。

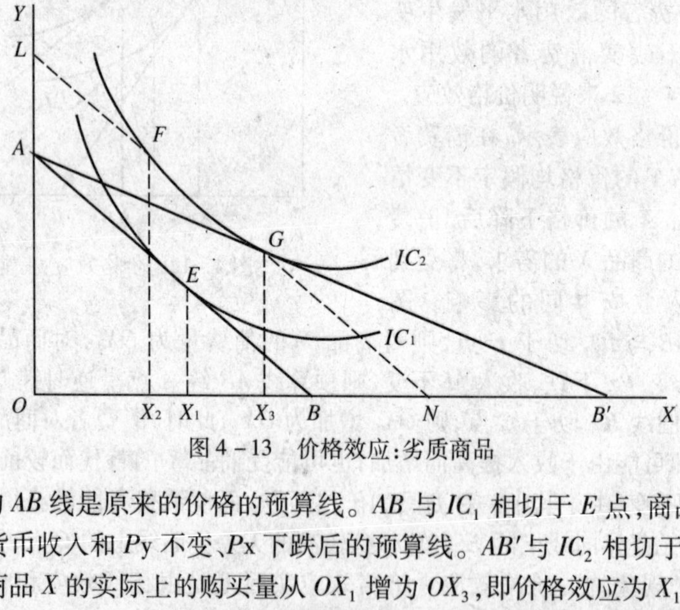

图 4－13　价格效应：劣质商品

图 4－13 的 AB 线是原来的价格的预算线。AB 与 IC_1 相切于 E 点，商品 X 的购买量是 OX_1。AB' 线是货币收入和 Py 不变、Px 下跌后的预算线。AB' 与 IC_2 相切于点 G，它表示由于 Px 下降，对商品 X 的实际上的购买量从 OX_1 增为 OX_3，即价格效应为 X_1X_3。

此时可以引一条与 Px 未下跌以前的预算线 AB 相平行的直线 LN，LN 与 IC_2 相切于 F 点，以此来讨论价格效应受收入效应与替代效应共同的影响。F 点的消费者选择含义是：假设 Px 并未下跌，而消费者增加了一笔货币收入，即 M 增加了，使他的效用水平从 IC_1 上升到 IC_2 的均衡点。这时，以 F 同 E 点比较，对商品 X 的购买量从 OX_1 减为 OX_2，这表示抽象掉价格变动产生的替代效应，只考察收入效应使商品 X 的购买量减少 X_2X_1，即收入效应 =

$-X_2X_1$。然后，以 F 点与事实上的均衡点 G 进行比较，这时，G 点可以认为是货币收入增加（从而效用水平提高到 IC_2）但 Px 并未下降，消费者会购进的商品 X 数量是 OX_3，因此，OX_3 与 OX_2 的差别，即 X_2X_3，可以设想为抽象掉收入效应的作用，只考察 Px 下跌（G 是 Px 下跌后的均衡点）产生的替代效应，即替代效应 $= X_2X_3$，换言之，Px 下降的替代效应本应使商品 X 的购买量增加 X_2X_3，但因商品 X 是劣质商品，收入效应是负数，即下降引起的实际收入的提高导致对 X 的需求减少 X_2X_1，所以商品 X 的购买量事实上只增加 X_1X_3。即价格效应 = 替代效应 + 收入效应 $= X_2X_3 + (X_2X_1) = X_1X_3$。

（三）吉芬商品

实际当中还存在一些特殊商品，当价格下降后，由于收入带来的负效应很大，即实际收入提高引起的对该商品需求的大量减少，超过了替代效应引起的购买量的增加，导致实际上对该商品的需求量不仅没有因为价格下降而增加，反而比价格下降前减少。这是违反常规的一种现象。因为按照需求规律，价格下降会引起对该商品的需求量增加。通常把这种价格下跌后其需求量反而减少的商品，称为吉芬商品。

吉芬商品与劣质商品是有区别的。所谓劣质商品是指当人们的实际收入提高后对该商品的需求反而减少的商品，即对该商品的需求的收入弹性是负数。但是，因一种商品的价格下跌，替代效应会导致对该商品的需求量增加，因此，如果替代效应引起的需求的增加量超过了收入效应引起的需求的减少，以至对该商品需求的净结果仍然反映为价格下降、实际上的购买量仍然是增加的。这种商品与正常商品相区别，称为劣质商品。而吉芬商品是指价格下降后，负数值的收入效应大于正数值的替代效应，因而净结果是价格下跌后，实际上购买的数量反而减少。因此，吉芬商品一定是劣质商品，但是劣质商品不一定是吉芬商品。

吉芬商品是因英国经济学家吉芬（Robert Giffen）发现而命名的。吉芬发现，在 1845 年爱尔兰饥荒中，虽然马铃薯价格急剧上涨，爱尔兰的许多农民反而增加了马铃薯的消费。这显然是由于饥荒造成爱尔兰农民的实际收入剧烈下降，以至不得不增加其收入效应为负数的劣质商品的消费。下面以图 4－14 说明吉芬商品的价格效应。

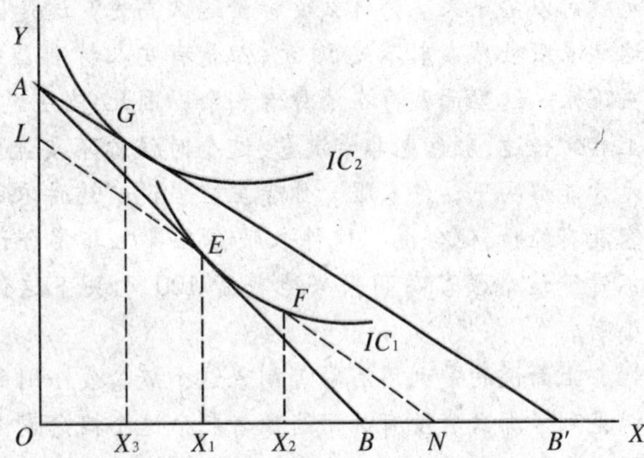

图 4－14　价格效应：吉芬商品

图 4－14 中的商品 X 为吉芬商品。原来的均衡点是 E，商品 X 的原购买量为 OX_1。消费者的货币收入和支出不变，商品 X 的价格下跌后，新的均衡点为 G，对商品 X 的购买量为 OX_3，价格效应使消费者的购买量减少 X_3X_1。为了考察商品 X 下降产生的替代效应和收入效应，可以将 AB' 向左下方平行移动为 LN，与 IC_1 相切于 F 点。从 E 点到 F 点的移动，表示商品 X 的价格下跌所引起的替代效应使商品 X 的购买量从 OX_1 增为 OX_2，即增加 X_1X_2。从 F 点到 G 点的移动，表示商品 X 的价格下跌所引起的收入效应，使商品 X

的购买量从 OX_2 减为 OX_3，即减少 X_3X_2。因此，价格效应 = $-X_3X_2$（收入效应）+ X_1X_2（替代效应）= $-X_3X_1$。也就是由于商品 X 价格下跌所引起的收入效应使商品 X 购买量的减少超过替代效应使商品 X 购买量的增加，其净结果是商品 X 的购买量从 OX_1 减为 OX_3，即减少 X_3X_1。

案例4－2：消费者剩余的运用

消费者剩余的概念在日常生活中经常不知不觉地被小商人们所利用。比如说，当一个人进入农贸市场的时候，他想买一斤西红柿。当这个人走到摊位面前的时候，看见这一个摊位的西红柿又红又大又新鲜。他情不自禁地说："这个西红柿真好，我今天特别想吃西红柿！"卖西红柿的小贩子心想：这个人看中了我的西红柿，我可以贵一些卖给他。其实，这个买西红柿的顾客表现出很想买的样子，这表明他具有比较多的消费者剩余。所以，当这个顾客问："西红柿多少钱/公斤？"小贩子回答："两块五/公斤。"本来西红柿只卖一块五/公斤。由于这个顾客表现出有较多的消费者剩余，所以小贩子故意提高了价格。当把价格提高以后，这个顾客还觉得挺上算，他毫不犹豫把西红柿买下来了。从这个例子可以看出，当我们到个体摊位那里去买东西的时候，如果我们想买一件东西，最好不要表现出对该商品的浓烈兴趣，而要表现得若无其事，可买可不买的样子，卖东西的小贩以为你不太想买，就不敢提高价格。

再比如说，你上服装市场买衣服，在个体摊点、有些衣服标价每件120元，但实际上50元就可以买下来。为什么要标价这么高呢？这是因为小贩子想把你的消费者剩余都赚去。这些衣服虽然成本不足50元，但是有些人特别喜欢这件衣服，他愿意出100元甚至150元买下来。这里面就存在消费者剩余。因此，当去购买这件衣服的时候，如果这件衣服穿在身上非常合适，颜色也非常满意，这个时候你不要流露出来满意的神色，否则你就要花费120元才能够买下这件衣服。你嘴里应当说："这件衣服穿在身上还算马马虎虎。"当然，有些顾客没有经验，他会说："这件衣服穿在身上非常合适，颜色也非常漂亮！一件120元一点也不贵！"这个顾客高高兴兴地花费120元买下这件衣服。小贩子也高高兴兴地发了一笔小财。

上面说的是利用消费者剩余这个概念发小财的例子。这种例子在现实的生活中天天可以见到。那么有没有利用消费者剩余这个概念发大财的例子呢？回答是肯定的。下面我们举一个例子来说明某些生意人如何利用消费者剩余这个概念来发大财。

在我国，奶粉这种产品一直是低价销售。每一袋奶粉大约在10元钱左右。全中国的奶粉基本上都是这个价格。随着国门开放，外国商人大量进入中国。这些外国商人学习过"微观经济学"，他们十分了解消费者剩余这个概念。某些外国商人就想："每一袋奶粉仅仅卖10元钱，但是肯定存在某些人对奶粉的需求特别迫切，他们愿意100元买下一袋奶粉。这些人是什么人？"这些外国商人终于想明白了，有些年轻的中国母亲刚刚生下婴儿的时候，由于缺乏母乳，她们需要质量比较好的婴儿奶粉。于是，外国商人研制出质量略微好一些的奶粉，适合婴儿食用。再加上广告以及宣传的作用，包装上再下工夫。这样一袋婴儿奶粉卖到80元至100元。年轻的中国母亲为了让婴儿健康成长，所以她们愿意花费较多的钱去买质量比较好的婴儿奶粉。由于中国人口较多，众多的年轻的中国母亲在购买奶粉时的消费者剩余都跑到外国商人的口袋里去了。外国商人利用了消费者剩余这一简单的概念确实发了一笔大财。

【本章小结】

本章主要介绍了基数效用论及怎样用边际效用来分析消费者均衡的实现(具体内容包括效用、基数效用、总效用和边际效用的概念,边际效用递减规律及消费者剩余以及消费者均衡的实现);序数效用论和怎样用无差异曲线分析消费者均衡的实现(具体内容包括无差异曲线及其特点、边际替代率递减规律、消费者的预算线及消费者均衡的实现);并介绍了收入、价格效应对消费者选择的影响。

1. 基数效用论者将效用分为总效用和边际效用,并认为效用是可以衡量的且边际效用是递减的(即在一定时间内,随着消费者对某种商品消费量的增加,消费者从该种商品连续增加的每一消费单位中所得到的效用增量即边际效用是递减的)。

2. 消费者均衡的原则是如果消费者的货币收入和市场上各种物品的价格是既定的,消费者要想达到效用最大化,他就一定要使所购买的各种物品的边际效用和他所付的价格成比例,即要使每一单位货币所获得的边际效用都相等,实际上,也就是要使所购买的各种商品的边际效用等于各种商品的价格之比。

3. 序数效用论者用消费者偏好来衡量各种商品组合给消费者带来的效用大小,并用无差异曲线与消费者的预算线来确定消费者均衡的实现。

4. 收入效应(价格效应)即消费者的其他条件不变,由于收入变化(商品价格变化)而引起的消费者选择的变化。

习 题

一、名词解释

1. 效用　　2. 边际效用　　3. 无差异曲线　　4. 消费者剩余
5. 预算线　　6. 边际替代率　　7. 价格效应

二、选择题

1. 当总效用曲线达到顶点时,(　　)。

A. 边际效用曲线为最大　　B. 边际效用为零　　C. 边际效用为正

2. 消费者剩余是(　　)。

A. 消费过剩的商品

B. 消费者得到的总效用

C. 消费者买商品所得到的总效用减去支出货币的总效用

D. 支出的货币的总效用

3. 已知某消费者的收入是100元,商品 X 的价格是10元,商品 Y 的价格是3元。假定他打算购买7单位 X 和10单位 Y,这时 X 和 Y 的边际效用分别是50和180 如要获得最大效用,他应该(　　)。

A. 停止购买　　B. 减少 X 的购买置,增加购买 Y 商品

C. 增加 X 的购买量,减少购买 Y 商品　　D. 同时增加 X 和 Y 的购买量

三、问答题

1. 试分析无差异曲线的特点。
2. 基数效用论和序数效用论各自是怎样解释消费者均衡的?
3. 试分析边际效用递减的原因。

第五章　生产理论

【教学目的】

生产理论的目的在于分析厂商的目标和行为,理解厂商利润最大化与要素最优组合,并为最终推导厂商的供给曲线打下基础。

【教学要求】

通过本章的学习,学生能够:

1. 重点掌握生产要素最优投入,即一种可变要素投入的合理区域。
2. 掌握两种生产要素的最优组合。
3. 掌握边际收益递减规律。
4. 掌握规模经济。
5. 了解厂商生产函数的概念。
6. 了解产量曲线及其相互关系。

【重点难点】

本章重点:

1. 一种可变生产要素的生产函数。
2. 一种可变生产要素的产量曲线。
3. 两种可变生产要素的生产函数及其最优组合。

本章难点:

两种生产要素的最优组合。

【知识要点】

等产量曲线　生产要素最优组合　边际收益递减规律　规模经济　短期和长期　要素投入的合理区域　生产函数

生产理论是分析生产者行为的,即研究生产者如何把土地、劳动、资本、企业家才能这四种生产要素转化为产品的过程。为进行生产和服务活动而投入的各种经济资源叫做生产要素。所以,生产理论就是要分析各种生产要素投入量与产量之间的关系,以达到用最少生产要素投入带来最大产出的目的。该理论运用等产量线和等成本线对厂商行为进行分析,这类似于消费者行为理论运用无差异线和预算线对消费者行为的分析。

本章将从生产函数出发,分别研究短期生产和长期生产中的投入量与产出量之间的关系及其有关规律。

第一节 生产函数

前面章节里我们研究了消费者的需求,本章将转入生产者对产品的供给。在本章的研究中,首先得作一个基本的假设:不管什么形式的厂商,都是追求最大利润的,即追求总收入与总成本之间的差额最大。也就是说,在成本既定时,厂商追求总收入最大,在总收入既定时,厂商追求总成本最小。

一、生产和生产函数

(一)企业

企业——又称厂商,是一种使用生产要素,追求利润,组织生产要素生产并销售,为社会提供产品与劳务的经济组织。

在经济学中,企业被假定为合乎理性的经济人,是以营利为目标,能够独立核算和自主经营的经济单位,或者说,我们假设企业把利润最大化作为生产经营活动的出发点和归宿,即唯一目标。企业为获得最大利润,必须进行生产。

(二)生产

生产是指企业把各种生产要素转化为产品的过程。任何生产都需要投入各种不同的生产要素,从这个关系上看,生产也就是把投入变为产出的过程。

为进行生产和服务活动而投入的各种经济资源叫做生产要素。这些资源主要可以分为劳动、资本、土地与企业家才能四种:

(1)劳动。它是指人们从事生产活动时在体力和智力方面的能力消耗。

(2)土地。它是任何生产活动都必需的自然资源。西方经济学所说的土地这种生产要素,可以理解为生产活动能够利用的稀缺性自然资源,如土地、水、自然状态的矿藏、森林等。

(3)资本。它是指生产活动中所使用的人们过去劳动的产物。它采取两种形式:无形的人力资本与有形的物质资本。前者指体现在劳动者身上的身体、文化、技术状态,后者指生产过程中使用的各种生产设备,如机器、厂房、工具、仓库等资本品。在生产理论中,指的是后一种物质资本。如厂房、设备、工具等,这些产品不是直接进入人们的消费领域,而是被投入到生产中去,因此被称为投资品,或者被称为资本品。人们过去的劳动所创造的无形资产,如商标、企业信誉、技术专利等,也被人作为资本的一部分。与此同时,生产活动中需要有一定的货币量,对一个厂商来说,一定的货币形态的资金是生产活动所必需的,它也是西方经济学所提到的资本的一部分。

(4)企业家才能。它是指经营管理企业的能力和创新的能力。前面所提到的三种生产要素,必须以某种方式组合起来,才能生产出产品来。在现代生产的条件下,是由企业家来把这三种生产要素进行有效的组织。同样的生产要素,同样的环境条件,由不同的企业家来经营,其结果常常会有很大的差别,这就表明了企业家才能这个要素在生产中的重要作用。

生产是这四种要素合作的过程,产品则是这四种要素共同努力的结果。

(三)生产函数

生产要素的数量组合与它所能生产出来的产量之间存在着一定的依存关系,这就是生产函数。生产函数表示在一定时期内,在技术水平不变的情况下,生产中所使用的各种生产要素的数量与所能生产的最大产量之间的关系。生产函数表示了厂商的物质投入量和物质产量之间的关系,也即这二者之间的技术关系。

设 Q 代表产量,L、K、N、T 分别代表劳动、资本、土地、企业家才能这四种生产要素,则生产函数一般形式为:

$$Q=f(L,K,N,T)$$

在经济学中,为了分析方便,一般假设土地、企业家才能是固定的,只考虑劳动和资本两种生产要素的影响,则生产函数可简化如下:

$$Q=f(L,K)$$

它表明,在一定技术水平时,生产 Q 的产量,需要一定数量劳动与资本的组合。或者说,在劳动与资本的数量与组合为已知时,也就可以推算出最大的产量。

二、柯布-道格拉斯函数

20 世纪 30 年代初,美国经济学家道格拉斯与柯布根据美国 1899—1922 年的工业生产统计资料,得出生产函数为:

$$Q=AL^{\alpha}K^{\beta}\text{(}A\text{、}\alpha\text{、}\beta\text{是常数,}0<\alpha\text{、}\beta<1,\alpha+\beta=1\text{)}$$

这就是经济学中著名的"柯布-道格拉斯"生产函数,被经济学家和管理学家认为是很有用的生产函数。其中 α、β 为参数;A 被认为代表既定的技术水平。

该生产函数以其简单的形式具备了经济学家所关心的一些性质。例如,在 $\alpha+\beta=1$ 时,根据参数 α 和 β 值,可以知道劳动所得和资本所得在总产量中所占的相对份额;根据($\alpha+\beta$)值,可以判断生产的规模报酬的变化情况;根据参数 A 值,可以估算技术进步在经济增长中所起的作用大小。它既被应用于一个经济部门,也被应用于整个经济。

在整个经济的意义上,科布-道格拉斯函数假设整个经济的产量是劳动和资本的函数。他们还计算出 $\alpha=3/4$,$\beta=1/4$,即在生产中劳动所作出的贡献为全部产量的 3/4,资本为 1/4。根据统计资料的验证,这个估算是符合实际情况的。不同国家,由于技术水平不同,柯布-道格拉斯生产函数的参数不同。

三、短期和长期

生产函数给定了厂商为了达到某个产量可采取的各种生产要素投入的组合。但是,有时候并不是所有的组合都可供厂商自由选择。

阅读材料 5-1

某服装厂订单突然激增,需要在下个月将产量增加一倍,此时厂商多半只能通过充分利用原有设备,开足马力,采用多雇佣工人,加班加点的方法,因为在一个月内增建厂房,并增加一倍的机器是不太现实的,而且厂商也不知道这种订单增加是长期现象还是暂时现象。这就是短期调整产量水平的问题。相反,如果市场对服装的需求是由于人们对产品偏好普遍变大而长期地增加，则厂商要增加设备扩大生产规模来满足增长了的市场需求。这就是长期调整生产的问题。

因此西方经济学中按生产者能否变动全部要素投入为标准划分生产函数为短期生产函数和长期生产函数。

短期指这样一个时期：在此期间企业的一部分生产要素固定不变，另一部分生产要素是可变的。

有些生产要素厂商较难在一定生产时期改变其投入量，比如厂房、设备以及关键性的管理和技术人员等。经济学把这部分在一定时期内难于调整其投入量的要素称之为固定要素。固定要素决定企业的生产潜力和生产规模。与固定要素不同，还有部分生产要素，厂商在一定生产时期内很容易改变它们的投入数量，比如一般的原材料和普通工人。这部分生产要素被称为变动要素。变动要素只决定厂商在既定生产规模下的某个确定产量水平。通常认为劳动要素的数量在短期是可变的，资本要素的数量在短期不变。因此，我们可以把短期理解成厂房、机器设备的数量没有变化，而企业的职工人数、原材料和燃料能源发生变化的一段时期。固定要素与变动要素的划分是相对的，它们因时期长短、行业性质和生产技术的差异而不同。

长期指生产者可以调整全部生产要素数量的情况，即这段时期中企业有足够的时间，根据环境的变化对所有生产要素的数量作出相应的调整。长期中全部生产要素都可以变动。因此厂商可以根据需求状况和企业的经营状况，扩大或缩小企业的生产规模，乃至进入或退出一个行业。长期中不存在固定投入和变动投入的区别。

应该注意的是，并没有一个具体的时间标准来划分短期与长期。不同行业中的短期与长期也不同。这取决于投入品变动所需要的时间。例如，变动一个大型炼油厂的规模可能需要五年，则其短期和长期的划分以五年为界，而变动一个小食店的规模可能只需要一个月，则其短期和长期的划分仅为一个月。

第二节　短期生产函数

短期生产函数是表示以不同数量的可变投入与一定数量的不变投入的结合，可以得到的最大产出量。短期生产函数可以表述为：

$$Q=f(L,K)$$

上式通常写成 $Q=f(L)$，表示厂商的产出是劳动的函数，即劳动是可变的投入，资本是不变的投入，厂商的产出量仅仅与可变投入——劳动 L 有关。产量包括三个不同变量，总产量、平均产量、边际产量。

一、总产量、边际产量和平均产量

（一）定义及公式

1. 总产量（TP）

在一定技术条件下，可变投入（L）与一定量的不变投入（K_0）相结合所能生产的最大产量，也叫总实物产量，即在生产要素既定的条件下所生产出来的全部产量。通常用 *TPP* 表示，也可简写为 *TP*。它的定义公式为：

$$TP = f(L, K_0) = AP \times L$$

2. 边际产量（*MP*）

在一定的技术条件下，可变投入的微小变动所引起的总产量的变动，称为该可变投入的边际产量，可表示为总产量增量（ΔTP）与变动要素增量（ΔL）之比。换句话说，边际产量就是产量对可变投入无限小变化的变动部分，通常记为 *MPP* 也可简写为 *MP*。它的定义公式为：

$$MP = \Delta TP / \Delta L = \mathrm{d}TP / \mathrm{d}L$$

假设有一块田地，开始由一个人耕种，产量是600kg谷物，增加一个人，两个人一起耕种产量是800kg，那么这个人的边际产量是200/1 = 200kg。

3. 平均产量（*AP*）

在一定的技术下，平均每单位生产要素所生产出来的产量，也称平均实物产量，表示为总产量与变动投入要素之比，通常用 *APP* 表示或简写为 *AP*。它的定义公式为：

$$AP = TP / L$$

（二）总产量、边际产量和平均产量生产表

假定生产某种产品中所用的生产要素是资本与劳动，其中资本是固定的，劳动是可变的，则总产量、平均产量与边际产量的变动规律如表5－1所示。

表5－1　总产量、平均产量与边际产量

资本 K_O	劳动 L	*TP*	*AP*	*MP*
10	0	0	0	
10	1	8	8	8
10	2	20	10	12
10	3	36	12	16
10	4	48	12	12
10	5	55	11	7
10	6	60	10	5
10	7	60	8.6	0
10	8	56	7	－4

（三）生产函数变化曲线

根据表5－1可以作出图5－1。图5－1中横坐标表示可变要素劳动的投入数量 L，纵坐标表示产量 Q，TP_L、AP_L 和 MP_L 三条曲线分别表示总产量曲线、平均产量曲线和边际产量曲线，这三条曲线都是先呈上升趋势，而后达到本身的最大值后，再呈下降趋势。

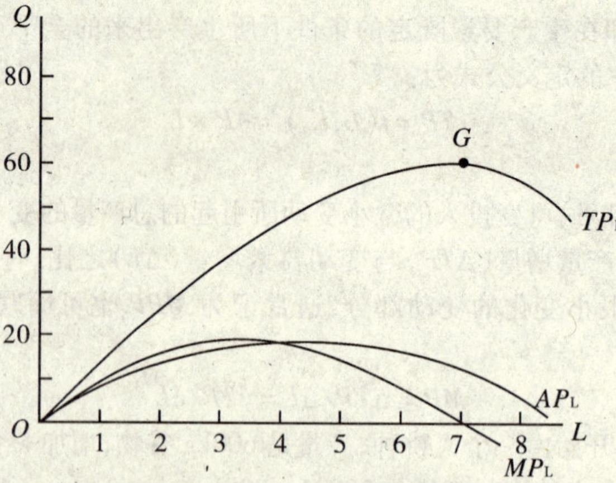

图5-1 产量曲线

(四)总产量、平均产量和边际产量之间的关系

第一,在资本量不变的情况下,随着劳动量的增加,最初总产量、平均产量和边际产量都是递增的,但各自增加到一定程度之后就分别递减。所以,总产量曲线,平均产量曲线和边际产量曲线都是先上升而后下降。

第二,边际产量曲线与平均产量曲线相交于平均产量曲线的最高点。在相交前,平均产量是递增的,边际产量大于平均产量($MP>AP$);在相交后,平均产量是递减的,边际产量小于平均产量($MP<AP$);在相交时,平均产量达到最大,边际产量等于平均产量($MP=AP$)。

阅读材料5-2

某排球队的平均身高是1.80米(平均量),新加入的一名队员身高1.85米(边际量),则全队的平均身高就会增加。反之,如果新加入的一名队员身高是1.75米(边际量),则全队的平均身高就会下降。

第三,当边际产量为零时,总产量达到最大,当边际产量为负数时,总产量就会减少。相应地在图中,当边际产量为正值时,TP_L 曲线是上升的。当边际产量为零时,TP_L 曲线在G点达到最大值。

二、边际收益递减规律

(一)边际收益递减规律

以上对总产量变动的分析中实际上包含着一个普遍规律:在技术水平不变的情况下,当把一种可变的生产要素投入到一种或几种不变的生产要素中时,最初这种生产要素的增加会使产量增加,但当它的增加超过一定限度时,增加的产量将要递减,最终还会使产量绝对减少。这就是边际生产力递减规律,也称之为边际收益递减规律。

边际收益递减规律决定了边际产量曲线呈先升后降的特征。边际收益递减规律在经济学中意义重大。

阅读材料5－3

以农业为例，如果田地的面积不变，只增加在上面耕种的劳动力，当增加劳动后人们可以分工合作，边际产量可能会上升，产出会大大增加——田地更加精耕细作，灌溉沟渠更加整齐。但是，人多到一定数目，由于协调的困难，增加的劳动带来的产出会越来越少。一天中的第三次除草和第四次给机器上油只能增加很少的产出。最后，当大量劳动力涌向农田，田地上人挤人，增加劳动力的边际产量是负数，产出几乎不会再增加，过多的耕作者会毁坏农田。“人多力量大”的错误也是因为没有认识到边际产量会递减，人口的增加能促进经济发展，但是其他的生产条件不变，人口增加到一定程度边际产量变低甚至是负数，人们的生活水平就会下降了。

（二）关于边际收益递减规律的说明

第一，这一规律在短期内适用。在短期内固定投入不变，生产技术水平不变。技术水平不变是指生产中所使用的技术没有发生重大变革。该规律不能预测在技术水平变动的情况下，增加一单位要素投入对产量的影响。

第二，这一规律所指的是生产中使用的生产要素分为可变的与不变的两类，即技术系数是可变的。边际收益递减规律研究的是把不断增加的一种可变生产要素，增加到其他不变的生产要素上时对产量或收益所发生的影响。在农业中，当土地等生产要素不变时，增加施肥量，或者在工业中，当厂房、设备等生产要素不变时，增加劳动力。

第三，在其他生产要素不变时，一种生产要素增加所引起的产量或收益的变动。可以分为三个阶段。

第一阶段：产量递增，即这种可变生产要素的增加使产量或收益增加。这是因为，在开始时不变的生产要素没有得到充分利用，这时增加可变的生产要素，可以使不变的生产要素得到充分利用，从而产量递增。设想一个生产电脑的流水线，只存在一个劳动力根本无法使用（流水线无法流动，只好自己流动）；有两个劳动力时，可以分工协作，边际产量提高；三个劳动力时，可以让生产线流动时断时续，边际产量会提高；四个劳动力时，可以让生产线连续运转，边际产量会进一步提高。

第二阶段：边际产量递减，即可变生产要素的增加使总产量增加，但以递减的比率增加。因为这时候，不变生产要素已接近于充分利用，可变生产要素的增加已不能像第一阶段那样使产量迅速增加。

第三阶段：产量绝对减少，即这种可变生产要素的增加使总产量减少。这是因为，这时不变生产要素已经得到充分利用，再增加可变生产要素只会降低生产效率，减少总产量。

第四，边际收益递减规律像边际效用递减规律一样无需提出理论证明，它是从生产实践中得来的基本生产规律。但是两者不同之处在于，边际产量是可以计量的，而与之相比，边际效用递减规律是从消费者心理感受中得来的，边际效用是不可计量的。

案例5－1：在土地上施肥量越多越好吗？

边际产量递减规律是从社会生产实践和科学实验中总结出来的，在现实生活的绝大多数生产过程中都是适用的,在农业中的作用最明显。早在1771年英国农学家A.杨格就用在若干相同的地块上施以不同量肥料的实验,证明了肥料施用量与产量增加之间存在着这种边际产量递减的关系。这不是偶然的现象而是经验性规律。农民在一亩土地上撒一把化肥能增加产量1公斤,撒两把化肥增产3公斤,但一把一把化肥的增产效果会越来越差,过量的施肥量甚至导致土壤板结粮食减产。如果是边际产量递增全世界有一亩土地就能养活全世界所有的人,那才是不可思议的了。

以后,国内外学者又以大量事实证明了这一规律。我国1958年的大跃进中,有些地方在有限的土地上盲目密植,造成减产的事实也证明了这一规律。这一规律同样存在于其他部门。工业部门中劳动力增加过多,会使生产率下降。行政部门中机构过多,人员过多也会降低行政办事效率,造成官僚主义。我国俗话所说的"一个和尚担水吃,两个和尚抬水吃,三个和尚没水吃",正是对边际收益递减规律的形象表述。

边际收益递减规律是我们研究一种生产要素合理投入的出发点。因而,对于我们研究企业的投入、产出关系是很重要的。它告诉我们,并不是任何投入都能带来最大的收益,更不是投入越多,收益一定越大。正因为这样,对企业的投入数量和组合进行科学的分析,对于正确决策是十分必要的。

三、生产要素合理投入区域

总产量、平均产量、边际产量之间的关系反映了边际收益递减规律。在确定一种生产要素的合理投入时,我们根据总产量、平均产量与边际产量的关系,把图5-1分为三个区域,如图5-2所示。

Ⅰ区域:是劳动量从零增加到平均产量最大点这一阶段。这一阶段的显著特征是,平均产量递增,边际产量大于平均产量。在这一阶段,相对于不变的资本量而言,劳动量不足,所以增加劳动量是有利的,劳动量的增加可以使资本得到充分利用,从而产量递增。任何有理性的厂商通常不会把可变投入的使用量限制在这一阶段内。

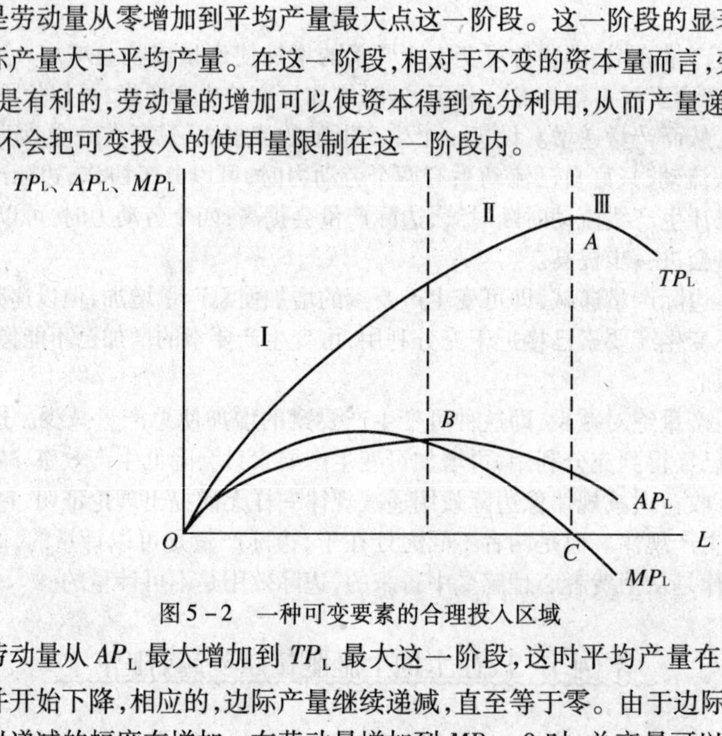

图5-2 一种可变要素的合理投入区域

Ⅱ区域:劳动量从AP_L最大增加到TP_L最大这一阶段,这时平均产量在最大值处与边际产量相等,并开始下降,相应的,边际产量继续递减,直至等于零。由于边际产量仍然大于零,总产量仍以递减的幅度在增加。在劳动量增加到$MP_L=0$时,总产量可以达到最大。这一阶段的显著特点是，总产量递增，平均产量递减，边际产量小于平均产量。

Ⅲ区域：劳动量增加到 MP_L 为零点后的区域，这时边际产量为负数，总产量绝对减少。这一阶段的显著特征是总产量递减和边际产量为负值。这一特征表明和不变投入资本相比，可变投入劳动太多，也不经济，由此看来，劳动量的增加超过此点之后是不利的。这时即使劳动要素是免费的，厂商也不愿意增加劳动投入量在第三阶段经营。

从以上的分析可以看出，理性的生产者不会选择第一阶段和第三阶段进行生产，必然选择在第二阶段组织生产，即只有第二阶段才是可变要素投入的合理区域。劳动量的增加应在Ⅱ区域（AP_L 最大、TP_L 最大）为宜。这一区域为生产要素合理投入区域，又称经济区域，其他区域都不是经济区域。

阅读材料 5－4

人（劳动力）只有与资本保持合适的比例，才能高效率地生产财富。所以，人多好办事是有条件的，即劳动力与资本之间必须保持合理的比例关系。如果一味增加劳动力，没有资本的相应增加，只会导致生产率的下降。

设想一下，如果汽车的需求增加了。为了适应这一增加，汽车制造商起初可以靠增加工人来增加产量，但这是有限度的，一旦工人人数达到最优，再增加工人，就会导致成本的增加和利润的降低。如果汽车需求的增加是持久的，更明智的做法应当是扩建，既增加工人，又增加设备。又比如种地，即要提高土地的产量，光靠增加劳动量也是行不通的。我国"大跃进"期间，在土地上大搞"人海战术"，并没有得到效果，就是例证。为什么我国要实行计划生育？一个最重要的原因，就是国家的耕地和其他许多资源是有限的，如果人口（劳动力）无限地增长，就必然会导致生产率的下降，从而降低人民生活的水平。

如果仅靠增加劳动力真的能无限增产，那么，在一家汽车厂里就能制造出全世界需要的汽车来，在一亩土地上就能长出全球人口所需的粮食来。显然，这是不可能的，因为有边际收益递减规律在起作用。

第三节 长期生产函数

在生产理论中，通常以两种可变生产要素的生产函数来考察长期生产。假定生产者使用劳动和资本两种可变生产要素生产一种产品，则两种可变生产要素的长期生产函数可以写为：$Q=f(L,K)$

不同的方法可以生产出同一水平的产量。在许多种可能中，企业究竟应该使用哪种办法呢？怎样才使成本最小而产量最大呢？下面就是用等产量线分析法分析生产要素最佳组合问题。

一、等产量曲线

（一）等产量曲线的定义

假定在两种要素的各种组合中存在这样一些组合，尽管它们之间两种要素的组合比例不相同，但它们都能生产相同的产量。同无差异曲线相似，等产量曲线就是那些能够带来相同产量的两种可变投入要素的各种数量组合点的轨迹。以 Q 表示既定的产量水平，则与等产量曲线相对应的生产函数为：

$$Q=f(L,K)$$

表 5－2 生产给定产量的劳动和资本要素组合

组合	Q	K	L
A_1	200	10	120
A_2	200	20	60
A_3	200	30	40
A_4	200	40	30
A_5	200	50	24
A_6	200	60	20
A_7	200	70	17.14
A_8	200	80	15
A_9	200	90	13.33
A_{10}	200	100	12

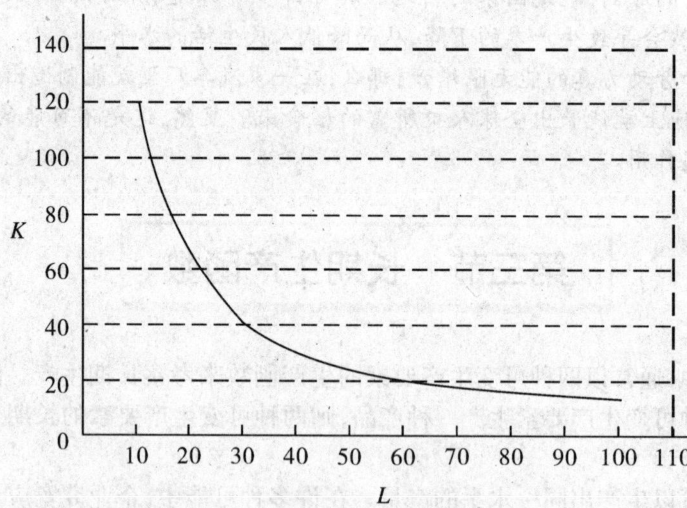

图 5－3 生产 200 单位某种产品的等产量线

表 5－2 给出一个等产量线的数字例子，在该例中，产量 Q 是给定的，为 200 单位，为生产这些产品，厂商可以采取投入 40 单位资本和 30 单位劳动（如组合 A_4）的组合获得，也可以投入 80 单位资本和 15 单位劳动（如组合 A_8）获得。图 5－3 描出了这条曲线，在这条曲线上每一点都代表该种劳动和资本要素的组合可能生产出 200 个单位的产品来。同理，当给定的产量水平为 300、400 或者 1000 单位时，我们还可以分别描出生产这些产量的等产

量线。

一条等产量曲线代表一定的产量水平,不同的产量水平就必然需要用不同的等产量曲线来代表,如图 5-4 所示。

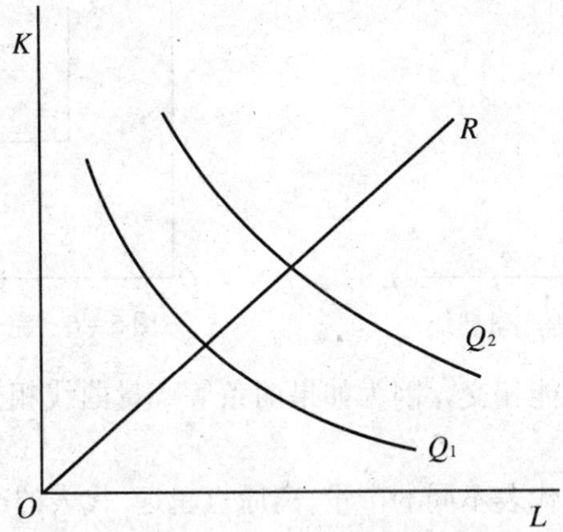

图 5-4　等产量曲线

(二)等产量曲线的特征

从等产量曲线的走势、形状以及相互关系看,等产量曲线具有以下特征:

(1)等产量线是一条向右下方倾斜的曲线,其斜率为负值。

(2)等产量曲线向原点凸出。表明在产量不变的条件下,连续等量地增加一种要素投入量,需要减少的另一种要素的数量越来越少。

等产量曲线凸向原点的弯曲程度,完全取决于两种要素的替代性的大小,即取决于边际技术替代率递减的速度。边际技术替代率是在维持相同的产量水平时,减少一种生产要素的数量与增加的另一种生产要素的数量之比。以 ΔK 代表资本的减少量,ΔL 代表劳动的增加量,$MRTS_{LK}$代表劳动代替资本的边际技术替代率,则有:

$MRTS_{LK} = \Delta K/\Delta L$

案例 5-2:家具厂生产家具是多雇工人还是多买电工具

家具厂生产居民用的家具,它可以使用两种方法,即可以多雇工人进行生产,也可以少雇人多买电工具。无论家具厂用什么方法都可以生产出家具。作为家具厂的厂长,在用什么方法进行生产时,他要作出选择。如果劳动力价值很低,而电工具又很贵,厂长会选择多雇工人少用资本。在生产家具的过程中劳动和资本这两种生产要素是完全可以替代的。这就是本章讲的边际技术替代率。即用一种生产要素替代另一种生产要素技术上的比例。

如果两种要素可替代性强,边际技术替代率递减缓慢,等产量曲线的弯曲程度就小;反之,等产量曲线弯曲程度就大。极端地,如果两种要素是完全替代的,例如乐器的制造,可以完全由机器制作,也可以由技艺高超的工匠借助少量的工具完成,边际技术替代率不变,此时等产量曲线就是一条直线,如图 5-5 所示;如果两种商品根本不能替代,而是完全互补的,例如用风镐对人行道进行翻建,一个工人用一台风镐,一台风镐也只能由一人操作,多人一台风镐或一人多台风镐都不能增加产量,此时边际技术替代率为零,等产量曲线就是向原点成 90°凸出的折线，如图 5－6 所示。

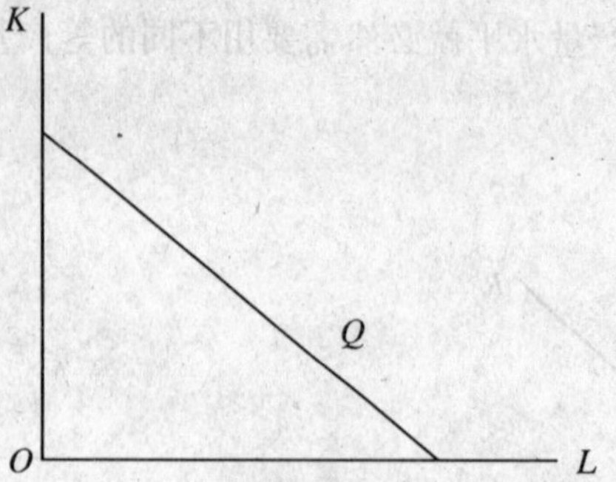

图 5－5　完全替代的等产量曲线

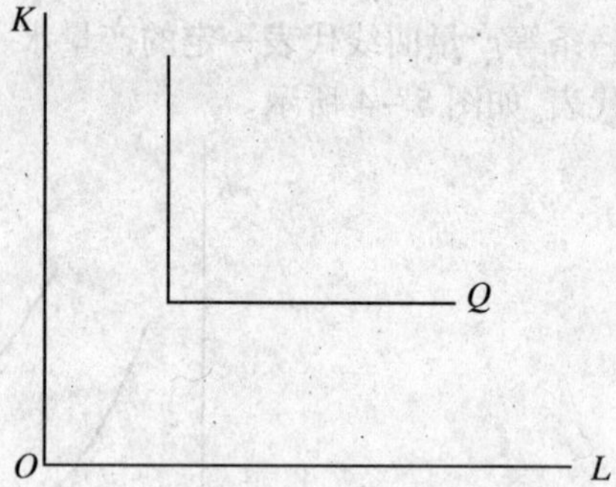

图 5－6　完全互补的等产量曲线

(3)等产量曲线之间不能相交。因为如果两条等产量曲线相交，代表相同的产量水平，这与第四特征相矛盾。

(4)不同的等产量曲线代表不同的产量，离原点越远，代表的产量水平越高。

由于等产量线的几何特点与无差异曲线相似，它又被称为生产无差异曲线。但两者有区别，等产量曲线表示产量，无差异曲线表示效用，等产量线是客观的，无差异曲线是主观的。

二、等成本曲线

正如消费者的购买抉择要受消费预算和商品价格制约一样，厂商的投入抉择也要受到成本支出和要素价格的约束。生产者的生产约束用等成本曲线来描述。

(一)等成本曲线的定义

等成本曲线(isocost curve)是一条表明在生产者的成本与生产要素价格既定的条件下，生产者所能购买到的两种生产要素数量最大组合的曲线。等成本曲线表明了厂商进行生产的限制条件，即它购买生产要素所花的钱不能大于或小于所拥有的货币成本，大于货币成本是无法实现的，小于货币成本又无法实现产量最大化。等成本曲线类似于消费者的预算线，在几何学性质和经济分析上十分类似，有的经济学家也把等成本曲线称为企业预算线。

等成本线可以写为：

$C = wL + rK$ 或 $K = -(w/r)L + C/r$

其中 C 表示既定成本，w 和 r 分别为已知的劳动的价格(工资率)和资本的价格(利息率)。

图 5－7 中等成本曲线内的任何一点(如 A 点)所购买的劳动与资本的组合，是可以实现的，但并不是最大数量的组合，即没有用完货币成本。在该线外的任何一点(如 B 点)，所购买的资本与劳动的组合无法实现，因为所需要的货币超过了既定的成本。

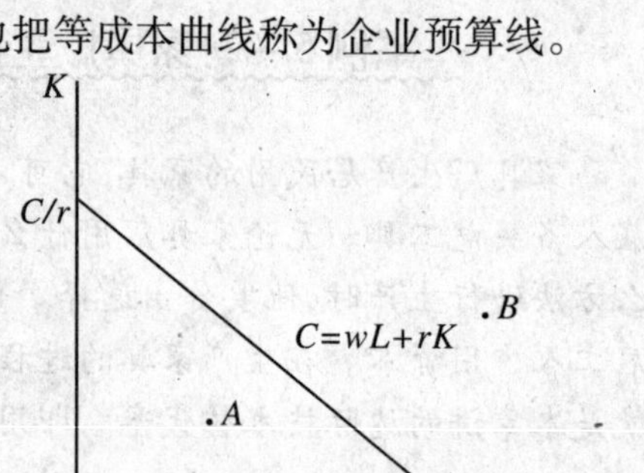

图 5－7　等成本线

(二)等成本曲线的运动

如果厂商改变成本预算或者要素价格变化，等成本曲线就要发生移动：或者平移，或者旋转。

在要素价格既定的条件下,如果两种要素价格同比例增加或减少,生产者购买要素的总成本费用的变动导致等成本线平行移动。等成本线向右上方平行移动表示生产者的总费用增加,能够购买到更多数量的要素;等成本线向左下方平行移动表示总费用减少,能够购买的要素数量减少。如果两种要素价格发生非同比例变化,等成本曲线会发生旋转。

三、生产要素最优组合

正如消费者要达到消费者均衡一样,厂商为了实现利润最大化目标,也要力求实现生产者均衡。生产者均衡就是生产要素的最优组合状态。

(一)要素的最优组合

生产要素的最优组合,是指厂商在既定的生产技术和要素价格条件下,以既定的成本生产最大化的产量,或生产既定产量而耗费的成本最小。厂商的最优组合点,不仅取决于技术上是否可能,还取决于经济上是否合理(即成本状况)。简单地讲,生产要素的最优组合就是特定约束条件下生产要素的最小成本组合或最大产量组合。

无论产量既定,成本最小,或是成本既定,产量最大,要素投入的最优组合点,在图形上都是等产量线与等成本线相切的切点,即最优投入组合就是等产量线与等成本线相切的切点所代表的组合。

1. 成本既定条件下,产量最大的要素组合

现在我们把等产量线与等成本线结合起来分析生产要素的最佳组合。将等成本线和生产无差异曲线(等产量线)放在同一个坐标体系中考察,等成本曲线必然和无数条等产量线中的一条相切,切点代表了厂商在一定的成本约束下所能取得的最大产量,此时每种生产要素的边际产量与价格的比值相等。这个点就是生产要素最佳组合点或生产者的均衡点。

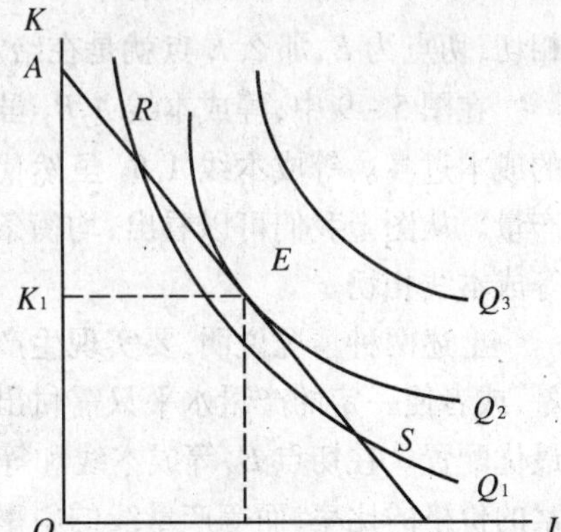

图 5-8　成本一定产量最大的均衡

在图 5-8 中,有一条等成本线 AB 和三条等产量曲线 Q_1、Q_2 和 Q_3。唯一的等成本线 AB 与其中一条等产量曲线 Q_2 相切于 E 点,该点即生产的均衡点,劳动投入量和资本投入量分别为 OL_1 和 OK_1。任何更高的产量(如 Q_3),在既定成本条件下都是无法实现的。任何更低的产量(如 Q_1)在既定成本条件下都是低效率的。

从图上我们可以看出,均衡条件是代表既定成本的等成本线与它可能达到的最高等产量曲线相切,在切点 E 上,等产量曲线的斜率与等成本线的斜率相等,等产量曲线的斜率等于边际技术替代率,等成本线的斜率等于两要素价格之比。为了实现既定成本下的最大产量,企业必须选择最优的要素组合,使得两要素的边际技术替代率等于两要素的价格之比。

阅读材料 5－5

假定在出租车上装有油气转换开关，司机根据“使用最小的花费，行使同样里程”的原则，选择是使用汽油还是天然气。假设汽油的价格是每升 2.19 元，液化天然气的价格是每升 1.51 元，每升汽油可以行驶 8.33 公里（100 公里耗油 12 升），每升天然气可以行驶 6.25 公里（100 公里耗气 16 升）。单纯从价格上看，天然气更便宜；单纯从百公里耗费量看，使用汽油更节省。但是，这都不能确定应该使用汽油还是天然气。按照生产要素投入的最优组合原理，这个问题就可以解决了。这里，需要计算 1 元钱的汽油和 1 元钱的天然气哪个行驶的里程长，也就是计算里程与价格的比值。经过计算，汽油为 3.804 公里/元，天然气为 4.139公里/元。所以，司机应该选择使用天然气。

2. 产量已定条件下，成本最小的要素组合

厂商在给定成本条件下达到产量最大化就能实现利润最大化，那么当厂商的产量给定时如何达到利润最大化呢？当然是厂商通过降低成本，即实现成本最小的情况就可达到。这一思想可借助图 5－9 来说明。

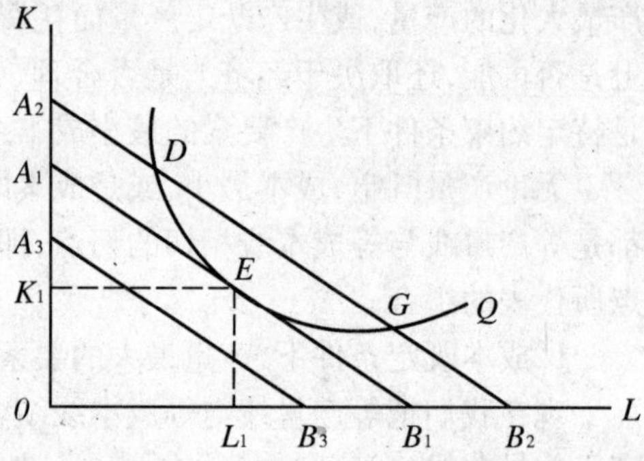

图 5－9 产量已定成本最小的均衡

在图 5－9 中画出了一条等产量曲线 Q 表示厂商给定的产量，同时也作出了三条等成本线，三条等成本线的斜率相等，代表三种不同的成本水平。图中，等成本线 A_1B_1 与等产量线 Q 相切，切点为 E，那么 E 点就是在给定产量情况下生产者均衡点。

在图 5－9 中，等成本线 A_2B_2 虽然与既定的等产量曲线 Q 相交于 D、G 两点，但其代表的成本过高。等成本线 A_3B_3 虽然代表的成本较低，但其无法实现等产量曲线 Q 所代表的产量。从图上我们可以看出，均衡条件是代表既定产量的等产量曲线与它可能达到的最低等成本线相切。

上述两种情况说明，要实现生产要素的最优投入组合，必须使一定的成本获得最大的产量，或者使一定的产量水平只需付出最小的成本。生产要素的最优投入组合意味着资源的最优配置。在切点 E，等成本线和等产量线的斜率相等。等成本线的斜率等于两种生产要素的价格的比率，而等产量线的斜率等于两种要素的边际产量的比率，于是有：

$$P_L/P_K = MP_L/MP_K$$

即

$$MP_L/P_L = MP_K/P_K$$

这意味着厂商为了能在既定产量下所费成本最小或能在既定成本下所生产的产量最大，必须使其单位成本支出所获得的各种要素的边际产量都相等，这就是两种生产要素最佳组合的原则。

以既定成本获得最大的产量，也就是以最小的成本生产确定的产量。因此，分析最大产量组合的方法同样适用于最小成本分析。借助同样方法，可也求得多种投入要素的最优组合条件，即投放在各种要素上的每元钱所带来的边际产量相等。

生产要素的最优组合是通过厂商对要素购买比例的反复调整而实现的。如果购买劳动的货币边际产量大于购买资本的货币边际产量，厂商将会增加劳动的购买，同时减少资本的购买。

案例 5-3：投入要素最优组合原理指导裁员

当国民经济不景气，需求不足，企业需要减产时，企业有时会碰到需要裁员的情况。企业通过裁员，可以降低成本，扭亏为盈。从事生产的员工往往不止一种，各种员工应当各裁减多少？一种办法是主观判断，比如说，各种员工都按同一比例来裁剪，如都按原有人数的20%来裁减，这显然是武断的，不科学的。正确的做法应当是运用投入要素最优组合原理。根据这一原理，就需要比较各种员工每多投入一元人工费用所能增加的产量 MP_L/P_L。当增加员工时，应当优先增加 MP_L/P_L 最大的员工；当裁减员工时，应当优先裁减 MP_L/P_L 最小的那种员工；如果各种员工的 MP_L/P_L 值相等，说明此时各种员工之间的比例达到了最优。下面举一个简单的例子：

某企业的产品，长期销路不好，今打算减产 6 000 件(每月)，并裁减相应的员工，以节省开支。共有 6 名员工承担该产品的生产任务。*A*、*B* 是高级工，*C*、*D*、*E*、*F* 是初级工。他们每月的生产力(边际产量)和工资如下：

减产 6 000 件/月，从表 5-3 上看，可有两个方案：一是裁去一名高级工，二是裁去两名初级工。哪个方案更优？根据最优组合原理：要比较两种工人每投入一元人工费用所能带来的产量的增加，在这里，*A*、*B* 为 1.0，*C*、*D*、*E*、*F* 为 0.75，即初级工的值较低，故裁两名初级工的方案是最优的。这可验证如下：裁去一名高级工，可节省成本 6 000 元，裁去两名初级工可节省成本 8 000 元。可见，两个方案都能减产 6 000 件，但第二方案能节省更多成本，故为最优方案。

表 5-3

工人	边际产量(件/人)	工资(元/人)	MP_L/P_L
A	6 000	6 000	1.00
B	6 000	6 000	1.00
C	3 000	4 000	0.75
D	3 000	4 000	0.75
E	3 000	4 000	0.75
F	3 000	4 000	0.75

第四节 规模报酬

在技术水平和要素价格不变的条件下，当所有投入要素都按同一比例变动时，产量会怎样变化呢？这就是下面我们要讨论的规模报酬问题。规模报酬分析的是企业的生产规模变化与所引起的产量变化之间的关系。企业只有在长期内才能变动全部生产要素，进而变动生产规模，因此企业的规模报酬分析属于长期生产理论问题。

厂商的生产有短期的可变比例的生产和长期的固定比例的生产。在第二节和第三节中，我们已经分析了存在固定要素的条件下厂商的要素配置。在这里，我们要分析没有固定要素的情况下，厂商的所有投入要素都能增加的生产。为了简化分析，我们假定厂商的所有投入要素可划分为劳动和资本，而且劳动和资本按既定比例增加，这样，我们要分析的就简化成了两种可变投入要素的固定比例生产。

一、规模报酬的含义

规模报酬指当所有投入同比例增加时，总产量的反应程度。规模报酬变化是指在其他条件不变的情况下，企业内部各种生产要素按相同比例变化时所带来的产量变化。例如：如果土地、劳动、水和其他投入都增加相同的比例，小麦产量会发生何种变化呢？或者如果劳动、计算机、机器人、钢和厂房的空间都增加一倍，卡车产量会有何种变化呢？这些问题都涉及规模报酬，即投入的规模增加对产出量的影响。

二、规模报酬的变动

（一）规模报酬递增

规模报酬递增是指随规模扩张，产量增加的比例大于规模或要素的增加比例，从而单位产品的成本递减的现象。例如，厂商的所有投入要素都增加两倍，结果厂商的产量增加了两倍以上。又如，一位正在设计一个小规模化工厂的工程师发现，把劳动、资本和原料投入增加10%，会引起总产出超过10%的增长。工程研究发现许多制造流程享有适度的规模报酬递增，包括那些当今最大规模的工厂。

产生规模报酬递增的主要原因是由于企业生产规模扩大所带来的生产效率的提高。生产规模的扩大会促进分工的发展，而且更容易采用先进的生产技术，当生产技术和专业化的好处得到充分利用，增加一倍要素投入量，产量的增加大于一倍。

（二）规模报酬递减

规模报酬递减是指随规模扩张，产量的增长比例小于规模或要素的增加比例，从而单位产品成本递增的现象。例如，厂商的所有投入要素都增加两倍，而厂商产量的增加却小于两倍。

产生规模报酬递减的主要原因是由于企业生产规模过大，使生产的各方面难以协调，从而降低了生产效率。在许多流程中，规模的增大最终会达到一个极点，超过这一点就会导致非效率。这可能是由于管理成本或控制成本变得庞大而造成的。在电力工业中有这样的例子，当企业规模变得过大时，设备利用非效率的风险就会变得很大。许多涉及自然资源的生产活动，如种植酿酒的葡萄或给城市提供纯净饮用水等，都表现为规模报酬递减。

（三）规模报酬不变

规模报酬不变是指随规模扩张，产量的增长比例与要素或规模的增长比例相同，从而单位产品成本基本不变的现象。比如，厂商的所有投入要素都增加了两倍，由此带来的产量也增加两倍。如果劳动、土地、资本和其他投入增加一倍，那么，在规模报酬不变的情况下，产出也增加一倍。许多手工业(例如在美国的理发和发展中国家使用的手织机)表现为规模报酬不变。

案例5－4:铁路业的规模报酬问题

20世纪以后,尽管遇到不少资金问题,铁路运输仍不断发展。规模对铁路运输业有无影响呢?要研究铁路运输业是否存在规模经济效应,需要一系列指标。首先可以用运输密度来度量投入。运输密度指的是在一特定线路上每单位时间内铁路可以承运的货物吨数。产出以沿着该线路在特定时间内运输的货物总重量计。产出与投入之间的规模报酬关系如何?大量研究表明,起初,在运输密度值较小时,存在着规模报酬递增效应,因为在运输密度增加以后,铁路管理部门可以统筹规划,制定出适宜的、富有效率的运输方案。但是,当运输密度的增加超过某一值(这一点称为有效密度)后,会出现规模报酬递减,因为超负荷的运输量已经多得难以规划,运输速度也将有所下降。这种现象只有在运输密度值很大时才会出现。

三、规模报酬变动的原因

西方经济学家用内在经济与外在经济来解释规模报酬的变动问题。内在经济是指一个厂商在生产规模扩大时从自身内部所引起的收益增加。例如,一个厂商的生产规模扩大,可以实现更加精细的内部分工,可以充分发挥管理人员的效率,减少管理人员的比例,可以对副产品进行综合利用,可以减少生产和购销费用等等。但是,如果一个厂商的生产规模过大则会由自身内部原因引起收益的减少,这就是内在不经济。例如,一个厂商的生产规模过大,会使得管理不善,管理效率降低,内部通信联系费用增加,在购销方面需要增设机构等等。

外在经济是指整个行业规模扩大时给个别厂商所带来的收益增加。例如,整个行业的发展可以使个别厂商在交通、信息、人才等方面获得某些好处而增加了收益。但是,如果一个行业的规模过大也会给个别厂商带来损失,使它们的成本增加,收益减少,这就是外在不经济。例如,整个行业扩大引起生产要素的供给不足,产品销售困难,交通运输紧张,环境污染等等,从而使个别厂商的收益减少。

总之,一个行业或一个厂商生产规模过大或过小都是不利的,每个行业或厂商都应根据自己生产的特点确定一个适度规模。厂商选择适度规模的原则,是尽可能使生产规模处在规模报酬不变阶段。如果一个厂商的规模报酬是递增的,则说明该厂商的生产规模过小,此时应扩大规模以取得规模报酬递增的利益直到规模报酬不变为止。如果一个厂商的规模报酬是递减的,则说明厂商的生产规模过大,此时应缩小生产规模以减少规模过大的损失,直到规模报酬不变为止。

案例5－5:马胜利的失利

1984年,马胜利竞争上岗,担任石家庄市造纸厂厂长,凭借较为出色的经营管理才干,将一个亏损企业变成了盈利企业。他在当时采取的许多改革举措为人所称道。作为有成就的优秀企业家,他的名声迅速远扬,成为当时企业改革和企业经营中闻名遐尔的明星人物。生产经营上的初步成功和媒体的大肆宣扬使马胜利的胃口和目标越来越大,后来竟在一年以内先后承包全国9个省市的36家造纸企业(其中27家为亏损企业)。由于经营管理水平并没有得到与企业规模扩张相适应的提高,管理上的混乱愈来愈严重,以致到后来在诸多方面出现了管理失控。企业规模大了,但合格的产品生产规模并没有相应的扩大。企业的平均生产成本迅速上升。最后,企业走向全面的严重亏损,包括马胜利起家的石家庄市造纸厂也不能幸免。马胜利也在1994年最终退出经营管理的舞台。

规模报酬理论是经济学在解决实际问题时非常实用的理论,很多企业、单位要想在竞争中获得最大收益,同时避免资源浪费,就要尽可能在规模报酬理论的框架内行事,规模报酬理论是连接经济学抽象理论与现实应用的桥梁,每个企业决策者在做出决策时一定不能忽视这个理论的现实价值。

【本章小结】

本章主要介绍对生产理论问题(包括短期生产函数、长期生产函数和规模经济)的研究。

1. 企业——又称厂商,是一种使用生产要素,追求利润,组织生产要素生产并销售,为社会提供产品与劳务的经济组织。生产也就是把劳动、资本、土地与企业家才能四种投入变为产出的过程。

2. 生产函数表示在一定时期内,在技术水平不变的情况下,生产中所使用的各种生产要素的数量与所能生产的最大产量之间的关系。一般形式为:$Q=f(L,K,N,T)$。

3. 西方经济学中按生产者能否变动全部要素投入为标准划分生产函数为短期生产函数和长期生产函数。

4. 短期生产函数中总产量曲线、平均产量曲线和边际产量曲线这三条曲线都是先呈上升趋势,而后达到本身的最大值后,再呈下降趋势。其中边际产量曲线与平均产量曲线相交于平均产量曲线的最高点,同时边际产量为零时,总产量达到最大。

5. 边际生产力递减规律:在技术给定和其他要素投入不变的情况下,连续增加1单位某一种要素所带来的产量的增量迟早会出现下降。

6. 等产量线是表示两种生产要素的不同数量的组合可以带来相等产量的一条曲线。它是一条向右下方倾斜并凸向原点的曲线,其斜率为负值。

7. 等成本线是一条表明在生产者的成本与生产要素价格既定的条件下,生产者所能购买到的两种生产要素数量最大组合的线。

8. 生产要素最佳组合的条件:即每一单位成本支出所获得的各种要素的边际产量都相等。

9. 规模报酬有规模报酬递增、递减和不变三种情况,西方经济学家用内在经济与外在经济来解释规模报酬的变动问题。

习 题

一、名词解释

1. 厂商　　2. 生产函数　　3. 柯布－道格拉斯生产函数
4. 生产要素　　5. 边际产量　　6. 边际收益递减规律
7. 等产量曲线　　8. 边际技术替代率　　9. 等成本线
10. 规模报酬

二、判断题

1. 在生产函数中,只要有一种投入不变,便是短期生产函数。
2. 如果平均变动成本等于边际成本,则边际产量等于平均产量。

三、问答题

1. 简述边际收益递减规律的内容。
2. 试说明理性的生产者应如何组织生产。
3. 简述规模报酬变动成因。
4. 怎样区分经济学中的短期和长期。
5. 请解释厂商进行生产时边际收益递减的原因。

第六章　成 本 理 论

【教学目的】

通过本章学习，掌握厂商生产成本的有关概念、函数以及各种成本与产量之间的关系，为分析厂商利润最大化行为做准备。

【教学要求】

通过本章的学习，学生能够：

1. 重点掌握短期成本的概念与分类和利润最大化原则。
2. 掌握长期成本概念。
3. 了解机会成本在企业决策中的作用。

【重点难点】

本章重点：

1. 短期成本的概念。
2. 短期成本的分类。
3. 利润最大化原则。
4. 长期成本概念。

本章难点：

1. 短期成本的概念。
2. 短期成本的分类。

【知识要点】

短期成本　长期成本　机会成本　沉没成本　厂商收益　利润最大化　成本曲线之间的关系

成本是企业、政府乃至消费者个人进行经济决策需要考虑的重要因素。厂商要取得最大化的利润，政府要想实现资源在全社会范围内的有效配置，个人要想实现资产的有效组合，都必须进行成本与收益的分析。

在前面的生产函数分析中，我们已经揭示了厂商要素的经济投入区间以及资源合理配置的原则。本章将从厂商决策出发讨论成本理论，将分析厂商的生产成本与产量之间的关系，将在成本分析的基础上结合收益分析研究厂商的利润最大化问题。

第一节　成本和成本函数

西方经济学所说的成本既可以从社会的角度分析，也可以从厂商的角度分析，其含义是完全不同的。现将经济学中的不同成本的含义概述如下：

一、几种主要成本概念

水果摊上学生与摊贩讨价还价，摊主报价香蕉1.5元/kg，学生还价1块钱1kg，摊主抱怨说，本钱还要1块钱呢，不卖，这里的"本钱"就是会计成本。

我们日常语言中的成本，与会计学中的财务成本概念大致相同，表示购买或生产某种物品过去和现在发生的财务费用或历史成本。经济学对成本概念界定的第一个特点，是把它看做是机会成本。

(一)生产成本与机会成本(经济成本)

如我们前面所提到的，机会成本，又叫择一成本，从生产者角度讲，是指由于使用某一投入要素而必须放弃的该要素的其他用途的最高代价；对要素所有者来说，则是该要素在一切可能的机会中的最高报酬。通俗地说，机会成本是为得到某种东西所必须放弃的东西，"鱼和熊掌不可兼得"。

机会成本不同于实际成本，它不是作出某项选择时实际支付的费用或损失，而是观念上的成本或损失。机会成本是作出一种选择时所放弃的其他若干种可能的选择中最好的一种，并不全是由个人选择所引起的。

(二)沉没成本

经济学把成本区分为可回收成本与沉没成本两种类型。已经发生的成本中，有的(如办公楼、汽车、计算机等等)可以通过出售或出租方式在很大程度上回收，属于可回收成本；有的则不可能回收，属于沉没成本。因而，沉没成本是指已经支出并且无法收回的成本。

沉没成本在经济生活中也有大量表示。例如，企业因为广告支出发生的成本，在办公楼顶部安装企业标志发生的成本，按企业特殊要求设计的专用设备，一家投资银行在企业重组中雇佣财务、法律专家、猎头公司服务所发生的成本等等。

案例6-1：为从国外购买的物品补税是否合算

陈某在国外购买了一台数码照相机，是用美元买的，折合人民币为2 500元。今陈某把它携带回国，入境时因原发票丢失，只好由海关重新估价，海关估价为人民币4 000元，按税率30%计算，要求缴关税1 200元就可放行，否则，将被充公，对于这么高的税金，陈某有些不悦。当时，有人告诉他，同样品牌同样型号的照相机国内也能买到，价格只要3 000元。据此，陈某考虑，如果上这笔税，总共将支出3 700元，不如在国内买一台便宜，就打算拒交这笔税，并自愿放弃这台照相机。陈某的妻子学过经济学，她认为，在要不要纳税的问题上，2 500元已经支出，无法追回，属于沉没成本，在决定纳税时不应考虑。如果纳税，增量成本仅为1 200元(税金收入)，但增量收入却有3 000元(国内照相机的价格)。增量收入大于增量成本，故纳税仍是合算的。陈某最后还是采纳了妻子的意见，上了税。

(三)显明成本与隐含成本

按机会成本含义定义的生产成本，即经济成本，是经济学意义上的成本，一般是指企业经营时所发生的显明成本和隐含成本之和。

显明成本又称支出成本,通常是由明确的契约关系所规定的厂商必须进行现实支付的成本,指厂商会计账上作为成本项目记入账上的费用。显明成本是厂商已付款和契约债务的总和,它通常有厂房设备的折旧,购买原材料、燃料和动力的费用,支付给雇员的薪金和工资,还有广告费、保险费、税金及贷款利息等等。显然,显明成本就是会计成本。会计成本是对企业货币支出的历史记录,也可以叫做历史成本。会计成本往往只能说明过去,不能说明将来,而且也不能完全反映企业经营的实际代价。因此,只注重会计成本,不利于企业的科学决策,甚至会扰乱经营决策,因而必须考察经济成本。与显性成本相对应的利润是会计利润。

与显明成本相对的隐含成本指厂商自己提供的资源所必须支付的费用,但这些费用并没有在会计成本账目上表现出来,所以叫隐含成本。隐含成本又称非支出成本或内在成本,它是不由契约关系规定,而需要补偿的厂商自有生产要素的开支。隐含成本也可看成是厂商使用自有生产要素所丧失的机会价值,它主要包括企业主运用自有资金及其他实物资产经营企业所丧失的利息和租金收入,以及企业主亲自从事经营活动所丧失的工薪收入。与包括显性成本与隐含成本在内的总成本相对应的利润是经济利润或超额利润。

隐含成本由于厂商自有生产要素的稀缺性和多用途性,厂商的隐含成本一般是大于零的,因此经济成本总是大于会计成本。

阅读材料 6-1

假定某一店主每年花费 40 000 元的资金租赁商店设备,年终该店主从销售中所获毛利为 50 000 元。该店主赚了多少钱?从显明成本的角度看,该店主赚了 10 000 元,因为厂商的显明成本是 40 000 元。但是从隐含成本的角度看,该店主可能一点也没赚。

厂商的隐含成本是什么?计算隐含成本是一件比较复杂的事,我们只能进行粗略的估算。假定市场利率为 10%,该店主从事其他职业所能获得的收入是 20 000 元,则该店主的隐含成本是 24 000 元(20 000 + 40 000 × 10%)。厂商的机会成本是 64 000 元。从机会成本的角度看,该店主不仅没有赚钱,反倒赔了钱。我们也可以说该店主获得的会计利润 10 000 元,但是获得的经济利润是负的 14 000 元(50 000 ~ 64 000 元)。

阅读材料 6-2

假设王先生用自己的银行存款 30 万收购了一个小企业,如果不支取这 30 万元钱,在市场利息 5% 的情况下他每年可以赚到 1.5 万元的利息。王先生为了拥有自己的工厂,每年放弃了 1.5 万元的利息收入。这 1.5 元就是王先生开办企业的机会成本之一。经济学家和会计师以不同的方法来看待成本。经济学家把王先生放弃的 1.5 万元也作为他企业的成本,尽管这是一种隐含成本。但是会计师并不把这 1.5 万元作为成本表示,因为在会计的账面上并没有货币流出企业去进行支付。

(四)上述几种成本概念的关系

从上分析可以知道,经济分析中所讲的成本不是显明成本,即不是作为成本项目列入会计账的成本,也不是显明成本加折旧,而是从厂商角度分析的成本,即生产费用。生产费用一般是指厂商在生产活动中所使用的各种生产要素的价格,也就是生产要素提供者必须得到的补偿或报酬。

西方经济学所说的成本包括了正常利润。正常利润是指厂商认为值得营业的起码利润或阻止现有生产向其他生产转移的最低限度利润,即包含厂商的所有自己投入的资金的利息、企业主为该厂提供的劳务应得的薪金在内。它可以被认为是作为生产要素之一的企业家管理才能的报酬。西方经济学中通常所说的利润,实际上是超额利润,即总收益与总成本之差。

上述各种含义的成本的相互关系如下:

生产成本(机会成本) = 显明成本 + 隐含成本
= 作为成本项目列入会计账的成本 + 隐含成本
= 显明成本 + 折旧 + 正常利润

案例6-2:生活中的"成本"

成本,就是最大的代价。更准确地说,你获得某件商品的成本,就是你为了得到这件商品所必须放弃的最高价值。本文就从这个平平无奇的定义开始,介绍生活中两个常见应用。

一、分工和交易

假设社会上只有鲁班和盖茨两个人,他们需要两种商品:家具和软件。那么,他们各自生产这两种商品的成本是不一样的。鲁班写程序的成本,就是那些放弃了的家具;同样,盖茨做木工的成本,就是那些放弃了的软件。他们必须权衡两种选择的成本。如果他们从事对自己来说成本最低生产活动,然后与对方交换产品,就能节省成本,从而增加双方的收入。这就是"相对优势原理"。

让我们对这个原理做进一步的解释。首先,没有不变的、客观的、一般化的"成本"。生产成本总是相对每个个人而言的!盖茨和鲁班的绝对能力的高低无关紧要。即使盖茨是个全才,编软件和做木工都比鲁班强,那也没关系,这个原理照样适用。盖茨做木工的成本(放弃了的盖茨所编写的软件),照样比鲁班做木工的成本(放弃了的鲁班所编写的软件)高很多!其次,投资回报率已经考虑在内了。鲁班的确可以从 Basic 学到 C++,最终成为编程高手;而盖茨也的确可以从刨木板、弹墨线做起。但比较总收益和总成本,这样的投资还是不合算的。否则,那就是正常的投资行为。第三,分工交易有副作用吗?有的,那就是当第三个竞争者进入原来的"二人市场"后,新形势下成本较高的厂商不得不转营,并蒙受损失。但是,第三个竞争者的进入,会使社会的总财富进一步增长,其增长的幅度一定超过原来成本较高的厂商所蒙受的损失。对此,社会可以运用税收等政策,用第三个竞争者的部分收入补贴受损害的厂商。

二、沉没成本不是成本

聪明的投资者,在做决策时,会分辨"初期成本"和"沉没成本"的区别。你花10元的"初期成本"购买了面值10元的邮票,这一举动的成本是多少?是零。因为你可以把邮票按照原来的价格卖出去,你的举动并没有令你失去什么。但是,你花10元买了一个汉堡包并咬了一口,你这一举动的成本是多少?是10元。因为吃过的汉堡无法转卖出去。

"沉没成本"是那些后来的举动所无法挽回的成本。无论你继续吃完这个汉堡,还是丢掉，那10元都是你没有办法收回的。所以，你用10元的“初期成本”购买这个汉堡包时，其“沉没成本”是10元。

投资和入行的“门槛”，不是“初期成本”，而是“沉没成本”，因为它一旦投入就无法挽回。学习古汉语的沉没成本，比学习英语的沉没成本大，因为英语的知识比较容易转化为其他欧洲语言的知识，但古汉语比英语更难迁移。

电话公司铺设的电缆，几乎不能用来做别的事情，所以它的沉没成本很大。在决策前，必须考虑铺设电缆的成本，看看未来的收入是否足够抵偿。但是，电缆一旦完成铺设，它就成为沉没成本——它不再是成本，不再影响以后的行动决策了。只要收入能够抵偿维持经营的成本，即使无法收回沉没成本，企业也应该继续运作下去。

二、成本函数

在要素价格一定的条件下，成本取决于投入要素量。厂商的要素投入量是由厂商的计划产量决定的，所以成本依存于一定的产出水平。在经济学上，把成本对产量的依存关系称为成本函数。如果以 C 代表成本，Q 代表产量，则成本函数可写成：

$$C=f(Q)$$

成本函数描绘生产要素货币量对产量的依存关系，生产函数反映生产中产量对要素实物量的依存关系。显然，成本函数与生产函数分析的都是生产中的投入－产出关系，只不过各自研究角度不同而已，成本函数是由生产函数决定的。

第二节 短期成本

西方经济学家在具体分析成本时，把成本分为短期成本与长期成本。在短期内，固定要素的存在使得厂商只能在既定规模下进行短期产量调整，从而厂商的生产成本变化直接依存于短期产量的变化。短期成本函数就是用来反映短期内厂商的生产成本对产量的依存关系的函数。厂商在短期内既有固定要素，又存在变动要素，所以，厂商的短期成本可分为固定成本、变动成本、短期总成本、短期平均成本和短期边际成本。

一、固定成本、变动成本与总成本

由于短期中存在固定要素和变动要素，所以短期总成本包括短期总固定成本和短期总变动成本。

（一）短期总固定成本（SFC）

总固定成本（SFC）是指厂商在短期内必须为固定要素所支付的价格，这种成本不随产量的变动而变动。如地租、利息折扣、高级管理人员的薪金、一般的财产税、广告费、保险费以及预期正常利润等。由于短期内固定要素不变，所以短期固定总成本也就是短期内不因厂商产量调整而改变的成本。即使在企业停产的情况下，也必须支付这些费用。

（二）短期总变动成本（SVC）

总变动成本（SVC）是厂商在短期内为可变要素支付的价格，它随着产量的变动而变动。

如购买原材料、燃料的支出，普通工人的工资支出，产品销售税等。由于可变要素在短期产量调整中要发生变化，所以短期总变动成本要随产量的变化而变化。当产量为零时，变动成本也为零，不存在变动成本；随着产量的增加，厂商要相应地增加可变要素，变动成本也随之增加。

（三）短期总成本（STC）

短期总成本（STC）是厂商在短期内生产一定产量需要的成本总额，因此短期总成本是短期总固定成本和短期总变动成本之和，其值必大于零。由于短期内厂商投入的固定生产要素是固定不变的，不随产量变化，所以短期总成本的变动完全取决于短期总变动成本的变化。在任一产量水平上，只要知道了短期总变动成本，再加上固定不变的短期总固定成本就可以得到该产量水平上的短期总成本。

$$短期总成本\ TC = 固定成本\ FC + 可变成本\ VC$$

我们可以画出短期总成本、总固定成本、总变动成本图形，如图6－1所示。

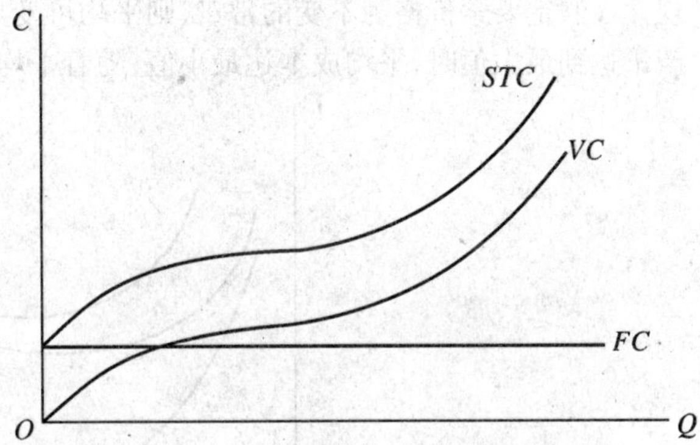

图6－1　总成本、总固定成本和总变动成本曲线

图6－1中，横坐标表示产出水平Q，纵坐标表示成本C。总固定成本是一条与横坐标相平行的直线，表示在规模允许的范围内，当业务量发生变动时，不管产出水平是多高，这笔成本支出不变，即使业务量为零，固定成本也存在，表现为在纵轴上的截距。

总变动成本VC随产出的变化而变化。当业务量为零时，变动成本总额为零，可变成本总额随着产量变动而增长，表现为由原点向右上方延伸的曲线。

短期总成本曲线（STC）是一条与短期总变动成本曲线斜率一致的、起于短期总固定成本曲线端点的、并向右上方延伸的曲线。短期总成本曲线与短期总变动成本曲线的垂直距离始终等于固定成本。

二、平均固定成本、平均可变成本、平均成本与边际成本

与短期总固定成本和总变动成本相对应，短期平均成本包括短期平均固定成本和短期平均变动成本。

（一）短期平均固定成本（AFC）

短期平均固定成本（AFC）是厂商在短期内每单位产品上分摊的固定成本额。

$$AFC = SFC/Q$$

短期平均固定成本随产量的变动而变动，而且与产量成反方向变动。

2. 短期平均变动成本（AVC）

短期平均变动成本（AVC）是厂商为生产单位产量而支付的变动要素的价格，通常表示为短期总变动成本与产量之比。又因短期总变动成本等于变动投入要素量与变动要素价格的乘积，所以短期平均变动成本可表示为：

$$AVC = SVC/Q = (L \cdot P_L)/Q$$

3. 短期平均总成本(*SAC*)

短期平均总成本(*SAC*)是厂商为单位产量生产所支付的全部要素的价格。由于它是短期平均固定成本和平均变动成本之和,故 $SAC = AFC + AVC$,所以短期平均总成本的变动就由短期平均固定成本的变化和短期平均变动成本的变化来共同决定。

短期平均总成本也是先递减、后递增地变化的,但晚于短期平均变动成本的变化。

我们可以画出短期平均总成本、短期平均固定成本、短期平均变动成本图形,如图 6-2 所示。

从图 6-2 上可以看出,*AFC* 曲线随着生产量的增加呈一直下降的趋势表明平均固定成本随着产量增加而减少。

AVC 曲线先下降而后上升,表明了平均可变成本随着产量的增加,先下降后上升的变动规律。假定要素价格为不变的常量,则平均可变成本直接依存于平均产量的变动。在平均产量达到最大值时,平均成本达最小值;随着平均产量递减,平均变动成本开始递增。

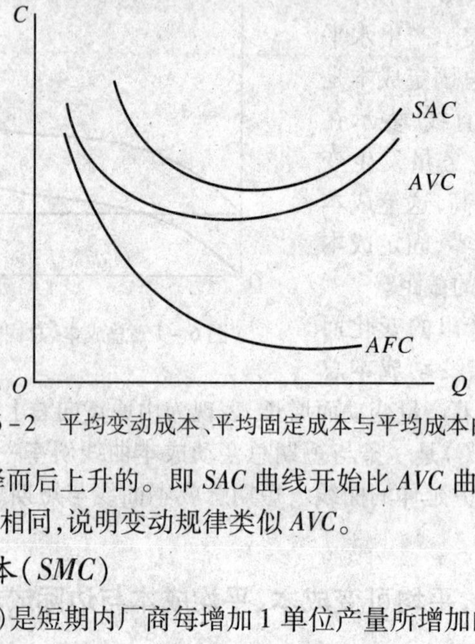

图 6-2　平均变动成本、平均固定成本与平均成本曲线

SAC 曲线也是先下降而后上升的。即 *SAC* 曲线开始比 *AVC* 曲线陡峭,说明下降幅度比 *AVC* 大,以后形状与 *AVC* 相同,说明变动规律类似 *AVC*。

(三)短期边际成本(*SMC*)

短期边际成本(*SMC*)是短期内厂商每增加 1 单位产量所增加的总成本。

$$SMC = \Delta STC/\Delta Q = (\Delta SFC + \Delta SVC)/\Delta Q$$

$$\because SFC \text{ 固定不变}$$

$$\therefore SMC = \Delta SVC/\Delta Q$$

如果不考虑最初的短暂情况,那么,边际成本的变动规律主要表现就是:最初在产量开始增加时由于各种生产要素的效率未得到充分发挥,因此,边际成本先随产量的增加而减少。最后,当产量增加到一定程度时,由于边际成本递增规律的作用,边际成本又随产量的增加而增加。在边际产量达最大值时,表明该边际产量耗费的最小的要素投入,边际成本达到最小值。

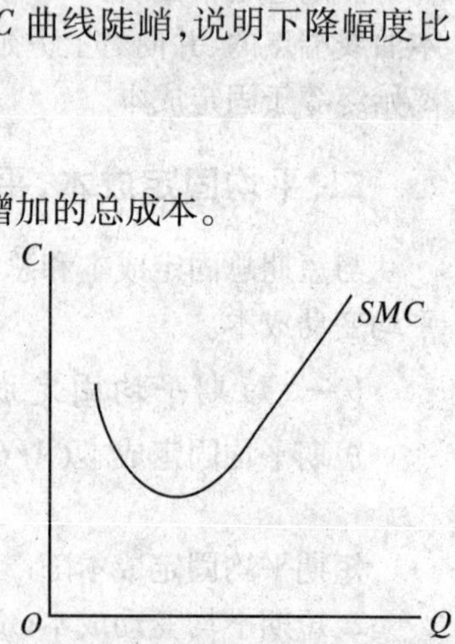

图 6-3　短期边际成本曲线

如图 6-3 所示,短期边际成本曲线 *SMC* 是一条先下降后上升的 *U* 形曲线。短期边际

成本的变动取决于可变成本。

（四）短期成本曲线的相互关系

为了分析短期各类成本与产量之间的关系，以及短期各类成本之间的关系，可用图6－4来说明。

1. 短期生产中的边际收益递减规律决定 *MC* 曲线呈 *U* 形

边际收益递增阶段对应的是边际成本递减阶段，边际收益递减阶段对应的是边际成本递增阶段，与边际收益的极大值相对应的是边际成本的极小值。因此，*MC* 曲线呈先降后升的 *U* 型特征。

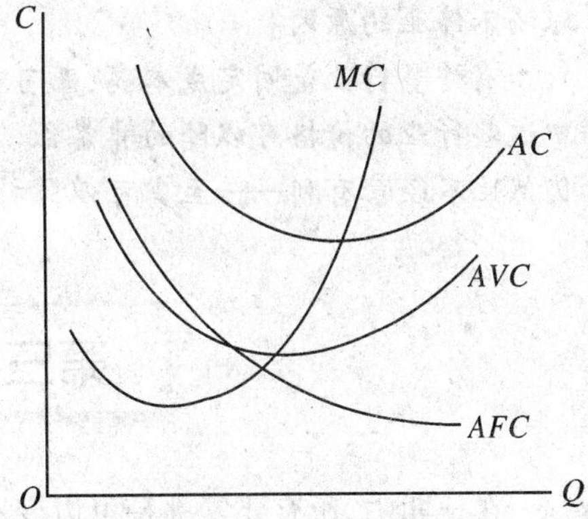

图6－4 成本曲线

2. *MC* 曲线和 *AC* 曲线、*AVC* 曲线的关系

MC 曲线和 *AC* 曲线、*AVC* 曲线分别相交于 *AC* 曲线、*AVC* 曲线的最低点。由于 *MC* 曲线呈 *U* 形，所以 *AC* 曲线、*AVC* 曲线也必然呈 *U* 形，且必然与 *MC* 曲线相交于两者的最低点。

案例6－3：门庭冷落的保龄球场为什么不停业

我们经常会看到一些保龄球场门庭冷落，但仍然在营业。这时打保龄球的价格相当低，甚至低于成本，他们为什么这样做呢？对企业短期成本的分析有助于解释这一现象，同时也可以说明短期成本分析对企业短期经营决策的意义。

在短期中，保龄球厂经营的成本包括固定成本与可变成本。保龄球场的场地、设备、管理人员是短期中无法改变的固定投入，用于场地租金、设备折旧和管理人员工资的支出是固定成本。固定成本已经支出无法收回，也称为沉没成本。保龄球场营业所支出的各种费用是可变成本，如水电费、电话费、服务员的工资等。如果不营业，这些成本就不存在，营业量增加，这种成本就增加。由于固定成本已经投入，无法收回，所以保龄球场在决定短期是否营业时，考虑的是可变成本。

假设每场保龄球的平均成本是20元，其中固定成本为15元，可变成本为5元。当保龄球价格为20元以上时，收益大于平均成本，经营当然有利。当价格等于20元时，收益等于成本，这是称为收支相抵点，仍然可以经营。当价格低于20元时，收益低于成本。乍一看，保龄球场应该停止营业。但是，当知道短期成本中有不可回收的固定成本和可变成本时，决策就不同了。

现在假设每场保龄球价格为10元，是否应该经营呢？可变成本为5元，当价格为10元，在弥补可变成本5元之后，仍可剩下5元，这5元可用于弥补固定成本。固定成本15元是无论经营与否都要支出的，能弥补5元，当然比一点也弥补不了好。因此，这时仍然应该坚持营业。这时考虑的不是利润最大化而是亏损最小化——能弥补多少固定成本算多少。

当价格下降到5元时，经营收益正好弥补可变成本，如果不经营的话，这笔成本就不用支出，保龄球场经营与否就是一样的了，都亏损了全部的固定成本。所以价格等于可变成本之点是停止营业点，意思就是在这一点时，经营与否是一样的。在这一点之上，只要价格高于可变成本就要经营，而在这一点之下，价格低于平均可变成本，无论如何都不能经营。

门庭冷落的保龄球场仍在营业，说明这时价格仍高于平均可变成本。这就是这种保龄球场不停业的原因。

有许多行业是固定成本高，而可变成本低，例如，旅游、饭店、游乐场所等等。所以现实中这些行业的价格可以降的非常低。但这种价格实际上仍然高于平均可变成本，因此，经营仍然比不经营有利——至少可以弥补部分固定成本，实现损失最小化。

第三节 长期成本

在长期中，所有要素都是可以变动的，长期成本函数是用来反映厂商的长期成本对产量或规模依存关系的函数。正如短期成本的变动受边际收益递减规律支配一样，长期成本函数也是受规模报酬变动规律支配的。从长期看，厂商总是可以在每一个产量水平上选择最优的生产规模进行生产。长期厂商没有固定要素，所以长期成本就只有长期总成本、长期边际成本和长期平均成本。

阅读材料 6-3

对于许多企业来说，总成本分为固定和可变成本取决于时间框架。例如，考虑一个汽车公司，比如福特汽车公司。在只有几个月的时期内，福特公司不能调整它汽车工厂的数量与规模。它可以生产额外一辆汽车的唯一方法是，在已有的工厂中多雇佣工人。因此，这些工厂的成本在短期中是固定成本。与此相比，在几年的时期中，福特公司可以扩大其工厂规模，建立新工厂和关闭旧工厂。因此，其工厂的成本在长期中是可变成本。

当福特公司想把每天的产量从 1 000 辆汽车增加到 1 200 辆时，在短期中除了在现有的中等规模工厂中多雇工人之外别无选择。由于边际产量递减，每辆汽车的平均总成本从 1 万美元增加到 1.2 万美元。但是，在长期中，福特公司可以扩大工厂和车间的规模，而平均总成本仍保持在 1 万美元的水平上。

对一个企业来说，进入长期要多长时间呢？回答取决于企业。对一个大型制造企业，例如，汽车公司，这可能需要一年或更长。与此相比，一个人经营的柠檬水店可以在一小时甚至更短的时间内去买一个水罐。

一、长期总成本（LTC）及其与短期总成本的关系

长期总成本指厂商在长期中在各种产量水平上，通过改变生产规模所能达到的最低总成本，是长期中生产一定量产品所需要的成本总和。长期总成本函数写为：

$$LTC = LTC(Q)$$

长期总成本随产量的变动而变动。没有产量时没有总成本，随着产量的增加，总成本增加。这是因为在开始生产时，要投入大量生产要素，而产量少时，这些生产要素无法得到充分利用。当产量增加到一定程度后，生产要素开始得到充分利用，这也是规模经济的效益。最后，随着产量进一步增加，生产规模更加扩大，由于规模收益递减，成本的增加比率又大于

产量增加的比率。

长期总成本曲线由众多的短期总成本曲线构成。长期总成本曲线表示长期中与每一特定产量对应的最低成本点的轨迹，是厂商在每一产量水平上由最优生产规模所带来的最小生产总成本。它由无数条短期总成本曲线与之相切，是短期总成本曲线的包络线。

图 6-5 中，长期总成本曲线从短期总成本曲线的下方包络众多条短期总成本曲线（由 STC_1、STC_2 等表示）。长期总成本曲线从原点开始，表示长期总成本是完全随产出的变化而变化的。它随着产量的增加而增加，产量为零，总成本也为零。

每一条短期总成本曲线都不是从原点开始，表示一旦从短期的角度看待成本，就总存在一些固定成本，这一部分成本不随产出的变化而变化。短期总成本曲线在纵坐标上的截距越大，代表的企业规模越大，因为大的企业规模总是产生较高的固定成本。每条 STC 曲线与 LTC 曲线有一个切点，切点处 $STC = LTC$，此外的各点，均为 STC 大于 LTC。

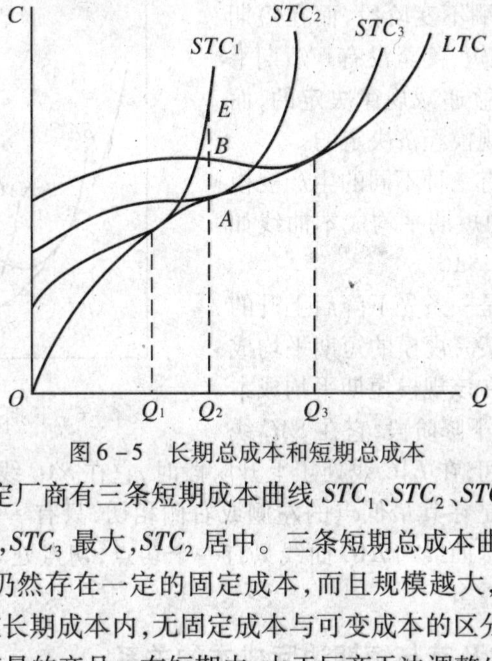

图 6-5　长期总成本和短期总成本

如图 6-5 所示，假定厂商有三条短期成本曲线 STC_1、STC_2、STC_3，每条曲线代表一种生产规模，其中：STC_1 最小，STC_3 最大，STC_2 居中。三条短期总成本曲线在纵轴上都有一个截距，代表当产量为零时，仍然存在一定的固定成本，而且规模越大，固定成本越大。而 LTC 是过原点的曲线，因为在长期成本内，无固定成本与可变成本的区分，全部为变动成本。

假定厂商生产 Q_2 产量的产品。在短期内，由于厂商无法调整生产规模，他可能在 STC_1 这种小规模上生产，也可能在 STC_3 这种大规模上生产，但是这两种规模都不能使总成本最低。若以 STC_1 规模生产，总成本为 EQ_2；若以 STC_3 规模生产，总成本为 BQ_2，只有以 STC_2 规模生产，总成本为 AQ_2，才达到了总成本最低。由于长期内厂商可以调整生产规模，所以厂商将选择 STC_2 规模生产。如果厂商要生产 Q_3 产量，就选择在 STC_3 规模下生产，这样，在长期内，厂商就实现了既定产量下的最低总成本。

二、长期平均成本（LAC）及其与短期平均成本的关系

长期平均成本是长期中平均每一单位产品的成本。它等于长期总成本 LTC 与产量 Q 之商，即：

$$LAC = LTC/Q$$

长期平均成本曲线 LAC 也是一条先下降而后上升的 U 形曲线。这就说明，长期成本变

动的规律也是随着产量的增加,先减少而后增加,这也是由于随着产量的增加,规模收益递增,平均成本减少,以后,随着产量的增加,出现收益递减,平均成本增加。这与短期平均成本相同。

长期平均成本曲线与短期平均成本曲线的关系也和长期总成本曲线与短期总成本曲线关系一样,长期平均成本曲线把各条短期平均成本曲线包在其中,因此,长期平均成本曲线又称包络曲线。长期平均成本曲线是各种产量的最低平均成本点的轨迹,是无数条短期平均成本曲线与之相切的切点的轨迹,是所有短期平均成本曲线的包络线。长期平均成本曲线上的每一点都表示生产相应产量水平的最低平均成本。

短期平均成本曲线与长期平均成本曲线都是一条先下降而后上升的 U 形曲线。但长期平均成本曲线与短期平均成本曲线也有区别,在长期中平均成本无论是减少还是增加都变动较慢。这是由于在长期中全部生产要素可以随时调整,从规模报酬递增到规模报酬递减有一个较长的规模报酬不变阶段,而在短期中,规模报酬不变阶段很短,甚至没有。短期平均成本曲线是由边际收益递减规律决定的,而长期平均成本曲线是由规模经济决定的。

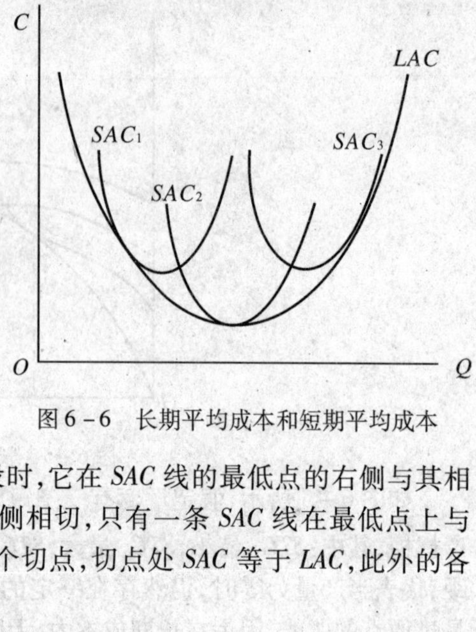

图 6－6　长期平均成本和短期平均成本

假定厂商在短期内有三种不同的生产规模可供选择,这三种规模的短期平均成本曲线如图 6－6 中的 SAC_1、SAC_2、SAC_3。

长期平均成本曲线是一条先下降后上升的 *U* 形线。在其最低点与某一规模的短期平均成本曲线的最低点相切。在该规模短期平均成本曲线的左侧,*LAC* 线处于下降阶段,它在 *SAC* 线的最低点的左侧与其相切,在 *LAC* 线处于上升阶段时,它在 *SAC* 线的最低点的右侧与其相切。*LAC* 曲线与 *SAC* 线是在其最低点的左侧或右侧相切,只有一条 *SAC* 线在最低点上与 *LAC* 曲线相切。每条 *SAC* 曲线与 *LAC* 曲线只有一个切点,切点处 *SAC* 等于 *LAC*,此外的各点均为 *SAC* 大于 *LAC*。

三、长期边际成本及其与短期边际成本的关系

长期边际成本是厂商长期中每增加一单位产品所增加的成本。长期边际成本是随着产量的增加先减少而后增加的,因此,长期边际成本曲线是一条先下降而后上升的 U 形曲线,但它比短期边际成本曲线要平坦。它也是由短期边际成本曲线推出的,所不同的是长期边际成本曲线不是短期边际成本曲线的包络线,长期边际成本曲线比短期边际成本曲线要平坦。

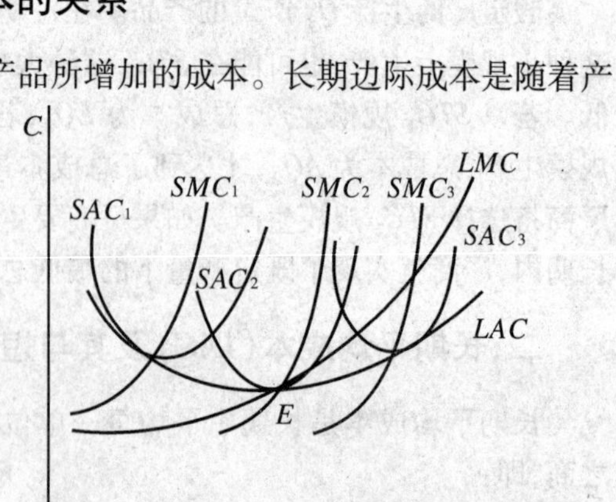

图 6－7　长期边际成本曲线与短期边际成本曲线

长期边际成本与长期平均成本的关系和短期边际成本与短期平均成本的关系一样,即在长期平均成本下降时,长期边际成

本小于长期平均成本，在长期平均成本上升时，长期边际成本大于长期平均成本，在长期平均成本的最低点，长期边际成本等于长期平均成本。可用图6-7来说明。

由图6-7可以看出，在 *LMC* 曲线与 *SMC* 曲线相交点的左边，*SMC* 曲线总是位于 *LMC* 曲线的下面；在相交点的右边，*SMC* 曲线总是位于 *LMC* 曲线的上面。因为就任何既定的工厂规模来说，当产量低于某一水平时 *SMC* 将低于 *LMC*，这是由于 *SMC* 只受短期内变动成本影响，而 *LMC* 要受全部成本的影响。当产量达到最优水平后，*SMC* 将大于 *LMC*，因为在既定的工厂规模中增加产量必然要受到边际收益递减规律的影响，当产量达到一定点后再增加单位产量所需要投入的生产要素越多，*SMC* 就越大。每条 *SMC* 曲线与 *LMC* 曲线只有一个交点，交点处 *SMC* 等于 *LMC*，并且交点处所对应的产量即是 *STC* 与 *LTC* 相切时的产量。

如图6-7所示，*LMC* 曲线和 *LAC* 曲线相交于 *E* 点。在 *E* 点左侧 *LMC* 小于 *LAC*；在 *E* 点右侧，*LMC* 大于 *LAC*；在 *E* 点上，*LMC* 等于 *LAC*；*SAC* 等于 *SMC*。因此，*E* 点是长期生产条件下最优生产规模和最优产量所对应的点。

案例6-4：塑胶大王王永庆的成功之路

20世纪50年代，台湾亟待发展纺织、水泥、塑胶等工业。当时名不见经传的王永庆像吃了豹子胆似的，竟筹借50万美元，创建了台湾第一家塑胶公司。塑胶原料生产出来了，当时日本同类产品物美价廉，充斥着台湾市场，而王的产品严重滞销，仓库爆满，股东们心灰意冷，王几乎陷入绝境。

王永庆对失败有自己独特的理解，他认为失败并不可怕，只要从失败中找出失败的原因，就可能取得成功。

王永庆认为自己的塑胶粉粒PVC卖不出去，是因为自己的产品售价高，售价高又是因为产品成本过高，而成本高是因为企业的产量太少。当时王的企业每月产量只有100吨，是世界上规模最小的，所以成本高。

王敏锐地发现，这实际上是一种恶性循环。产量越低成本越高，竞争力就越低，就越打不开市场。王冒着产品大量积压和破产的风险，以常人所没有的胆识，采取了以毒攻毒的策略，把月产量一下子扩大到1200吨，使用最先进的设备和技术，使产品成本大幅度地下降，具备了与世界大企业竞争的实力，以低价格迅速占领了市场，最终使他的公司进入世界化学工业的50强。事实表明，王永庆的决策是正确的。

但是正如王熙凤所说："大有大的难处。"因此不是大就好，合适才好。

第四节 厂商收益和利润

厂商进行生产的目的是利润最大化，而利润等于总收益减去总成本，若想达到这一目的就必须对收益和利润进行分析。本节以生产理论、成本理论为基础来讨论收益、利润和利润最大化的实现条件。

一、厂商收益

所谓收益是指厂商出售商品所得到的全部收入，即销售商品的价格与商品销售量的乘积。收益中既包括了成本，也包括了利润。收益可分为总收益（TR）、平均收益（AR）和边际收益（MR）。

总收益是指厂商按一定价格出售一定量产品所获得的销售收入，如果厂商生产的是多种商品，那么，总收益就等于每种商品的价格与这种商品销量的乘积。以 TR 代表总收益，以 P 表示价格，以 Q 表示销量，则：

$TR=\sum P_iQ_i$，i 为从 1 到 n 的自然数

如果企业只生产一种产品，则：

$$TR=PQ$$

如果价格既定，生产的全部产品都可售出，总收益就是产量的函数。

平均收益是指厂商平均每单位产品的销售收入，即商品价格。平均收益等于任意一种产出水平上总收益与总销售量之比。用 AR 代表平均收益：

$$AR=TR/Q=PQ/Q=P$$

边际收益是指每增加一个单位商品的销售所增加的收入。它等于总收入的增量与总销售量的增量之比。以 MR 代表边际收益，则：

$$MR=\frac{\Delta TR}{\Delta Q}$$

二、利润最大化

利润最大化就是该赚的钱每一分都赚到了，因此利润最大化不能理解为赚钱越多才叫利润最大化，有时亏损亏到最小也叫利润最大化。所谓利润最大化原则，就是指在什么条件下，总收益与总成本之间的差额最大。

利润等于总收益减去总成本，设利润为 π，则：$\pi=TR-TC$，那么利润最大化就可以用 $\pi=TR-TC$ 的最大化来表示。

那么，什么时候总收益和总成本之差最大呢？答案是当边际收益等于边际成本时，总收益与总成本之间的差额最大，即利润最大化的原则是边际收益等于边际成本（$MR=MC$）。

由于利润最大化的条件是边际收益等于边际成本，因此，厂商要实现利润最大化的目标，其经营原则必须是根据市场状况调节供给。在边际收益大于边际成本时，扩大产量；在边际收益小于边际成本时，减少产量，以使边际收益等于边际成本。

案例 6－5：上大学值吗

上大学是要花钱的，这就是上大学的成本。我们计算一个大学生上大学四年的会计成本是上大学的学费、书费和生活费，按照现行价格标准，一个普通家庭培养一个大学生的这三项费用之和是 4 万元。这种钱要是实实在在地支出的，称为会计成本。

但上大学的代价决不仅是这种会计成本。为了上大学，要放弃工作的机会，放弃工作所不得不放弃的工资收入就是上大学的机会成本。例如，如果一个人不上大学而去工作，每年

可以收入1.5万元,这四年的机会成本就是6万元。上大学的成本就是会计成本4万元加上机会成本6万元,共计10万元。这还没算上在未进大学校门前,家长为了让孩子接受最好的教育从小学到中学的择校费用。

上大学成本如此之高,为什么家长还选择让孩子上大学,因为这种选择符合经济学理论——收益的最大化原则。我们算一下上大学与不上大学一生的成本与收益。对一般人来说,上大学会提高工作能力,有更好的机会,以后会收入更多。不上大学18岁工作,工作到60岁,共42年,平均每年收入是1万元,共42万元。上大学22岁工作,工作到60岁,共38年,平均收入是2万元,共76万,减去上大学的经济学成本8万,剩下68万。与不上大学收入比较上大学多得到的收入是26万元。这就是上大学的经济利润。所以上大学是合适的,这就是每个人都想上大学的原因。这还没考虑学历高所带来的名誉、地位等其他效应。为什么家长舍得在子女教育上投入,就在情理之中了。这里说的"选择"是有两种机会,你能考上大学的情况下,另外我们说的只是一般情况。

在这里顺便纠正一个错误的说法,有人说教育是消费行为,其实教育不是消费而是投资。消费与投资的区别是消费不会给你增值一分钱,比如你今年买一台电视,明年再卖,会大大的贬值不会增值。投资是有可能增值的,一个大学生尽管投资8万,但与不投资的多得的收益是26万元。但投资是有风险的,如果一个家长不考虑孩子的实际情况,从小学到中学在教育上的高投入,如果考不上大学或考上大学毕不了业。其投入与产出之比是可想而知的。

【本章小结】

本章主要介绍对成本理论问题的研究(包括短期成本、长期成本和厂商的利润和收益的研究)。

1. 成本函数反映了产品成本与产量之间的关系。按时期长短成本分为短期成本与长期成本。

2. 短期成本可分为固定成本和变动成本。

3. 短期固定成本曲线为一水平线。短期变动成本是从原点开始的不断向右上方上升的曲线。短期总成本曲线是一条与短期总变动成本曲线斜率一致的、起于短期总固定成本曲线端点的、并向右上方延伸的曲线。短期总成本曲线与短期总变动成本曲线的垂直距离始终等于固定成本。同时介绍了平均成本曲线、变动成本曲线、平均变动成本曲线和边际成本曲线的特征。

4. 短期平均固定成本随产量的变动而变动,而且与产量成反方向变动。短期平均变动成本和总成本先递减、后递增,但短期总成本晚于短期平均变动成本的变化。

5. 短期边际成本先递减,在达到一定点后递增。边际成本曲线和平均成本曲线、平均变动成本曲线相交于平均成本曲线、平均变动成本曲线的最低点。

6. 长期成本可分为长期总成本、长期平均成本和长期边际成本。

7. 长期总成本曲线是从原点出发的向右上方倾斜的曲线,它由无数条短期总成本曲线与之相切,是短期总成本曲线的包络线。长期平均成本曲线是各个生产规模的短期平均成本曲线的包络线。它呈U形,曲线最低点的产量是企业的最优规模。长期边际成本曲线也是一条先下降而后上升的U形曲线,但它也比短期边际成本曲线要平坦,不是短期边际成本曲线的包络线。

8. 利润最大化的条件是边际收益等于边际成本，因此，厂商要实现利润最大化的目标，其经营原则必须是根据市场状况调节供给。

习 题

一、名词解释

1. 短期总变动成本　2. 短期总固定成本　3. 短期边际成本
4. 短期成本函数　5. 长期成本函数　6. 机会成本
7. 利润最大化原则

二、选择题

1. 某厂商以既定的成本产出最大的产量时，他(　　)。

A. 一定是获得了最大的利润
B. 一定是没有获得最大的利润
C. 是否获得了最大的利润，还是没有办法确定
D. 经济利润为零

2. 如果边际成本在一定的产出范围以内大于平均成本，那么在这一范围内，产出的增加将会使平均成本(　　)。

A. 升高　B. 降低
C. 升高或者降低将会取决于可变成本的变化　D. 保持不变

三、问答题

1. 简述短期平均成本曲线与平均变动成本曲线、边际成本曲线的关系。
2. 请解释几种成本概念之间的关系。
3. 为什么长期和短期的平均成本曲线都是U形？
4. 利润最大化的原则是什么？

第七章 市场理论

【教学目的】

通过学习这一章，让学生明确各类市场形成的条件，学生应该掌握各类市场的短期均衡和长期均衡的条件，能通过对各种厂商和行业的供给行为的分析，对不同市场运行的效率做出评价。

【教学要求】

通过本章的学习，学生能够：

1. 重点掌握四种市场结构的特征。
2. 重点掌握完全竞争市场上的短期与长期均衡。
3. 掌握垄断市场上的歧视价格。

【重点难点】

本章重点：

1. 各类市场的短期均衡。
2. 各类市场的长期均衡。

本章难点：

1. 各类市场的短期均衡。
2. 各类市场的长期均衡。

【知识要点】

市场结构特征　市场上的短期与长期均衡　完全竞争市场　完全垄断市场　寡头垄断市场　垄断竞争市场　歧视价格

厂商的利润最大化行为涉及生产理论、成本理论以及产品在市场上的实现问题（即市场理论），市场理论分析不同的市场结构对生产者利润最大化的价格与产量的制约和影响，并分析比较不同的市场结构下的经济效率问题。

本章将从市场结构出发，分别研究完全竞争、垄断竞争、寡头垄断、完全垄断四种市场条件，分析厂商是如何决定产量和价格的。

第一节　市场、厂商与行业

一、市场及其类型

所谓市场（market），就是指从事某一种商品买卖的交易场所或接触点。市场可以是一个有形的场所,也可以是一个利用现代化通信工具进行商品交易的接触点。任何一种商品都有一个市场,有多少种商品,就有多少个市场,例如:电视机市场、玉米市场。

根据市场竞争程度,可以把市场分为不同的类型,经济学通常根据以下四个特征来区分市场结构:交易者数量;所交易商品的性质;进入行业市场的障碍的大小;交易者所得到的信息是否完全。依此,市场结构分为:完全竞争、垄断竞争、寡头和完全垄断,后两种市场结构统称为不完全竞争市场。表7-1中,从四个方面说明几种市场的区别。

表7-1 四种市场和厂商的基本特征比较

市场的类型		厂商的数目	产品差别的程度	对价格控制的程度	进出一个行业的难易程度	接近哪种市场情况
完全竞争		很多	完全相同	没有	很容易	几种农产品(小麦、玉米……)
不完全竞争	垄断竞争	很多	有差别	有一些	比较容易	食品、汽油等
	寡头垄断	几个	差别很小或有差异	相当程度	比较困难	钢铁、汽车、计算机等
	完全垄断	一个	只有一个生产者,产品没有接近的替代品	相当大,但是通常受管制	很困难,几乎不可能	电话、电力、煤气等公共事业

阅读材料7-1

打开电视经常看到的是化妆品、家用电器、洗涤用品等轻工业品的广告,而从来也没有看到过石油、煤炭、钢铁,更没有看到过大米、白面、水、电(不包括公益广告)。这是为什么?现在我们用市场结构理论来分析这个问题。

最接近完全竞争市场的产品是农贸市场,在这个市场上有很多的消费者也有很多的生产者,在这个市场上产品是没有差别的。这里所说的产品差别不是指不同产品之间的差别,而是指同种产品在质量、包装、牌号或销售条件等方面的差别。例如产品差别不是指自行车与汽车的差别,而是指自行车在质量、牌号或销售条件方面的差别。正是因为大米、面粉、鸡蛋和蔬菜等农贸市场上出售的商品没有差别,个别厂商也没有必要做广告。此外,在这个市场上价格与需求曲线是全行业竞争决定的,个别厂商只能是全行业决定的价格的接受者。

打开电视经常映入你眼帘的电视广告,一般都是轻工业产品。这个市场就是垄断竞争市场。引起这个市场存在的基本条件是产品有差别,如我们前面提到的自行车,消费者的个人偏好不同,每一款自行车都可以以自己的产品特色在一部分消费者中形成垄断地位。但这种垄断又是垄断不住的。因为不同牌号的自行车是可以互相替代的。这就形成一种垄断竞争的状态,这也正是为什么生产轻工业产品的厂商不惜血本大做广告的目的。不仅如此在这个市场上各个商家定价决策要充分考虑同类产品的价格,正确估计自己的商品在市场上的地位,定价过高会被同类产品替代,失去本来属于你的市场份额。

钢铁、汽车、造船、飞机产品属于寡头垄断。垄断原意是指为数不多的销售者。为什么这些重工业中寡头垄断是最普遍的?因为这些行业有一个基本特点,就是这类产品只有在大规模生产时,才能获得好的经济效益。因为这些行业投资巨大,只有产量达到一定规模时平均成本才会下降。

供水、供电这类政府自然垄断行业属于完全垄断。在这个市场上一家就是一个行业。有许多经济学家认为政府对某些公用事业的垄断一方面会给社会带来好处,另一方面政府完全垄断公用事业,往往也会由于官僚主义而引起效率低下。

二、厂商与行业

厂商是指根据一定目标(一般是追求利润极大化)为市场提供商品和劳务的独立经营单位,不管它采取独资经营、合伙经营,还是股份公司的形式,也不管它的经营范围或业务内容是从事生产制造,还是从事商品与劳务的推销。

与市场这一概念紧密联系的另一个概念是行业。行业或产业是指为同一个商品市场生产和提供产品的所有生产厂商的总体。同一种商品的市场和行业的类型是一致的。例如,完全竞争市场对应的是完全竞争行业。

厂商与行业是成员与集体的关系,在经济分析中必须区分厂商与行业。例如分析需求曲线,就要弄清楚它是厂商需求曲线还是行业需求曲线,因为两者并不总是相同,"行业"(或产业)这个概念有时也常常和"部门"一词的含义基本相同。

第二节 完全竞争市场中价格和产量的决定

一、完全竞争市场的特点

完全竞争又称纯粹竞争,是一种竞争不受任何阻碍、干扰和控制的市场结构。在完全竞争的市场中,企业既多又小,就像物质结构中的原子一样,所以,完全竞争市场又称为"原子式市场"。

完全竞争市场必须满足以下四个条件:

第一,市场上有许多销售者和购买者。所以,他们任何一个人都无法通过买卖行为来影响市场上的供求关系,也无法影响市场价格,每个人都是市场价格的被动接受者。

第二,同类商品同质无差别,即任何一个生产者的产品都是无差别的。只有当各个企业生产的某种产品都是同质的,买者对于谁生产这种产品毫不关心时,企业才无力控制市场价格,完全竞争的要求才能得到满足。

第三,各种生产资源,如资本、劳动等,可在市场中不受阻碍地自由流动。这包括:劳动可以毫无障碍地在不同地区、不同部门、不同行业、不同企业之间无障碍流动;任何一个生产要素的所有者都不能垄断要素的投入;新资本可以毫无障碍地进入,老资本可以毫无障碍地退出。

第四,市场信息可在市场中不受阻碍地自由流动。厂商与居民户都可以获得完备市场信息,双方不存在相互的欺骗。

总的来说,完全竞争市场的最大特点是市场价格完全由供求关系决定,任何个人的行为都不能影响商品价格,而只能是市场价格的接受者。

案例7-1:股票市场和完全竞争

应该说,规范运作的股票市场是一个接近完全竞争的市场。在这里,每种特定股票的价格都是由供需双方的市场力量所决定的。单个买者和卖者都无法对价格施加足够大的影响(也就是说,他们都是价格的接受者)。同一个公司所有的股票,都是同质的。股票经常被买进和卖出,频率很高,说明在这个市场里,资源在行业和地区间的流动和转移是很容易的。特别在目前信息技术很发达的时代,有关股票价格和公司的信息的传递和获得是很方便的。因而,在这样的市场里,股票价格就能比较充分地反映企业的价值,它能够对人们在国民经济中有效地分配投资,起到一定的引导作用。不过,也要看到,在现实生活中,在股票市场里,大户的存在和不同程度的欺骗和操作行为,损害了股票市场的正当竞争,干扰了市场在配置资本资源方面应起的作用。

显然,在现实生活中,要完全具备上述条件是不现实的。例如,企业的数目不可能无穷的多;不同企业的产品不可能绝对同质;企业进出行业不可能完全没有困难;消费者也不可能完全掌握市场的信息等等。所以,完全竞争的市场结构是一种纯理论的模式,在现实生活中是不存在的,只有一些市场近似地符合完全竞争市场的定义。农产品市场通常被看成接近于完全竞争的市场,如大米、小麦、棉花等市场。但尽管它是理论上的,完全竞争市场机制的理论仍然是分析、研究其他市场结构机制的基础。

案例7-2:农村春联市场:完全竞争的缩影

在某农村春联市场中,需求者有5 000多农户,供给者为70多家零售商,市场中存在许多买者和卖者;供应商的进货渠道大致相同,且产品的差异性很小,产品具有高度同质性(春联所用纸张、制作工艺相同,区别仅在于春联所书写内容的不同);供给者进入退出没有限制;农民购买春联时的习惯是逐个询价,最终决定购买,信息充分;供应商的零售价格水平相近,提价使销售量基本为零,降价会引起利润损失。原来,我国有着丰富文化内涵的春联,其销售市场结构竟是一个高度近似的完全竞争市场。

供应商在销售产品的过程中,都不愿意单方面降价。春联是农村过年的必需品,购买春联的支出在购买年货的支中只占很小的比例,因此其需求弹性较小。某些供应商为增加销售量,扩大利润而采取的低于同行价格的竞争方法,反而会使消费者认为其所经营的产品存在瑕疵,例如:上年库存,产品质量存在问题等,反而不愿买。

该农村集贸市场条件简陋,春联商品习惯性席地摆放,大部分供应商都将春联放入透明的塑料袋中以防尘保持产品质量。而少部分供应商则更愿意损失少部分产品暴露于阳光下、寒风中,以此展示产品。因此就产生了产品之间的鲜明对照。暴露在阳光下的春联更鲜艳,更能吸引消费者目光、刺激购买欲望,在同等价格下,该供应商销量必定高于其他同行。由此可见,在价格竞争达到极限时,价格外的营销竞争对企业利润的贡献不可小视。

在商品种类上,例如小条幅,批发价为0.03元/副,零售价为0.3元/副;小号春联批发价为0.36元/副,零售价为0.50元/副。因小条幅在春联中最为便宜且为春联中的必需品,统一价格保持5到6年不变,因此消费者不对此讨价还价。小条幅春联共7类,消费者平均购买量为3到4类,总利润可达1.08元,并且人工成本较低。而小号春联相对价格较高,在春联支出中占比重较大,讨价还价较易发生。由此,价格降低和浪费的时间成本会造成较大利润损失,对小号春联需求量较大的顾客也不过购买7到8副,总利润至多1.12元。因此,我们不难明白浙江的小小纽扣风靡全国、使一大批人致富的原因;也提醒我们,在落后地区发展劳动密集、技术水平低、生产成本低的小商品生产不失为一种快速而行之有效的致富方法。

综上可见,小小的农村春联市场竟是完全竞争市场的缩影与体现,横跨经济与管理两大学科。这也就不难明白经济学家为何总爱将问题简化研究,就像克鲁格曼在《萧条经济学的回归》一书中,总喜欢以简单的保姆公司为例得出解决经济问题的办法,这也许真的有效。

二、厂商短期的产量决策

首先需要说明的是,在完全竞争条件下,企业不存在价格决策问题,价格是由市场供求关系自发决定的,企业对价格决定是无能为力的。这时,它的需求曲线是一条水平线。水平的需求曲线表明,按市场价格,它想卖多少就能卖多少,但只要稍微高于市场价格,就一点也卖不出去。

当一个厂商获得最大利润时,它既不增加生产也不减少生产,于是,它处于均衡状态。边际收益等于边际成本,即 $MR=MC$,是利润最大化的条件。在完全竞争条件下,$MR=AR=P$,所以,完全竞争厂商短期均衡即取得最大利润的必要条件是 $MC=MR=AR=P$。如图7-1所示。

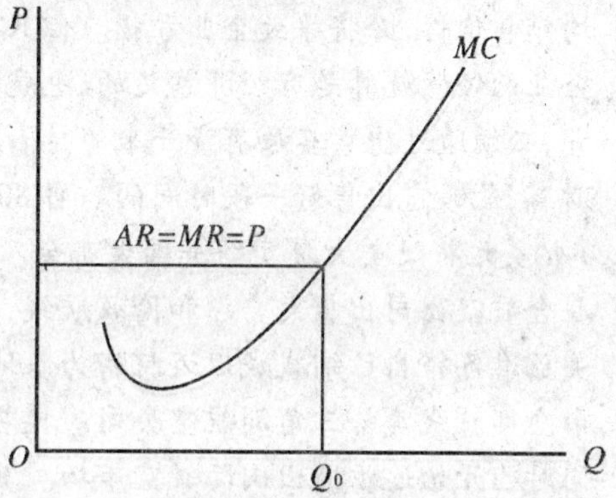

图7-1 完全竞争厂商短期均衡产量的决定

在图7-2中,当市场价格高于 $OP_0(=Q_1A)$,如 Q_2B 时,平均收益高于平均可变成本,但仍小于平均成本。这时,虽然亏损发生,但厂商从事生产还是有利的,因为所得到的收益能弥补一部分固定成本,使得亏损额比不生产时小些。假若它停止生产,它将负担全部的固定成本损失。当价格低于 OP_0 时,厂商所得的收益连可变成本也不能补偿,这样,停止生产所受的亏损比从事生产时要小些。当价格等于 OP_0 时,平均收益恰好等于平均可变成本,厂商从事生产和不从事生产所受的亏损是一样的,其亏损额都等于固定成本。这时厂商处于营业的边际状态。因此,价格等于最低的平均可变成本这一点(图中的 A 点)就叫做停止营业点。因此 $P=AR<AC$,$AR>AVC$,厂商亏损,但仍可继续生产。$P=AR<AVC$,

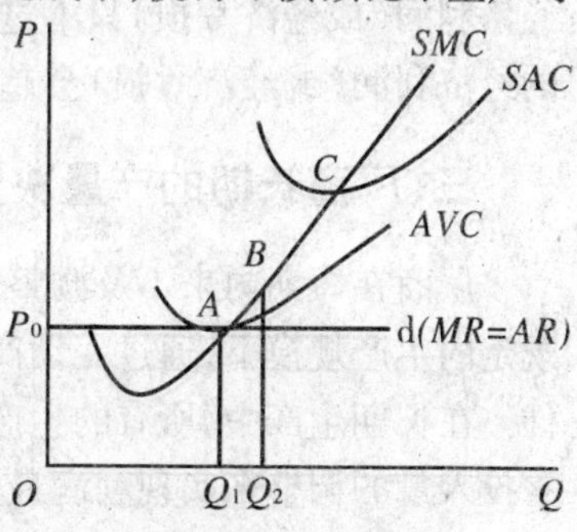

图7-2 企业盈亏分析

厂商亏损，停止生产。

从以上分析中，我们看到，在完全竞争条件下，在短期内，在以寻求利润最大化为目标的厂商来不及调整生产规模的情况下，只要商品的市场价格高于厂商的每单位产品的平均可变成本，它理应按照边际收益等于边际成本的原则进行确定合适的产量，实现利润最大化。

案例7－3：泛美航空公司的终结

1991年12月4日是一个值得注意的日子，世界著名的泛美国际航空公司寿终正寝。这家公司自1927年投入飞行以来，数十年中一直保持国际航空巨子的骄人业绩。有人甚至认为，泛美公司的白底蓝字徽记(PAN AM)可能是世界上最广为人知的企业标识。

但是对于了解内情的人来说，这个巨人的死亡算不上什么令人吃惊的新闻。1980～1991年，除一年外，泛美公司年年亏损，总额接近20亿美元之巨。1991年1月，该公司正式宣布破产。细心的读者一定注意到，这个日子同公司关闭之日相距将近一年。究竟是什么力量支持垂死的巨人又多活了一段时间？而且，就在1980年出现首次亏损后，为什么不马上停止这家公司的业务？又是什么因素使这家公司得以连续亏损经营长达12年之久？

从经济学角度看，这是以市场供求曲线为基础的企业进出(市场)模式作用的结果。可变成本是随生产规模变化而变化的成本。按照企业进出模式，只要企业的平均成本高于平均销售价格，必将导致企业亏损。但只要该企业的平均可变成本不高于平均销售价格，这个企业的经营就算是有经济意义的，也就可以继续存在。当然，企业要想在亏损情况下继续经营，必须通过出售其原有资产来维持。泛美公司在几十年的成功经营中积累了巨大的资产财富，足够它出售好一段时间的。自80年代起，这家公司先后卖掉了不少大型财产，包括以4亿美元将泛美大厦卖给美国大都会人寿保险公司，国际饭店子公司卖了5亿美元，向美国联合航空公司出售太平洋和伦敦航线，还把位于日本东京的房地产转手。到1991年末，泛美已准备将自己缩减成以迈阿密为基地的小型航空公司，主要经营拉美地区的航线，而把其余全部航线卖给三角洲航空公司。换言之，在整个80年代，尽管泛美公司仍然坚持飞行，但同时已开始逐步撤出国际航空市场。其实，在现实世界里，“企业进出模式”中的“撤出”通常就意味着缩减规模。

应当指出的是，完全竞争企业的这种均衡是短期均衡，因为在完全竞争条件下，企业的经济利润(或经济亏损)只不过是暂时的。随着新企业进入这个行业(或老企业退出)，企业的经济利润(或经济亏损)会趋于消失。

三、厂商长期的产量决策

厂商在短期内来不及调整全部生产要素的数量，只能调整可变要素的数量，因此只能在既定的生产规模下，通过变动产量所引起的短期可变成本的变化来实现 $MR = MC$ 的均衡条件。在长期生产中，所有的生产要素投入量都是可变的，完全竞争厂商是通过对全部生产要素投入量的调整来实现利润最大化。

完全竞争厂商在长期内对全部生产要素的调整可以表现为两个方面：一方面表现为厂商进入或退出一个行业，这也就是行业内企业数量的调整；另一方面表现为厂商对生产规模的调整。这两种调整的结果导致行业中的每一个厂商都处在一种既无超额利润又无亏损的长期均衡状态，最终单个厂商的利润为零，或者说单个厂商能够稳定地得到正常利润。

完全竞争厂商的长期均衡点出现在长期平均成本曲线的最低点如图 7－3 所示。完全竞争厂商的长期均衡条件为：

$$MR = LMC = SMC = LAC = SAC$$

其中　　$MR = AR = P$

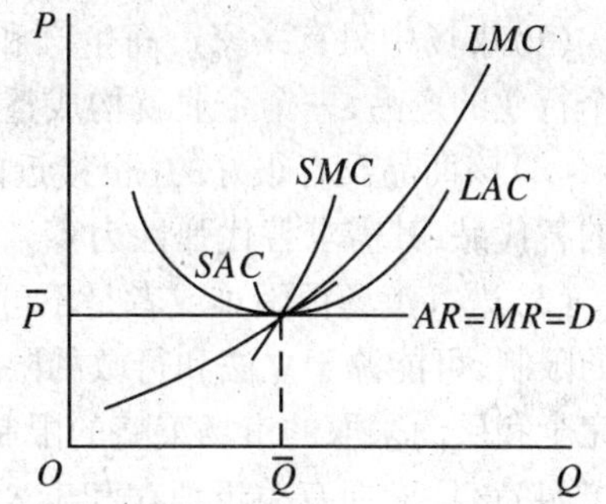

图 7－3　完全竞争厂商的长期均衡

四、对完全竞争市场的评价

根据对完全竞争市场厂商均衡的分析，西方经济学家认为完全竞争下的经济是最有效率的，在这一条件下经济资源得到最合理的配置和最有效率的利用，消费者能以尽可能低的价格购买商品。这就是亚当·斯密所谓有一只“看不见的手”，能把整个社会生产组织起来，实现了资源的合理配置。

但是，也有许多经济学家指出，完全竞争市场也有其缺点，这就在于：第一，各厂商的平均成本最低并不一定是社会成本最低。第二，产品无差别，这样，消费者的多种需求无法得到满足。第三，完全竞争市场上生产者的规模都很小，这样，他们就没有能力去实现重大的科学技术突破，从而不利于技术发展。第四，在实际中完全竞争的情况是很少的，完全竞争市场是理论上的抽象，在现实中只能说那个市场接近或远离完全竞争市场，而且，一般来说，竞争也必然引起垄断。

对完全竞争市场的分析，为我们对其他市场的分析提供了一个理论基础。

第三节　完全垄断市场中价格和产量的决定

在本节学习市场结构中的另一种极端：完全垄断市场。它是一个卖者销售没有替代品的一种市场结构。像完全竞争一样，完全垄断也仅仅是理论上的假设，在现实生活中并不存在。这是因为，一种产品只有一家企业生产，而且没有其他产品可以替代的情况在现实生活中几乎并不存在。例如，铁路运输一般属于垄断事业，但也有公路、水路和空中运输与之竞争；电力供应一般也属于垄断事业，但也有煤气、石油等其他能源的供应与之竞争等等。

完全垄断即使在现实生活中并不存在，但仍然值得我们探讨，这是因为完全垄断条件下出现的一些经济规律，对于研究比较现实的半竞争、半垄断条件下的企业行为是很有用的。

一、完全垄断市场的特点

完全垄断，又称垄断或独占市场，是指整个行业的市场完全处于一家厂商所控制的状态，即一家厂商控制了某种产品的市场，就是所谓“独家出售”。它是与完全竞争市场相反的市场结构。在这种情况下，完全垄断企业就同完全竞争企业不同，它不是一个价格接受者，而是价格的制定者，它可以自行决定自己的产量和销售价格，并因此使自己利润最大化。

垄断企业还可以根据获取利润的需要在不同销售条件下实行不同的价格,即实行歧视价格。

完全垄断有以下四点基本假设:

(1)市场中只有一家厂商生产和销售某种商品。完全垄断市场只有一个厂商,它提供整个行业的产品,一个企业就构成整个行业。

(2)该商品没有很好的(很接近的)替代品。完全垄断厂商所提供的产品,没有十分相近的替代品,其需求替代弹性为零。因此,垄断厂商不受任何竞争者的威胁。

(3)进入市场很困难或者是不可能的。完全垄断厂商的垄断力可能源于自然资源或规模的限制,可能源于立法和行政的限制,还可能源于投入要素的限制,甚至还可能源于信息不完全和厂商采取的市场策略的限制,正是这些限制形成了阻止其他厂商进入行业的壁垒。

(4)该厂商拥有关于现在和未来成本和价格的完全信息。完全垄断厂商不是价格的接受者,而是价格的制定者,它可以利用各种手段决定价格,达到垄断的目的。

二、厂商短期的产量和价格决策

在完全垄断市场上,垄断厂商为了获得最大利润,也要遵循边际收益等于边际成本($MR=MC$)的原则,如图7-4所示。这种产量决定后,在短期内,垄断厂商无法改变生产的固定投入量,它要在既定的生产规模下,通过对产量和价格的同时调整来实现边际收益等于边际成本,即$MR=MC$。

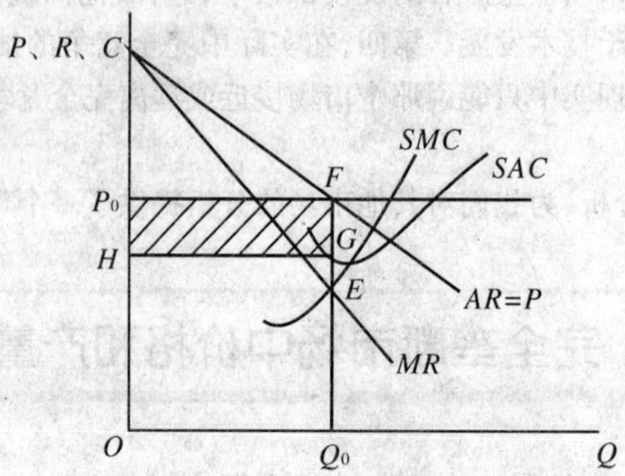

图7-4 完全垄断厂商的短期均衡

图7-4中,垄断厂商的短期边际成本曲线SMC与边际收益曲线MR相交于E点,此时,根据利润最大化原则,厂商实现了短期均衡,均衡产量为Q_0,均衡价格为P_0,厂商获得的超额利润为图中阴影部分。

三、厂商长期的产量和价格决策

在长期中,垄断厂商可以通过调节产量与价格来实现利润最大化。这时厂商均衡的条件是:$MR=LMC=SMC$。

完全垄断厂商将根据对其产品的长期需求进行规模调整,建立最适当的工厂规模来生产最适当的长期产量。完全垄断厂商还可以以做广告、提高服务质量等手段扩大产品需求,使需求曲线向右上方移动,所以厂商总会使自己获得超额利润,当然,这样也会增加产品的成本。如果完全垄断厂商经过综合考虑,发现即使采用优化规模和广告促销这些措施仍然不能获得最低限度的垄断利润,就会退出行业。不过,一般而论,完全垄断厂商总能通过控制产量而操纵价格，获得经济利润，并可以凭借其垄断力将其长期保持下去。所以完全垄断厂商将在至少能获得最低限度垄断利润的条件下达到长期均衡，如图 7－5 所示。

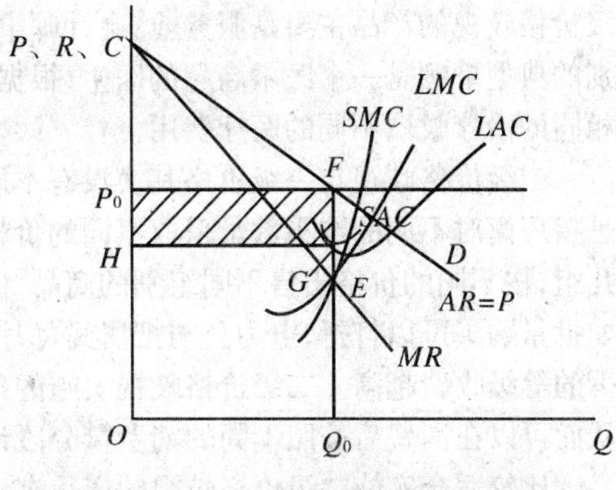

图 7－5　完全垄断厂商的长期均衡

图 7－5 中，垄断厂商的长期边际成本曲线 *LMC* 与边际收益曲线 *MR* 相交于 *E* 点，此时，根据利润最大化原则，厂商实现了长期均衡，均衡产量为 Q_0，均衡价格为 P_0，厂商获得的超额利润为图中阴影部分。

完全垄断条件下的企业与完全竞争条件下的企业的不同之处是：第一，长期均衡的条件不同。完全竞争厂商的长期均衡的条件是：$P = MR = SMC = LMC = LAC = SAC$。垄断厂商的长期均衡条件是：$MR = LMC = SMC$。第二，长期均衡点的位置不同。完全竞争厂商长期均衡产生于长期平均成本曲线的最低点；而完全垄断厂商长期均衡不可能产生于长期平均成本曲线的最低点。第三，获得利润不同。完全竞争厂商在长期均衡时只能获得正常利润；而垄断竞争厂商由于其他厂商无法进入该行业，可以获得超额垄断利润。

四、价格歧视

价格歧视又称价格差别，是指完全垄断厂商对成本基本相同的同种商品在不同的市场上以不同的价格出售。由于同种商品的成本基本相同，这种价格差别并不是因为产品本身成本存在差别，因而带有歧视的性质。例如：供电部门根据不同时刻的需求确定不同的电价；医生根据病人的富有程度差异收取不同费用；公交公司对公共汽车的盈利线路和亏损线路实行不同的价格；航空公司根据旅游旺季和淡季实行不同的客运价；出口商品实行出口价和内销价等等，都可视为价格歧视。它一般分为三个等级：

一级价格歧视是指垄断厂商对每个消费者购进每单位商品，都按照消费者愿意支付的最高价格（保留价格）来确定不同的售价。也就是说，垄断厂商按不同的价格出售不同单位的商品量，而且这些价格可以因人而异。

假定完全垄断厂商能够做到根据每一个产品对每一个消费者所产生的效用大小来定价，即消费者购买第一个单位的需求价格是 7 美元，第二单位的价格是 6 美元……第 6 个单位的价格是 2 美元。可是一般市场上每个商品的价格均为 2 美元，这就出现了所谓"消费者剩余"，即消费者根据其边际效用大小而愿意付出的价格总和同实际付出的价格总和之间的差额。图 7－6 中阴影部分为消费者实际支付的价格，空白部分为消费者愿意支付的价格和实际支付的价格之间的差额，即消费者剩余。

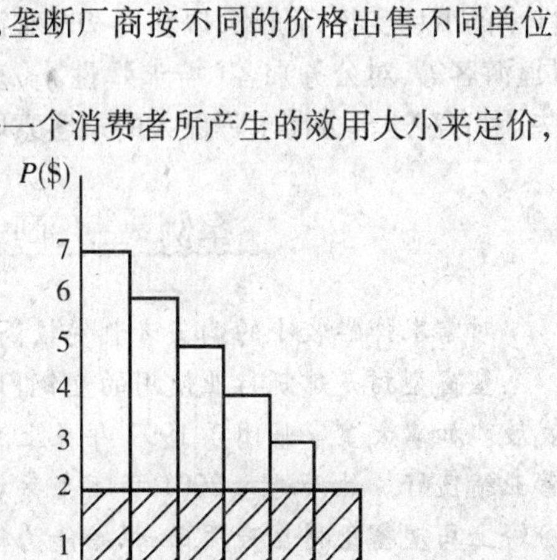

图 7－6　消费者剩余和一级价格歧视

在实际生活中，采取一级价格差别的取价方法非常罕见，它只有在两种情况下才有可能：一种情况是完全垄断厂商的产品销售对象数量很少；另一种情况是完全垄断厂商能够精确地知道每个消费者所愿意接受的最高价格。比较适合实施一级价格歧视的产品主要是服务业:会计师事务所的服务、律师事务所的服务等。这种价格差别的典型事例是一个医术高超的医生,根据不同求医人的能力和愿意支付的最高价格,对于相同的治疗收取不同的医疗费用。

二级价格歧视与一级价格其实没有本质区别,只是要求没有一级价格歧视那么严格,它是指厂商对不同的购买数量采取不同的价格。即是说,垄断厂商把商品需求按购买量分成几组,按不同的价格出售不同组别的商品,但是每个购买相同数量的人支付相同的价格,比如批量购买可以打折,电力公司把居民每月耗电量划分为三个或三个以上的等级,耗电量越少的等级收费越高。二级价格歧视实施的条件在于:消费者的消费量比较容易登记和计量,从而可以在消费后按照不同的消费量分段计价。

比较适合实施二级价格歧视的产品有:出租车、电信产品、电、水、煤气等。二级价格差别在实际生活中较为常见,例如在水、电、煤气、邮政、电信等社会公用事业中,多采用这种方法。如电信公司根据每天 24 小时中不同的时间,按不同的标准收取电话费用。邮政局根据邮件的数量和重量不同所定邮资也不同。

三级价格歧视是指垄断厂商对不同市场的不同消费者实行不同的价格,也就是垄断厂商对不同市场的消费者按不同的价格出售产品,这是最常见的价格歧视,企业根据同一商品在不同的市场上的价格弹性制定不同的价格,从而获得最大化的利润。这里的不同市场不仅指不同地理位置上的市场,而且指由于消费者的偏好、收入和产品用途不同而形成的不同市场。这类例子有出口和内销价格差别、对老年公民的折扣优惠、对学生折扣优惠等。

但是,实行价格歧视必须具备一些条件:

第一,市场存在不完善性。当市场存在竞争信息不通畅,或者由于种种原因被分隔时,垄断者就可以利用这一点实行价格歧视。例如,美国图书出版商通常使图书在美国的销售价高于在国外的销售价,这是因为国外的图书市场竞争更激烈,并且存在盗版复制问题。

第二,市场需求弹性不同。当购买者分别属于对某种产品的需求价格弹性差别较大的不同市场,而且垄断厂商又能以较小的成本把这些市场区分开来,垄断厂商就可以对需求弹性小的市场实行高价格,以获得垄断利润。国外航空公司将顾客分类执行不同票价:商务人员、游客等,对公务乘客(需求弹性小)就可收费高一些,而对旅游休假乘客收费可能低一些,因为对这部分需求弹性大的乘客索取高价的结果会使需求量大幅度地下降。

案例 7-4:商业竞争的原则之区别定价

对需求弹性较小的购买者制定较高价格,对需求弹性较大的顾客收取较低价格。

塑窗型材是建筑行业使用的塑钢门窗主体材料,20 世纪 90 年代后期以来在我国迅速发展。加拿大皇家集团于 1997 年在上海设立子公司,定位在塑窗型材的高端产品市场,经营业绩良好。然而进入 2001 年下半年后,市场环境发生巨变,受市场旺盛需求的刺激,各地纷纷上马塑窗型材生产项目,供给能力很快扩大,加上铝门窗技术也有重要改进,在全国掀起一股声势强劲的销售热浪,塑窗型材市场向供大于求方向转变。

随着市场竞争压力日趋激烈,企业纷纷大幅度降价销售,未随之降价的皇家产品虽在沿海地区销量没有太大变化,但内地市场明显下滑。公司营销人员经调研分析,建议对定价方式进行调整。如对购买不同数量段客户收取不同价格,最高打折幅度可随购买量递增到18%;对于消费淡季下单的客户给折扣低价;对于经济欠发达、消费水平较低地区的客户,进一步额外降价。该企业决策层接受了这一价格调整建议,收到了较好效果。

在上述案例中,皇家塑窗型材采用的是区别定价的应对策略。所谓区别定价,就是依据购买对象、时间、地点等不同因素制定不同价格,对应的英文是"Price discrimination",直译为"价格歧视"。

区别定价是很多商家的经营手法。2003 年春运期间,国内一些航空公司利用专门票务软件来管理定价,一个基本方法就是区别定价。如春运等旅行高峰时期定较高价,淡季通过打折定低价;同一时点紧俏航线定高价,客流较少航线定低价;对临近旅行时间购票的顾客定高价,对提前买票的顾客定低价等。经济学家张五常曾在大年三十上街卖桔子,事后写下《卖桔者言》。他总结的经验是,卖桔子不赔钱的关键是善于讨价还价,对有的顾客卖高价,有的卖低价,也是运用区别定价手段。另外,电影院为日场和晚场电影规定不同票价,铁路为大学生或老年人提供较低票价,出版社为新小说的精装本和平装本规定相差几倍的价差等等,都是区别定价的例子。

区别定价的场合也要考虑购买者的支付意愿和需求弹性的差别。临近春节再订机票的顾客往往对时间敏感,时间机会成本比较高,需求弹性一般比较低,所以可以定较高价格。早早订票的旅客愿意接受时间约束,表示他们的时间敏感度比较低,需求弹性比较大,应当定较低价格。像张五常教授那样摆摊卖桔,如何识别顾客的偏好和需求弹性?也许可以从来客穿戴和神态上猜出个大概:那些西装革履、夹着公文包、行色匆匆的买家,往往属于对价格不敏感和需求弹性较小的顾客,对他们不妨索要高价;对于那些看上去像家庭主妇,讨价还价技巧纯熟的顾客,就应当果断降价。

航空公司在分割顾客方面具有天然的便利条件。由于机票本身具有乘客姓名这些特征性信息,用机票旅行还要核对有效身份证件,他人不可能转卖打折机票获利。依据类似道理,由于很容易印制形状和颜色有差别的不同场次的电影票,电影院用不同价格出售日场和晚场电影,能有效分割受众。

第三,市场之间的有效分割。它是指垄断厂商能够根据某些特征把不同市场或同一市场的各部分有效地分开。比如公司可以根据国籍、肤色、语言的不同来区分中国人和外国人,对他们实行差别工资。市场有效分割的实质就是厂商能够防止其他人从差别价格中套利。

很明显,完全垄断市场具备上述条件,所以完全垄断厂商可以实行价格歧视。

案例 7-5:麦当劳连锁店的折扣券

麦当劳连锁店一直采取向消费者发放折扣券的促销策略。他们对来麦当劳就餐顾客发放麦当劳产品的宣传品,并在宣传品上印制折扣券。为什么麦当劳不直接将产品的价格降低?回答是折扣券使麦当劳公司实行了三级差别价格。麦当劳公司知道并不是所有的顾客都愿意花时间将折扣券剪下来保存,并在下次就餐时带来。此外,剪折扣券意愿与顾客对物品支付意愿和他们对价格的敏感相关。富裕而繁忙的高收入阶层到麦当劳用餐弹性低,对折扣券的价格优惠不敏感,不可能花时间剪下折扣券并保存随时带在身上,以备下次就餐时用。而且折扣券所省下的钱他们也不在乎。但低收入的家庭到麦当劳用餐弹性高,他们更可能剪下折扣券,因为他的支付意愿低,对折扣券的价格优惠比较敏感。麦当劳连锁店通过只对这些剪下折扣券的顾客收取较低价格,吸引了一部分低收入家庭麦当劳用餐,成功地实行了价格歧视采取了三级差别价格。并从中多赚了钱。如果直接的将产品价格降低,不带折扣券的高收入阶层的高意愿消费而多得的收入就会流失。

五、完全垄断市场的评价

一般经济学家根据完全垄断市场和完全竞争市场的比较分析,认为完全垄断对经济是有害的。这主要是因为:

第一,在完全垄断下,垄断厂商可以通过高价少销来获得超额利润,这样就会使资源无法得到充分利用,引起资源浪费,生产不足。

第二,垄断厂商控制了市场,也就控制了价格,他所定的价格往往高于完全竞争时的价格,这就引起消费者剩余的减少和社会经济福利的损失。

阅读材料 7-2

美国著名的经济学家希克斯(J. R. Hicks)写到:"最好的垄断利润就是平静的生活。"这种说法抓住了这样一个概念,即市场力量允许经理们追求利润最大化的目标。非利润最大化的行为有时会破坏追求利润最大化的目标,比如支付高工资或是保留过多的利润。

历史上有许多垄断者生产劣质产品或是提供劣质服务的例子。消费者常常抱怨拥有地方特权的垄断者碌碌无为,只知道年复一年地保持陈旧的服务,却不会引入新的产品。当AT&T 垄断了电话设备,消费者在很多年里只能满足于黑色的电话匣子。一旦有竞争者加入这个市场,电话的颜色、式样以及辅助设备(比如答录机)的品种就迅速增加。

第三,垄断利润的存在是垄断厂商对整个社会的剥削,这就引起收入分配的不平等。

第四,垄断的存在有可能阻碍技术进步。正因为这样,完全垄断被认为是一种不利于社会进步的状态。

由于垄断企业有以上弊病,就需要有政府的干预。在西方,政府对垄断企业的干预措施主要有以下几个方面:

第一,对垄断企业征税,目的是把企业的超额(垄断)利润抽走,使分配公平。

第二,对市场结构进行控制,即增加市场的竞争性,减少垄断性。主要办法是制定和执行反托拉斯法,以减少工业的集中程度,禁止大资本家之间的串通行为。

第三,政府对垄断企业的价格直接进行控制。有些企业,如电力公司、铁路公司、电话公司、自来水公司等公用事业企业,规模经济性很显著(这类企业西方叫自然垄断企业)。对于这类企业,政府不实行反托拉斯法,而是准许它们实行垄断,但由政府直接控制它们的价格。

但是,对完全垄断市场也要做具体分析。有些完全垄断,尤其是政府对某些公用事业的垄断,并不以追求垄断利润为目的。这些公用事业往往投资大,投资周期长而利润率低,但它又是经济发展和人民生活所必需的。这样的公用事业由政府实行完全垄断，会对全社会带来好处。当然，由政府完全垄断这些公用事业，往往也会由于官僚主义而引起效率低下。

案例7－6：从“钻石恒久远，一颗永流传”想到的

产生于一种关键资源所有权垄断的典型例子是南非的钻石公司德比尔。德比尔控制了世界钻石生产的80%左右。虽然这家企业的市场份额不是100%，但它也大到足以对世界钻石价格产生重大影响的程度。

德比尔拥有多大的市场势力呢？答案大部分取决于有没有这种产品的相近替代品。如果人们认为翡翠、红宝石和蓝宝石都是钻石的良好替代品，那么，德比尔的市场势力就较小了。在这种情况下，德比尔任何一种想提高钻石价格的努力都会使人们转向其他宝石。但是，如果人们认为这些其他石头都与钻石非常不同，那么，德比尔就可以在相当大的程度上影响自己产品的价格。

德比尔支付了大量广告费。乍一看，这种决策似乎有点奇怪。如果垄断者是一种产品的唯一卖者，为什么它还需要广告呢？德比尔广告的一个目的是在消费者心目中把钻石与其他宝石区分开来。当德比尔的口号告诉你“钻石恒久远，一颗永流传”时，你马上会想到翡翠、红宝石和蓝宝石并不是这样（而且，要注意的是，这个口号适用于所有钻石，而不仅仅是德比尔的钻石——德比尔垄断地位的象征。）。如果广告是成功的，消费者就将认为钻石是独特的，不是许多宝石中的一种，而且，这种感觉就使德比尔有更大的市场势力。

第四节　垄断竞争市场中价格和产量的决定

一、垄断竞争市场的特点

所谓垄断竞争，是指一个市场中有许多厂商生产和销售近似但不完全相同产品的市场组织。它是一种既有垄断又有竞争，既不是完全竞争又不是完全垄断的市场结构。垄断竞争市场偏重于竞争。垄断竞争市场理论由美国哈佛大学张伯伦于20世纪30年代提出。它存在以下两个重要特征：

第一，各厂商的产品存在一定的差别。这里的“差别”主要是指买者对不同企业生产的同种产品偏好不同而言。这种不同的偏好，可能因为产品有实质上的差异引起的，如烟丝质量不同、汽车性能不同等等，但也可能是一些主观上的因素或其他因素造成的，如广告、商标、包装方式、服务态度，甚至商店的地理位置等，都能使某些顾客宁愿购买某个企业的产品，而不买另一个企业的产品，从而造成产品之间的差别。

产品差别是形成垄断竞争的关键。由于存在这些差别，或者可以造成这些差别，企业就可以展开非价格竞争，使企业在一定程度上成为价格的制定者，同时，企业可以利用差别形成垄断。因此，它们都处于一定的垄断地位，可对产品价格起一定的影响作用。这正是垄断性竞争区别于完全竞争的主要之点。产品差别越大，垄断程度就越高。但是，由于存在着大

量的替代品,市场的进入也比较自由,因而在这个类型的市场中,竞争还是居于主导地位。

第二,市场上有许多厂商,他们可以自由地进出该产业,销售近似的产品。因此,即使存在着产品差别,竞争仍然是不可避免的,厂商只能对自己出售的产品价格发挥有限的影响。厂商彼此之间有竞争,每个厂商由于各自拥有在某些方面的独占优势,因而对自己产品的价格具有一定的控制力量,但由于竞争比较激烈而不能形成控制市场的共谋。所以,一个企业的行为不会影响市场,每个企业在决策时不必考虑因自己的行为而引起其他企业的反应。

垄断性竞争市场经济结构在现实生活中是常见的,普遍存在于服务业和零售业,诸如百货店、商店、饭馆、理发馆、服装店和各种修理业等就属于这类。

二、厂商短期的产量和价格决策

在短期,产品差异可以在一定范围形成厂商的垄断地位。这时追求最大化利润的垄断竞争厂商的均衡与完全垄断情况下相同,即均衡条件为:$MR=MC$,且存在着超额利润。如图 7-7 所示。

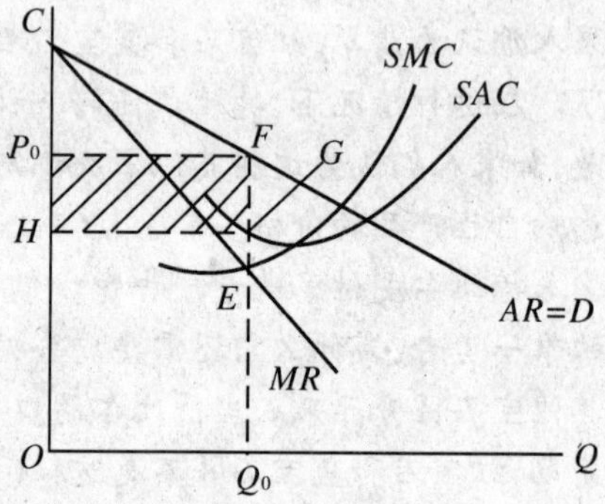

图 7-7 垄断竞争厂商的短期均衡

三、厂商长期的产量和价格决策

在长期,由于竞争使差别产品的价格下降,而且这种差别会因其他厂商的摹仿和大量生产而被取消,长期超额利润为零。也就是说,它没有垄断利润。西方经济学家认为这是这种市场模式的优点,说明它的分配是公正的。如图 7-8 所示。

垄断竞争厂商长期均衡的条件是:$MR=LMC=SMC$;$AR=LAC=SAC$。

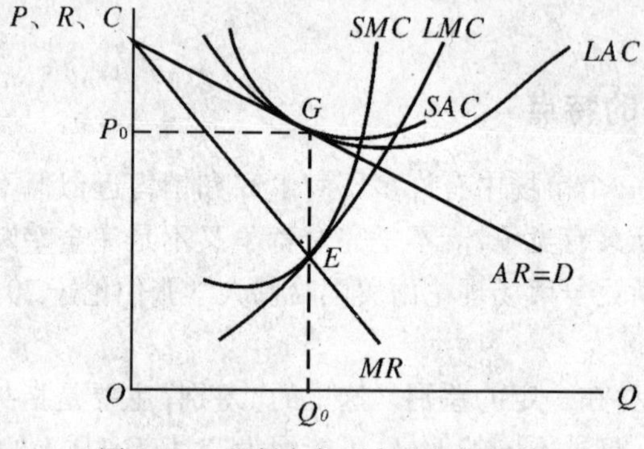

图 7-8 垄断竞争厂商的长期均衡

四、垄断竞争与完全竞争的比较

首先,从平均成本来看,垄断竞争市场上平均成本比完全竞争时高,这说明垄断竞争时由于有垄断的存在,生产要素的效率不如完全竞争时高。但这时的平均成本一般又低于完全垄断,说明由于有竞争的存在,生产要素的效率又比完全垄断时高。

其次,从价格来看,即使在长期中,垄断竞争时的价格也高于完全竞争。在垄断性竞争条件下，产品的价格不是定在平均成本的最低点上，这说明它的生产能力没有得到充分利用，也没有在企业生产效率最高之点生产。对消费者来说，付出高于完全竞争时的价格，得到的是丰富多彩各具特色的产品，可以满足不同的要求。但垄断竞争时的价格又低于完全垄断，因为这时的价格不是由垄断者决定的垄断价格，而是由市场竞争形成的价格。

最后，从产量来看，垄断竞争时的产量一般要低于完全竞争时而高于完全垄断时，这说明垄断竞争下资源的利用程度不如完全竞争时但优于完全垄断时。在垄断性竞争条件下，产品的价格大于边际成本，这说明从社会资源合理分配的角度看，企业生产不足。

经济学家们认为，垄断竞争从总体上看是利大于弊的。而在现实中，垄断竞争也是一种普遍存在的市场结构。

第五节　寡头垄断市场中价格和产量的决定

一、寡头垄断市场的特点

所谓寡头垄断，是指市场上只有少数几个生产者或销售者垄断了某一行业的市场，控制了这一行业的供给。在这种市场上，几家厂商的产量在该行业的总供给中占了很大的比例，每家厂商的产量都占有相当大的份额，从而，每家厂商对整个行业价格与产量的决定都有举足轻重的影响。而这几家厂商之间又存在着不同形式的竞争。这与完全垄断和垄断竞争市场不同。完全垄断市场只有一家厂商，这家厂商的供给和需求就是一个行业的供给和需求。垄断竞争市场则有较多的厂商，每家厂商只是行业中的一小份子。

寡头垄断市场可分为纯粹寡头和差别寡头两种。纯寡头的产品同质无差别，如生产石油、钢铁、水泥等产品的寡头。差别寡头的产品质量不同，各有特色，如生产汽车、飞机、机械等产品的寡头。在这些行业中，同种产品在规格、型号、质量和外观上是不同的。

寡头垄断市场在经济中占有十分重要的地位。例如在美国，钢铁、汽车、炼铝、石油、飞机制造、机械、香烟等重要行业都是寡头垄断市场。这些行业中大都有四五家公司的产量占全行业产量的70%以上。比如美国汽车业就是被通用汽车公司、福特汽车公司和克莱斯勒汽车公司三家控制着的。在日本、欧洲等经济发达国家也存在着同样的现象。

寡头垄断市场的特征有：

第一，企业极少。市场上只有少数几个厂商，每个厂商在市场上都占有举足轻重的地位，对其产品价格具有相当的影响力。

第二，相互依存。厂商很少，并且相互依存，这是寡头市场最基本的特征。在完全竞争与垄断竞争市场上，各厂商都是独立地做出自己的决策。由于寡头市场只有几家厂商，所以，每家厂商的产量和价格的变动都会显著地影响到本行业竞争对手的销售量和销售收入。这样，每家厂商必然会对其他厂商的产量和价格变动作出直接反应，他在作决策时必须考虑其他厂商的决策，同时，他也要考虑自己的决策对别的厂商的影响。因此，寡头市场是一个相互依存的市场结构。

第三，进出不易。因为在规模、资金、市场、原料、专利、信誉等方面，其他企业难以与原有企业匹敌,尤其是某些行业有明显的规模经济性,存在许多进入障碍。而且由于原有企业相互依存、休戚相关,不仅其他企业难以进入,本行业企业也难以退出。

阅读材料 7 - 3

在研究寡头的情况时,应该记住不完全竞争并不等于没有竞争。实际上,在经济生活中一些竞争最为激烈的市场,往往只有几个竞争企业。我们可以看看航空业的残酷竞争,在一条特定的航线上往往只有两三家航空公司,但在它们之间,仍然是过一段时间就要发生一场票价大战。

我们如何把寡头间的对抗和完全竞争区分开来呢?对抗包含了许多提高利润和占有市场的行为。它包括利用广告刺激需求、降低价格吸引企业,以及通过研究提高产品质量或者研制新的产品。完全竞争并不意味着对抗,而只是表示行业中没有一个企业能影响市场价格。

二、古诺的双头垄断

古诺模型是由法国经济学家古诺于 1838 年在分析双寡头行为时提出的理论模型,因而又被称为"双头模型"。它假定:市场上只有 A、B 两个厂商生产完全相同的产品;厂商生产的成本为零,因而只需获得最大收益便可获得最大利润;两个厂商面临相同的线性需求曲线,采用相同的市场价格;每一个厂商都认为对手的产量不会发生变化。

A 厂商首先进入市场,它的最优产量为市场总容量的 1/2。之后,B 进入市场,B 在已知 A 的产量之后决定根据剩余市场容量决定的最优产量是全部市场容量的 1/4。之后,当 A 知道 B 留给它的市场容量为 3/4 时,为了利润最大化,A 将产量调整至总市场容量的 3/8。如此等等,经过一系列的产量调整后,A 的产量逐渐减少,B 的产量逐渐增加。最终,当 A 和 B 的产量分别达到市场总容量的 1/3 时,市场处于均衡。

在这样的假定条件下,A 和 B 的均衡产量都等于市场最大需求量的 1/3,两个厂商的总产量等于市场最大需求量的 2/3。如果该行业有 n 个厂商,则每个厂商的均衡产量为市场最大需求量的 $1/(n+1)$,总产量则为市场最大需求量的 $n/(n+1)$。

三、斯威齐模型(弯折的需求曲线模型)

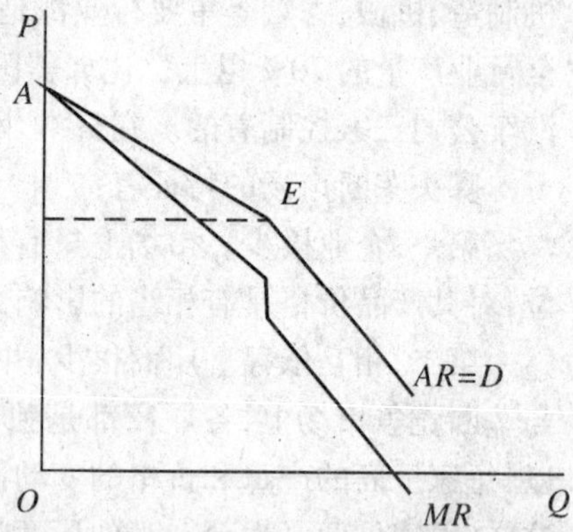

图 7 - 9 斯威齐模型

斯威齐模型是由美国经济学家保罗·斯威齐于 1939 年建立的。它解释了在寡头市场上厂商之间打价格战,最终两败俱伤的现象。基本假设:对应于一个特定的价格,一家厂商如果提价,别的厂商一般不会跟着提价,但一家厂商如果降价,别的厂商一般就会跟着降价。其原因在于为了在竞争中能保持以至扩大自己的销售量或销售份额。或者说,靠别的企业因提价而减少了销售量来增加本企业的销售份额。根据这样的假设,个别厂商面临的需求曲线在当前的价格/产量水平上出现了弯折点。如图 7 - 9 所示。

四、卡特尔(正式串谋)

前面我们所讨论的都是寡头企业之间没有串通、勾结的情况。实际上,占据同一市场的少数几家厂商为了避免两败俱伤,在一定情况下,往往会达成协议,这样卡特尔就形成了。卡特尔以扩大整体利益作为它的主要目标,为了达到这一目的,在卡特尔内部将订立一系列的协议,来确定整个卡特尔的产量、产品价格,指定各企业的销售额及销售区域等。

卡特尔常常是国际性的。例如欧佩克卡特尔就是产油国政府间的一个国际协定,它在十多年间成功地将世界石油价格提高到远远高于本来会有的水平。其他成功地提高了价格的国际卡特尔还有:在20世纪70年代中期,国际铝矾土联合会将铝矾土价格提高4倍;一个秘密的国际铀卡特尔提高了铀的价格;一个被称为水银欧洲的卡特尔将水银价格保持在接近于垄断水平;而另一个国际卡特尔一直都垄断着碘市场。

卡特尔要成功地控制价格有三个条件:第一,产品的总需求是缺乏弹性的,否则的话卡特尔提价的余地很小。第二,一个稳定的卡特尔组织必须要在其成员对价格和生产水平达成协定并遵守该协定的基础上形成。第三,垄断势力的潜在可能(这是卡特尔成功的最重要的条件)。卡特尔必须控制大部分市场,非卡特尔的供给也是缺乏弹性的。如果合作的潜在利益是大的,卡特尔成员将有更大的解决他们组织上的问题的意愿。

但是要满足这三个条件并不容易,所以并不是所有的卡特尔都能成功。首先一个原因,所有的卡特尔成员都是在价格高于边际成本的条件下运行,如果某个成员暗中增加产量,它的利润就将增加,所以卡特尔成员有“越轨”的动机;其次,卡特尔成员之间的生产成本不同、经营目标各异、所要求的价格目标也不相同,因此就难以保证所有成员都能严格地履行协议。如果出现一些成员的“越轨”现象,很容易导致卡特尔的瓦解。所以从总体上说,卡特尔协议是不稳定的。

案例7-7:OPEC——石油生产者的国际卡特尔

石油输出国组织(OPEC)是一个由主要石油生产国组成的国际卡特尔,成员国包括沙特阿拉伯、科威特、阿拉伯联合酋长国、伊拉克、伊朗、卡塔尔、阿尔及利亚、加蓬、利比亚、尼日利亚、委内瑞拉和厄瓜多尔等12个国家。OPEC(欧佩克)于1960年由5大石油生产国创建。根据OPEC1968年文件制定的长期目标,成员国政府应该:(1)决定石油价格;(2)拥有和控制本国的石油资源。

第二个目标在大多数OPEC国家中都已经实现,其办法是通过接管石油公司的经营权和使其国有化。关于第一个目标,1973年底到1974年期间,OPEC将石油价格提高了4倍,从每桶3美元提高到12美元。1979年伊朗革命发生时,OPEC将石油价格提高到每桶30美元以上。过高的油价大致从1982年开始下跌,原因在于石油消费国的石油储备增加,北海这样的石油产地产量增加等等。

石油价格一般在OPEC成员国石油部长的定期会议上决定,沙特阿拉伯是最有影响的成员国,因为它的生产规模大,几乎占OPEC总产量的一半,它经常通过调整产量来影响价格。1975年OPEC生产了全世界石油供应量的55%,占有世界市场中石油贸易量的80%以上。但到了80年代,它在世界市场总产量中所占份额下降为不到1/3,所以公开和隐蔽的降价都发生了。

OPEC 在控制石油价格和产量方面都取得过很大成功。但后来成员国破坏定价和产量配额的现象也经常发生。

五、价格领导模式

虽然寡头厂商意识到厂商之间采取合作的态度，共同提高价格来增加利润对大家都有好处，然而在现实中，厂商之间的勾结，或曰共谋，却是有很多障碍的。首先，正式的串谋，比如组成卡特尔，在一些国家是被法律所禁止的，比如美国有相关的反垄断法，中国的《价格法》也禁止厂商之间的价格协议。另外，如果厂商的共谋存在一些事实上的障碍，比如生产的产品差异较大，厂商之间达成一个卡特尔协议也是难以完成的。所以，厂商之间往往采用非正式的串谋行为，通常是大家共同遵守一些公认的“准则”，如相互承认低价倾销是违反商业道德的；相互尊重对方的市场份额和销售区域；认可竞争行为的某些惯例等。其中最重要的当然是价格的制定，在非正式串谋中普遍采用的形式是价格领导模式。

价格领导模式是操纵价格中的一种。它是由某行业中最有影响（或最大）的厂商先定价或与其他同行协商后定价，定价后同行其他企业都服从。这种模式常用来解释国内或国际市场上大企业和小企业之间的价格和产量关系。

由于其它企业是根据领袖企业的价格定价，他们是价格的接受者，而不是制订者，所以其产量决策类似完全竞争市场结构，最优产量水平确定在 $P=SAC$ 之处。对于领袖企业来说，其决策类似完全垄断市场结构，最优产量确定在 $MR=MC$ 之处，可以获得最大利润。

六、对寡头垄断市场的评价

一些经济学家认为，垄断者提供的只是平淡的生活、低劣的质量以及不文明的服务。关于垄断的一种普遍的抱怨是，垄断者很少注意产品的质量。当美国电话电报公司垄断了电话设备时，许多年以来消费者不得不满足于不甚清晰的通话质量。一旦竞争者进入该行业，电话的颜色、式样和辅助设备的种类就有了急剧的增加。很明显，寡头垄断会抬高价格，损害消费者利益和社会经济福利。但寡头垄断有利于实现规模经济和促进科学技术进步，对经济的发展是有积极作用的。

一般而言，在寡头垄断市场上，市场价格高于边际成本，同时价格高于最低平均成本。因此，寡头垄断企业在生产量和技术使用方面应该是缺乏效率的，但从程度上来看，由于寡头市场存在竞争，有时竞争还比较激烈，因而其效率比垄断市场要高。

但从另一方面，寡头市场上往往存在着产品差异从而满足消费者的不同偏好，此外，由于寡头企业规模较大，便于大量使用先进的生产技术，而激烈的竞争又使厂商加速产品和技术革新。因此，又有其效率较高的一面，在许多国家，人们试图通过限制寡头厂商低效率的方面进一步鼓励寡头市场的竞争。

【本章小结】

本章主要介绍对市场理论问题的研究（包括完全竞争、完全垄断、垄断竞争和寡头垄断四种市场结构的研究）。

1. 市场结构分为：完全竞争、垄断竞争、寡头和完全垄断，后两种市场结构统称为不完全竞争市场。

2. 完全竞争市场上,厂商短期均衡的条件是:$MR = MC$。价格等于平均成本($P = SAC$)时存在正常利润,超额利润为零,此点叫收支相抵点。厂商继续生产的条件是 $P \geqslant SAVC$。长期均衡的条件是:$MR = AR = MC = AC$,也可写成:$MR = AR = LMC = LAC = SMC = SAC$。

3. 完全垄断市场上,厂商短期均衡的条件是:$MR = MC$,长期均衡的条件是:$MR = LMC = SMC$。

4. 垄断竞争厂商短期均衡的条件是:$MR = SMC$,长期均衡的条件是:$MR = LMC = SMC$,$AR = LAC = SAC$。

5. 价格歧视又称价格差别,是指完全垄断厂商对成本基本相同的同种商品在不同的市场上以不同的价格出售。

6. 一级价格歧视是指垄断厂商对每个消费者购进每单位商品,都按照消费者愿意支付的最高价格(保留价格)来确定不同的售价。

7. 二级价格歧视与一级价格歧视没有本质区别,只是要求没有一级价格歧视那么严格,它是指厂商对不同的购买数量采取不同的价格。企业对同一商品的不同需求者制定不同的价格,但是,它并没有全部拿走顾客的消费者剩余,只是把部分消费者剩余变成了垄断利润。

8. 三级价格歧视是指垄断厂商对不同市场的不同消费者实行不同的价格,也就是垄断厂商对不同市场的消费者按不同的价格出售产品,这是最常见的价格歧视,企业根据同一商品在不同的市场上的价格弹性制定不同的价格,从而获得最大化的利润。

9. 卡特尔是一种正式的串谋行为,它能使一个竞争性市场变成一个垄断市场,属于寡头市场的一个特例,但并不是所有的卡特尔都能成功。

10. 价格领导模式是操纵价格中的一种。它是由某行业中最有影响(或最大)的厂商先定价或与其他同行协商后定价,定价后同行其他企业都服从。

习 题

一、名词解释

1. 完全竞争　　2. 差别价格　　3. 一级差别价格
4. 二级差别价格　　5. 自然垄断　　6. 垄断竞争
7. 寡头垄断　　8. 卡特尔　　9. 价格领导

二、选择题

1. 在 MR = MC 的均衡产量上,企业:(　　)。
   A. 必然得到最大的利润　　B. 不可能亏损
   C. 必然是最小亏损　　D. 若获利,利润最大;若亏损,损失最小
2. 在完全垄断厂商的最好或最优产量处(　　)。
   A. P = MC　　B. P = SAC 的最低点的值
   C. P 最高　　D. MR = MC
3. 垄断竞争厂商长期均衡点上,长期平均成本曲线处于(　　)。

A. 上升阶段　　　　B. 下降阶段

C. 水平阶段　　　　D. 以上三种情况都可能

三、问答题

1. 简述完全竞争市场短期均衡的必要条件。

2. 某一彩电制造商认为他所在的行业是完全竞争行业。他觉得同其他彩电制造商之间存在激烈的竞争,其他彩电制造商一旦大做广告,采取降价措施或提高服务质量时,他也及时做出反应。请你根据所学的有关完全竞争知识判断彩电制造商所在行业是完全竞争行业吗?

3. 实现价格歧视的条件有哪些?

4. 请你评价一下完全垄断市场和完全竞争市场。

5. 说明与比较垄断竞争和完全竞争。

第八章 分配理论

【教学目的】

通过学习这一章,让学生从要素使用的原则出发进一步认识厂商利润最大化的行为目标,掌握要素供给的原则,并能把要素的供给和需求结合起来,从整体上把握要素市场理论。

【教学要求】

通过本章的学习,学生能够:

1. 重点掌握衡量收入分配平等状况的标准。
2. 掌握收入分配不平等的原因。
3. 了解收入分配的一般原则。

【重点难点】

本章重点:

1. 要素需求的原则。
2. 要素供给的原则。
3. 衡量收入分配平等状况的标准。

本章难点:

1. 要素需求的原则。
2. 要素供给的原则。

【知识要点】

要素需求原则　要素供给原则　衡量收入分配平等状况的标准　边际生产力　工资　利息　地租　利润

前面各章讨论了市场上消费商品的价格和数量的决定问题,但均假定了生产要素的价格不变这一条件。本章将放松这一假定条件,讨论另一个大主题——生产要素的价格决定,讨论生产要素市场的均衡问题。由于生产要素的价格决定也就是生产要素所有者取得收入的过程,要素的价格和数量决定了各要素在国民收入分配中的相对重要性,因此,生产要素价格决定理论也被称为“收入分配理论”。

生产要素价格决定可以分两个方面来论述:生产要素价格决定的需求方面、生产要素价格决定的供给方面。我们先讨论生产要素价格决定的需求方面。

第一节　生产要素的需求

要进行生产活动,就要投入各种经济资源。为进行生产和服务活动而投入的各种经济资源叫做生产要素。我们通常将生产要素分为两大类:中间生产要素(或者叫中间产品)和原始生产要素。

原始生产要素的所有者是消费者，消费者提供要素的目的是为了实现效用最大化。在经济学中原始生产要素包括以下四种：劳动、资本、土地、企业家才能。它们分别属于劳动的所有者、资本的所有者和企业家。中间生产要素是指厂商生产出来又投入到生产过程中去的产品，这类要素的所有者是厂商，厂商提供中间生产要素的目的是实现利润最大化。对某一个企业来说是中间产品的东西，对另一个企业来讲可能就是最终产品。比如，钢铁对于汽车厂来讲是中间产品，但它对于钢铁厂来讲就是最终产品，而对于产品的供求及价格决定问题，我们在厂商理论的各章中已经讲过。所以本章主要研究原始生产要素的供求问题，而对中间产品的问题不予论述，如不特别指明的话，我们所说的生产要素指的都是原始生产要素。

阅读材料 8－1

据新华社上海 2005 年 7 月 26 日电，从 1994～2005 年，我国大学学费从每年几百元一路飚升，学费猛涨约 20 倍，而 1994～2005 年，国民人均收入增长不到 4 倍。即便如此，国人上大学的热情与竞争的强度依然不减。对此我们可以从生产要素市场的供求规律以及工资差异的形成原因上找到答案。

一、生产要素的需求特点

在生产要素市场上，市场主体的地位发生了变化。其中，生产要素的需求者是厂商，供给者是消费者。厂商对于生产要素的需求主要有两个特点，一是派生需求（derived demand）或称引致需求，二是联合需求（joint demand）。

（1）从需求的目的看，不同于产品市场上消费者的直接需求，厂商对生产要素市场上的需求是一种间接的需求——派生需求。

所谓派生需求是指厂商购买生产要素并不是为了满足厂商本身的消费需要，而是要将生产要素投入到生产过程中，通过生产要素生产出满足消费者需要的产品和劳务，由此获取利润。正因如此，最终消费需求也就决定了生产要素的需求。或者说，对生产要素的需求是由对消费品的需求派生出来的，因而是一种“派生需求”，厂商对生产要素的需求来源于消费者对相关产品和劳务的需求。

（2）对生产要素的需求是共同的相互依赖的需求——联合需求（joint demand）。

对某种生产要素的需求，不仅取决于该生产要素的价格，还取决于其他生产要素的价格。所谓联合需求是指任何一种生产过程都需要两种以上的生产要素才能进行，单一生产要素无法生产出任何产品和劳务。那么，各种生产要素之间就存在互相替代或补充的关系。

在一定的技术范围内，生产某种产品可以使用劳动要素多一些而资本要素少一些的方式进行，也可以使用资本要素多一些而劳动要素少一些的形式，具体采取何种组合方式，则主要取决于几种要素的相对成本的高低。这说明由于生产要素联合需求的特点，使得厂商必须权衡使用哪种要素组合能够带来较高的利润。因此，厂商对某一生产要素的需求，不仅取决于该要素的价格，也同时取决于其他要素价格的影响。

生产要素的需求曲线与产品市场的需求曲线一样，也具有向右下方倾斜的特征。由于生产要素需求的派生性和联合性，企业对生产要素的需求远比消费者对产品的需求要复杂，它同时受到消费品市场和生产要素市场的双重影响。

二、边际生产力

"边际生产力"这一术语是19世纪末美国经济学家克拉克首创并进一步用于其分配论分析的。它指的是在其他条件不变前提下每增加一个单位要素投入所增加的产量,即边际物质产品(有时被简称为边际产品 MP)。而增加一个单位要素投入带来的产量所增加的收益,叫做边际收益产品(简写为 MRP)。边际收益产品等于要素的边际物质产品和边际收益的乘积,即:

$$MRP = MP \times MR$$

因此,可变要素的边际收益产品 MRP,取决于两个因素:增加一单位要素投入带来的边际物质产品(MP)的变化和增加一单位产品所带来的边际收益(MR)的变化。

最后雇佣的那个工人所带来的产量称为劳动的边际生产力或劳动边际收益产量;最后追加的那个单位资本所带来的产量称为资本边际生产力或资本边际收益产量。

厂商在决定使用多少生产要素投入时,必须考虑成本和收益的比较,即追加一单位生产要素所获得的收益 MRP 能否补偿他为使用该单位要素所需支付的成本。这种成本即增加一单位投入要素所增加的成本支出叫边际要素成本(MFC)。

三、完全竞争产品市场中的要素需求

现在,让我们进一步假定厂商只使用一种生产要素——劳动 L,工资为 W,那么,厂商利润最大化原则要求使用要素的边际收益产品等于要素的边际成本。即:

$$MRP(L) = W$$

上式也可写成

$$P \cdot MP(L) = W$$

由于产品价格 P 不变,故上式确定了从要素价格 W 到要素使用量 L 的一个函数关系,也即确定了厂商对要素的一个需求函数。满足上式的要素使用数量,也是厂商的最优选择。

根据上式,可以得到厂商要素需求曲线的形状特征。假定开始时,上式是满足的。现在假定 W 上升,厂商为了重新均衡,必须调整要素使用量 L,使得 $P \cdot MP(L)$ 亦上升。根据边际生产力递减规律,必须减少要素使用量 L。反之,假定 W 下降,则必须增加要素使用量 L。从而我们得到结论:产品市场完全竞争条件下厂商的要素需求曲线与其边际收益产品曲线一样向右下方倾斜,边际收益产品曲线也就是生产要素需求曲线。如图8-1所示。

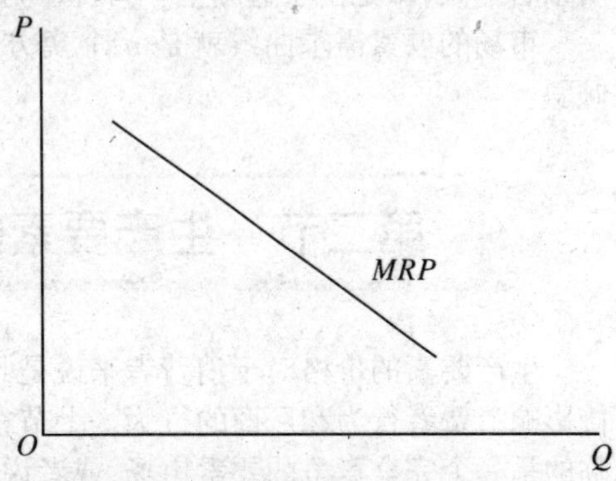

图8-1　生产要素市场的需求

四、不完全竞争产品市场中的要素需求

产品市场非完全竞争情形,包括垄断、寡头和垄断竞争三种。在非完全竞争条件下,由于厂商面临的产品需求曲线不是水平的,产品价格随着商品数量的变化而变化,因而,厂商对要素的需求曲线也将不同于产品市场完全竞争下的情形。

为简单起见,这里我们主要分析一种卖方垄断厂商情形。所谓卖方垄断厂商,是指厂商在产品市场上(作为产品的卖方)是垄断者,而在要素市场上(作为要素的买方)是完全竞争者。这样,在要素市场上,厂商使用要素的边际成本仍等于要素价格,但在产品市场上,产品价格则取决于产量,而产量又取决于要素数量;从而厂商使用要素的边际收益不再等于产品价格。在不完全竞争的市场中,对一个企业来说其产品价格是变动的。边际收益小于平均收益。边际产量在其他条件不变的情况下上升到一定水平后也开始下降。表 8－1 可以说明。

表 8－1　要素的边际收益产品

要素数量 L	边际产品 MP	总产量	产品价格 P	总收益	边际收益 MR	边际收益产品 $MRP=MP\cdot MR$
3	10	33	20.0	660	20	—
4	9	42	19.5	819	17.7	159
5	8	50	19	950	16.4	131
6	7	57	18.5	1054.5	14.9	104.5
7	6	63	18	1134	13.3	79.5
8	5	68	17.5	1190	11.2	56
9	4	72	17	1224	8.5	34

注:本表主要引自高鸿业主编.西方经济学.北京:中国人民大学出版社,2004 年版(上)第 296 页。

卖方垄断厂商的边际收益产品曲线也向右下方倾斜。但其原因,除了边际产品(MP)递减规律的作用,还由于因产品价格下降而导致的边际收益(MR)下降(事实上,边际收益总是小于产品价格)。随着要素价格的下降,要素需求量将上升,因此,要素需求曲线向右下方倾斜。在生产要素价格相同,产品市场是完全竞争的市场时,企业对生产要素的需求量大,产品市场是不完全竞争市场时,企业对生产要素的需求量小。

而且,与产品市场完全竞争条件下一样,卖方垄断厂商的要素需求曲线与其边际收益产品曲线完全重合。但这里要注意的是:产品市场完全竞争下厂商的要素需求曲线之所以向右下方倾斜,只是边际生产力(MP)递减一个因素所致,而卖方垄断厂商的要素需求曲线之所以右下倾,却是由于边际生产力(MP)递减和产品的边际收益(MR)递减两个原因所致。

市场的要素需求曲线就是 n 个卖方垄断厂商的要素需求曲线的水平加总,向右下方倾斜。

第二节　生产要素的供给和均衡价格的决定

生产要素的价格对于消费者来说是收入,对于生产者来说是生产成本,因而要素价格直接影响消费者行为和厂商的行为。上节在分析要素需求的过程中,我们实际上假定厂商面临的是一个完全竞争的要素市场,或者说假定要素价格既定。本节将放松这一假定,考察要素市场的供给特征并最终决定要素价格。

一、完全竞争要素市场的生产要素供给

我们这里的首要目的,是要推导出要素市场的供给曲线。为此,我们必须分析要素供给

者的行为。

所有的生产要素,可以被划分为原始要素和非原始要素两大类。前者如不可再生的自然资源,它们的供给从总量上说往往是固定不变的,因此,它们的供给曲线是一条垂直于价格轴的垂线。非原始要素如中间产品、劳动力、资本等,其要素所有者可能是厂商和个人。作为提供中间产品的厂商,追求的是利润最大化,因此,中间产品的供给曲线,已于前面分析过,是随着生产的边际成本递增而向右上方倾斜。在完全竞争的要素市场上,要素供给曲线向右上方倾斜,如图 8-2 所示。

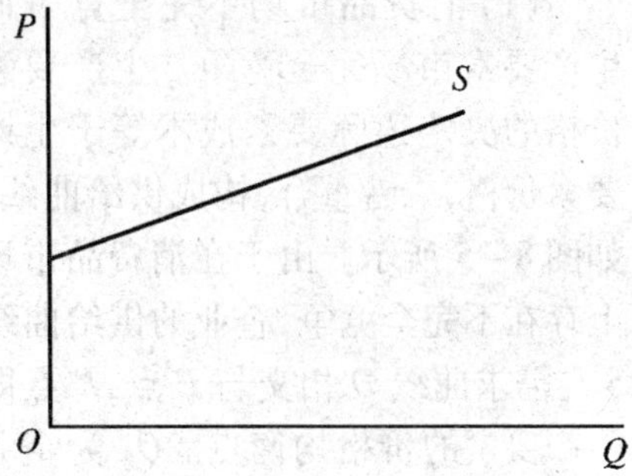

图 8-2 一般要素市场的要素供给

二、不完全竞争要素市场的生产要素供给

我们知道,产品市场上的销售者常常具有某种垄断势力,同样的,要素市场的供应者也可以拥有某种卖方垄断势力。比如,某种拥有专利权的电子元器件生产商。但一般来说,要素市场上的垄断因素要远远小于产品市场。

不完全竞争要素市场的典型情况成为买方垄断,即要素的购买者为唯一的一个厂商。当要素市场为买方垄断时,如果该垄断厂商要购买更多的该要素,将导致市场需求的增加。而市场需求的增加,在市场供给不变的情况下,必然使要素价格上升。反过来说,垄断购买的厂商只有支付更高的价格才能购买更多的该要素。图 8-3 是根据其特点绘制的要素的供给和边际要素成本曲线。由图可见,在要素购买增加的过程中,买方垄断厂商面临的边际要素成本曲线始终位于要素供给曲线的上方,而且随着购买量的增加,二者的差距在不断扩大。

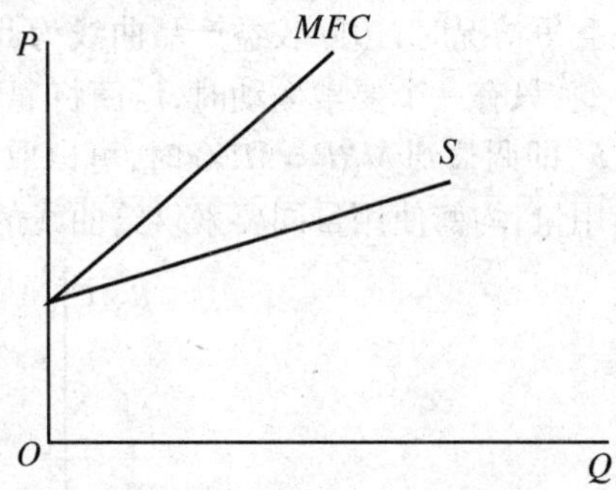

图 8-3 买方垄断市场的要素供给

三、不同市场情况下生产要素价格的决定

(一)完全竞争情况下生产要素价格的决定

在完全竞争的条件下,生产要素的价格由其市场的供给和需求自发调节,即生产要素的均衡价格由生产要素的供给曲线和需求曲线的交点决定。完全竞争市场生产要素价格的决定如图 8-4 所示。

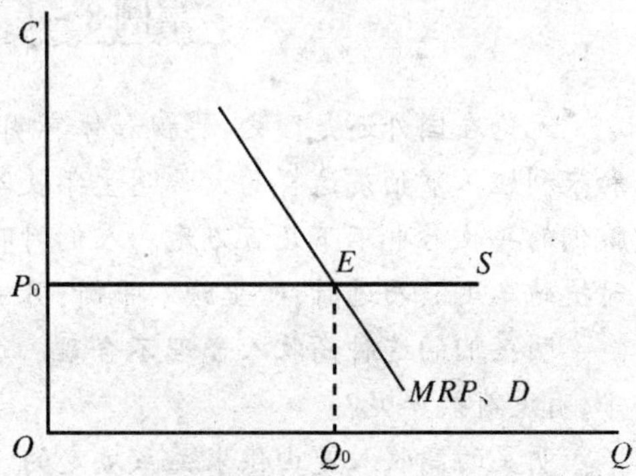

图 8-4 完全竞争市场生产要素价格的决定

由图 8-4 可见,由于产品市场为完全竞争的,所以产品价格等于边际收益 *MR*,要素的边际收益产品曲线 *MRP* 和要素需求曲线 *D* 重合。又由于要素市场为完全竞争,所以要素的供给曲线为一条水平线。需求曲线和供给曲线在 *E* 点相交,该点所对应的价格即为此时的要素均衡价格。

由此可确定产品市场、要素市场均为完全

竞争情况下的厂商均衡条件为:$S=MRP$。

(二)不完全竞争情况下生产要素价格的决定

(1)消费品市场不完全竞争而生产要素市场完全竞争。生产要素价格的决定边际要素成本等于生产要素价格,二者重合,构成供给曲线,如图 8-5 所示。由于在消费品市场上存在不完全竞争,企业的供给曲线 S 与需求曲线 D 相交与 F 点,F 点即生产要素的价格均衡点。Q_0 为企业生产要素的购买数量,P_0 为企业购买生产要素的价格。

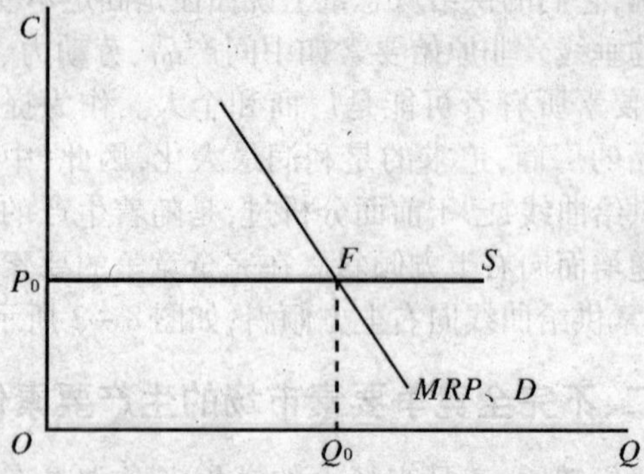

图 8-5　消费品市场不完全竞争下生产要素价格的决定

(2)消费品市场和生产要素市场均为不完全竞争。当产品市场和要素市场均为不完全竞争情况时,边际收益产品曲线为此时的要素需求曲线,如图 8-6 所示。如果其他要素不变,只有一个要素变动时,厂商将雇佣量调整到边际收益产品曲线与边际要素成本曲线交点 F,即调整到 $MRP=MFC$ 时,可以取得最大利润。此时,F 点所对应的产量为要素的均衡使用量,均衡使用量同要素供给曲线的对应点 E 所对应的价格为此时的要素均衡价格。

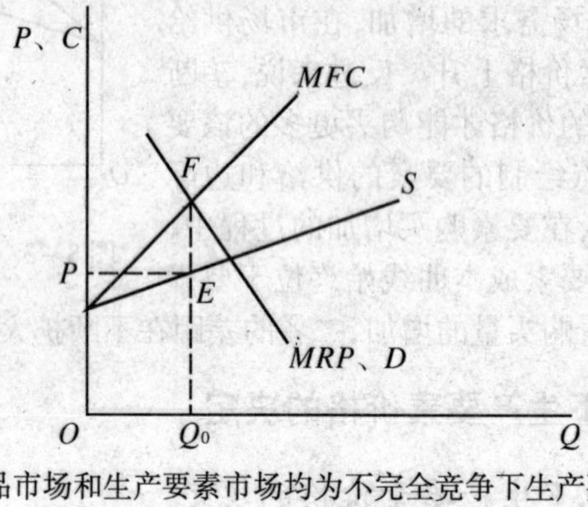

图 8-6　消费品市场和生产要素市场均为不完全竞争下生产要素价格的决定

案例 8-1:明星的收入(节选)

无论在国外还是国内,影视和体育明星们的收入都是天文数字。在美国,像泰尔·伍兹和朱利娅·罗伯茨这样的大牌明星年收入达几千万美元并不奇怪。在国内,名气冲天的大腕们的年收入也不下几百万元。人们对明星有一种矛盾的心态。一方面,看着他们开着保时捷跑车飞驰而过时,心里颇不平衡;另一方面,又不惜用高价弄到一张票去看他们的演出。

明星们的这种高收入合理不合理,或者用经济学的语言说,他们的这种收入公平不公平,有没有效率呢?

明星的高收入是由供求关系决定的。社会对明星的需求量是极大的,这种需求来自公众和企业。公众希望看到高水平的体育或影视表演,看伍兹打高尔夫球,欣赏朱利娅·罗伯茨的电影,无疑是一种极大的享受。公众作为需求者对明星的高需求表现为他们愿意为得到这种享受而出高价。企业希望这些公众影响力大的明星为它们做广告,因为这样会扩大它们产品的销路,带来滚滚利润。它们愿意为明星付高价是因为它们觉得值,即由此得到的收益大于所付出的成本。

明星能收取高价的更重要原因在于供给极少。一个人能成为明星首先在于天赋。如果人人通过勤奋努力都能成为明星,明星就不值钱了。能成为明星者,一定是极富天才、极努力,又极幸运的极少数人。在任何社会内,这种天才明星都是极少的。明星是一种垄断性极高的稀缺资源。这决定了他们可以像任何这类资源(如钻石)一样卖高价。

明星这种生产要素的高价格和高收入是由其供求关系决定的。在这种要素供给极为短缺时,决定明星价格的主要因素还是公众和企业的支付愿望与支付能力。一种生产要素的价格(或这种要素所有者的收入)是否合理取决于它的决定机制。如果这种高收入由政府人为决定,无论多少都不合理;如果这种高收入是市场决定的,无论多少都合理。这是我们判断一种收入是否合理的标准。

第三节 收入的不均等

前面我们分析的生产要素价格决定理论,是收入分配论的重要部分,它从理论上说明了各个要素的收入源泉及其决定程度,但没有对收入在各个个人之间的分配进行分析。对国民收入在各国民之间的分配分布状况的考察,需要考察收入分配的不平等程度。这里讲的"不平等程度"仅仅涉及数量上的不均等程度,不涉及伦理上的判断。

一、洛伦茨曲线和基尼系数

为了考察收入分配的不平等程度,美国统计学家 M. 洛伦兹(M. Lorenz)提出了著名的洛伦兹曲线。

如果我们把社会家庭按其收入分为 5 个等级,它们各占总数的 20%,每一等级的收入分布情况如表 8-2 所示。

表 8-2 家庭与收入

家庭收入等级	占家庭总数的百分比	累计的家庭百分比	占家庭总收入的百分比	累计收入百分比
1	20	20	6	6
2	20	40	12	18
3	20	60	17	35
4	20	80	24	59
5	20	100	41	100

根据上表资料,可以作出图 8-7。

在图中,横轴代表人口百分比,纵轴代表收入百分比。*OY* 为45°线,在这条线上,每

20%的人口得到20%的收入,表明收入分配绝对平等,叫做绝对平等线。*OPY* 表示收入绝对不平等,叫做绝对不平等线。根据表中所反映的实际收入分配情况的洛伦茨曲线(即图中弧线)处在绝对平等和绝对不平等这两个极端之间,它衡量收入的相对不平衡,即洛伦茨曲线与 *OY* 越接近,收入分配就越平等;洛伦茨曲线与 *OPY* 越接近,收入分配越不平等。

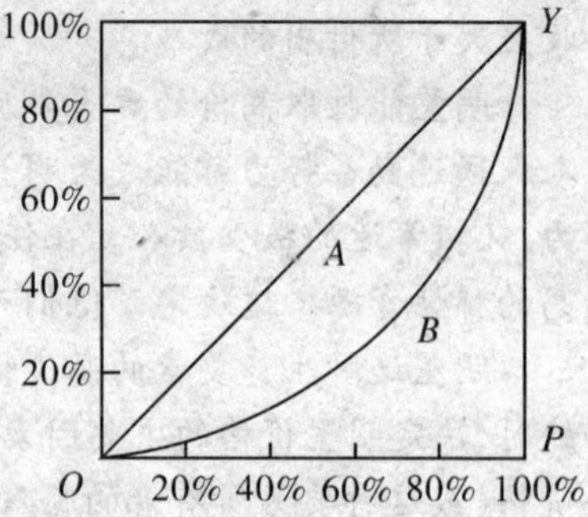

图 8-7 洛伦茨曲线

洛伦茨曲线直观、形象,但只能观察图形,不如数值计算方便。常用的衡量收入分配状况的数量指标是基尼系数。基尼系数是用家庭的相对比例与其所得收入的相对比例相互对比所得到的。在图中就是用 *A* 的面积与 *A*+*B* 的面积相互对比的比值。基尼系数越大,社会收入分配越不平等;反之,基尼系数越小,社会收入分配越平等。

阅读材料 8-2

据世界银行的报告,阿根廷和委内瑞拉在21世纪初发生了严重的经济衰退,两国的贫困人口迅速增加,相当一部分中产阶级家庭沦落到贫困阶层。两国的基尼系数与10年前相比有明显的上升,其中阿根廷的基尼系数从0.43上升到0.55(拉美平均0.522的基尼系数)。基尼系数的微小变化在现实生活中却能强烈地感受到。最明显的一点就是阿根廷近年来绑架和抢劫案大量增加。

二、收入不均等的原因

造成收入分配不平等的原因是多方面的,我们知道,市场经济中的收入以工资、利润、租金和利息等形式分配给生产要素的所得者。也就是说,一个人可以同时得到工资、租金、红利和利息等收入。但收入不平等的根源是什么?答案首先应该在劳动报酬方面去寻找,因为劳动收入占要素收入的3/4。导致报酬不平等的因素主要有:劳动质量的差异、劳动数量的差异、劳动的数量和工种的差异。

另外,在从计划经济向市场经济转型的国家中,收入分配不平等现象较为严重,甚至在有些国家出现了尖锐的贫富对立,其原因在于这一转型过程的中心是私有化,即通过公开或隐蔽的方式把原来的国有资产转为私人所有。

收入分配政策的目的是缩小差距,实现收入分配平等化。政策手段主要是税收政策和社会保障与福利政策。

收入分配中的税收政策其目的是通过税收减少富人的收入,缩小收入差距。用于这种目的的税收政策包括个人所得税、遗产税和财产税,以及消费税。个人所得税是最重要的,例如,美国个人所得税的最低所得税率为11%左右,而最高所得税率在50%左右。遗产税和财产税都是针对富人的,因为低收入者没有什么财产,也谈不上给子孙留遗产,这种税率一般都是较高的,普遍在50%以上。有些国家遗产税甚至高达80%~90%。

如果说税收政策是通过对富人征税来实现收入平等化,那么,社会保障与福利政策则是要通过给穷人以补助来实现收入分配平等化。社会保障与福利政策主要包括:第一,各种形式的社会保障,例如,给失业工人的失业津贴,给老年人的养老金,对收入低于贫困线者的贫困补贴,对有未成年子女家庭的补助,等等。第二,向贫困者提供就业与培训机会。第三,医疗保障与医疗援助。第四,最低工资法等保护低收入者的立法。第五,向低收入者提供低房租住房,等等。

阅读材料 8-3

过去几十年间,妇女在经济中的作用发生了巨大的变化。有工作的妇女从 20 世纪 50 年代的 32% 增加到 90 年代的 54%。整天从事家务劳动的人已经不常见了,妇女的收入成为决定一般家庭总收入的一个重要因素。

尽管妇女运动使男人与女人之间在得到教育和工作中更加平等,但它也使家庭收入更加不平等。原因是在各个收入集团中妇女劳动力参工率的提高不同。特别是,妇女运动对高收入家庭的妇女影响最大。甚至在 50 年代,来自低收入家庭妇女的参工率早就相当高,而自那时以来,她们的就业情况变化并不大。

实际上,妇女运动改变了高收入家庭妻子的行为。在 50 年代,男性经理和医生的妻子本身更可能是经理和医生。结果使富有的家庭变得更富了,这是家庭收入不平等加剧的一种形式。

正如这个例子所说明的,决定收入分配的有社会与经济因素。此外,认为"收入不平等"这种简单化观点可能有误导。妇女得到的机会日益增加,即使在家庭收入上有较大的不平等的影响,对社会来说也确实是一种好的变化。在评价收入分配的任何一种变动时,决策者在确定是否会引起社会问题之前必须考察这种变动的原因。

第四节 工资、利息、地租和利润

地租、工资、利息和利润从生产者角度看,是生产要素的价格,或生产成本,而从要素所有者角度看,则分别是各所有者的收入。从而,要素价格的决定问题,也就是收入分配问题。收入分配理论,就是分析地租、工资、利息和利润是如何被决定的。

西方经济学中的分配理论,一种是由 20 世纪初美国经济学家克拉克(J. B. Clark)提出的边际生产力理论;另一种是由马歇尔提出的以均衡价格论为基础的分配理论。前者主要考虑了生产要素的需求,而后者则综合考虑了生产要素的需求与供给两个方面。

一、工资的决定

工资或工资率是劳动的价格。根据美国经济学家克拉克的边际生产力理论,工资决定于劳动的边际生产力,也即厂商雇佣的最后那个工人所增加的产量。因为,在静态条件下资本数量不变,劳动力的使用将呈现边际生产力递减规律,因此,最后雇佣的那个工人的边际生产力就不仅决定他自己的工资,而且决定所有工人的工资。

而马歇尔认为，工资是劳动的价格，由劳动的供求来决定，以均衡价格论为基础，从需求与供给两个方面来说明工资的决定。

厂商对劳动的需求取决于劳动的边际生产力。根据边际收益递减规律，劳动的边际生产率也随劳动量的增加而递减，当劳动的边际生产率与工资相等时就决定了所需要的劳动量。如果工资高于劳动的边际生产率，企业就减少劳动需求量；如果工资低于劳动的边际生产率，企业就增加劳动的需求量。这样，劳动需求量和工资呈反方向变动。即随工资下降而增加，随工资上升而减少。将所有厂商对劳动的需求曲线水平加总，即得到一条向右下方倾斜的劳动市场需求曲线。

个人的劳动供给曲线则具有“向后弯曲”的特征，如图 8－8 所示。西方经济学用劳动者在“劳动”与“闲暇”之间进行选择来解释其中的原因。劳动的供给问题实际上是劳动者将其既定的时间资源在劳动供给和闲暇两种用途上的分配问题。劳动可以带来收入，但“闲暇”也是个人所需要的一种“消费品”，二者具有替代关系，也都给个人带来效用满足。从事劳动，就要放弃闲暇和休息，因此，劳动的供给本身是闲暇的让渡。因此劳动的供给情况便取决于劳动者对于闲暇和收入的偏好程度。

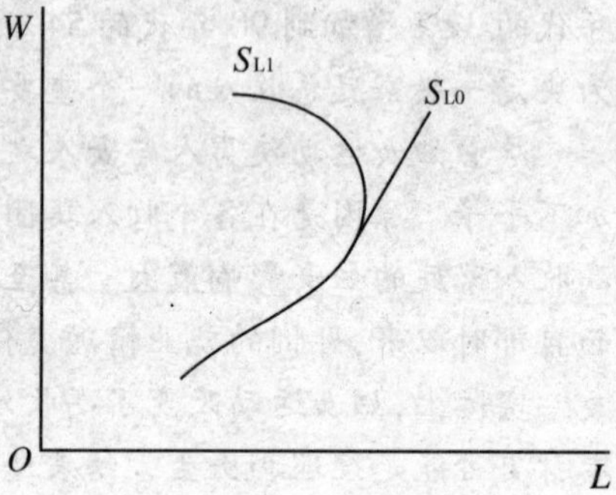

图 8－8　后弯的供给曲线

工资率的提高对劳动供给具有替代效应和收入效应。所谓替代效应，是指当劳动的价格——工资率上升后，闲暇的机会成本加大了，劳动者的替代行为就是用劳动带来的收入替代变得昂贵的闲暇，闲暇就会减少。所谓收入效应，是指当劳动的价格——工资率上升时，劳动者的收入也随之上升，劳动者会用得来的收入购买更多的闲暇，反而出现减少工作时间，多休闲娱乐的情形，即：随着工资率的上升，闲暇时间反而增加。

替代效应与收入效应对劳动供给具有相反的影响，其综合净效应取决于两种效应的相对强度。一般的，在劳动提供量不大时，替代效应大于收入效应，劳动供给将会随着工资上升而上升，劳动供给曲线向右上方倾斜；而当个人提供的劳动量已经较高时，收入效应往往占了上风，这时，随着工资的继续上升，个人反而减少劳动提供量，于是，劳动供给曲线“弯”向左边。符合劳动力供给“向后弯曲”假说的一个基本事实是，从历史统计看，20 世纪初到现在，个人真实收入逐渐增加，而周劳动小时却在逐渐减少，由 50～60 小时下降到 35～40 小时。

尽管个人的劳动供给曲线可能因收入效应和替代效应而向后弯曲，但劳动的市场供给曲线一般还是随着工资上升而向右上方倾斜。这是因为高工资可以吸引新的工人加入。这样，综合本章第二节关于要素市场需求曲线向右下方倾斜的分析，劳动供求曲线的交点将决定一个均衡的工资 W_0 和劳动数量 L_0。如图 8－9 所示。

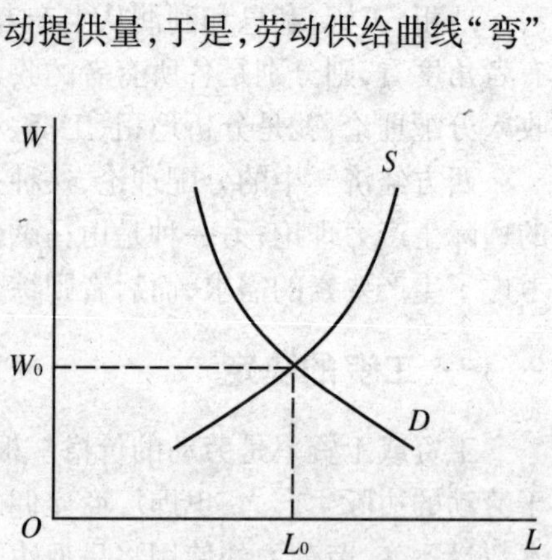

图 8－9　均衡工资的决定

二、资本市场与利息决定

按照西方经济学家的说法,资本作为生产要素中的一种,也应该获得收益,利息就是资本服务的报酬,或者说资本服务的价格。边际生产力理论认为,利息取决于资本的边际生产力。具体来说,假定劳动量不变,那么,继续追加资本的边际产出递减。最后追加一单位资本的边际产出,称为资本的边际生产力,它决定利息的高低。但以边际生产力为基础的利息理论,仅仅考虑了资本的需求,而未考虑资本的供给。

谈到资本,我们可以讲实物资本,如机器设备,也可以指货币资本。但是,实物资本与货币资本之间存在明显的差异,比如,实物资本往往以“存量”形式出现,不是一次耗尽;实物资本比货币资本具有更少的流动性,从而增加了风险。然而为了简化分析,在西方经济学中,资本的利息均可以指二者。因此,将实物资本与货币资本的利息统一起来,存在几个重要的假定:第一,资本市场是均衡的;第二,假定不同资本市场的市场风险相同,不同资本的流动性相同。这样,实物资本与货币资本的收益在市场均衡时就一定相等,因为资本所有者可以及时转换自己的资本形态。这样,我们就可以将实物资本也当成货币资本一样看待。

利息是资本的价格。在资本市场上,利息取决于对资本的需求与供给。资本的需求主要是企业投资的需求,资本的供给主要是储蓄。这样我们就用投资和储蓄来说明利息的决定。

按照均衡价格理论,企业借入资本进行投资,是为了实现利润最大化,这样投资就取决于利润率与利息之间的差额。利润率越是高于利息,纯利润就越大,企业也就越愿意投资;利润率越接近于利息,纯利润就越小,企业也就越不愿意投资。厂商对资本的需求决定于资本的边际生产力。这样,在利润率既定时,利息就与投资成反方向变动,由于资本的边际生产力递减,从而资本的需求曲线是一条向右下方倾斜的曲线。将所有厂商对资本的需求曲线加总,即得到资本的市场需求曲线,它向右下方倾斜。

人们进行储蓄,放弃现期消费的目的是为了获得利息。利息越高,人们越愿意增加储蓄,利息越低,人们就越要减少储蓄,这样,利息与储蓄成同方向变动,从而资本的供给曲线是一条向右上方倾斜的曲线。可用图 8-10 来说明利息的决定。

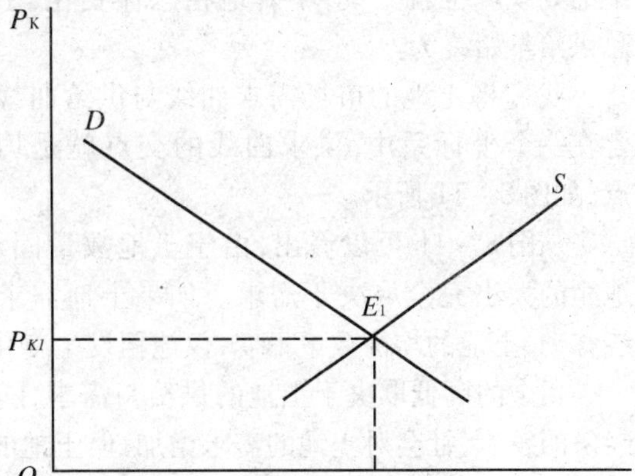

图 8-10 利息的决定

资本市场的均衡点出现在市场需求曲线与供给曲线的交点。在图 8-10 中,横轴 K 代表资本量,纵轴 P_K 代表利息,D 为资本的需求曲线,S 为资本的供给曲线,这两条曲线相交于 E_1,决定了利息率水平为 P_{K1},资本量为 K_2。只有在这时,资本供给的数量与企业愿意投资的数量才平衡。这就是说,利息决定于资本市场的供求均衡。

三、均衡地租的决定

地租是土地使用的服务价格,或者说是土地这一生产要素的收益或价格。土地的基本特征是:数量固定,对价格完全缺乏弹性,土地的租金是为在一定时期内使用土地而支付的价格。这一概念不仅适用于土地,同样也适用于任何一种供给固定的要素,如名画、古董等。地租理论要分析地租的决定问题。

阅读材料 8-4

目前,中国经济发展迅速的两个地带是长江三角洲和珠江三角洲。改革开放以来,中国的建设重点一直是放在东部沿海地带。据国家统计局的资料显示,2001 年中国的工业主要靠5大地区和6大行业支撑着。这5大地区是广东、江苏、山东、上海和浙江,其工业增加值占全国的48.5%;6大行业是电子及通信设备制造业、电力行业、交通运输设备制造业、化学原料及化学制品制造业、冶金业和纺织业,其销售额占全部工业销售额的42%。西部经济增长速度越来越落后于东部和中部地区。西部地区占国内生产总值的比重逐年下降,从1978年的16.8%,下滑到2001 年的13.6%,分别比东部和中部地区低45.9和13.3个百分点。与此同时,东部与西部的土地价格比为20:1。为什么西部的土地价格如此低廉?

按照边际生产力理论,地租取决于土地的边际生产力。如果其他要素的投入不变,土地的边际生产力同样具有递减特征,最后一个单位土地的服务产出,就决定了地租的大小。

按照均衡价格理论,地租是由土地市场上的土地供给曲线和土地需求曲线的交点决定的。土地的需求取决于土地的边际生产力,从而对土地的需求曲线,如同其他要素的需求曲线那样,具有向右下方倾斜的特征。

作为一种自然资源,土地既不能流动,也不能再生,因此,就一个整体经济而言,供给量是固定的,其市场供给曲线为一条垂直线,如图 8-11 中的 S 线。也就是说,不管地租怎样变化,土地总供给量始终为 Q_0。

我们将土地的市场需求曲线与供给曲线综合在一个坐标系中,供求曲线的交点就是均衡点,如图 8-11 所示。

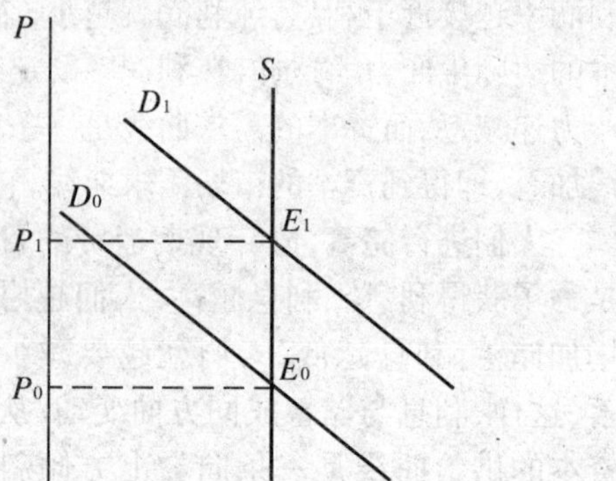

图 8-11 土地的供给与价格决定

从图 8-11 可以看出,由于土地数量固定,地租的大小完全取决于需求。如果土地需求曲线移动,土地的均衡数量不变,仅地租发生变化。

租金的高低取决于土地的供给与需求,随着经济的发展,社会对土地的需求增加,但土地的供给是不变的,因此租金的发展趋势是上升趋势。房地产从长期来看会增值正是这个原因。

土地服务之所以能获得地租,因为无论从短期或长期来看,土地资源是固定不变的,或者说,是一种完全缺乏供给价格弹性的生产要素。现实中有些生产要素尽管在长期中是可变的,但在短期中却是固定的,如厂房、机器设备等。这些要素的服务价格在一定程度上也与"租金"类似,故称为"准地租"。准地租是指使用土地以外的其他资源,如厂房设备等资源支付的报酬,即固定资产收益。准地租为固定总成本与经济利润之和。而与之对应的经济租是指生产要素供给者获得的超过他要求得到的那部分收入。有一些生产要素,其收入中的一部分类似于地租,如果从该要素全部收入中减去这一部分并不会影响要素的供给,这部分要素收入就是经济学上所说的“经济租”。经济租的几何解释也称为“生产者剩余”。寻租行为是指凭借政府准许的特权取得垄断地位并取得垄断租的行为。寻租行为阻碍了更有效生产方式的实施,扭曲了资源的配置,耗费了社会资源,从社会整体上看,是一场损失大于收益的游戏。

四、利润的决定

西方经济学家认为,利润是在总收入扣除厂商的实际成本和隐含成本以后给予企业家的一项剩余。英国经济学家马歇尔第一个认为,企业家才能也是一种生产要素,应该得到这项剩余。由于企业家的功能是多方面的,因此关于利润的来源有以下几种说法。

第一,利润是协调生产的报酬。企业家按照最优生产要素组合原则组织生产,才能获得最大利润。因此,组织协调工作的好坏,对利润大小有重要影响,“企业家才能”理应获得利润。

第二,利润是承担风险的报酬。企业家的工作常常具有风险和不确定性结果,如新项目的投产,新市场的开拓等。风险活动意味着存在失败的可能,如果没有相应的补偿机制,就没有人敢冒风险。因此,利润就是一种风险报酬。

第三,利润是创新的报酬。按照熊彼特的观点,创新是企业家对生产要素的重新组合,包括新产品、新技术、新市场、新材料、新工艺或发明的开发与应用。企业家的创新活动打破了旧的经济均衡,使厂商获得了超出正常收益之上的收益,因此,这部分剩余就是企业家才能的报酬。

第四,利润是垄断收益。在不完全竞争条件下,厂商的产品具有一定垄断性,超出完全竞争条件下正常收益以上的部分,就是垄断收益或垄断利润。

我们分析了利润的来源。但是,利润的产生也有一个市场均衡过程。市场均衡时的利润,称为正常利润,它是厂商长期均衡时企业家所希望得到的报酬,因而可以看成是生产成本的一部分。这是因为,假定所有企业家的能力相同,要他们留在一个行业中,就必须都获得正常利润,否则,企业家将转移到其他行业去。同时,如果一个行业出现超过正常利润的利润,新厂商和企业家必然进入直到超额利润消失为止。

【本章小结】

本章主要介绍对分配理论的研究(包括生产要素需求、生产要素供给、收入的不均等和工资、利息、地租和利润的研究)。

1. 厂商对于生产要素的需求主要有两个特点,一是派生需求或称引致需求,二是联合需求。

2. 可变要素的边际收益产品 *MRP*,取决于两个因素:增加一单位要素投入带来的边际物质产品(*MP*)的变化和增加一单位产品所增加的收益(*MR*)的变化。

3. 产品市场完全竞争条件下厂商的要素需求曲线与其边际收益产品曲线一样向右下方倾斜,边际收益曲线也就是生产要素需求曲线。卖方垄断厂商的边际收益产品曲线也向右下方倾斜。而且,与产品市场完全竞争条件下一样,卖方垄断厂商的要素需求曲线与其边际收益产品曲线完全重合。

4. 在完全竞争的要素市场上,要素供给曲线向右上方倾斜。买方垄断厂商面临的边际要素成本曲线始终位于要素供给曲线的上方,而且随着购买量的增加,二者的差距在不断扩大。

5. 产品市场、要素市场均为完全竞争情况下的厂商均衡条件为:$S = MRP$。

6. 当产品市场和要素市场均为不完全竞争情况时,如果其他要素不变,只有一个要素变动时,$MRP = MFC$ 时,可以取得最大利润。

7. 个人的劳动供给曲线可能因收入效应和替代效应而向后弯曲,但劳动的市场供给曲线一般还是随着工资上升而向右上方倾斜。

8. 在利润率既定时,利息率就与投资成反方向变动,资本的需求曲线是一条向右下方倾斜的曲线。资本的供给曲线是一条向右上方倾斜的曲线。

9. 由于土地数量固定,地租的大小完全取决于需求。如果土地需求曲线移动,土地的均衡数量不变,仅地租发生变化。

10. 利润的来源有几种说法,但是,利润的产生也有一个市场均衡过程。

习 题

一、名词解释

1. 要素的边际生产力　　2. 边际收益产品

3. 洛伦茨曲线　　4. 基尼系数

二、选择题

1. 劳动力市场中存在工会垄断时,工人的工资会(　　)。

A. 增加　　B. 不变

C. 减少　　D. 不确定

2. 劳动力市场中存在工会垄断时,就业人数将(　　)。

A. 增加　　B. 不变

C. 减少　　D. 不确定

3. 假如某歌星的年薪是 10 万元,若他从事其他职业,最多只能得到 3 万元,那么,他所获得的经济租金为:(　　)。

A. 10 万　　B. 7 万

C. 3 万　　D. 不确定

三、问答题

1. 简述生产要素需求的特征。

2. 可变要素的边际收益产品取决于哪两个因素?

3. 产品市场、要素市场均为完全竞争情况下的厂商均衡条件是什么?

4. 劳动的供给有何特殊性?试用替代效应和收入效应理论加以说明。

第九章 市场失灵与政府干预

【教学目的】

本章对市场失灵的含义、原因(着重从不对称信息、外部性以及公共产品等几个方面)进行了介绍,让学生对此有所了解并在此基础上学习政府对市场失灵而采取的种种干预手段。

【教学要求】

通过本章的学习,学生能够:

1. 了解市场失灵的含义、原因。
2. 掌握不对称信息、外部性以及公共产品的含义。
3. 了解政府对市场失灵而采取的干预手段。
4. 正确认识经济生活中的一些现象。

【重点难点】

本章重点:

1. 不对称信息。
2. 外部性。
3. 公共产品的含义。
4. 政府对市场失灵的干预手段。

本章难点:

1. 不对称信息导致效率损失的几种情况。
2. 外部性。
3. 公共产品导致市场失灵在现实生活中的体现。

【知识要点】

不对称信息　外部性　公共产品　市场失灵　政府失灵　寻租

前面各章论证了市场价格机制在调节社会资源配置中的作用,如价格机制可以调节产品的供给与需求,进而调节产品产量;也可以调节生产要素的供给与需求,并决定要素的收入分配;还可以调节资金的供给与需求并指导人们在现在与未来消费之间进行选择等。但是,包括价格机制在内的市场机制不可能完全有效地调节人们经济生活的所有领域。对于价格机制在某些领域不能起作用或不能起有效作用的情况称为市场失灵。市场在这种情况下不能提供符合社会效率的商品或劳务。导致市场失灵的原因主要有:垄断的存在、不对称信息、外部性以及公共产品生产。垄断会导致效率损失的问题,在讨论垄断问题时已作了分析。本章着重讨论不对称信息、外部性以及公共产品如何导致市场失灵,并阐述政府在社会经济活动中的作用。

第一节　市场失灵的含义及原因

一、市场失灵的含义

当代西方经济学家也不得不承认:作为他们分析的出发点和前提的这种完全竞争的市场模式在现代经济生活中并不存在,完全竞争的市场是在一系列理想化的假设条件下才能使整个经济达到一般均衡,并最终使资源配置达到最优状态。在现实的资本主义经济中,这些假定前提(买卖双方都是市场价格的接受者,所有商品都是同质的,所有生产要素可以完全自由流动,买卖双方都具有完全的市场信息)并不存在。正因为如此,现实的市场经济在许多方面不能调节资源的有效配置,市场机制不能真正地发挥作用,甚至还会导致某些不利于社会公平的负效果。这种情况被称为"市场失灵"。

经济学中所说的市场失灵是指在某些领域市场不能有效地配置经济资源,不能实现最优。根据 $MR=MC$ 的原则,如果生产者以最低生产成本的方式生产社会最需要的产品,消费者支付的价格等于生产的最低成本,即产品价格 = 最低生产成本 = 边际成本时,经济资源才能获得最有效的配置。完全竞争市场被认为是能够实现资源最优配置(即产品价格 = 最低生产成本 = 边际成本)的地方,但是正如我们前面所讲完全竞争市场的假设条件十分严格,如果这些条件不能满足,市场就不能自动实现 $MR=MC$,资源最优配置也就无法实现,从而出现市场失灵。当然,这里还有一个潜在的假设条件,即消费者每消费一种产品所获得的利益都能准确地反映在需求曲线上,其生产成本一点不漏地由供给曲线代表。也就是说,产品价格应能代表产品所带来的全部利益,而不是一部分利益;产品成本必须是全部而非其中一部分,否则都是市场失灵。

二、市场失灵的原因

我们将分别从垄断、外部效应、公共产品和不对称信息四个方面来论述市场失灵的原因。

(一)垄断

正如本书前面所分析的,现实的市场并不是完全竞争市场,而是存在不同程度垄断因素的垄断、垄断竞争和寡头垄断市场。这些市场的厂商由于具有垄断势力都可以自己决定价格和产量,再加之其需求曲线由于受需求规律的作用向下倾斜,因而当这些厂商按照边际收益等于边际成本的最大利润原则确定产量和价格时,都比完全竞争长期均衡时的产量更低、价格更高。这表明生产要素没有得到充分利用,资源没有实现有效配置。在存在垄断因素的市场上,厂商为了保持自己的垄断地位和利润,会尽可能地设置障碍以阻止新的厂商加入竞争从而阻碍生产要素的自由流动,结果社会损失了获得更多产品和更低价格的好处。

总之,垄断造成了资源配置的低效率:只要市场不是完全竞争的,只要厂商面临的需求曲线不是一条水平线,而是向右下方倾斜,则厂商的利润最大化原则就是边际收益等于边际成本,而不是价格等于边际成本。当价格大于边际成本时,就会出现低效率的资源配置状态。

(二)不对称信息

完全竞争市场可以合理配置资源,其前提是信息充分,即消费者和生产者完全了解自身的处境和可能的选择。然而,信息充分只是假定。现实生活中,一般情况下信息是不完全的、不对称的。信息不完全指经济活动主体不能充分了解所需要的一切信息,不对称指经济交易的双方对有关信息了解和掌握得不一样多。

1. 造成信息不对称的原因

(1)认识能力有限。人们不可能知道在任何时候、任何地方发生的或是即将发生的任何情况,尤其是在社会分工越来越细的时代,每个人只从事某一方面的工作,不可能掌握充分的信息。(2)掌握信息的成本高。当获知某一信息的成本高于该信息所带来的收益时,消费者会失去对掌握该信息的兴趣。(3)信息的特殊性。信息与普通商品不同,尤其在于消费者往往无法事先了解该信息可能带来的价值,因而不愿意花费高价去购买信息。(4)自利倾向。交易双方在信息掌握上一般处于不对称地位,为了自身的利益,信息充分者往往会对处于不利地位的对方隐藏信息。

2. 从信息不对称角度分析市场失灵原因

信息不对称一般是指市场上买方与卖方所掌握的信息是不对称的。有些市场中是卖方掌握的信息较多,买方掌握的信息相对较少。例如,一些要素市场上可能发生这种情况,如雇员比雇主更了解自身的劳动能力或工作能力;商品市场上卖方比买方更了解商品的性能和质量等等。有些市场是买方掌握的信息较多,卖方掌握的信息较少。如保险和信用市场大多是这类情况,医疗保险的购买者当然比保险公司更了解自己的健康状况。一旦供求双方所掌握的信息出现不对称,在此种情形下所导致的均衡结果对社会来说是一种无效率的状况。不对称信息导致效率损失有以下几种情况:

(1)逆向选择

逆向选择是指买卖双方信息不对称的情况下,差的商品必将把好的商品驱逐出市场。交易双方的其中任何一方对于交易可能出现的风险比另一方知道得更多时,就会出现逆向选择问题。美国经济学家阿克洛夫对旧车交易中总是坏车充斥市场的状况作了理论分析。我们对这个旧车市场模型作简单介绍。

在旧车交易中,总是次品充斥市场。设想某个旧车市场有400个卖者,每个卖者出售一辆旧车,共有400辆旧车待售。市场上恰好也有400个买者,每个买者购买一辆旧车。假定400辆旧车中质量较好与较差的车各占一半,各为200辆。购买者对质量较好的车愿出价10万元,对质量较差的旧车愿出价5万元。出售者对质量较好的车愿意接受的最低价格为8万元,对质量较差的车愿意接受的最低价格是4万元。如果双方信息是对称的话,即买者与卖者双方都知道进行交易的车的质量,则市场上达到供求相等的均衡是没有问题的。200辆较好的车每辆都会在8万元到10万元之间成交,200辆质量较差的车每辆都将在4万元到5万元之间成交。市场供求均衡,既不存在过剩供给,也没有过度需求。

然而实际上,买卖双方关于旧车的信息是不对称的,卖者知道自己车的质量,买者对此可能不十分清楚。假定买方只知道在待出售的400辆旧车中有一半质量较差,因此,他购买到好车与坏车的概率各为0.5。在这种情况下,每位买者购车愿支付的价格将为7.5万元(10万元×0.5+5万元×0.5)。此时来看一下7.5万元的价格对供给产生的影响。哪一个卖者愿意以7.5万元出售他的旧车呢？毫无疑问，只有那些拥有较差质量旧车的人愿意接受此价格。由于拥有较好质量的旧车的人愿意接受的最低价格是8万元，因此在7.5万元的价格水平下，不会有一辆质量较好的旧车，而只有质量较差的旧车可供购买。那么买者愿意支付的价格就不是7.5万元，而是5万元。所以旧车市场最终只能是200辆质量较差的车在4万元到5万元的价格之间成交，最终结果是次品充斥市场。显然，因非对称信息而导致的旧车市场最终均衡，从社会的角度来看是无效率的，因为最终成交的数量低于供求双方想要成交的数量。

旧车市场出现"劣品驱逐良品"的原因是信息不对称而导致买方对卖方进行了逆向选择。还有其他市场存在逆向选择。最典型的是人寿保险市场。保险的买卖双方所掌握的信息是不对称的。每一个希望购买医疗保险的人最了解自己的健康状况，而保险公司并不了解每个投保人的健康状况，只知道他们的平均健康状况，保险公司只能根据每个人的平均健康状况或平均的患病率收取保险费。在保险公司按照平均健康状况收取保险费的情况下，只有那些身体不太健康的人购买保险。而那些身体健康的人会认为保险费太高不去购买保险。为了减少保险公司的支出而增加保险公司的收入，保险公司将提高保险费，按照这些不太健康的人的平均健康状况收取保险费。保险费上涨后，只有那些患病率较高的人仍然愿意购买保险，这将导致保险公司进一步提高保险费，而且又赶走了一些较健康的人，最终只有那些患有严重疾病或绝症的人才购买保险，而他们正是保险公司所最不想要的顾客。这样保险公司对买主进行逆向选择。其结果是，提高价格来进行逆向选择将赶走健康状况良好的顾客。

因此，如果交易双方的信息是不对称的，当信息多的一方进行自我选择时往往会损害信息少的一方，信息少的一方就会进行逆向选择。

(2)败德行为

信息不对称的另一种情形是隐藏行为，即由于交易的一方采取行为影响另一方，而另一方无从判断或辨别。隐藏行为往往导致败德行为。

败德行为是指个人在获得保险公司的保险后，降低防范意识而采取更冒险的行为，使发生风险的概率增大的动机。败德行为又称道德公害。因为在信息不对称的情况下，达成协议的另一方无法准确地核实对方是否按照协议办事。败德行为会破坏市场的运行，严重情况下会使得某些服务的私人市场难以建立。

以家庭财产保险为例。在个人没有购买家庭财产保险的情况下，个人会采取多种防范措施以防止家庭财产失窃。比如，个人会安装防盗门，家人尽量减少同时外出的机会，在远离家门时，会托亲戚、朋友、邻居照看家门等等。因此，家庭财产失窃的概率较小。如果个人一旦向保险公司购买了家庭财产保险后，由于家庭财产失窃后由保险公司负责赔偿，个人可能不再采取防范性措施，从而导致家庭财产损失的概率增大。如不愿意花钱加固门锁等，这些行为属于保险市场上的败德行为。

败德行为通过改变损失发生的概率而给保险公司带来不利影响。例如，假定某保险公司为某一地区的1万户居民提供完全的家庭财产保险，即家庭财产一旦遭受损失，保险公司将给予全部的赔偿。假定每个家庭的财产额相同，都是10万元。保险公司按照平均每个家庭以0.001的损失概率作为收取家庭财产保险费的依据，向每户收取100元的保险费，共收取100万元的保险费。由于家庭财产损失概率平均为0.001，所以这1万户家庭的财产总额中将遭受100万元的损失。对于保险公司而言,收支相抵。但是,一旦每个家庭在购买了财产保险后都出现了败德行为,结果将使保险公司遭受巨大的损失。比如这种隐藏行为使每户财产损失的概率由0.001提高到0.1,则保险公司在开办该业务时未曾预料到的,保险公司不得不付出比预计多得多的赔偿费。所以,在有败德行为的情况下,保险公司可能被迫提高保险费或者甚至拒绝出售保险。

(3)委托-代理问题

当一方当事人即委托人雇佣另一方当事人即代理人来代表委托人完成某些指定任务时,代理人可能不以委托人所请求的方式行为,而且委托人不能直接监督代理人的行为。这就是"委托-代理问题"。

委托-代理问题实际上是隐藏行为问题。委托-代理问题有三个重要特征:第一,委托人利益的实现取决于代理人的行为;第二,委托人的目标不同于代理人的目标;第三,有关代理人行为的信息是不对称的。代理人的信息明显要多于委托人的信息,代理人的行为不易直接被委托人所观察到。

委托-代理关系在经济生活中广泛存在。在委托人无法直接对代理人的行为进行有效监督时,由于双方的目标不同,所掌握的信息不对称,使代理人可以牺牲委托人的利益为代价来追求自己的目标最大化。这时,委托-代理问题就出现了。

首先讨论目标差别。利润最大化是资本所有者或者说是企业财产所有者的目标。企业所有者就是委托人,企业的雇员包括经理和工人都是代理人。委托人利润最大化的目标并非就是代理人的目标,代理人都有可能追求自己工资收入的最大化。其次,委托-代理过程不可监督。如果工人和经理的努力程度是可以观察和监督的,则企业所有者可以采取一些措施制裁工人或经理的不努力行为。可是实际上不管是工人还是经理,其工作的努力程度都是难以观察到的,而且想要加以监督,付出的成本必将很大。企业主不可能时时监督工人或经理的行动,即使能够做到这一点,也不能知道他们是否百分之百地努力工作。这就是说,企业主与经理、工人所拥有的信息是不对称的。只有经理或工人本人才确切地知道他们工作的努力程度。这样,由于企业主、经理、工人他们的目标不同,并且所掌握的信息又不对称,于是产生了委托-代理问题。因此,委托-代理问题中代理人可能由于追求自己的目标,而以牺牲委托人的利益为代价,导致不能达到委托人最优化的目标。

企业出现委托-代理问题后,其后果不仅使企业所有者的利润受损,也使社会资源配置的效率受损,因为在不发生委托-代理问题的情况下,社会将生产出较高的产量。当代美国经济学者莱宾斯坦所提出的"X-非效率"就是指厂商在给定资源下所生产的实际产量低于它能够达到的最大产量,即厂商没有达到最优化。产生这个问题的重要原因之一就是厂商内部各微观经济行为主体没有按利润最大化的原则行事,可能是经理人员没有充分发挥其管理才能,也可能是工人没有努力干活,这都会降低资源配置的效率。

解决委托—代理问题的关键是激励。委托人需要确定某种适当的激励促使代理人采取某种适当的行为,从而避免资源浪费。这需要企业所有者在支付生产要素的报酬上做出某些改进,如可通过建立业绩评定薪水体制、订立利润分享合约等,使经营管理者与所有者休戚与共。

(三)外部效应

经济学理论分析是有一定前提假设的,其中假设消费者或生产者的行为是互不相关的、彼此独立的经济活动,这明显是脱离实际的,而没有考虑到外部性的影响。

当某种商品的生产和消费所产生的效应扩散或波及当事人之外时，就出现外部经济效果，即外部性，也可称为外部效应。外部性有两种：一种是正外部性，是好的积极的影响；另一种是负外部性，是坏的消极的影响。

以养蜂场与苹果园为例，在两者并存的情况下，二者相互提供正外部性：一方面养蜂场的蜜蜂为苹果园的苹果树传播花粉，提高了苹果产量；另一方面，苹果园的苹果树花为养蜂场提供蜜源，会增加蜂蜜产量。

另一个关于负外部性的例子是一个生产者造成污染使另一个生产者蒙受损失。假设沿河有两个厂商，在上游的是一个钢铁厂，居下游的是一个养鱼场。钢铁生产过程中排放废水，污染了河水，使养鱼场的产量大为减少。这样，钢铁厂给养鱼场造成了损失，产生负外部性。所以，外部性就是一个消费者或生产者对其他消费者或生产者带来利益或造成损失的状况。

一般情况下，负外部性是私人成本和社会成本之间、私人效益和社会效益之间存在差异的结果。私人成本是个人在生产中投入要素价格之和。社会成本是私人成本加上给社会造成的没有补偿的损失，是强加给社会的费用。存在负外部性的情况下，社会成本高于私人成本。当私人成本等于价格时，私人效益最大。可是，由于社会成本高于私人成本，社会效益遭到损失。当钢铁厂排放废水给养鱼场造成损失时，社会成本等于钢铁厂的成本加上养鱼场遭受的损失。

外部性在现实经济生活中普遍存在，这种理论和概念，对微观经济理论和微观经济政策都是十分重要的。

理论方面，可以利用外部性论证市场失灵问题。由于外部性中某一商品的有益或有害影响，市场价格不能被正常反映出来。这种定价制度的缺陷，会使经济资源配置不能达到最优状态。价格扭曲，信息传递失真，会造成经济效率损失。这样，具有正外部性的商品生产可能不足，而有负外部性的商品生产可能过多。

在政策方面，政府对负外部性必须进行干预，通过公共政策对造成积极的正外部性的人给予补偿，对造成消极的负外部性的人依法索赔，使价格机制在市场上发挥有效的调节作用，达到经济资源的有效合理配置。

（四）公共产品

1. 公共产品的基本特征

社会经济分为私人部门和公共部门。私人部门提供的产品叫私人产品，公共部门提供的产品叫公共产品。以前分析的是私人部门的经济问题。由于公共产品不同于私人物品，前面所介绍的市场定价、资源配置和选择原则等论述，不适用于公共产品。这里讨论公共产品，分析公共产品如何导致市场失灵与政府的干预。

在完全竞争条件下，市场机制调节可以使经济资源达到最优配置。这里实际隐含私人产品的两个特性：一是排他性，人们必须对一种产品支付价格方可消费，不付费就不能消费；二是竞争性，某人消费了某种商品，别人就不能再消费了。而公共产品是由公共部门生产的，或指私人不愿意生产或无法生产而由政府提供的产品，包括国际安全、警务、消防、道路、教育、空间研究、气象服务等。政府是公共产品的生产者，公共产品往往被定义为政府生产和提供的产品。

与私人产品相对应，在现实生活中，公共产品具有非排他性和非竞争性。如国防、环境质量等,人们享用可以不付费,一人享用不影响别人享用,这些物品就是公共产品。因此,公共产品的非排他性是指不管人们是否付费,都不能排除他们对该产品的消费;公共产品的非竞争性是指某人对该物品的消费并不影响他人对该产品的消费。严格来讲,只有同时具备非排他性与非竞争性两种特征才是真正的公共产品。但是,现实生活中同时具备这两种特征的公共产品并不多,很多公共产品只具有两种特征的其中一种特征。根据非排他性与非竞争性的程度,公共产品又被进一步划分为纯公共产品与准公共产品。纯公共产品具有完全的非排他性与完全非竞争性,如国防。准公共产品只具有局部非排他性与局部非竞争性,如公路上的桥梁具有非竞争性,却不具有非排他性。

公共产品的特征来源于其不可分性。国防、警务、消防、公共卫生、道路、桥梁等,都不能再分割成细小部分,只能作为一个整体被人们享用。例如某一座桥建成后,所用花费已结束,总成本曲线和平均成本曲线相同,边际成本是零,则价格也应是零。人们应免费使用,多一人过桥,不需增加费用。禁止任何人过桥,既不节约费用又减少人们的效用,是无效率的。所以,私人部门不愿意生产这类产品,谁也不愿意花钱去购买本来不用花钱就能享受到的产品。因此,公共产品的供给只能由政府根据全体社会成员的需要来提供或生产。

对于公共产品,市场机制作用不大或难以发挥作用。既使公共产品具有排他性,情况也是如此。假设有一座由政府收取过桥费的桥梁,可以阻止那些不付费的人过桥。这样做只会减少社会福利,因为它减少了不付或付不起过桥费的人们的满足程度,却不会因此而增加别人的满足程度。而有些公共产品,人们不付费,也不能阻止他们对这些物品的享受,如国际安全就是如此。从这可以看出,市场机制在这里完全不适用。

2. 搭便车与市场失灵

由于公共产品具有非排他性,因而难免产生搭便车的问题。所谓搭便车,是指某些个人虽然参与了公共产品的消费,但是却不愿意支付公共产品的生产成本的现象。

以国防为例,如果一个消费者知道他不纳税也能享受到国防给予的保护,那么在自愿纳税条件下他就不会纳税,人们都试图在公共产品消费上做一名"免费乘车者",尤其在公共产品消费者为数众多的情况下更是如此。

也就是说由于搭便车问题的存在,便产生了一个典型的市场失灵的情形,即在公共产品的消费过程中不存在一种协调的刺激机制,以至每个人都倾向于给出错误的信息(即说谎),自称在给定的集体消费中只享有比他真正享有的要少的利益,以求产生对每个人来说有利的结果。

既然市场机制对公共产品的有效配置无能为力,那么,由政府或公共部门开支安排生产,并根据社会福利原则来分配公共产品,就成为解决搭便车问题的唯一选择了。这也就是为什么公共产品通常要由政府来提供的原因。

第二节 政府干预

市场失灵,往往引起政府干预或政府管制。即使在一个市场经济非常发达的社会中,许多涉及众多利益关系的经济事物,也不是由市场机制来加以解决的,而是由社会成员通过某种政治程序或通过政府决策加以解决的。这种通过非市场的方式解决与社会全体成员相关的经济问题的过程,就叫做“公共选择”过程,而政府干预则是公共选择的一种特殊方式。市场不能解决或解决得不够好的社会经济问题,可以换一个办法用政府管制的办法来加以解决。但是,我们还需注意的是:第一,市场解决不好的问题,政府也不一定就能够解决得好;第二,即使政府能够解决得好,也不一定就是十全十美的,政府决策过程中也还是会存在这样或那样的问题。

一、政府职能

在现代经济生活中,政府通常依靠其经济职能发挥对市场失灵的有效补充作用。一般认为,政府应具有的主要经济职能包括:确立体制规则、实施宏观经济政策利于经济稳定增长、影响资源配置提高经济效率、收入再分配。

(一)确立体制规则

为克服市场失灵,政府必须致力于形成市场机制能够有效发挥作用的经济环境。

1. 制订各种规则

制订维护市场运行的制度和法律,如货币信用制度、企业法等等。这是必须由政府建设的“基础设施”。德国经济学家艾哈德把市场经济运行比喻为足球比赛,他认为,要使足球比赛能顺利进行,就需要有国家这样一个至高无上的法官制定出比赛的秩序和规则。

2. 维护制度规则的运行

政府作为裁判员,维护和强制执行经济活动的规则。政府要对犯规者给予处罚,市场自身不能处罚犯规者。政府建立并保障市场上的权利,直接提供某些基本的服务,并间接地创造出信任、理解和有安全保障的环境,这个环境对市场中的各类经济主体是至关紧要的。因此,市场经济运行必须赖于政府的各种强制权力。

(二)保持经济稳定增长

保持经济稳定增长是政府的首要经济职能。宏观经济目标有经济增长、充分就业、物价稳定、国际收支平衡等,实现这些目标是政府的责任和职能。经济增长是政府和社会政策目标体系中最重要的目标。因为市场机制失灵,经济周期波动起伏,出现失业、通货膨胀等,政府必须通过各种经济的、行政的和法律的手段,对社会总供给与总需求的总量和结构进行调节,减缓经济周期波动,防止严重的失业和通货膨胀,实现国民经济稳定增长。

(三)影响资源配置,提高效率

萨缪尔森说:“政府的第二个中心的经济目的是协助社会得到所需要的资源配置。这是政府政策的微观经济的方面,关系到经济生活中的什么和如何的问题。”政府的这个经济职能包括两方面:即提供公共服务和限制垄断力量。

1. 提供公共服务,发展社会福利

在公共产品生产和存在外部性的范围和领域里,市场不能有效发挥作用,需要政府代替市场出面干预和调节,来保证这些部门的资源得到合理有效的配置。

如果按照市场经济追求利润最大化的原则,难以按社会要求提供基础设施、公用事业、科教文卫、国际安全、生态环境等社会性服务事业,另外如自然垄断部门、重要的主导产业或支柱产业、风险大的高科技产业等,必须由政府经营或扶植,实现社会福利最大化的目标。

2. 限制垄断势力,维护自由竞争

为了弥补市场机制的缺陷,消除阻碍市场发挥作用的因素,需要国家或政府有计划地制定和实施以反垄断为中心的产业组织政策。为了消除垄断势力的不良影响,保护自由竞争,政府颁布反垄断法案,反对企业的过分集中和企业间勾结垄断价格的协议,还针对大公司与大工会在工资谈判中的问题,做出一些关于调整价格和经济关系的法律规定。

(四)收入再分配

市场机制调节作用在促进经济效率提高的同时,也造成了收入分配不均等,导致贫富差距悬殊,带来了严重的社会和经济问题。经济学把收入分配不平等分为两种:一是源于机会不均等的收入不平等;二是在机会均等情况下出现的收入不平等。收入均等化的政策措施在两方面发挥作用:第一是克服机会不均等,为每个人提供均等机会;第二是直接调节收入水平,调整收入分配差距,以实现收入均等化。

1. 解决机会不均等

机会不均等带来收入不平等,这是社会的不公平不合理的体现,也是难以令人接受与容忍的,因而必须努力克服,使人人机会均等,从而实现收入均等化。为实现这个目标,政府采取的措施有:

(1)政府要为公民提供均等的就业机会。其主要调节措施有:第一,创造和增加就业机会,实现充分就业。一是运用财政政策和货币政策刺激经济增长;二是通过国有化,兴办私人不愿意投资的基础公共产业;三是通过提供资助和减免税刺激私人企业,鼓励企业扩大规模;四是限制移民,特别是外国移民。第二,促进人力资源流动。人力难以流动,不但造成严重失业,还会扩大工资差距。为促进流动:一是用财政手段对失业率高的地区给予就业征税;二是提供就业信息,重新培训,资助迁移;三是清除人力流动的障碍。第三,为实现平等就业,消除种族歧视,性别歧视。如美国有公正就业立法,在就业中防止由于种族、肤色、信仰和性别的原因而受歧视。

(2)普及教育,促进教育机会均等。人们受教育与训练程度的差别,会造成收入差距。为促进教育机会均等,从而达到收入均等,政府制定和实施公共教育政策,提供初等义务教育,发展高等教育,实行专门培训计划。

(3)促进财产占有的机会均等。财产占有不均等,必然会带来收入的不均等,财产越多,收益越高。缩小财产差别的措施:一是征收遗产税,这是促进机会均等的最简明武器之一;二是对非劳动收入即财产收入(如红利、利息等)按较高税率征税,对劳动收入实行低税率。

2. 缩小收入差距

实现收入均等化目标,除机会均等化政策之外,还有直接调节收入水平,其政策手段有:

(1)税收政策。运用税收政策降低高收入者的收入水平,帮助低收入者提高收入水平,缩小收入差距。一是累进所得税,收入越多,交税越多。比如美国个人所得税最低为14%,最高为70%。二是对奢侈品征收消费税。

(2)转移支付政策。转移支付是通过一整套社会保障制度实现的。转移支付主要流向低收入家庭。比如,对由于失业、残废、患病、年老等不能得到收入者,政府通过社会保险提供津贴或补偿;为保证全国公民的最低生活水平,政府实行公共救济计划,比如提供免费食品、食品券等;通过医疗保健的社会福利计划,为穷人、老人提供医疗照顾等等。

(3)价格政策。这里的价格指广义的价格,除商品价格外,还包括工资与利息率。价格政策有三方面内容:第一,商品价格政策。通过控制价格水平促进收入均等,对购买商品,实行低收入者付低价、高收入者付高价政策。第二,最低工资政策。规定最低工资,使分配有利于低收入者。最低工资虽然由劳资双方议定,必要时政府要干预和调节。第三,利息率政策。政府通过优惠贷款方式促进收入均等化。如向低收入阶层提供低息住房贷款,改善其住房条件;向农业部门提供低息贷款,促进农业发展。

二、政府干预的范围

现代市场经济形成和发展的历史进程不仅向人们揭示了市场失灵的种种可能性,而且也提醒人们应当注意避免造成政府失灵。实践证明,现代市场经济运行既离不开市场调节,也离不开政府作用;既需要"看不见的手",也需要"看得见的手"。政府干预的作用决不是要弱化市场作用,更不是取代市场的作用,而是为市场的有效运行创造良好的外部秩序。政府干预能否维护和促进市场机制的有效运行,取决于干预的范围、方式和力度,也就是政府干预机制与市场机制的具体结合。因此,市场是经济运行和资源配置的基础,维护市场经济的有效运行是政府干预的中心内容,政府干预机制(看得见的手)和市场机制(看不见的手)应该形成内在的合乎逻辑的统一。市场调节过强,政府调节过弱,可能导致经济混乱;政府调节过强,市场调节过弱,又可能导致经济被管得过多、控得太死。在社会经济运行中,我们必须寻找二者之间的作用边界以及结合方式。

划分市场调节与政府调节的范围,实际上就是划定政府干预的范围。凡是市场机制能够有效调节的领域,政府可以放任不管;凡是市场调节不好或者调节不了的领域,政府要对其结果进行干预、纠正或者直接调节。调节活动是一系列预测、决策、执行、检查、监督行为的综合,是信息的收集、储存、加工、输出、反馈过程,政府调节需要相应的机制、系统和人员,支付一定的人力、物力、财力。所有这些构成了政府的成本,是社会财富的耗费。另外,政府调节可以改善经济运行状态,增长社会总产出,这是政府调节的收益。只有在调节收益大于成本时,政府的作用才是必要的。否则,就是多余的甚至是有害的。从调节成本角度看,政府调节的范围不存在一个刚性不变的边界,而是一个具有高度弹性的模糊集合。国民经济调控当局需要根据不同的情况相抉择,以取得最佳效益。这就需要政府决策者具有驾驭社会经济的能力、知识和技艺。

三、政府失灵

如前所述,政府的作用是弥补市场的缺陷,使干预后的社会福利得到改进。然而,政府调节机制也存在内在的缺陷,政府干预也并非万能,同样也会出现政府失灵。政府失灵有两种表现:一是政府的过度干预,即超出了所需要的范围和力度。这种干预不仅不能弥补市场功能之不足,相反,还限制了市场机制作用的正常发挥,引起了经济关系的扭曲,降低了资源配置的效率。二是政府的无效干预,即干预的范围和力度不够,或干预的目标和方式的选择不合理。这种干预不足以维护市场机制运行的合理需要,不能够使市场的功能按照干预所设定的目标正确发挥作用,也必然会导致政府失灵。

(一)政府失灵的原因

政府失灵的存在是一个客观事实,导致政府失灵的原因主要有:

1. 公共决策失误

政府是代表公众进行公共决策的政治机构，然而，公共决策作为非市场决策有着不同于市场决策的特点。市场决策是以个人作为决策主体，以私人商品为决策对象，通过竞争性的市场来实现；而公共决策是以集体作为决策主体，以公共物品作为决策对象，通过按照某种政治秩序运行的政治市场来实现，也就是公共选择。因此，相对于市场决策，公共决策是一个牵涉面广、制约因素多的十分复杂的过程（或者说是公共政策的制订和执行过程），使得政府难以制定并实施这种合理的公共决策，导致公共决策失误。另外，正确的决策必须以充分可靠的市场信息为依据，但这种信息是在无数分散的个体行为者之间发生和传递，政府很难完全占有。加之现代社会化市场经济活动的复杂性和多变性，增加了政府对信息的全面掌握和分析处理的难度，极易导致政府决策的失误。政府的干预不足或干预过度，均会造成政府失灵，影响政府干预的效果和效率。

2. 政府机构工作的低效率

公共选择理论认为，政府干预的垄断性使政府处于某些需要的公共物品（如国防、警察、消防、公路）的垄断供给者的地位，这决定了只有政府才拥有从外部对市场的整体运行干预或调控的职能和权力。这种没有竞争的垄断极易使政府丧失对效率、效益追求的内部动力和外部压力。

政府为弥补市场失灵而直接干预的那些投资大、收益低且少的公共物品.其供给一般是以非价格为特征的，即政府不能通过明确价格的交换从供给对象那里直接收取费用，而主要是依靠财政支出维持其生产和经营，很难精确测定其成本。因此，政府官员缺乏降低成本提高效益的直接利益驱动，他们不去追求降低成本以求成本最小化，而是追求规模最大化以增加自己的升迁机会和扩大自己的权力范围，造成社会资源的浪费，并且人浮于事、效率低下。

从理论上讲，政府官员应该在公民代表的监督下工作，但是由于信息不充分，使这种监督失去了效力，结果监督者可能受被监督者操纵，从而使被监督者为实现自身利益最大化的政策得以实施。

3. 政府部门的迅速扩张

政府要承担对市场经济活动的干预职能，如组织公共物品、消除外部性、对收入和财富进行再分配、维持社会经济秩序等，自然需要履行这一职能的相应的机构和人员。政府就其本性而言有一种天然的和内在的扩大趋势，以谋求行为空间的最大化。政府的这种内在扩张性与社会对公共物品日益增长的需求互相契合，极易导致政府干预职能扩展和强化及其机构和人员的增长，由此而造成越来越大的预算规模和财政赤字，成为政府干预的昂贵成本。政府机构的扩张，不仅使用以维系政府运转的开支增加，从而提高了政府运行成本，而且庞大的官僚机构互相掣肘，使政府效能低下，政府部门这种为谋求私利而非公共利益的“内部效应”，就如同外部效应会造成市场失灵一样，也会造成政府失灵。

4. 寻租活动

寻租就是为了获得政府特许而垄断性地使用某种市场紧缺资源，或其他方面的政府庇护，所寻求的政府对现有干预政策的改变，用以保证寻求租金能按自己的意愿进行生产，或防止他人对这类活动的侵犯。这里的租金是指支付给要素所有者的报酬中，超过要素在任何可替代用途上所能得到的那一部分。寻租分为“政治寻租”和“抽租”，前者是指政府官员利用行政干预的办法来增加私人企业的利润，诱使私人企业向他们行贿，作为得到这种租金的条件;后者指政府官员故意提出某项会使私人企业利益受损的政策作为威胁,迫使私人企业割舍一部分既得利益,与政府官员们分享。寻租活动的存在导致政府失灵,导致经济资源的扭曲配置。阻止了更有效的生产方式的实施;它白白耗费了社会的经济资源,使本来可以用于生产性活动的资源浪费在对社会无益的非生产性活动中。寻租还会导致政府官员的行为扭曲,他们会为了特殊利益而争夺权力。

5. 政府利益取向的非中性,使政府干预并非必然

政府作为公共利益的化身,本应公正无私地矫正市场失灵,以优化资源配置和促进社会福利最大化。但是,现实生活中的政府,无论是政府官员还是政府机构都有各自的行为目标,致使政府干预的公正性与超脱性并非必然。政府官员也是经济人,也有其自身的利益追求,而政府机构的利益则是其成员,尤其是政府官员利益的内在化,政府机构也会发展一些脱离公共职能的规则和标准,用以谋求内部私利而非公共利益,如追求公共权力和公共声誉、追求非货币收入最大化、追求选票最大化、追求预算最大化、追求政府规模最大化等。这主要有 3 个原因:一是因为当某个特定的政府机构刚刚成立时,使会产生一种委托人不明确的代理人,而信息不对称的客观存在,将使委托人可能被代理人操纵,进而实施引致代理人利益最大化的政策;二是因为某些特殊利益集团包括政府机构及其内部成员,出于自身利益或设立于已有利的行政职位,或增加使其收入得以提高的机会;三是因为稀缺的信息转换成具有重大影响力的职能,借以获取财富或权力,并影响甚至支配市场的运行。

(二)避免政府失灵的建议

为了避免政府失灵,公共选择理论有如下建议:

1. 应该实现公共决策的法制化

公共选择理论强调宪制改革,注重宪法、法律规则的建设,尤其是公共决策法规的改革。只有重视公共决策的法制化,将公共政策的制定和执行纳入法制化的轨道,优化公共政策的制定和执行系统,完善决策体制和规则、程序,才能提高政策制定和执行的质量,从而使政策方案更合理,减少和避免决策失误。

2. 在政府机构内部形成竞争机制

只要打破公共物品供给的垄断,在政府机构内建立起竞争机制,就可以消除政府低效率的最大障碍。例如,可以设置两个或两个以上的机构来提供相同的公共物品或服务,使他们之间形成竞争以提高效率(如城市公交系统、邮政系统、供水系统);或者将某些公共物品的生产承包给私人企业(如美国的高速公路就是由政府投资而承包给私人建筑公司)。

3. 对政府的税收和支出加以约束

政府活动的支出依赖于税收。因此,对政府的税收和支出加以约束,从根本上限制了政府的行为框架,抑制了政府机构的过度增长和膨胀。

4. 对政府的权力范围应加以约束

寻租行为的产生完全产生于政府的过度干预.即政府权力的过度扩张。事实上,只要政府行为仅限于保护产权以及确保私人之间合同的实施,市场机制这只“看不见的手”将能保证市场所出现的任何租金都会随着各类竞争性企业的加入而消失。

案例9-1:经济学中的政府

政府到底有什么样的经济职能?这是经济学争论不休的问题。从新古典经济学看,一切经济活动都通过亚当·斯密所描述的"看不见的手"来进行,通过市场和价格的有效调节,使经济趋于"竞争性均衡"。福利经济学第一定理更以严格的数学形式证明,"竞争性均衡"也是帕累托最优的,即它已经达到一个经济社会所能达到的最优境界。

显然,在新古典经济学的世界里,政府的作用被极大地淡化了。新古典经济学的拥护者只是勉强承认,政府是作为"游戏规则"的制定者而对经济生活发生作用。

然而市场失败的事例俯拾皆是。不加抑制的自由竞争导致垄断、环境污染、失业、区域经济不均衡发展等等"负的外部性",因而和"看不见的手"相对立。政府是"帮助之手"的观点便应运而生,这一思潮在二战后登峰造极。东欧、中国等社会主义国家,以及战后的德国、日本,甚至美国,都出现了大规模的政府对经济的干预,这些都是这一思潮影响的结果。

在这里,政府具体经营企业,利用歧视性的税收、信贷、价格政策和行业限制等手段对经济进行干预,试图对市场失败进行救赎。作为一种经济学说,"帮助之手"有一个假设:政府是社会利益的最佳代表,政府行为的最终目标是实现社会利益最大化。

长时期内,两种学说的拥护者相互攻击,并利用各自的影响在不同的国家和地区进行竞争。某种程度上说,20世纪经济学说史是"看不见的手"和"帮助之手"两种学说相互竞争的历史。

一种现实的理解是,政府作为代理人而存在。在现代社会中,政府代表着支持其当选的群体的特别利益(布坎南和塔洛克曾指出,民主体制下的政府为了取悦支持它的群体,更容易对失败的少数群体进行浪费性的利益转移),依赖政府实现经济活动的最优化不大可能。可是,在"看不见的手"和"帮助之手"两派学说间,此种理论因为更贴切地描述了政府的经济职能而获得人们的认同。因此,经济学中的代理人问题也就存在于政府行为之中。

现代企业制度下,由于所有权和经营权分离而形成的代理人问题,是困扰经济学家的难题。企业中的经理人阶层往往利用一切机会为自己或其所代表的群体谋利。作为代理人的政府(相当于经理人阶层)也容易不满足某些利益集团的特殊利益,而采取偏离社会利益目标(相当于企业的股东)的政策。

把政府的经济角色放在委托-代理人分析架构下,其行为方式及其影响就昭然若揭了。作为代理人的政府并非天然就是"帮助之手"。那么,像"看不见的手"所说的,政府能够忠实履行游戏规则制定者的角色吗?既然政府是某些利益集团的代理人,它所制定的游戏规则又怎可能是公正而透明的呢?显然,"看不见的手"学说对现代经济中的政府行为模式毫无说服力。

代理人的特征是制造机会为自己或某些利益集团牟利。哈佛大学经济学家安德雷谢莱德用这一观点解释传统计划经济中普遍存在的商品稀缺。商品稀缺的存在为一些政府部门(或政府中对商品有最终配置权的群体)制造了寻租机会。拥有商品配置权的政府官员利用商品稀缺,通过把商品配置给那些满足他们特殊利益需求的人而收取贿赂。谢莱佛认为,"稀缺"是作为代理人的政府部门,进行寻租行为、满足其利益需求的前提,因而它是人为制造出来的。

把政府作为代理人来理解,有双重意义:(1)它能帮助人们理解现有游戏规则的形成:现有规则只不过是与政府有千丝万缕联系的利益集团博弈的结果。(2)有助于理解应该怎样改变现有游戏规则,设计新的规则。

制度改革的出发点应该是,限制强势利益集团采用通过游说政府的方式而干预经济。这样来理解国有股减持或规范资本市场,我们便能获得全新的视野。

【本章小结】

在现实经济生活中,完全竞争的条件得不到满足,市场机制转移资源的能力不足,出现市场失灵,本章从垄断、信息不对称、外部性、公共产品几个方面进行介绍,并提出针对市场失灵政府应履行的职能、可能采取的手段等。

1. 市场失灵是指在某些领域市场不能有效的配置资源,市场失灵的原因有垄断、信息的不对称、外部效应、公共产品等。

2. 信息的不对称导致的效率损失包括逆向选择、败德行为以及委托—代理行为。

3. 外部性即指某种商品的生产和消费所产生的效应扩散或波及当事人以外。外部性有两种:一种是正外部性,一种是负外部性。

4. 公共部门提供的产品称为公共产品,它具有非排他性和非竞争性。

5. 政府对市场失灵的干预是通过发挥其经济职能来实现的,但由于种种原因政府也有"失灵"的时候。

习 题

一、名词解释

1. 市场失灵　　2. 信息不对称　　3. 正外部性
4. 负外部性　　5. 外部性　　6. 公共产品

二、选择题

1. 当一个消费者或生产者对其他消费者或生产者带来利益时,他们之间的关系是(　　)。

A. 相互之间无关系　　B. 正外部性
C. 负外部性　　D. 外部性

2. 当一个消费者或生产者对其他消费者或生产者带来损失时,他们之间的关系是(　　)。

A. 相互之间无关系　　B. 正外部性
C. 负外部性　　D. 外部性

3. 以下选项中是公共产品的特征的选项是(　　)。

A. 排他性　　B. 竞争性
C. 特殊性　　D. 非排他性和非竞争性

4. 政府是依靠其(　　)发挥对市场失灵的有效作用的。

A. 行政职能　　B. 经济职能

C. 立法手段　　D. 执法手段

5. 以下不是市场失灵的原因的是(　　)。

A. 外部效应　　B. 公共产品

C. 信息不对称　　D. 完全竞争

三、问答题

1. 政府调节收入差距的政策手段有哪些?
2. 造成市场失灵的原因有哪些?
3. 政府怎样调节市场失灵?

第十章 国民收入的核算

【教学目的】

让学生了解我国国民经济核算体系及其基本框架、缺陷;知道国民收入核算中的几个总量及其相互关系;了解国民收入核算的基本方法。

【教学要求】

通过本章的学习,学生能够:

1. 了解我国国民经济核算体系及其基本框架、缺陷。
2. 掌握国民收入核算中的五个总量及其相互关系。
3. 了解与国民收入核算有关的几对概念。
4. 了解国民收入核算的两种基本方法。

【重点难点】

本章重点:

1. 国民收入中五个总量。
2. 国民收入五个总量相互关系。
3. 国内生产总值。

本章难点:

1. 国民收入流量循环模型。
2. 国民收入核算中的恒等关系。

【知识要点】

国民生产总值　国民生产净值　国民收入　个人收入　国内生产总值

宏观经济学将国民经济总体活动作为研究对象,而整个社会的经济活动主要靠国民收入来衡量和表现。研究失业、通货膨胀和经济增长等重大宏观经济问题,都离不开国民收入这个概念,什么是国民收入,国民收入如何核算,本章就将对这个问题进行分析。目前,联合国承认并在世界通用的国民收入核算方法主要为国民收入核算体系。

国民收入核算体系,简称 SNA。对国民收入核算体系作出重大贡献的是美国经济学家库兹涅茨(kuznets)和英国剑桥大学教授斯通(R. stone)。联合国为会员国制定国民收入核算方法从 1945 年就开始了,经过几次修改,到 1968 年,联合国统计委员会第十五届会议通过一号决议案,采纳了一套新的国民收入核算体系,即目前供市场经济国家采用的 SNA 体系。

第一节　我国国民经济核算体系

一、我国三次产业及其划分

我国于1985年开始，参照国际标准，采用三次产业的划分来核算国民经济生产总值。随着社会经济的不断发展，我国的国民经济行业变化较大。为了及时准确地反映我国三次产业的发展状况，同时更好地进行国际比较，2002年5月10日，国家质量监督检验检疫总局批准了国家统计局重新修订的国家标准《国民经济行业分类》(GB/T4754—2002)，并于10月1日正式实施。国家统计局根据《国民经济行业分类》制定了《三次产业划分规定》。我国新三次产业划分如表10－1所示。

表10－1　我国三次产业划分

产业	行业	
第一产业	农、林、牧、渔业	
第二产业	采矿业，电力、燃气及水的生产和供应业，制造业，建筑业	
第三产业	交通运输、仓储和邮政业 信息传输、计算机服务和软件业 批发和零售业 住宿和餐饮业 金融业 房地产业 租赁和商务服务业 科学研究、技术服务和地质堪查业	水利、环境和公共设施管理业 居民服务和其他服务业 教育 卫生、社会保险和社会福利业 文化、体育和娱乐业 公共管理和社会组织 国际组织

二、中国国民经济新核算体系的基本框架

中国国民经济新核算体系由基本核算表、国民经济账户和附属表三部分构成。基本核算表包括国内生产总值表、投入产出表、资金流量表、国际收支表和资产负债表；国民经济账户包括经济总体账户、国内机构部门账户和国外部门账户；附属表包括自然资源实物量核算表和人力资本实物量核算表。

基本核算表和国民经济账户是我国国民经济核算体系的中心内容，它通过不同的方式对国民经济运行过程及结果进行全面的描述。两者之间既密切联系，又相互独立。每张基本核算表侧重于经济活动某一方面的核算，所有的基本核算表构成一个有机的整体，对国民经济活动进行全面的核算。国民经济账户则侧重于对经济循环过程的核算，各个账户按生产、收入分配、消费、投资和融资等环节设置，相互之间通过平衡来衔接，既系统地反映了经济循环过程中每个环节的基本内容，又清楚地反映了各环节之间的有机联系。附属表是对基本核算表和国民经账户的补充，它对国民经济运行过程所涉及的自然资源和人口资源与人力资本进行描述。图10－1描述了中国国民经济核算体系的基本框架。

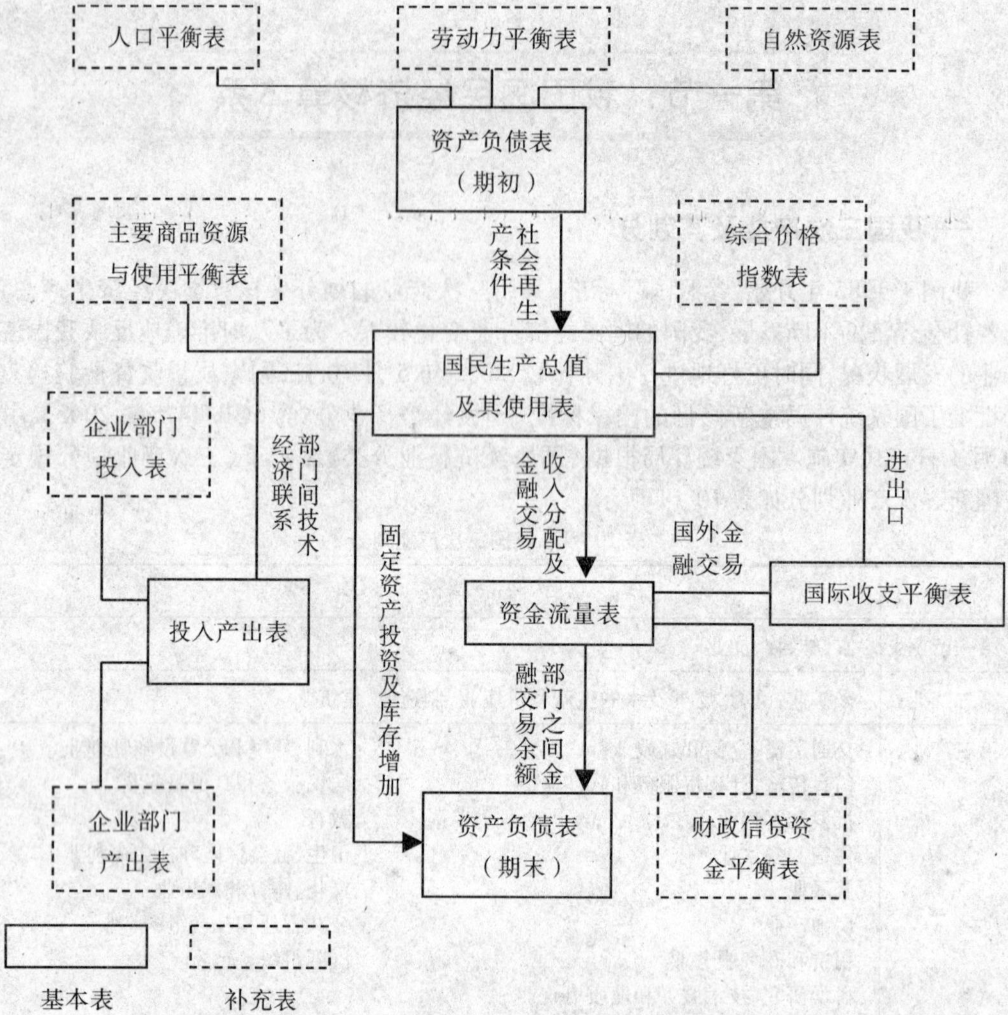

图10－1　中国国民经济核算体系的基本框架

（一）基本核算表

1. 国内生产总值表

国内生产总值表包括国内生产总值总表、生产法国内生产总值总表、收入法国内生产总值总表和支出法国内生产总值总表。国内生产总值表以国内生产总值为核心，对国民经济生产与使用指标进行全面系统的核算，综合反映国民经济发展的规模和结构。

国内生产总值总表将国内生产总值的生产法、收入法和支出法三种计算方法集中体现在一张表中，从不同角度反映国内生产总值及其构成。表10－2的左端称为生产方，表的右端称为使用方。

生产方反映生产活动的成果，主栏由生产法和收入法的指标构成。生产法国内生产总值的构成项目包括总产出和中间投入两项。收入法国内生产总值的构成项目分为劳动者报酬、生产税净额、固定资产折旧和营业盈余四项。

使用方反映最终生产成果的使用，主栏由支出法的指标——最终消费、资本形成总额、净出口构成。其中，最终消费细分为居民消费和政府消费；资本形成总额细分为固定资本形成和存货增加；净出口下设出口和进口。

表 10-2　国内生产总值总表

生　　产	金额	使　　用	金额
一、生产法国内生产总值		一、支出法国内生产总值	
（一）总产出		（一）最终消费	
（二）中间投入（-）		居民消费	
二、收入法国内生产总值		农村居民消费	
（一）劳动者报酬		城镇居民消费	
（二）生产税净额		政府消费	
生产税		（二）资本形成总额	
生产补贴（-）		固定资本形成总额	
（三）固定资产折旧		存货增加	
（四）营业盈余		（三）净出口	
		出口	
		进口（-）	
		二、统计误差	

国内生产总值总表左右两端是平衡关系，但受资料来源不充分、推算方法不完善等因素的影响，实际核算结果不可避免地存在误差，因此，为了保证表中使用方与生产方的平衡，在使用方还专门设置了统计误差项。即：

生产法国内生产总值 = 收入法国内生产总值 = 支出法国内生产总值 + 统计误差

2. 投入产出表

投入产出表以矩阵形式，描述国民经济各部门在一定时期（通常为一年）生产中的投入来源和产出使用去向，揭示国民经济各部门间相互依存、相互制约的数量关系，同时，它将生产法、收入法、支出法国内生产总值结合在一张表上，细化了国内生产总值核算。

3. 资金流量表

资金流量核算主要以收入分配和资金运动为核算对象。它反映一定时期各机构部门收入的形成、分配、使用、资金的筹集和运用以及各机构部门间资金流入和流出情况。

4. 国际收支表

国际收支表包括国际收支平衡表和国际投资头寸表。

（1）国际收支平衡表反映一定时期内常住单位（居民）非常住单位（非居民）之间发生的经济往来的状况，由经常项目（包括对外贸易、非贸易往来和无偿转让）、资本往来项目和储备资产增减额等项目组成。该表全面刻画一国对外经济往来的规模、结构、顺逆差等内容。

（2）国际投资头寸表反映特定时点上常住单位对外金融资产和负债的存量状况，以及在一定时期内由交易、价格变化、汇率变化和其他调整引起的存量变化。

5. 资产负债表

前四个表均属于流量表，资产负债表属于存量表，它以经济存量为对象进行核算。资产负债表反映某一时点上机构部门及经济总体所拥有的资产和负债的历史积累状况，期初资产负债规模和结构是当期经济活动的初始条件，经过一个核算期的经济活动（生产、分配、消费、投资、资金融通等）和非经济活动（如自然灾害、战争等）形成了期末资产负债的规模和结构。因此，资产负债核算与经济流量核算之间有着密切的联系。

（二）国民经济账户

国民经济账户包括经济总体账户、国内机构部门账户、国外部门账户。经济总体账户、国内机构部门账户下均分别设置了生产账户、收入分配及支出账户、资本账户、金融账户和资产负债账户。国内机构部门账户包括非金融企业部门账户、金融机构部门账户、政府部门账户和住户部门账户。经济总体账户与国内机构部门账户之间的关系是总体与部分的关系。一般情况下，对每一项交易而言，各个国内机构部门的使用方数据之和等于经济总体的使用方数据；各个国内机构部门的来源方数据之和等于经济总体的来源方数据。国外部门账户是从非常住者的角度，反映常住者与非常住者之间发生的各种交易活动以及相应的存量状况。国外部门账户下设经常账户、资本账户、金融账户和资产负债账户。

通过国民经济账户既可以从每个国内机构部门的角度观察从生产、收入、分配、消费到投资的整个循环过程，又可以从经济总体的角度观察整个经济的循环过程；既可以观察每个国内机构部门与国外部门发生的各种经济往来活动，又可以观察经济总体与国外部门发生的各种经济往来活动。

（三）附属表

附属表是对国民经济核算体系核心部分的补充，用于描述我国自然资源、人口资源和人力资本的规模、结构与变动以及经济、资源和人口之间的相互关系，为党和政府制定、实施社会经济可持续发展战略提供科学依据。

1. 自然资源实物量核算表

自然资源实物量核算表反映主要自然资源在核算期期初和期末两个时点的实物存量及在核算期内的变动情况。自然资源实物量核算表分为五个部分：第一部分反映自然资源在核算期期初的实物存量状况；第二部分反映由于各种因素引起的自然资源物量的增加；第三部分反映由于各种因素引起的自然资源物量的减少；第四部分反映自然资源在核算期内由于科技进步、核算方法改变等因素而引起的增减变化；第五部分反映自然资源在核算期期末的实物存量情况。

2. 人口资源与人力资本实物量核算表

人口资源与人力资本实物量表反映人口资源与人力资本在期初、期末两个时点的存量及在核算期内的变动情况。人口资源与人力资本实物量核算表分为五部分，分别反映我国0～15岁人口、就业人口、失业人口、非经济活动人口、总人口的期初、期末存量、结构以及变动情况。

表10－3是国家统计局公布的改革开放以来历年的国民收入和国内生产总值。按当年汇率换算，我国人均国内生产总值已在2003年超过1 000美元，开始进入中等收入国家行列。

表10－3 中国国内生产总值和国民总收入(当年价格) 单位:亿元

年份	国民总收入	国内生产总值	第一产业	第二产业	第三产业	人均国内生产总值(元/人)
1978	3624.1	3624.1	1018.4	1745.2	860.5	379
1979	4038.2	4038.2	1258.9	1913.5	865.8	417
1980	4517.8	4517.8	1359.4	2192.0	966.4	460
1981	4860.3	4862.4	1545.6	2255.5	1061.3	489
1982	5301.8	5294.7	1761.6	2383.0	1150.1	525
1983	5957.4	5934.5	1960.8	2646.2	1327.5	580
1984	7206.7	7171.0	2295.5	3105.7	1769.8	692
1985	8989.1	8964.4	2541.6	3899.6	2556.2	853
1986	10201.4	10202.2	2763.9	4492.7	2945.6	956
1987	11954.5	11962.5	3204.3	5251.6	3506.6	1104
1988	14922.3	14928.3	3831.0	6587.2	4510.1	1355
1989	16917.8	16909.2	4228.0	7278.0	5403.2	1512
1990	18598.4	18547.9	5017.0	7717.4	5813.5	1634
1991	21662.5	21617.8	5288.6	9102.2	7227.0	1879
1992	26651.9	26638.1	5800.0	11699.5	9138.6	2287
1993	34560.5	34634.4	6882.1	16428.5	11323.8	2939
1994	46670.0	46759.4	9457.2	22372.2	14930.0	3923
1995	57494.9	58478.1	11993.0	28537.9	17947.2	4854
1996	66850.5	67884.6	13844.2	33612.9	20427.5	5576
1997	73142.7	74462.6	14211.2	37222.7	23028.7	6054
1998	76967.2	78345.2	14552.4	38619.3	25173.5	6308
1999	80579.4	82067.5	14472.0	40557.8	27037.7	6551
2000	88254.0	89468.1	14628.2	44935.3	29905.6	7086
2001	95727.9	97314.8	15411.8	48750.0	33153.0	7651
2002	103935.3	105172.3	16117.3	52980.2	36074.8	8214
2003	116603.2	117251.9	17092.1	61274.1	3885.7	9101

第二节 国民收入中五个总量及其关系

一、国民收入核算中的五个总量

(1)国民生产总值(GNP):指一国以当年价格(或不变价格)计算的一年内所生产的最终产品和劳务的市场价值总和。

(2)国民生产净值(NNP):指一国以当年价格(或不变价格)计算的一年内新增加的产

值,即等于在国民生产总值中扣除了折旧以后的产值。

(3)国民收入(NI):指一国以当年价格(或不变价格)计算的用于生产的各种生产要素所得到的报酬的总和。

(4)个人收入(PI):指一国以当年价格(或不变价格)计算的个人在一年内所得到的收入总和。

(5)个人可支配收入(PDI):指一国以当年价格(或不变价格)计算的个人在一年内所得到的收入总和中扣去个人缴税部分所余下的收入。个人可支配收入或者用于个人消费,或者作为个人储蓄。

在以上的五个总量中,最重要的是国民生产总值,因此,国民收入核算首先是计算国民生产总值。只要计算出了这一总量,就可以根据这五个总量之间所存在的关系,计算出其它总量。

二、五个总量的关系

根据上述定义,可以把国民收入核算中五个总量之间的关系用图 10-2 表示。

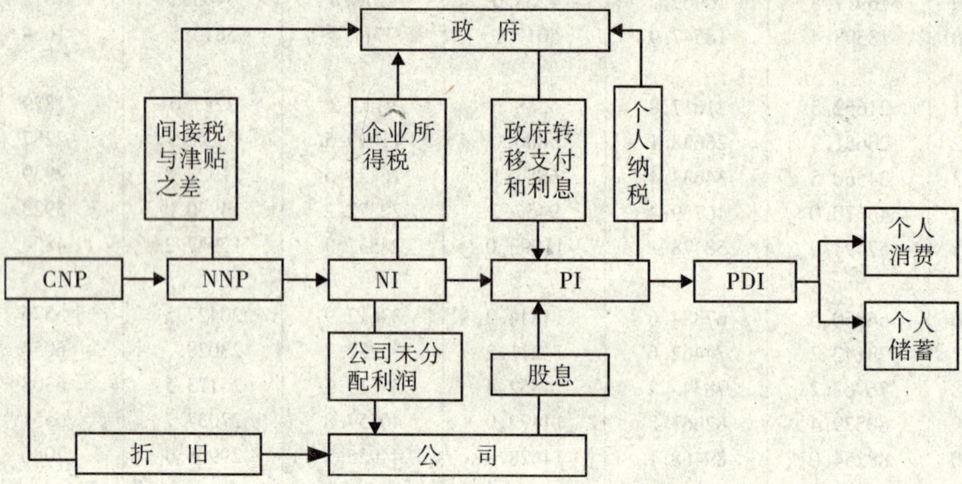

图 10-2 国民收入核算中五个总量的关系

其计算关系如下:

国民生产总值 - 折旧 = 国民生产净值

国民生产净值 -(间接税 - 津贴) = 国民收入

或:

国民收入 = 工资 + 利息 + 利润 + 租金 + 津贴

国民收入 - 公司未分配利润 - 企业所得税 + 政府给居民户的转移支付 + 政府向居民支付的利息 = 个人收入

个人收入 - 个人纳税 = 个人可支配收入

个人可支配收入 = 个人消费 + 个人储蓄

可以看出,这五个总量之间的关系是:从国民生产总值中减去折旧就可以得出国民生产净值。从国民生产净值中减去间接税就得出国民收入。国民收入中减去公司未分配利润,减去企业所得税,加上政府给居民户的转移支付,加上政府向居民户支付的利息就是个人收人。从个人收入中减去个人所交纳的税收(例如所得税,财产税等)就是个人可支配收入。

三、与国民收入核算有关的几对概念

(一)国内生产总值

国内生产总值(GDP)是指在一个国家或地区的领土范围内,在一定时期内(一般为一年)所生产的全部最终产品和劳务的价值总和。

理解这一概念,要注意以下几个问题:

1. 国内生产总值是按"国土"原则计算的

即不管产品和服务的提供者是哪国公民,只要是在本国领土上生产的,均要被列入国内生产总值的计算范围内,不包括本国公民在外国境内所生产的产品的价值。

2. 国内生产总值是指一年内生产出来的产品的总值

因此,在计算时不应包括以前所生产的产品价值。例如2003年某电视机生产厂商生产300 000台电视机,当年卖掉250 000台,剩下50 000台,2004年全部售出,在计算2004年国内生产总值时,不能把2003年生产但在2004年售出的电视机的价值计算在内,因为50 000台的电视机的价值已经记入2003年的国内生产总值。

3. 国内生产总值在计量上只计算最终产品

国内生产总值在计量上只计算最终产品,而不把最终产品生产过程中所消耗和所使用掉的货物和服务即中间产品纳入统计范围。

最终产品和劳务,是由最终使用者购买的产品和服务,而不被用作投入品以生产其他产品和服务。例如汽车和面包就是最终产品,人寿保险和理发属于最终劳务。中间产品和劳务,是作为其他产品和劳务生产过程中的投入品存在的产品和劳务。例如印刷厂使用的油墨和纸张。在实际经济生活中,许多产品既可以作为最终产品使用,又可以作为中间产品使用,例如,汽车生产厂和印刷厂购买的电力属于中间产品,而居民用电则是最终产品。所以,直接区分哪些是最终产品,哪些是中间产品比较困难。为了解决这一问题,西方经济学家采用增值法来进行计算,即在国内生产总值中只统计各生产阶段上所增加的价值,而不是把产品在各个生产阶段中的售价总加在一起。

4. 最终产品包括产品和劳务

国内生产总值中的最终产品不仅包括有形的产品,而且包括无形的产品——劳务,即要把旅游、服务、卫生、教育等行业提供的劳务,按其所获得的报酬计入国内生产总值中。

5. 国内生产总值是最终产品市场价值的总和

要按产品的现期价格来计算,即产品市场价值等于单位产品的市场价格与产品的数量的乘积。这样计算出来的国内生产总值存在两个问题:其一是不经过市场的自给性产品和劳务无法统计;其二是价格是变动的,所以,国内生产总值不仅要受最终产品数量变动的影响,而且还要受价格水平变动的影响。

6. 实际国内生产总值和名义国内生产总值

名义国内生产总值是指在一定的时期内一国以该期价格计算的产出的价值,或者,以现期计算的国内生产总值(缩写GDP)。例如2003年的名义国内生产总值是以2003年的市场价格计算的当年所生产的产品的价值,而2004年的名义国内生产总值是以2004年的市场价格计算的在那一年所生产的产品的价值。名义国内生产总值每年都在发生变化,其原因有两个:一是物质产量的变化;二是市场价格的变化。例如,假设某国2003年的GDP为6 000亿元,2004年为8 000亿元,那么是否意味着该国的GDP就一定增加了呢?答案是不一定的。如果该国的通货膨胀率为50%,在8 000亿元的产值中有2 667亿元是虚假的,是由物价上涨引起的,只有5 333亿元是实际产值,该国的GDP不但没有增加反而减少了。为了反映经济活动的实际增长情况,需要剔除物价上涨影响,实际国内生产总值就是这样的指标。实际GDP是考虑通货膨胀因素并加以剔除的GDP,实际GDP被用来衡量在两个不同时期经济中物质产量的变化,它以相同的价格或不变的价格来计算两个时期所生产的所有产品的价值。名义GDP与实际GDP的关系如下:

$$\text{实际 GDP} = \frac{\text{名义 GDP} \times \text{基期的价格水平}}{\text{现行的价格水平}}$$

例如:某国1992年的价格水平是100,GDP是60 202亿美元。1993年的价格水平是102.2,名义GDP是63 433亿美元,如果把1992年作为基期,则1993年该国的实际GDP计算如下:

$$\text{实际 GDP} = \frac{63\ 433 \times 100}{102.2} = 62\ 068 \text{ 亿美元}$$

从以上分析可以知道名义GDP既反映了实际产量的变动,又反映了价格的变动。实际GDP只反映产量的变动。只有根据实际GDP才能准确地反映国民经济的实际增长情况。因此,西方经济学家一般以实际GDP作为宏观经济学的基本核算指标。本章以后的部分内容中,如不作特殊说明,在提到国内生产总值时,也总是指实际的GDP。

(二)广义的国民收入和狭义的国民收入

所谓广义的国民收入,就是GNP,由于它包括了五个总量,所以在进行国民收入核算和国民经济总量分析的过程中,都用的是广义的国民收入的概念。狭义的国民收入,就是NI,这是统计意义上的国民收入,指的是国民生产净值减去间接税后加上津贴的部分,或者是生产要素的报酬。美国经济学家萨缪尔森认为:"我们采用了普遍使用的方式,把国民收入这一名词,广泛的指本章的一切概念——GNP,等等。应该指出美国商业部对于这一名词所作的狭义的定义。在狭义上,国民收入(即NI)就是NNP减去一切的间接税(货物税、香烟税、汽油税以及一切种类的零售税)。但是,必须注意,它仍然包括一切的直接税以及公司所得税"。

(三)实际的国民收入和名义的国民收入

在进行国民收入核算时,用的是最终产品的市场价格,这样它受到两个因素的影响,即实际产量的变动和货币价格的变动。考虑到通货膨胀的影响,要区分名义的国民收入和实际的国民收入。

名义的国民收入指的是按当年的货币价格计算的国民生产总值。实际的国民收入指的是按一个不变的货币价格计算的国民生产总值。

在按不变价格对当年的国民生产总值进行折算时,一般先要把某一年确定为基年,以该年的价格为不变价格,然后用物价指数来调整按当年价格计算的国民生产总值,以便进行比较。物价指数可以用GNP折算数表示,计算如下:

$$\text{GNP 折算数} = \frac{\text{名义 GDP}}{\text{实际 GDP}}$$

它可以被简单的看作是通货膨胀率。

表 10 - 4 是美国 1935 ~ 1979 年间的国民生产总值的变动情况,可以说明这一问题。

表 10 - 4　美国 1935 ~ 1979 年间的国民生产总值变动情况　（单位:10 亿美元）

年份	按当年价格计算的 CNP	物价指数 1972 = 100	按不变价格计算的 GNP
1935	72	27.6	261
1945	212	38.0	559
1955	399	61.0	655
1965	688	74.3	926
1972	1171	100.0	1171
1975	1529	127.2	1202
1979	2369	165.5	1431

从表 10 - 4 中的 1972 年与 1975 年来看,如与当年价格计算的国民生产总值相比,经济增长了 30.6%。但如果按 1972 年的不变价格来计算,经济增长仅为 2.6%。

(四)潜在的国民收入和均衡的国民收入

潜在的国民收入亦称充分就业的国民收入,指的是在社会上的各种资源都得到充分利用时,或者说是在充分就业的状态下,所能实现的国民收入。这种国民收入是在没有通货膨胀和失业的压力下达到的最大收入。传统经济学理论一般以 4% 的失业率作为充分就业的标准。潜在的国民收入与实际的国民收入之间的差距形成国民收入缺口,它表示经济由于未能做到使失业率控制在 4% 以下,而使总产量遭受到的损失。

均衡的国民收入指的是在总供给和总需求相一致时所决定的国民收入。总需求是一个国家在一定时期内用于商品和劳务上的支出总量,它以一定时期内的货币流通量进行计算。总供给是一个国家在一定时期内所生产的商品和劳务的总产量,它可以表示一个国家的生产能力或充分就业量,宏观经济分析的主要问题就是要解决均衡的国民收入如何决定。

(五)国民生产总值和国内生产总值

国民生产总值(GNP)减去由国外获得的纯收入,称为国内生产总值(GDP)。GNP 与 GDP 的区别在于,GNP 以一个国家的永久居民所生产的产品和劳务作为统计对象。按照美国的划分,永久居民包括:居住在美国的美国公民;长期居住在美国但还没有加入美国国籍的移民;居住在外国的美国公民。GDP 以一个国家境内所生产的商品和劳务作为统计对象。按照美国 GDP 的统计方法包括:居住在美国的美国公民、居住在美国的移民以及外国公民在美国境内提供的产品和劳务。另外,国民生产净值(NNP)减去由国外获得的纯收入,称国内生产净值(NDP)。

(六)国民收入和按人口平均的国民收入

国民收入的概念有助于了解一个国家的经济实力与市场规模,而按人口平均的国民收入则有助于了解一个国家的富裕程度和生活水平。计算如下:

人均 GDP = GDP/人口数量

人口数量有两种统计方法，一是当年年初与年终人口数量的平均数，即：

年平均人数 =（年初人口数量 + 年终人口数量）/2

二是年中人口数量，即当年 7 月 1 日的人口数量。

第三节　国民收入核算的基本方法

前面介绍了国内生产总值或国民生产总值。国民生产总值通常被认为是衡量宏观经济运行情况的一个最重要的指标。在这里，我们运用国民收入流量模型来描述宏观经济的运行情况，然后从不同的角度来进一步讨论国民生产总值的核算问题。

一、国民收入流量循环模型

从前面可知，国民生产总值是一个流量概念，因为它表示的是某段时期内（如 1995 年这一年中）整个经济社会所生产出来的最终产品和劳务的价值是多少，因而它是一定时期内发生变动的数值。

要弄清如何核算国民收入，应当从分析国民收入流量循环的模型开始。这种模型有最简单的模型和复杂一些的模型。最简单的模型假定一个社会只有两种经济单位或者说两个经济部门：企业（或者说厂商）和居民户（或者说家庭），家庭部门拥有全部生产要素（土地、劳动和资本），家庭部门的收入是向企业出售生产要素的服务所得到的。假定家庭部门花费他们全部的收入，没有储蓄，在这样的情况下，收入在两部门间的循环流动将如图 10－3 所示。

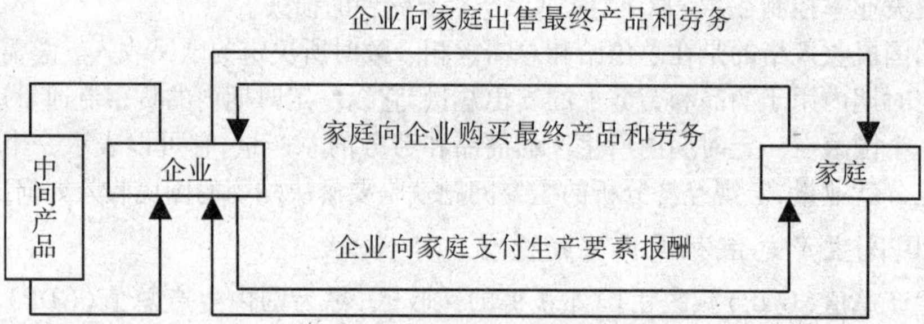

图 10－3　收入流量循环

图 10－3 的上半部分表示企业将生产出来的最终产品和劳务（这些最终产品和劳务就是运用家庭部门购得的生产要素所生产出来的）售卖给家庭部门消费，而家庭部门购买这些最终产品和劳务所运用的货币收入正是他们出售生产要素给企业部门时所得到的报酬。假定家庭部门花费他们全部的收入，即没有储蓄，则他们的消费支出与企业部门的售货收入相同。

这样，收入就在企业部门和家庭部门之间循环不息地流动。

在此，人们可能会提出一些疑问。一个问题是难道企业出售产品所得到的货款正好会全部以工资、利润、利息和租金的形式支付给家庭部门作为他们的收入吗？他们在生产中耗费的能源、灯光、原材料等消耗不要补偿吗？当然都要补偿。但须知在这个简单模型中，企业向家庭部门出售的是最终产品而不是中间产品，而原材料、能源等都是中间产品，是不能计入国民收入的，因此在图上是放在边上的小圈子里循环的，这表明中间产品只在企业内部流动。各部门的产品一方面在生产过程中需要其他部门产品作为中间投入；另一方面又会作为中间产品卖给其他部门作为中间投入。至于机器设备消耗的补偿，则是用投资加以解决的，下面我们就会知道，加进储蓄和投资以后收入循环流动的原理依然是成立的。

另一个问题是假定家庭部门不会把全部收入用于消费而储蓄一部分收入，这样，企业的产品和劳务又如何卖光呢？对此的答复是家庭部门当然一般不会消费掉他们的全部收入，不仅一部分会储蓄起来，而且还有一部分会以税收的形式交给政府，还有一部分收入会用来购买国外产品。然而，即使如此，收入循环的原理依然成立。

首先，假定家庭部门要从1 000亿美元的收入中储蓄100亿美元，于是他们的消费支出只有900亿美元，从而使企业部门要有100亿美元商品卖不掉，这样企业只得减少生产，并进而减少对生产要素的购买，这样又会使家庭部门收入减少。然而，如果这时企业愿扩大生产设备或增加存货而把剩余的100亿美元产品购买下来，虽然储蓄使产品卖不完，但企业上述投资活动（扩大生产设备或增加存货都是投资活动）仍然会使产品售完，即总支出等于总产出。可见，这里的储蓄如同收入循环流通管道中漏出，投资则是如同收入循环流通管道中的注入，如果企业愿意进行的投资正好同储蓄相等，则生产和收入会在原有水平上保持平衡，这种情况可用图10－4来表示。

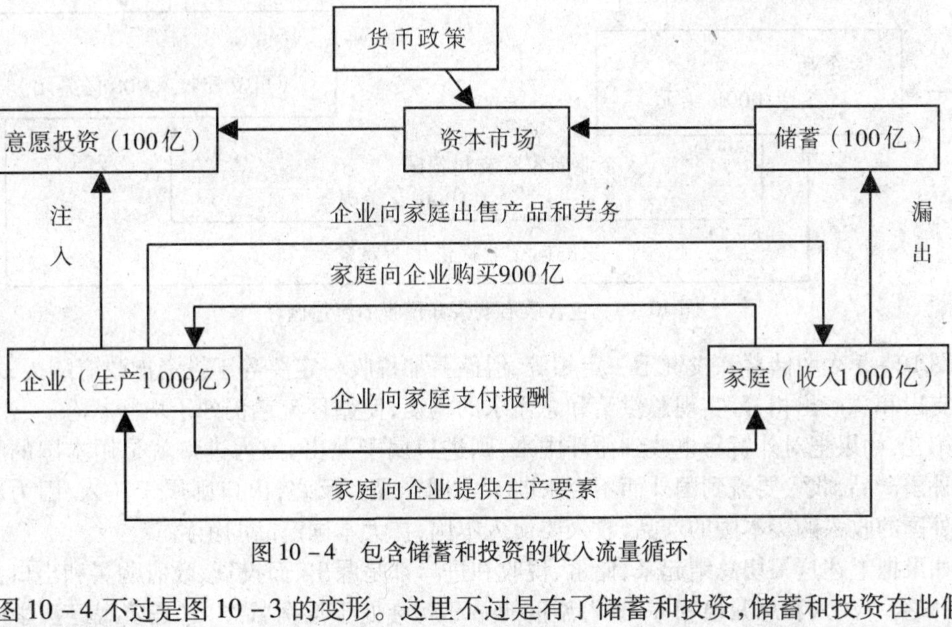

图10－4　包含储蓄和投资的收入流量循环

图10－4不过是图10－3的变形。这里不过是有了储蓄和投资，储蓄和投资在此假定都是100亿美元。至于它们实际上会不会正好相等，凯恩斯以前的古典学派理论和凯恩斯的理论有着不同的看法。古典学派认为通过资本市场上利息率的调节，储蓄和投资一定自动相等，凯恩斯的理论则认为二者不一定相等，因此需要政府来调节，才能实现总供给和总需求的均衡。

其次，我们再分析家庭部门还会把收入的一部分作为税收上交给政府的情况，这就需要把分析从简单的模型扩大到有政府以后的模型。当政府在社会经济中起作用以后,一方面政府部门对家庭部门征税,会使家庭的消费和储蓄减少。假定征税是100亿美元,这是收入流量循环管道中又一次漏出,家庭部门的1 000亿美元收入中漏出100亿美元以后,可以支配的收入只有900亿美元了,假定消费和储蓄各相应的降为810亿美元和90亿美元(各减少10%),而企业的意愿投资假定不变,仍为100亿美元,则企业能够卖掉的产品和劳务共计只有910(810+100)亿美元。这样企业部门的1 000亿美元产出中就有90亿美元卖不出去。于是生产和收入又会减少。然而政府不可能只征税而不支出。假定政府的支出是向企业部门购买产品和劳务90亿美元,则企业的销售就仍将和生产量相等,即总需求和总供给平衡。这里政府购买是收入流量循环管道中的又一次注入。这一情况可用图10-5表示。

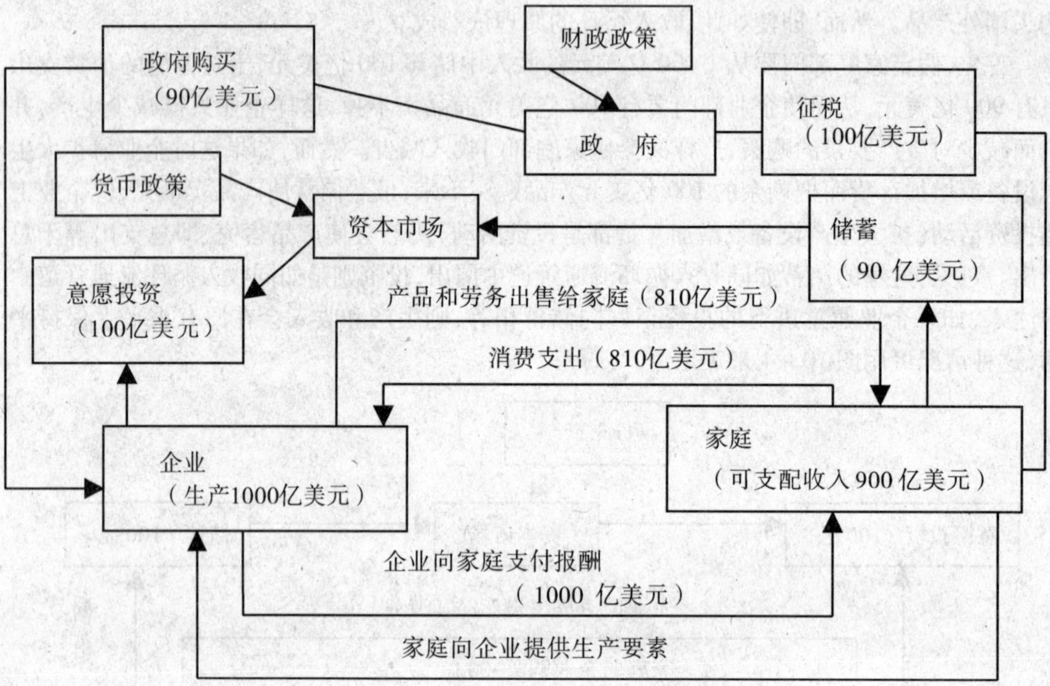

图10-5　包含政府购买和税收的流量循环

图10-5表明储蓄和投资不一定相等,但储蓄加税收一定要等于投资加政府购买,才能使总支出和总产出相等,实现总供给和总需求的均衡,使循环流量仍处于均衡状态。

第三,如果把对外贸易也放到循环中来,则进口属于漏出,因为进口就是用本国的收入购买外国产品,收入要流到国外而不会来购买本国产品。反之,出口则属于注入,因为出口就是外国的收入购买本国的产品,收入要流入本国,扩大本国产品的销路。

如果把上述这一切总结起来,储蓄、税收和进口都是漏出,而投资、政府购买和出口都是注入,只要总注入和总漏出相等,收入流量的循环就会处于均衡状态,这是宏观经济学中的一个重要原理。

从上述国民收入流量循环的模型中可见,核算国民生产总值可以有两种基本方法。一种方法是从最终产品出售的角度看,也就是从居民、政府和国外购买最终产品的支出角度看社会在一定时期内创造了多少最终产品的市场价值。这种方法称为支出法,又称为最终产品法。另一种方法是从居民向企业出售生产要素获得的收入角度看,从企业来说也就是从生产成本(企业购买生产要素时支付的工资、利息、利润和租金就构成生产成本)的角度看社会在一定时期内创造了多少收入。这种方法称为收入法,又称为成本法。

二、国民收入核算方法

(一)用产品支出法核算国民生产总值

产品支出法又称产品流动法、支出法或最终产品法。这种方法从产品的使用出发,将一年内购买各项最终产品的支出总加起来,计算出该年内生产出来的产品与劳务的市场价格,即把购买各种最终产品所支出的货币加在一起,得出社会最终产品流动量的货币价格总和。如果用 $Q_1, Q_2, Q_3 \cdots\cdots, Q_n$ 来代表各种产品与劳务的数量,用 $P_1, P_2, P_3 \cdots\cdots, P_n$ 来代表各种产品与劳务的价格,则公式是:

$$Q_1 \times P_1 + Q_2 \times P_2 + Q_3 \times P_3 + \cdots + Q_n \times P_n = \text{GNP}$$

在运用这种方法计算国民生产总值时,为了避免重复计算,所相加的一定要是最终产品,而不能是中间产品。所谓中间产品是指以后的生产阶段中作为投入品的产品与劳务。最终产品是最后供人们使用的产品,或者说是扣除了生产各阶段上重复计算部分以后的产品。在计算最终产品的产值时,也可以运用增值法,即只计算在各生产阶段上所增加的价值。现以服装为例来说明这一问题:

从表 10-5 中可以看出,只有服装是最终产品,其他均为中间产品。在计算国民生产总值时,只计服装的价值 30 元,或计算在各生产阶段的增值(8+3+9+10)元,同样也是 30 元。如果按全部产品的产值计算则会有(8+11+20+30)=69 元,这包括中间产品的价值,属重复计算。

表 10-5 服装价值的计算

生产阶段	产品价值	中间产品成本	增值
棉花	8	—	8
棉纱	11	8	3
棉布	20	11	9
服装	30	20	10
合计	69	39	30

按照美国的国民收入核算方法,用产品支出法计算包括下列项目:

个人消费支出(C):

耐用品

非耐用品

住房租金

其它劳务

私人总投资(I):

厂房

设备

居民住房

企业存货增加额

政府在产品与劳务上的支出(G)：

联邦政府

州政府和地方政府

净出口($X-M$)：

出口(X)

进口(M)

合计：GNP

在上述项目中，个人消费支出包括一年内居民户除了购买住房以外的一切产品与劳务的购买，它代表了经济中直接用于满足消费者欲望的那些产品上的支出，一般用 C 来表示。私人总投资指厂商与居民户不用于现期消费的那部分产品的生产支出。总投资中包括增加资本存量的净投资、补偿资本存量损耗的折旧和存货。存货指净存货，即年终存货减去年初存货；一般用 I 表示总投资。政府在产品与劳动上的支出包括各级政府购买产品与劳务的支出，但不包括转移支付，一般用 G 表示政府支出。净出口是指出口与进口的差额，在出口与进口中包括商品、劳务与其他国际间的收支。

(二)用收入法核算国民生产总值

收入法又称为要素支付法，或要素收入法。这种方法是从收入角度出发，把生产中所形成的各种收入相加，即把劳动所得到的工资、土地所得到的地租、资本所得到的利息和企业家才能所得到的利润相加计算国民生产总值。

按照美国的国民收入核算方法，用所得或收入法计算有以下项目：

工资和其他补助

净利息

租金收入

利润：

公司利润

红利

未分配利润

非公司利润；

合营企业

农民

企业税：

间接税

公司税

资本折旧

误差调整

合计：GNP

在上述项目中，工资和其他补助包括雇主支付给工人的全部收入(其中有一部分要以各种形式交给政府、公司或工会)，它代表了生产中劳动的费用。净利息指个人在国内所获得的利息。租金收入包括支付给个人的租金,对个人居住自己房子应付租金的估算以及专利权和版权的收入。利润代表生产中资本所作出的贡献,其中分为公司利润和非公司企业的利润。企业税指所有由企业所支付的税金,包括由公司和非公司企业支付的税金,如社会保险,所得税、销售税与货物税等。资本折旧是指为了维持原有资本存量的完整的支出。误差调整中包括:减去政府对企业的补助,加上政府企业的盈余,加上企业的转移支付,加(或减)企业存货价值的调整,最后对统计中的误差进行调整。

以上两种方法是从不同角度对国民生产总值进行计算的,从理论上说得出的结果应该是完全一致的。在这两种方法中,第一种方法,即产品支出法是最基本的方法,最后得出的国民生产总值的数值应以它为标准。如果用其他方法计算所得出的数字与用产品支出法计算所得出的数字不一致,则按产品支出法计算得出的数字进行调整。

三、国民收入核算中的恒等关系

(一)两部门经济中的储蓄——投资恒等式

在上面分析的基础上,可以得到对分析宏观经济行为十分有用的命题,这就是有名的储蓄和投资的恒等式。

为弄清这个恒等式,可以先考察两部门经济中的情况。由于没有税收和政府采购,也没有进出口,因此在这样的经济中,从支出的角度看,$GNP=C+I$。从收入的角度看,如果我们把储蓄(S)定义为国民收入中没有用于消费的部分,则 $GNP=C+S$。

由于国民生产总值和国民总收入是相等的,因此,消费加投资必然等于消费加储蓄,即 $C+I=C+S$,于是得到 $S=I$。这一恒等式的含义是:根据国民收入的定义,未用于购买消费品的收入(储蓄)等于未归于消费者之手的产品(投资)。

需要指出,上述储蓄——投资恒等式是根据储蓄和投资的定义得出的。根据定义,国民生产总值等于消费加投资,国民总收入等于消费加储蓄,国民生产总值又等于国民总收入,这样才有了储蓄——投资的恒等关系。这种恒等关系就是两部门经济的总供给($C+S$)和总需求($C+I$)的恒等关系。只要遵循储蓄和投资的这些定义,储蓄和投资的统计结果一定相等,而不管经济是否充分就业,是否通货膨胀,是否均衡。但这一恒等式决不意味着人们意愿的或者说事前计划的储蓄总会等于企业想要有的投资。在实际经济生活中,储蓄和投资的主体及动机都不一样,这就会使计划投资和计划储蓄不一致,形成总需求和总供给不平衡,引起经济扩张和收缩。以后我们分析宏观经济均衡时讲的投资要等于储蓄,是指只有计划投资等于计划储蓄时,才能形成经济的均衡状态。这和我们这里讲的储蓄——投资恒等不是一回事。

还要注意的是,这里所讲的储蓄总等于投资,是从整个经济核算而言,至于某个人、某个企业或某个部门,则完全可以通过借款和贷款,使投资大于储蓄或小于储蓄。若某个人只有 1 万元储蓄,通过借入 2 万元,则可使投资达到 3 万元。

(二)三部门和四部门的储蓄——投资恒等式

如果把分析从两部门经济扩大到三部门经济,即把政府作用考虑进来,则国民生产总值从支出角度看是 $GNP=C+I+G$,这里的 G 是指政府购买;从收入角度看是,$GNP=C+S+T$,这里的 T 指净税收入即总税收扣除政府转移支出后的余额。根据总产出价值构成总收

入的道理,可得到三部门经济中的恒等关系:

$$C+I+G=C+S+T$$

公式两边消去 C,得到 $I+G=S+T$,或者 $I=S+(T-G)$ 。在这里,$(T-G)$ 可以看做是政府储蓄,它可以是正值也可以是负值。这样,$I=S+(T-G)$ 的公式,也就表示储蓄(私人储蓄和政府储蓄之和)和投资恒等。

在四部门经济中,由于有了对外贸易,国民收入的构成从总支出看为 $GNP=C+I+G+(X-M)$,从收入角度看,国内经济活动产生的总收入为,$GNP=C+S+T$。

从而得到:$C+I+G+(X-M)=C+S+T$

整理后得到:$I=S+(T-G)+(M-X)$

在这里,S 代表本国(假定是 A 国)居民私人储蓄,$(T-G)$ 代表政府储蓄,而 $(M-X)$ 则代表外国(假定是 B 国和 C 国)对本国(A 国)的储蓄,因为从本国(A 国)立场看,M(进口)代表其他国家(B 国和 C 国)出口商品,获得收入,而 X(出口)代表其他国家从本国(A 国)购买商品和劳务,需要支出,可见,M 大于 X 时,外国(B 国和 C 国)对本国(A 国)的收入大于支出,于是有了储蓄;反之,则有负储蓄。这样,$I=S+(T-G)+(M-X)$ 的等式就代表四部门经济总储蓄(私人、政府和国外)和投资的恒等关系。

上面我们逐一分析了两部门、三部门和四部门经济中的国民收入构成的公式以及储蓄和投资的恒等关系。注意,这里的国民收入是指 GNP,因此上述所有等式两边的 I 和 S 分别是把折旧包括在内的总投资和总储蓄。如果国民收入指国民生产净值(NNP),则等式两边的 I 和 S 分别表示不含折旧的净投资和净储蓄。如果收入指狭义的国民收入即 NI,则 C、I 和 S 是按出厂价计算的,等式两边减少了一个相同的等于间接税的量值。可见,不论收入代表那一种国民收入概念,只要其他变量的意义能够和收入的概念相一致,储蓄——投资恒等式总是成立的。

第四节　国民收入核算中的缺陷及纠正

一、国民收入核算的缺陷

国民收入可以使我们大致了解一个国家的总体经济情况,但它并不能完全准确地反映出一个国家的实际经济情况,这是因为国民收入核算本身存在一些缺陷。

首先,在进行国民收入核算中有些经济活动是无法计入的。例如,在资本主义社会普遍存在的非经济活动(毒品的生产和贩卖,投机活动等等);在许多国家,特别是在发展中国家大量存在的非市场经济活动(自给性生产和服务,物物交易等等);在各国都存在的为了偷税、漏税不向政府上报的经济活动(地下工厂的生产,私人之间的交易等等),这些都无法计入国民收入。在具体进行统计时,有些项目也很难准确地计算(例如家庭主妇的劳动与仆人的劳动如何计算),有时中间产品与最终产品很难准确地区分(例如工人穿的工作服算什么产品),有些项目(尤其是劳务这一项)也容易被重复计算,等等。

其次,国民收入并不能反映出人们由生产中所得到的福利变动的情况。例如,它反映不出人们在精神上的满足与不满足;反映不出闲暇所带来的福利;反映不出人们生活质量的变化;反映不出产品质量的进步与产品类别的变动对人们福利的影响;也反映不出社会上产品分配的情况及其对社会福利的影响。国民收入的增加也并不等于社会福利的增加。

最后,在运用该收入的各项指标进行国际比较时,还会遇到许多困难。这不仅仅是各国运用的国民收入统计方法的不同而带来的比较大的困难,就是在用同一种国民收入统计方法的各国之间,由于各国商品化程度的不同,由于各国产品结构与各类产品价格水平的不同,由于各国统计资料的完备性不同等原因也很难于进行准确的比较。

案例 10-1:GDP 不是万能的,但没有 CDP 是万万不能的

从 GDP 的含义到它的计算方法不难看出,GDP 只是用来衡量那些易于度量的经济活动的营业额,不能全面反映经济增长的质量。美国罗伯特·肯尼迪(美国总统约翰·肯尼迪之弟)说:“GDP 衡量一切,但并不包括使我们的生活有意义的东西。”这句话就是他在竞选总统的演说中对 GDP 这个经济指标的批评。他不是经济学家,但他的这段话颇受经济学家的重视。

越来越多的人,包括非常著名的学者,对 GDP 衡量经济增长的重要性产生了怀疑。斯蒂格利茨曾经指出,如果一对夫妇留在家中打扫卫生和做饭,这将不会被列入 GDP 的统计之内。假如这对夫妇外出工作,另外雇人做清洁和烹调工作,那么这对夫妇和佣人的经济活动都会被计入 GDP。说得更明白一些,如果一名男士雇一名保姆,保姆的工资也将计入 GDP。如果这位男士与保姆结婚,不给保姆发工资了,GDP 就会减少。

德国学者厄恩斯特·B·冯·魏茨察克和两位美国学者艾墨里·B 洛文斯,L 亨特·洛文斯在他们合著的《四倍跃进》中对 GDP 在衡量经济增长中的作用更是提出了诘难,他们生动地写道:“乡间小路上,两辆汽车静静驶过,一切平安无事,它们对 GDP 的贡献几乎为零。但是,其中一个司机由于疏忽,突然将车开向路的另一侧,连同到达的第三辆汽车,造成了一起恶性交通事故。‘好极了’,GDP 说。因为,随之而来的是救护车、医生、护士、意外事故服务中心、汽车修理或买新车、法律诉讼、亲属探视伤者、损失赔偿、保险代理、新闻报道等。所有这些都被看做是正式的职业行为,都是有偿服务。即使任何参与方都没有因此而提高生活水平,甚至有些还蒙受了巨大损失,但我们的‘财富’——所谓的 GDP 依然在增加。”1998 年湖北发了大水,遭了大灾,湖北的经济增长速度却提高到了 13%。基于以上的分析,三位学者深刻地指出:“平心而论,GDP 并没有定义成度量财富或福利的指标,而只是用来衡量那些易于度量的经济活动的营业额。”

需要进一步指出的是,国内生产总值所包括的外资企业,虽然在我国境内从统计学的意义上给我国创造了 GDP,但利润却是汇回他们自己的国家。一句话,他们把 GDP 留给了我们,把利润转回了自己的国家,这就如同在天津打工的安徽民工把 GDP 留给了天津,把挣的钱汇回了安徽一样。看来 GDP 只是一个“营业额”,不能反映环境污染的程度,不能反映资源的浪费程度,看不出支撑 GDP 的“物质”内容。在当今中国,资源浪费的亮点工程、半截子工程,都可以算在 GDP 中,都可以增加 GDP。

上述分析不难看出,目前在评价经济状况、经济增长趋势及社会财富的表现时,使用最为广泛的国民经济核算所提供的 GDP 指标,不能完全反映自然与环境之间的平衡,不能完

全反映经济增长的质量。这些缺陷使传统的国民经济核算体系不仅无法衡量环境污染和生态破坏导致的经济损失,而且还助长了一些部门和地区为追求高的 GDP 增长而破坏环境、耗竭式使用自然资源的行为。可以肯定的是,目前 GDP 数字里有相当一部分是靠牺牲后代的资源来获得的。有些 GDP 的增量用科学的发展观去衡量和评价,不但不是业绩,反而是一种破坏。我们要加快发展、加速发展,但不能盲目发展。

尽管 GDP 存在着种种缺陷,但这个世界上本来就不存在一种包罗万象、反映一切的经济指标。在我们现在使用的所有描述和衡量一国经济发展状况的指标体系中,GDP 无疑是最重要的一个指标。所以说,GDP 不是万能的,但没有 GDP 是万万不能的。

二、国民收入指标的校正

在 20 世纪 70 年代,美国经济学家托宾和诺德豪斯(William Nordhaus)提出了经济福利尺度(MEW),萨谬尔森提出了纯经济福利(NEW),企图对国民生产总值这一指标进行校正。

这些经济学家认为,经济活动的最终目的是家庭福利的增进,福利更多地取决于消费,而不是生产。国民生产总值是对生产的衡量,而 MEW 和 NEW 是企图衡量所有对人类福利作出贡献的消费。因此,MEW 和 NEW 就是要在原有的 GNP 指标上减去某些不能对福利作出贡献的项目,加上某些对福利作出了贡献却又没有计入 GNP 的项目。托宾和诺德豪斯指出:“我们对 GNP 的调整可以归为三个类别:对有关 GNP 的消费、投资和中间物品再加区分;把消费者的劳务、闲暇和家务劳动计算进来;根据城市化之后的不愉快之处而进行改正。”具体来说,应该减去不能直接对改善生活作出贡献的产品支出(例如,国防、警察等支出),减去对福利有副作用的项目(例如,都市化,污染等),加上不通过市场的产值(例如,家务劳动,自给性服务等),加上闲暇的价值(根据闲暇的机会成本计算)。当然,这些项目应如何进行计算也还是没有完全解决的问题。

国民收入核算理论是以萨伊的生产要素理论为基础的。萨伊认为劳动、资本和土地共同创造了价值,因此劳动得到的工资,资本得到的利息和土地得到的地租(后来马歇尔又加上了企业家才能得到的利润)就构成国民收入。国民收入核算正是根据这一理论规定出具体的计算方法。萨伊的生产要素理论的错误在于马克思所说的:“资本——利息,土地——地租,劳动——工资;在这个公式中,利润,这个作为资本主义生产方式特征的剩余价值形式,就幸运地被排除了。”“这个公式也是符合统治阶级的利益的,因为它宣布统治阶级的收入源泉具有自然的必然性和永恒的合理性,并把这个观点推崇为教条。”

国民收入核算理论把一切劳务都计入国民收入,这在理论上是错误的。我们并不是说要把一切劳务都排除在国民收入之外,因为马克思并没有仅仅把物质生产部门的劳动作为生产劳动,把非物质生产部门的劳动作为非生产劳动,而是把是否生产剩余价值作为划分生产劳动和非生产劳动的标准。但是,把一切劳务都作为生产劳动,从而都记入国民收入显然也是不对的。对于资产阶级经济学家把一切劳务都作为生产劳动,从而创造国民收入的说法,马克思曾经这样讽刺地说:“哲学家生产观念,诗人生产诗,牧师生产说教,教授生产讲授提纲,等等。罪犯生产罪行。罪犯不仅生产罪行,而且还生产刑法,因而还生产讲授刑法的教授,以及这个教授用来把自己的讲课作为‘商品’投到一般市场上去的必不可少的讲授提纲。据说这就会使国民财富增加。"

由于国民收入核算中把一切劳务都计入国民收入,这样必然造成重复计算,例如,一个人如把他赚来的工资100元支付给家庭教师,家庭教师又把这100元支付给医生,医生再把这100元支付给女仆。按照一切劳务都创造价值的理论与国民收入核算方法,这100元就被作为工人的收入,医生的收入,家庭教师的收入和女仆的收入而计算了四次。这显然就重复计算了300元。而且,如果收入再分配的次数越多,重复计算就越大。

当然,也应该看到,西方经济学家从事国民收入核算问题的研究已经多年,有了一套系统的统计技术与方法,其中有些还是有参考价值的。因此,了解他们国民收入核算的理论与方法,对于改进我们的统计工作仍然是有启发的。西方经济学家所整理出的许多统计资料,虽不免有失实之处,但仍能在一定程度上反映资本主义社会的经济发展状况。只有我们对这些统计资料进行认真分析,就可以从中了解资本主义国家的经济情况。

案例10-2:绿色GDP

GDP是世界各国普遍采用的国民经济账户体系的核心指标,是衡量一个国家发展程度的统一标准。但是GDP统计存在着一系列明显的误差,诸如没有将环境和生态因素纳入其中、不能反映社会贫富差距、国民的净福利水平等等,长期以来被人们所批评,但一直以来没有得到修正。

绿色GDP,就是对GDP的一种修正,是将环境要素纳入国民经济核算体系后对GDP指标的一种调整,是扣除经济活动中投入的环境成本后的国内生产总值。绿色GDP不仅能反映经济增长水平,而且能够体现经济增长与自然保护和谐统一的程度,可以很好地表达和反映可持续发展观的思想和要求。绿色GDP占GDP的比重越高,表明国民经济增长的正面效应越高,负面效应越低。

绿色GDP的启动实施,面临着许多技术、观念和制度方面的障碍。其中难点之一在于:如何来衡量环境要素的价值?自20世纪中叶以来,国内外许多专家致力于此项研究,虽取得了重大进展,却也存在着不少争论。尽管如此,1978年,挪威率先开始了资源环境的核算。目前,有些国家(主要是欧美发达国家,如法国、美国等,以及发展中国家墨西哥)已开始实行绿色GDP。但迄今为止,全世界没有一套公认的绿色GDP核算模式,没有一个国家就全部资源耗减成本和全部环境损失代价计算出完整的"绿色GDP",也没有一个国家以政府的名义发布绿色GDP结果。

我国国家统计局于2003年对全国的自然资源进行了实物核算。物流核算是绿色GDP核算的重要基础。2004年开始,国家统计局和国家环保总局已成立了绿色GDP联合课题小组,正在组织力量积极进行研究和公关。2005年3月,国家环保总局和国家统计局决定在10个省市启动以环境和污染经济损失调查为内容的绿色GDP试点工作。

【本章小结】

本章对国民收入核算的基本概念及其相互关系进行介绍,运用国民收入流量模型来描述宏观经济的运行情况,在此基础上介绍了国民收入的核算方法,可以帮助大家进行下章国民收入决定理论的学习。

1. 国民收入中五个总量及其相互关系，与国民收入核算有关的几对概念。
2. 国民收入流量循环模型。
3. 国民收入的核算方法(产品支出法和收入法)。

习 题

一、名词解释

1. 国内生产总值　　2. 国民生产总值　　3. 国民收入　　4. 支出法
5. 收入法　　6. 个人收入　　7. 个人可支配收入

二、选择题

1. 在一个简单经济的循环图中，经济的总收入和总支出(　　)。
   A. 相等，因为企业最终是被家户所拥有的
   B. 当且仅当没有储蓄的时候相等
   C. 相等，因为任何一个交易都有一个卖方和买方
   D. 不相等，因为一些人的收入是非生产性的
2. 在一个只有家庭和企业的经济中，GDP 的计算是(　　)。
   A. 加总所有家户的支出　　B. 加总所有企业支付的收入
   C. A 和 B 都正确　　D. 上述都错误
3. 计算 GDP 时使用市场价格作为最终产品和劳务的价值是因为(　　)。
   A. 市场价格不会变化太大，所以适合年度比较
   B. 如果市场价格和人们对商品的主观估价背离，政府就会设置最低和最高价格
   C. 市场价格反映了商品和劳务的价值
   D. 上述都错误，政府不使用市场价格来计算 GDP
4. 下列(　　)不包括在 GDP 里面。
   A. 不支付报酬的家庭清洁保养劳动　　B. 律师和发型师提供的劳务
   C. 自己使用的房屋的估计租金　　D. 居住在本国的外国人的产出

三、问答题

1. 国民收入核算中的五个基本总量是哪些？它们之间的关系是怎样的？
2. 论述实际国内生产总值和名义国内生产总值的区别及其相互关系？
3. 正确理解国内生产总值这个概念需要注意哪几个方面的问题？

第十一章　国民收入决定理论

【教学目的】

国民收入决定理论是宏观经济学的核心，它为分析各种宏观经济问题提供了一种重要的工具。后面各章对失业、通货膨胀、经济周期、经济增长等问题的分析，正是国民收入决定理论的运用。国民收入决定理论包括三个模型，即简单的国民收入决定模型、*IS*－*LM* 模型、*AD*－*AS* 模型。本章首先在产品市场上总供给没有限制、且不考虑货币市场的假设条件下研究国民收入如何决定，即简单国民收入决定理论；然后将货币市场纳入研究视野，探讨使产品市场和货币市场同时均衡的收入水平，即 *IS*－*LM* 模型；最后研究当总供给和价格水平变动时，均衡的国民收入如何决定，即 *AD*－*AS* 模型。

【教学要求】

通过本章的学习，学生能够：

1. 熟悉凯恩斯的消费函数理论。
2. 熟悉投资函数的形式。
3. 掌握乘数原理。
4. 掌握简单国民收入决定模型的假设及结论。
5. 了解 *IS*－*LM* 模型的推导过程及结论。
6. 了解 *AD*－*AS* 模型的含义。
7. 掌握货币需求动机。

【重点难点】

本章重点：

1. 简单国民收入决定理论。
2. 乘数原理。

本章难点：

1. *IS*－*LM* 模型。
2. *AD*－*AS* 模型。

【知识要点】

边际消费倾向　乘数　*IS*－*LM* 模型　流动偏好　平均消费倾向　均衡国民收入

前面我们介绍了国民收入的含义及核算方法，本章我们从理论上分析哪些因素决定了一国国民收入的大小，以及这些因素是如何决定国民收入的。这实际上是凯恩斯学说的中心内容。凯恩斯主义的全部理论涉及四个市场：产品市场、货币市场、劳动市场和国际市场。

第一节 简单国民收入决定理论

之所以称为简单国民收入决定理论，是因为我们仅研究产品市场实现均衡时国民收入的决定，而不管货币市场、劳动市场和国际市场的影响。其有这样几点假设：第一，各种生产资源没有得到充分利用，即当总需求增加时，总供给总是可以适应总需求的变化而不会导致价格水平上升。第二，价格水平不变。第三，充分就业的国民收入水平不变。所谓充分就业的国民收入，又称潜在的国民收入，是指劳动力实现了充分就业时所能达到的国民收入。这里要注意，充分就业不是百分之百就业，而是指一切具有劳动能力和劳动愿望的劳动者，在现行工资水平下愿意工作的人都得到了工作。在短期内充分就业的国民收入水平是既定不变的。与之相关的一个概念是均衡的国民收入，它是指总需求和总供给相等时的国民收入。均衡的国民收入不一定是充分就业的国民收入水平。

一、总需求与总供给

总需求和总供给是宏观经济学中两个重要的概念。

总供给(AS)是指在价格、成本和技术水平既定的条件下，经济社会愿意雇佣生产要素生产的产品和劳务的总和。也就是全社会为生产和销售这些物品和劳务所预期的总收入即国民收入(Y)，表现为各生产要素所有者的预期收入之和。因此，总供给可以表示为工资、利息、利润及地租等生产要素的预期收入总和。而从任何一个生产要素所有者的角度来看，其收入又主要分配在如下途径上：消费(C)、储蓄(S)以及缴税(T)。即

$$AS = Y = C + S + T$$

总需求(AD)是指在价格、收入和其他经济变量既定的条件下，经济社会所愿意购买的物品和劳务的总和，即家庭、企业、政府和国外消费者为购买这些物品和劳务所愿意支付的总支出(AE)。从支出的角度看，总需求包括消费(C)、投资(I)、政府购买(G)和净出口($X - M = NX$)。即

$$AD = AE = C + I + G + NX$$

凯恩斯认为，在短期中，由于存在大量闲置资源，社会总需求的增加不会导致资源价格的上升，产品的价格得以保持，而社会总产出即总供给会一直增加到和总需求相等的那一点。即国民收入由总需求决定，总供给总是可以适应总需求的变化任意调整而不会引起价格水平变化。用公式表示即是：

$$AS = Y = AD = AE = C + I + G + NX$$

我们首先来研究总需求中的消费需求。

二、消费需求

(一)消费函数

消费函数是指消费支出与影响它的各个因素之间的相互关系。影响消费的因素很多，如收入、价格、利率、收入分配、消费者财富、风俗习惯等。但凯恩斯认为，现期收入是影响消

费的最重要因素，在其他条件不变的情况下，消费随收入的变动而同方向变动。如果以 C 代表消费，Y 代表收入，并且假定消费和收入之间存在着线形关系，则消费函数可以表达为：

$$C = a + bY$$

这里，a 和 b 都是常数。a 表示自发消费或基本消费，即由人的生存需求决定的最必需的消费量，它不随收入的变动而变动，是一个固定的量。b 是该消费函数的斜率，称作边际消费倾向（MPC）。边际消费倾向是指当收入额外增加一元时，用于消费的比例，即消费增量与收入增量的比率。用公式表示即为：

$$MPC = \Delta C/\Delta Y$$

由于人们对于额外增加的一元钱，通常不会全部消费掉，也不会全部储蓄起来，而是花掉其中的一部分，因此，边际消费倾向在 0～1 之间。对于线形消费函数而言，边际消费倾向是一个常数（b）。另外一个相关的概念是平均消费倾向（APC），它描述的是在任一收入水平上，消费在收入中所占的比重，用公式表示即为：

$$APC = C/Y$$

通常随着收入的增加，平均消费倾向是递减的，且平均消费倾向大于边际消费倾向。

根据上面的分析，我们可以画出线形消费函数 $C = a + bY$。如图 11－1 所示。

图中横轴表示收入，纵轴表示消费，消费函数是一条向右上方倾斜的直线，其斜率（b）是边际消费倾向，为一常数且大于 0 而小于 1；在纵轴上的截距是自发消费 a。向右上方倾斜意味着消费随着收入的增加而增加，但在每一个收入水平上，消费在收入中的所占的比重不断下降，即平均消费倾向递减。

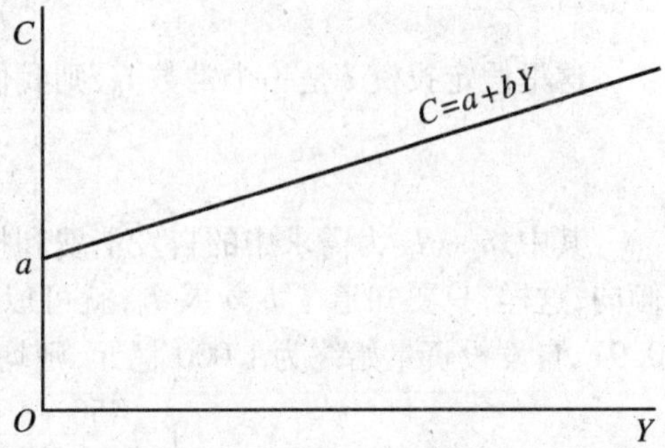

图 11－1 线性消费函数

（二）储蓄函数

收入减去消费，剩下的就是储蓄（S），即 $S = Y - C$。储蓄受很多因素的影响，但凯恩斯假定收入是储蓄的唯一决定因素，收入的变化决定储蓄的变化。收入与储蓄之间的依存关系就是储蓄函数。假定储蓄和收入之间也存在线形函数关系，则我们可以用上面的线形消费函数来推导储蓄函数。

$$S = Y - C = Y - (a + bY)$$

即

$$S = -a + (1 - b)Y$$

其中，$(1 - b)$ 是储蓄函数的斜率，称作边际储蓄倾向（MPS），其含义是在增加的一个单位收入中用于储蓄的部分所占的比率，即储蓄增量与收入增量的比率。用公式表示为：

$$MPS = \Delta S/\Delta Y$$

由于同样的原因，边际储蓄倾向 MPS 的数值也是大于 0 而小于 1，对于线形储蓄函数来讲，它是一个常数。另外一个相关的概念是平均储蓄倾向（APS），它描述的是在任一收入水平上，储蓄在收入中所占的比重，用公式表示即为：

$$APS = S/Y$$

通常随着收入的增加，平均储蓄倾向是递增的。

从上面的分析中我们可以发现，*APC* 和 *APS* 互为补数，两者之和永远等于1；*MPC* 和 *MPS* 互为补数，两者之和也永远等于1。即

$$APC + APS = 1, MPC + MPS = 1$$

以上所述消费函数是凯恩斯提出的绝对收入假说理论。凯恩斯认为在通常情况下边际消费倾向是递减的，且对于消费者个人及整个社会来说，这种规律都是存在的，这样，随着收入的增加，在增加的一单位收入中，消费所占的比例越来越小，于是导致整个社会的消费需求不足。

三、国民收入的决定

为了简化分析，我们假定一个只有居民户和企业的两部门经济。这里，家庭既是生产要素市场上的供给者，同时又是产品市场上的需求者；企业既是生产要素市场上的需求者，同时又是产品市场上的供给者。在这个经济中，由于没有政府及国际贸易，总需求即总支出是消费需求与投资需求之和，按照凯恩斯的理论，总产出或总收入(Y)取决于总需求。即

$$Y = C + I$$

$$C = a + bY$$

这里假定投资 I 是一个常数 I_0，则我们可以推导出均衡的国民收入水平：

$$Y = \frac{a + I_0}{1 - b}$$

其中，$a + I_0$ 为需求中的自发消费和投资，它们不随收入的变动而变动。b 是边际消费倾向，这样，只要知道了 b、a 及 I_0，就可以求出均衡的国民收入。例如，消费函数 $C = 450 + 0.9Y$，自发投资量始终为1 000亿元，则均衡国民收入为：

$$Y = \frac{450 + 1\ 000}{1 - 0.9} = 14\ 500(\text{亿元})$$

我们可以用图11－2来描述总需求等于总收入决定均衡国民收入的过程。

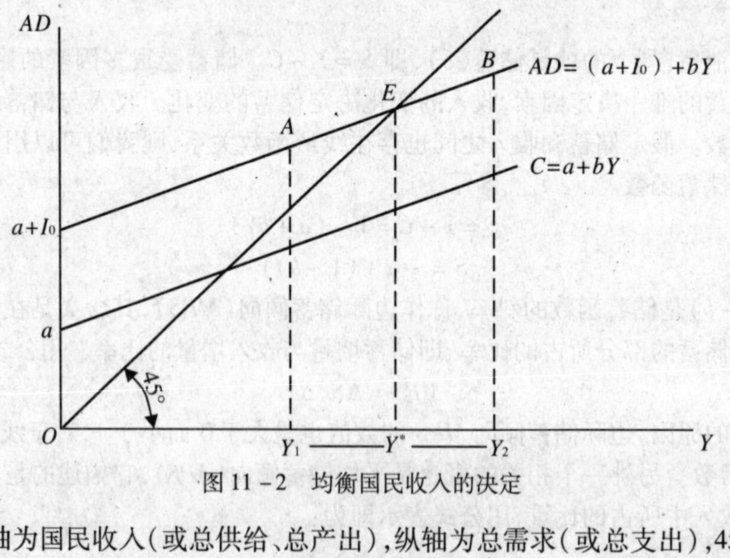

图11－2 均衡国民收入的决定

图中，横轴为国民收入(或总供给、总产出)，纵轴为总需求(或总支出)，45°线上的任何一点表明总供给等于总需求。$C = a + bY$ 是消费曲线，$AD = (a + I_0) + bY$ 是总需求曲线，由于自发投资 I_0 是一个常数，所以总需求曲线与消费曲线平行，两者间的距离为 I_0。总需求

曲线与45°线相交于E点，在E点，总需求等于总供给，宏观经济达到均衡。均衡点E决定的收入水平Y^*就是均衡的国民收入水平。

若经济最初的国民收入Y_1小于均衡国民收入Y^*，则它所决定的总支出大于总收入Y_1。此时，经济中对消费品和投资品的需求大于经济中的可供商品数量，供给不足，产品脱销，企业的库存会减少，于是厂商会增加产量（供给量），直到与总需求相等时为止。可见，只要实际收入小于均衡国民收入，从而总支出大于总收入，总产出和国民收入就会增加，向均衡国民收入靠拢。反之，如果实际国民收入水平Y_2大于均衡国民收入Y^*，则总支出小于总收入。此时，经济中对消费品和投资品的需求小于当前社会的可供商品数量，导致产品大量积压，企业的库存大量上升，于是厂商会缩减产量（供给量），直到与总需求相等时为止。因此，只要实际收入大于均衡国民收入，从而总支出小于总收入，总产出和国民收入就会减少，向均衡国民收入靠拢。只有当实际国民收入等于均衡国民收入，总产出等于总支出，社会对消费品和投资品的需求刚好等于社会的可供量，厂商就不会再调整其生产规模和水平，从而保持一种相对稳定状态，即国民经济均衡。

四、乘数原理

从上面的图中我们可以发现，当自发消费(a)和自发投资(I_0)变动时，总需求曲线会沿着消费函数上下平移，均衡的国民收入水平随之改变。下面，我们首先分析投资需求的变动对国民收入变动的影响及其作用机理。

在上述的国民收入决定模型中，如果自发投资(I_0)增加，必然会提高总需求，从而均衡的国民收入增加，而且增加的国民收入是增加的自发投资的一个倍数。这种由于投资增加而引起收入增加的倍数，就叫做投资乘数(k)。比如，若投资增加100亿元，导致国民收入增加400亿元，则乘数就是4，而若引起国民收入增加500亿元，则乘数就是5。如果用公式表示，则

$$k=\frac{\Delta Y}{\Delta I}$$

我们对此公式稍加变形，可以得到

$$k=\frac{1}{\frac{\Delta I}{\Delta Y}}=\frac{1}{\frac{\Delta Y-\Delta C}{\Delta Y}}=\frac{1}{1-MPC}=\frac{1}{MPS}$$

即乘数的大小直接取决于边际消费倾向或边际储蓄倾向的数值。乘数与边际消费倾向按同一方向变化，即边际消费倾向越大（小），乘数就越大（小）；与边际储蓄倾向成反方向变化，即边际储蓄倾向越大（小），乘数就越小（大）。

投资的增加之所以会引起收入的成倍增加，是因为国民经济各部门是相互关联的，某部门的一笔投资，不仅会增加有关部门的收入，也会增加他们的消费，这些消费又形成其他部门的收入和消费，最终导致国民收入成倍增长。而且，边际消费倾向越大，即增加的收入中用于消费的比例越大，投资增加所引起的连锁反应越强，国民收入增加得越多。

例如，设社会的边际消费倾向为0.8，某企业决定投资100万元新建一个工厂，则承建该工厂的甲企业首先增加了100万元，由于边际消费倾向为0.8，则甲企业会将80万元用于消费，从而出售这些消费品的乙企业得到80万元，乙企业又会将其中的64万元用于消费，出售消费品的丙企业得到了64万元，并将其中的51.2万元用于消费……如此循环下

去，如表11－1所示。

表11－1　投资乘数的形成过程　　单位：万元

项目 / 企业	投资增量(ΔI)	总需求增量(ΔAD)	收入增量(ΔY)	消费增量(ΔC)
甲	100	100	100	80
乙		80	80	64
丙		64	64	51.2
…	…	…	…	…
合计		500	500	400

国民收入的增加可计算如下：

$$\Delta Y = \Delta I(1 + b + b^2 + b^3 + b^4 + \cdots) = \Delta I\left(\frac{1}{1-b}\right) = 500$$

即

$$k = \frac{\Delta Y}{\Delta I} = \frac{1}{1-b} = \frac{1}{1-0.8} = 5$$

以上分析的是投资的乘数效应。实际上，总需求的任何变动，如消费的变动、政府支出的变动、税收的变动、净出口的变动等，都会引起收入若干倍的变动，都具有乘数作用，但其作用大小即对国民收入的影响并不完全相同。

乘数的作用不可否认，但乘数原理要发挥作用需要一定的条件，主要包括：

第一，社会存在闲置的生产能力，工人存在大量的失业现象。如果一国经济中不存在过剩的生产能力，当投资增加时，就没有足够的生产能力去生产满足需求的物品和劳务。那么，新增加的投资以及所引起的新增加的消费，就不会刺激产量和收入的增加，而是引起物价上涨。

第二，投资乘数作用的顺利发挥，还取决于边际消费倾向和边际储蓄倾向的稳定。如果储蓄和投资不是独立变量，而要受到利率的影响，则投资乘数的作用会降低。比如，增加投资会提高利率，利率的提高一方面会促使人们增加储蓄，减少当期消费需求；另一方面由于提高了资金成本，又会抑制投资需求。消费需求和投资需求的减少导致收入的下降，这在一定程度上抵消了增加投资带来的收入的增量。

此外，还要注意，乘数是一把"双刃剑"，即当投资增加时，它所引起的收入的增加要大于增加的投资，而当收入减少时，它所引起的收入的减少也要大于所减少的投资。因此，当国民经济呈现萧条时，要注意发挥乘数的正效应，通过消费、投资等增量来实现国民经济的高涨；当国民经济高涨过度，呈现通货膨胀的时候，则要利用乘数的反作用，通过消费、投资等减量来使国民经济的高涨有所收敛。

阅读材料11－1：

由于乘数作用，投资、最终消费和净出口具有拉动经济成倍增长的效应，因而在经济学中被称为拉动经济增长的"三驾马车"，其中，最终消费和投资包括了政府的消费和投资行为。查阅国家统计局2001～2005年的统计数据，可以得到消费、投资和净出口对经济增长的贡献率(贡献率是指三大需求增量与支出法下国内生产总值增量之比)。其中,最终消费支出对2001~2005年经济增长的贡献率分别为:50%、43.6%、35.3%、38.7%、36.1%;资本形成总额对2001~2005年经济增长的贡献率分别为:50.1%、48.8%、63.7%、55.3%、38.1%;货物和服务净出口对2001年到2005年经济增长的贡献率分别为:-0.1%、7.6%、1.0%、6.1%、25.8%。分析可知,最终消费对经济增长的贡献率较低且基本上处于下降趋势,资本形成总额对经济增长的贡献率在2003年达到高峰期后一直在下降,在2005年和最终消费的贡献率大致相当;而货物和服务净出口对经济增长的贡献率虽较低但却一路攀升,从2001年的-0.1%迅速上升到2005年的25.8%。可见,我国经济对外部经济的依赖性在逐年加大,这使我国经济面临的风险也随之加大。

第二节　*IS - LM* 模型

在简单国民收入决定模型中,我们将投资作为常数,分析了均衡的国民收入的决定。但实际上,投资总是变动的,通常投资是利率的减函数。当利率变动时,投资会发生变化,总需求既而均衡国民收入也会随之变动。因此,要决定国民收入必须首先确定利率。那么如何确定利率水平呢? 利率是由货币市场的供给和需求共同决定的,货币需求包括货币的交易需求、预防需求和投机需求,其中,前两者是由国民收入决定的,是国民收入的增函数,国民收入越高,对货币的交易需求和预防需求越大;后者是由利率水平决定的,是利率的减函数,利率水平越高,对货币的投机需求越小。这样,在货币供给量既定(为一常数)的情况下,当国民收入越高,对货币的交易和预防需求越大,则对货币的投机需求就会降低,利率会越高。于是,要确定利率水平,又首先要决定国民收入。因此,我们必须将两者结合起来,才能决定均衡国民收入和均衡利率。这实质上是研究了产品市场和货币市场的一般均衡。下面,我们统一用 y、c、i、s 表示剔除了价格变动的实际产出(收入)、实际消费、实际投资和实际储蓄。

一、投资与利率

在普遍的意义上,投资指从事一切以获得资本未来收益为目的的活动,包括购买有价证券、土地或其他财产。但在经济学意义上,这些都不是投资,经济学中所讲的投资,是指资本的形成,即社会实际资本的增加,包括厂房、设备和存货的增加,新住宅的建成等。

凯恩斯认为,是否要对新的实物资本如机器、设备、厂房、仓库等进行投资,取决于这些新投资的预期利润率同为购买这些资产而必须借进的款项所要求的利率的比较。假定投资的预期利润率既定,则投资是利率的减函数,利率上升时,投资会减少,利率下降时,投资会增加。这是因为,在市场经济条件下,企业用于投资的资金多半是借来的,利率是单位投资额的成本。即使投资的资金是自有的,投资者也会把利息看成是投资的机会成本,从而把利息作为投资的成本,因为投资者损失了把该部分资金存入银行的利息收益。这样,当利率上升时,投资者自然会减少投资物品的购买。投资与利率之间的这种关系称为投资函数,可表示为

$$i = i(r)$$

例如,投资函数为 $i = i(r) = 1\,800 - 120\,r$(单位:亿元)。这里,1 800 表示利率 r 为零时

的投资量，称为自主投资；120 是系数，表示利率每上升或下降一个百分点，投资会减少或增加的数量是 120 亿元。

通常把投资函数写成 $i=e-dr$，式中 e 即自主投资，dr 即投资需求中受利率影响的部分。投资需求与利率之间的这种函数关系可以用图11－3 表示。

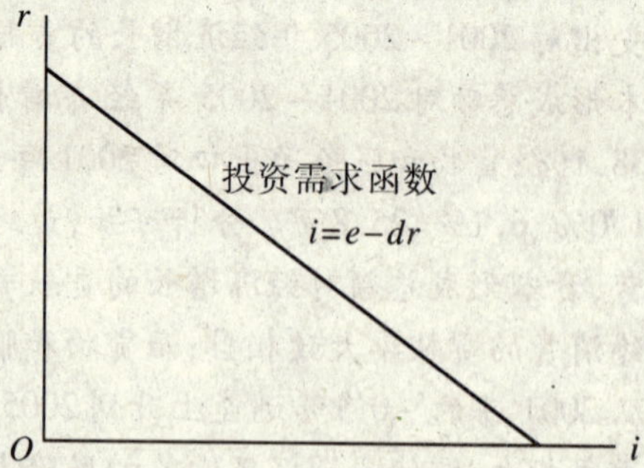

图 11－3　投资函数

二、IS 曲线

(一)IS 曲线的含义及其推导

在简单国民收入决定模型中，要使产品市场均衡，需满足总需求等于总供给这一条件，在两部门模型中，总需求等于消费需求(c)加投资需求(i)，总供给等于总收入等于消费(c)加储蓄(s)，要使总需求等于总供给，只需使投资 i＝储蓄 s 即可。而储蓄是收入的函数，投资假定为一常数，因此我们可以得到使产品市场均衡的唯一的国民收入水平。

但在这里，我们放松投资为一常数的假定，假定投资是利率的函数，则是否还存在一个唯一的均衡国民收入水平呢？我们举一个例子来说明。

假设投资函数是 $i=i(r)=1\,800-120\,r$，消费函数是 $c=600+0.7y$，则储蓄函数是 $s=y-c=-600+0.3y$，这样 $i=s$，即：

$$1\,800-120r=-600+0.3y, y=8\,000-400\,r$$

当 $r=1$ 时，$y=7\,600$

当 $r=2$ 时，$y=7\,200$

当 $r=3$ 时，$y=6\,800$

当 $r=4$ 时，$y=6\,400$

当 $r=5$ 时，$y=6\,000$

……

我们注意到，当投资是利率的函数时，不存在唯一的均衡国民收入，针对每一个利率水平，总有一个且只有一个对应的国民收入水平可以使产品市场均衡。此外，均衡的国民收入与利率之间是反向变化的关系，利率越高，均衡的国民收入水平越低。我们可以用一个坐标图来描述利率和国民收入之间的关系，以纵轴代表利率，横轴代表收入，将上面的数据描绘在坐标图中，则可以得到一条反映利率和收入间相互关系的曲线。如图 11－4 所示。

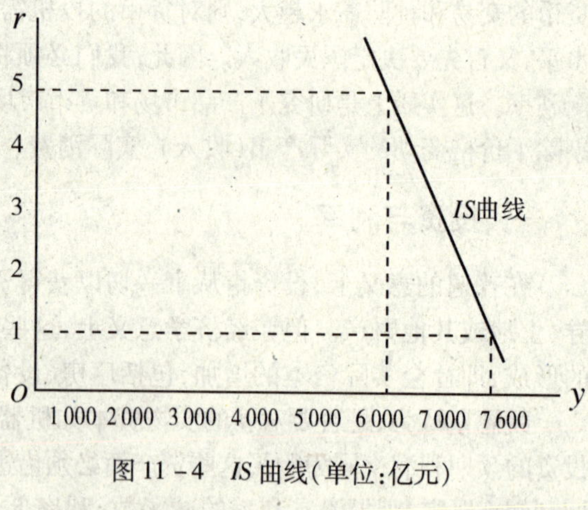

图 11－4　IS 曲线(单位:亿元)

这条向右下方倾斜的曲线上的任何一点都代表一定的利率和收入的组合，由于这些组合都是由投资等于储蓄这个条件推导出来的，因此，在这些组合下，投资和储蓄总是相等的，即 $i=s$，从而产品市场是均衡的，这条曲线也就被称为 IS 曲线。可见，IS 曲线是产品市场均衡的一幅简单图像，它表示：与任一给定的利率相对应的国民收入水平，该收入使得投资恰好等于储蓄,即产品市场实现均衡。

在这条线上的点($I=S$)表示产品的生产总量等于产品的需求总量。对于任何一个给定的利率水平,IS 曲线表明为使商品市场达到均衡而总产出必须达到的水平。当利率上升时,计划投资支出下降,总需求减少;为了与总需求相等以满足产品市场均衡的要求,总产出必须降低。

在 IS 曲线右边的区间的点($I<S$),总产出大于同一利率水平上的均衡产出水平,存在商品的超额供给。这种产品的超额供给会导致经济中非计划的存货积累,这会使产出下降。只有当产出再次处于 IS 曲线上的均衡水平时,产出下降才会停止。简单地说,在一定利率时,如产出大于均衡产出($Y>Y^*$)——非意愿存货累积——人们会减少生产——产出下降——非意愿存货减少——产出逐渐回到均衡产出。

在 IS 曲线左边区域的点($I>S$),表示总产出小于同一利率上的均衡产出,存在超额的商品需求。这种超额需求导致经济中存货的非计划性减少,这会使产出回升;只有当产出再次回到 IS 曲线上时,产出才会停止增加。也就是说,在利率一定时,如产出小于均衡产出——存货非意愿减少——人们会增加生产——产出增加——存货逐渐恢复到意愿水平——产出逐渐回到均衡产出。

从上面的例子可知,IS 曲线实际上是由投资函数,储蓄函数,以及产品市场上供给等于需求的条件中推导出来的,这个推导过程,西方学者常常用含有四个象限的坐标图来描述,如图 11－5 所示。

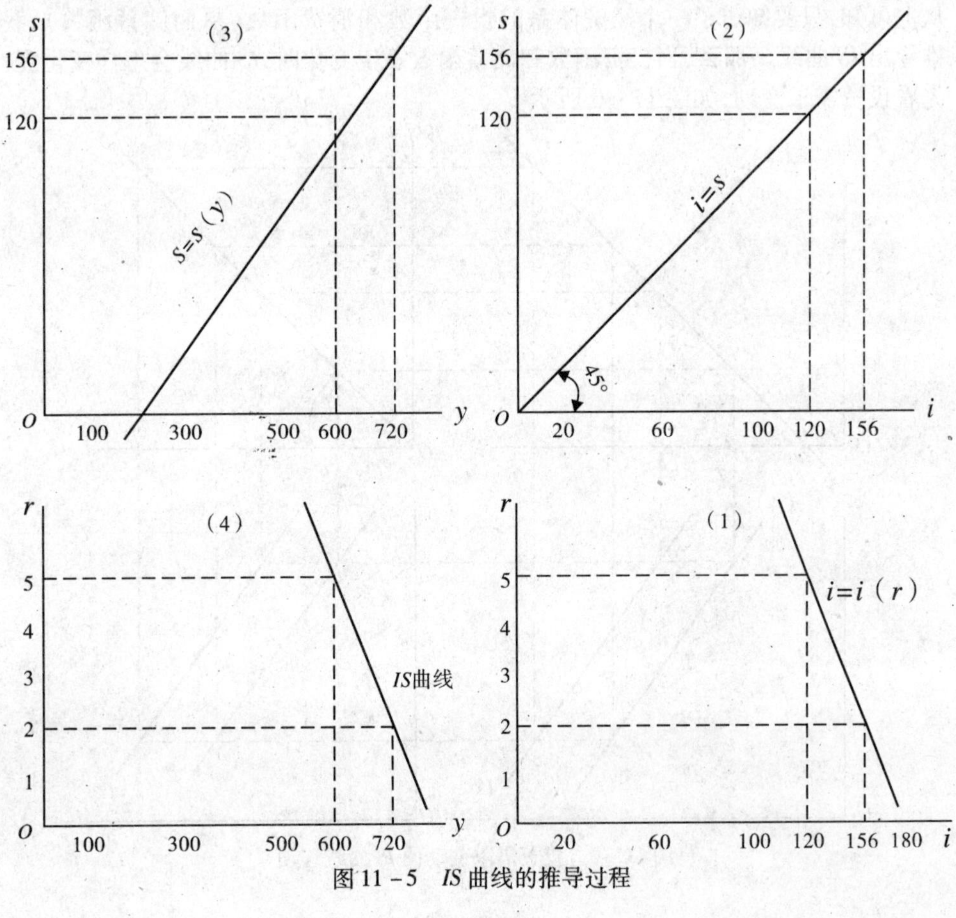

图 11－5　IS 曲线的推导过程

图中第一象限表示投资函数,是根据投资和利率之间的关系画出来的。其中,横轴表示投资额 i,纵轴表示利率 r,投资需求是利率的减函数。上例中,当利率 $r=2$ 时,投资 $i=1\ 560$(亿元),$r=5$ 时,投资 $i=1\ 200$(亿元)。

第二象限表示投资和储蓄相等的均衡状态,即产品市场实现均衡。横轴仍然表示投资,纵轴现在表示储蓄,因此这是一条从原点出发的45°倾斜的直线。例如在第一象限中,当 $r=2$ 时,$i=1\ 560$,则由于 $i=s$,必然储蓄也有1 560(亿元)。当利率上升到 $r=5$ 时,投资会下降到1 200(亿元),则储蓄也会相应减少到1 200(亿元),才能达到均衡。

第三象限表示储蓄函数,是根据储蓄和国民收入之间的关系画出来的。其中,横轴表示国民收入 y,纵轴表示储蓄额 s,储蓄是国民收入的增函数。例如当 $r=2$ 时,$i=1\ 560$,则由于 $i=s$,必然储蓄也有1 560(亿元)。由储蓄函数($s=-600+0.3y$)计算可知,国民收入应有7 200(亿元)才能使储蓄额达到1 560(亿元)。如果利率上升到 $r=5$,则投资 $i=1\ 200$(亿元),相应地储蓄额也为1 200(亿元),根据储蓄函数可知,此时国民收入应为6 000(亿元)。

第四象限表示 *IS* 曲线。即使产品市场实现均衡的国民收入和利率的组合点的集合。其中,横轴表示国民收入,纵轴表示利率。将前面三个象限的图形结合起来分析可以得到,当利率 $r=2$ 时,国民收入水平应为7 200(亿元),才能使产品市场均衡;当利率水平上升到 $r=5$ 时,均衡的国民收入应为6 000(亿元)。

(二)*IS* 曲线的移动

从上可知,只要知道了一个经济体系的投资函数和消费函数(从而储蓄函数),我们就可以推导出 *IS* 曲线。那么,当投资函数和储蓄函数发生变化时,*IS* 曲线会怎样变化呢?

先看投资需求变动,如图11-6所示。

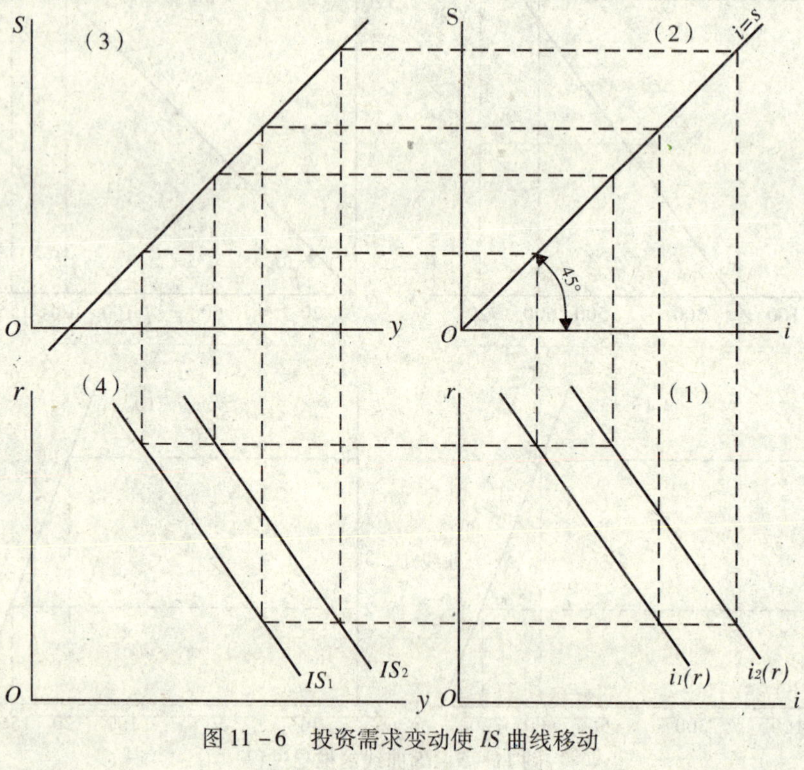

图11-6 投资需求变动使 *IS* 曲线移动

如果由于某种原因，在同样利率水平上投资需求增加了，投资需求曲线右移，比如上例中 $i=1\ 800-120r$ 变成了 $i=2\ 500-120r$，则要使产品市场均衡，储蓄应相应增加，均衡的国民收入也随之增加，因此，IS 曲线向右平行移动。反之，IS 曲线则向左移动。

再看储蓄函数变动，如图 11-7 所示。

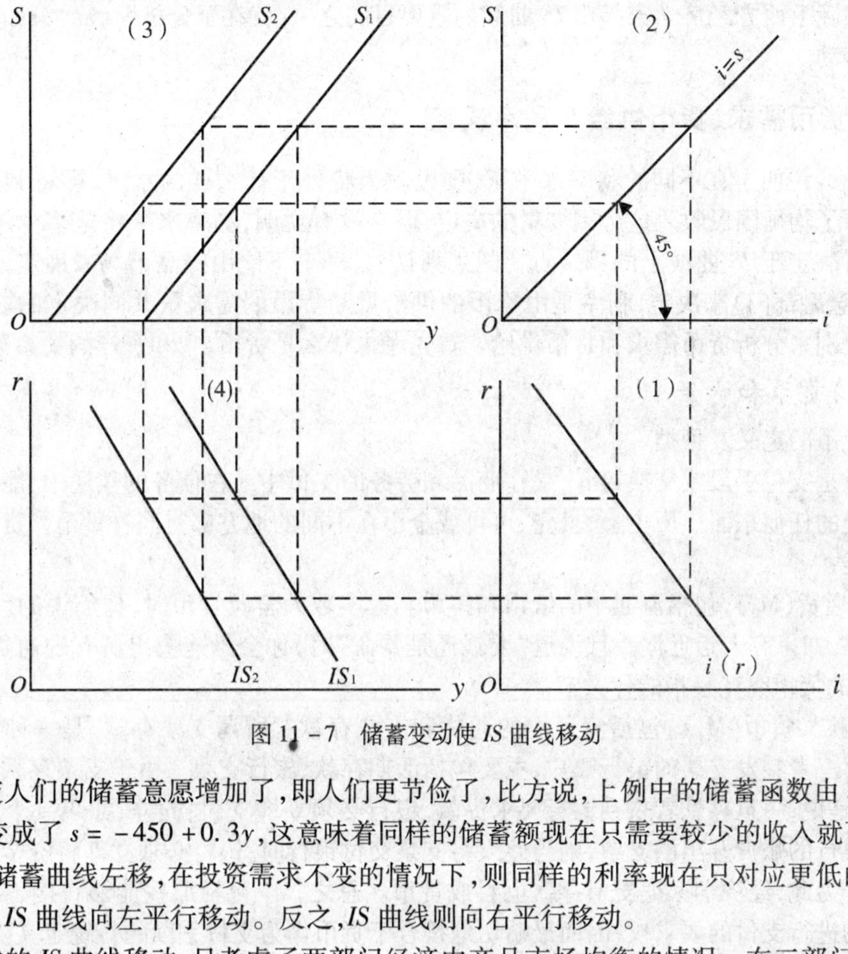

图 11-7 储蓄变动使 IS 曲线移动

假定人们的储蓄意愿增加了，即人们更节俭了，比方说，上例中的储蓄函数由 $s=-600+0.3y$ 变成了 $s=-450+0.3y$，这意味着同样的储蓄额现在只需要较少的收入就可以提供出来了，储蓄曲线左移，在投资需求不变的情况下，则同样的利率现在只对应更低的国民收入，因此，IS 曲线向左平行移动。反之，IS 曲线则向右平行移动。

上述的 IS 曲线移动，只考虑了两部门经济中产品市场均衡的情况。在三部门经济中，IS 曲线是根据国民收入均衡的条件 $i+g=s+t$ 的等式推导出来的，因此，不仅投资函数(i)和储蓄函数(s)移动会使 IS 曲线移动，而且 g、t 的变动也会引起 IS 曲线移动，如果考虑到开放经济情况，则进出口的变动也会导致 IS 曲线移动，下面简要分析一下政府支出(g)和税收(t)变动如何使 IS 曲线移动。

增加政府购买支出，相当于增加了投资需求中的自主投资部分，从上面的分析中可知，这会导致 IS 曲线向右平行移动。反之，减少政府购买，则会导致 IS 曲线向左平行移动。假定把上述投资需求从 $i=1\ 800-120\ r$ 变成 $i=2\ 500-120\ r$ 看成是原来的投资加一笔政府购买 700(亿元)，即 $i+g=1\ 800-120\ r+700$，则 IS 曲线向右移动。

政府增加一笔税收，则会使 IS 曲线向左移动，这是因为，一笔税收的增加，如果是增加了企业的负担，则会使投资相应减少，IS 曲线会向左移动；如果是增加了居民个人的负担，则会使他们可支配收入减少，从而使他们消费支出相应减少，也会使 IS 曲线会向左移动。

相反，如果政府减税，则会使 *IS* 曲线右移。

增加政府支出和减税，都属于增加总需求继而增加总收入的膨胀性财政政策，而减少政府支出和增税，都属于降低总需求继而减少总收入的紧缩性财政政策。因此，政府实行膨胀性财政政策，就表现为 *IS* 曲线向右上移动，实行紧缩性财政政策，就表现为 *IS* 曲线向左下移动。实际上西方经济学家提出 *IS* 曲线的重要目的之一，就在于分析财政政策如何影响国民收入变动。

三、货币需求、货币供给及利率决定

IS 曲线说明了在不同的利率水平下，国民收入将处于什么样的水平，即将利率作为自变量分析了均衡国民收入这个因变量的决定，但它没有说明，利率水平将是多少，即没有说明利率将决定于 *IS* 曲线上的哪一点。凯恩斯认为，利率不能由产品市场来确定，而要由货币市场（金融部门）来决定，利率是由货币的供给量和货币的需求量共同决定的。因此，下面我们分别来分析货币需求和货币供给。首先考虑什么是货币，它和资产的关系是什么。

（一）货币和资产

1. 货币的定义及种类

货币是支付手段或交换媒介，是在商品和劳务的支付中或在债务的偿还中，能够被人们普遍接受的任何东西。历史上，贝壳、可可或金币在不同的地方都充当过货币。货币有如下几种分类：

（1）通货（M_0），包括流通中的纸币和铸币。大多数人言及货币时，他们说的就是通货。打个比方，如果有人走近你并且说道"要钱还是要命"时，你会迅速掏出所有的通货，而不会问"你说的货币究竟是指的什么？"。

（2）狭义货币（M_1），包括流通中的通货和支票存款。所谓支票存款，是一种允许其持有者向第三者签发支票的银行账户，主要包括活期存款、旅行支票。由于支票存款是见票即付的，就是说，一旦存款者来到银行要求提款，银行必须立即支付；同样，如果一个人得到一张对某银行的账户开出的支票，则当此人将支票交付银行时，银行必须立即将资金划入此人的账户。为此，经济学家把支票存款也看成货币。总之，M_1 包括那些能够直接、立即、并且无限制的进行支付的要求权，因而最贴切地符合于货币作为支付手段的传统定义。

（3）广义货币（M_2），它主要在 M_1 的基础上加上储蓄存款和定期存款。储蓄存款和定期存款是一种非交易用存款，它们的所有者不能对其签发支票，也不是见票即付的，但是它们可以比较容易地转换成通货或支票存款。

由通货和支票存款所构成的 M_1 与货币作为支付手段的定义最为接近。当然，随着金融市场的不断发展，越来越多的生息资产如 M_2 甚至 M_3 也变得能开票提取了，这迫使我们不断考虑如何在构成货币定义的那部分资产和那些仅是金融资产而非严格意义上的货币之间划分界限。

2. 资产和资产特征

资产是可以作为价值贮藏的各种财产的总和，它包括货币、债券、股票、艺术品、土地、家具、轿车、房屋和机器等。当人们说："比尔确实很富，他的钱多得不得了。"那可能意味着比尔不仅有许多通货和大笔支票存款余额，而且还有股票、债券、三辆豪华轿车、四幢乡村别墅和两艘游艇。

资产具有如下两个基本特征:(1)流动性,即一种资产转换为交易媒介的难易程度,或者说资产变成通货和支票存款的难易性。显然,通货和支票存款本身的流动性是最高的,因为他们见票即付,几乎不花费什么时间和精力,也不会损失利息收益;非交易性存款的流动性较低,因为它们不是见票即付的,虽然因为银行间的存款竞争,银行往往允许储蓄存款随时提款,但如果要提前提取,存款者就要放弃比较高的利息,也就是要付出较大的成本。相应的,股票和债券的流动性更低;实物资产的流动性最低。(2)资产收益率。实际上是预期收益率,通常用资产的预期回报率来表示,它是衡量在一定时期内某种资产持有者究竟能够获得多少收益的指标。从资产收益大小来看,通货的利息收益为零,支票账户的收益低于货币市场的存款账户,依此类推。

在一定时期内人们所拥有的财富的数量总是有限的,他们必须要决定如何将财富在各种资产形式上进行分配。从上面的分析可知,资产的流动性和相应的收益率往往是反向变化的,即流动性较高的资产通常收益率较低,因此,资产所有者必须在流动性和收益率之间进行权衡取舍——为了获得更多的流动性必须放弃较高的收益率或相反。

(二)货币需求

1.货币需求动机

简单地说,货币需求就是人们出于种种动机而对那些流动性较高的货币资产(M_1)的需要。这里要注意,货币需求是对货币的真实余额的需求,即人们持有货币,关心的是货币的购买力,即用它能购买到的商品数量,他们并不关心手中持有多少钞票即名义货币持有量。

那么,人们为什么放弃收益率较高的资产而选择持有流动性更强的货币呢?凯恩斯认为,人们需要货币是由于以下三类不同的动机。

第一,交易性需求,指为了应付个人日常生活上和厂商经营管理上的正常开支,个人和厂商有必要手持的货币。由于收入和支出不是同步的,因而个人和企业必须有足够的货币资金来支付日常需要的开支。这种因交易动机而产生的货币需求,决定于人们的收入或财富水平以及金融市场的完善和发达程度,而后两者在短期内一般可假定为固定不变,因此,这一货币需求量主要取决于收入,收入越高,交易数量越大,为应付日常开支所需的货币量就越大。

第二,预防性需求,指为了应付意想不到的突发事件而持有货币的动机,如个人或厂商为应付事故、失业、疾病等意外事件而需事先持有一定数量货币。货币的预防性需要产生于未来收入和支出的不确定性。尽管个人对货币的预防需求量主要取决于他对意外事件的看法,但从全社会来看,这一货币需求量大体上也和收入成正比,是收入的函数。

因此,如果用 L_1 表示交易动机和谨慎动机所产生的全部货币需求量,用 y 表示收入,则这种货币需求量和收入的关系可以表示为

$$L_1 = L_1(y)$$

或 $L_1 = ky$

这里,k 代表出于上述两个动机所需货币量同名义收入的比例关系,y 代表名义收入,例如,若名义收入 $y = 2\,000$ 万元,交易和谨慎动机所需的货币量占名义收入的 10%,则 $L_1 = 2\,000 \times 0.1 = 200$ 万元。

第三,投机性需求。拥有财富的个人必然以特定的资产来持有这些财富,比如货币、债券、股票、不动产等等,这些资产构成了一个组合。有人认为投资者希望持有能提供最高报酬的资产。然而,在绝大多数资产的报酬不确定的情况下,将所有的财富以单独某一种风险

资产来持有是不明智的。也许你有最新的内部消息,说某种股票在今后两年内肯定会翻一个番,但你应聪明一些,认识到此项最新消息一点也不可靠。典型的投资者需要持有一定数量的安全资产,作为持有那些价格变幻莫测的资产发生资本损失时的保障。货币就是一种安全资产,因为其名义值是确定的。对货币的需求量取决于其他资产的预期收益及其获得预期收益的风险程度:其他资产预期报酬增加,即持有货币的机会成本增加,会降低货币需求;与此相反,其他资产报酬的风险程度的增加,会增加对货币的需求。比如,人们持有债券的唯一理由是可以获得利息收入,如果没有利息,人们会将所有的财富以货币方式持有,因为持有货币至少可以更加方便地满足人们的交易需求;而在利息率较高时,人们为了获得更多的利息收益就会减少对货币的需求而选择持有更多的债券。因此,货币的投机需求和利息率成反比。

规避风险的投资者肯定会产生对安全资产的需求,然而,这种资产不可能是 M_1。从持有货币的风险和收益的观点看,定期存款或储蓄存款的风险与通货或支票存款的风险是相同的。但前者的利息收益更高,通货的利息收益为零,支票存款的利息收益低于定期存款或储蓄存款。因此,资产组合中对诸如属于 M_2 的定期存款和储蓄存款的需求要大于对 M_1 的需求。

总之,对货币的投机性需求取决于利率,如果用 L_2 表示货币的投机需求,用 r 表示市场利率,则这一货币需求量和利率的关系可以表示为:

$$L_2 = L_2(r)$$

或

$$L_2 = -hr$$

这里,h 表示利率变动一个百分点时 L_2 的变动程度,可称为货币需求对利率的反应系数。负号表示利率 r 和货币投机需求 L_2 成反向变化的关系。

2. 货币需求函数

对货币的总需求是人们对货币的交易需求、预防需求和投机需求的总和。对货币的交易需求和预防需求取决于收入,即 $L_1 = L_1(y) = ky$,而货币的投机需求决定于利率,即 $L_2 = L_2(r) = -hr$,因此,对货币的总需求函数可写作:

$$L = L_1 + L_2 = L_1(y) + L_2(r) = ky - hr \tag{11.1}$$

式中,L、L_1 和 L_2 都代表对货币的实际需求,即对具有不变购买力的实际货币的需求量。实际货币需求量或称真实货币余额是和名义货币持有量相对而言的,前者关心货币的实际购买力而后者只计算票面价值,实际货币量等于名义货币量与价格水平之比。如用 M、P、m 依次代表名义货币量、价格指数和实际货币量,则:

$$m = \frac{M}{P}$$

$$M = pm$$

例如,若实际货币余额 $m = 1\,000$ 元,价格水平 $P = 1.1$,则名义货币余额为 $M = 1.1 \times 1\,000 = 1\,100$ 元。

由于 $L = ky - hr$ 代表对货币的实际需求量,因此,要求出名义货币需求量还需实际货币需求量乘以价格指数,即

$$L = (ky - hr)P \tag{11.2}$$

(11.2)式代表名义货币需求函数,(11.1)式则代表实际货币需求函数,式中 k 和 h 是常数,k 衡量收入增加时货币需求增加多少,这是货币需求关于收入变动的系数,h 衡量利率提高时货币需求减少多少,这是货币需求关于利率变动的系数,如果知道了 k、h、y、r 和 P 之值,就不难求得货币需求量。

货币需求函数可用图 11－8 来表示:

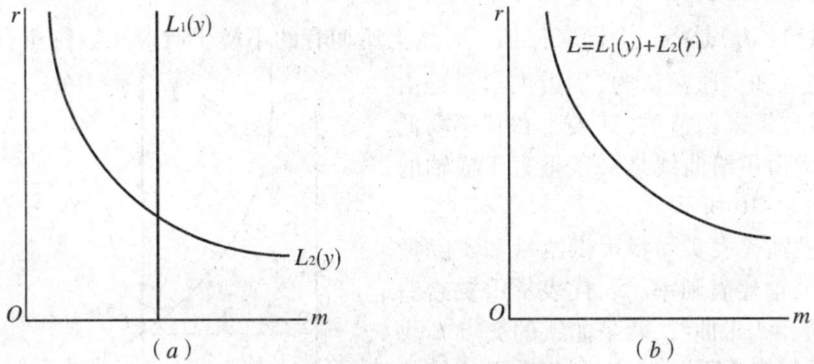

图 11－8　货币需求曲线

图 11－8(a)中横轴代表实际货币需求量 m,纵轴代表利率 r。垂线 L_1 表示为满足交易动机和谨慎动机的货币需求曲线,它和利率无关,因而垂直于横轴。L_2 线表示为满足投机动机的货币需求曲线,它起初向右下方倾斜,表示货币的投机需求随利率下降而增加,最后为水平状,表示"流动偏好陷阱"。在实际生活中,债券等有价证券的价格和利率是反向变化关系。假定一张债券一年可获利息 10 元,而市场利率若为 10%,则这张债券的市价就为 100 元,若市场利率为 5%,则这张债券的市价就为 200 元,因为 200 元在利率为 5% 时若存放到银行也可得利息 10 元,可见,债券价格一般随利率变化而反向变动。这样,当利率下降到一定程度之后,人们预计有价证券的利率不可能再下降,即有价证券的价格不可能再上升而只可能下跌,为了避免持有有价证券所带来的风险,人们会卖出有价证券,选择全部持有货币,即使有了货币也不会再去购买有价证券,此时人们对货币的需求趋向无穷大,这就是流动偏好陷阱,又叫凯恩斯陷阱。

图 11－8(b)中的 L 线则是包括 L_1 和 L_2 在内的全部货币需求曲线,其横轴代表实际货币需求量 m,纵轴 r 代表利率。这条货币需求曲线表示在收入水平为既定时,货币需求量和利率之间的关系,利率上升时,货币需求量减少,利率下降时,货币需求量增加。

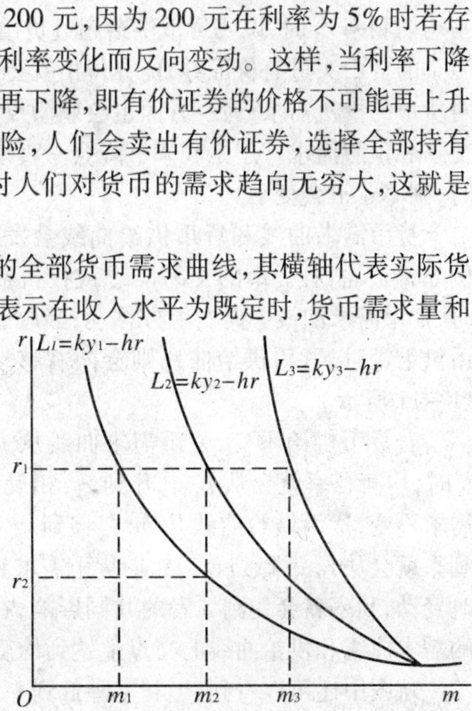

图 11－9　不同收入水平下的货币需求曲线

那么,如何反映货币需求量和收入水平之间的正向关系呢?这就需要在同一坐标图上画若干条货币需求曲线来表示。如图 11－9 所示。

图中,有三条货币需求曲线,分别对应不同的收入水平 y_1、y_2 和 y_3。可见,货币需求量和收入之间的正向关系是通过货币需求曲线向右上和左下移动来表示的,而货币需求量和利率之间的反向变动关系则是通过每一条需求曲线都向右下方倾斜来表示的。例如，当利率相同，即都为 r_1 时，由于收入水平不同，实际货币需求量分别为 m_1、m_2 和 m_3，即 $y=y_1$ 时，$m=m_1$；$y=y_2$ 时，$m=m_2$；$y=y_3$ 时，$m=m_3$。反之，当收入水平相同，例如都为 y_1 时，由于利率水平不同，实际货币需求量也不同：$r=r_1$ 时，$m=m_1$；$r=r_2$ 时，$m=m_2$。

（三）货币供求均衡和利率的决定

货币供给（M_1）是指一个国家在某一时点上所拥有的不属于政府和银行所有的通货和活期存款的总和。通常认为，货币供给量是由国家用货币政策来调节的，其大小和利率高低无关，因此货币供给曲线是一条垂直于横轴的直线，如图 11－10 所示。

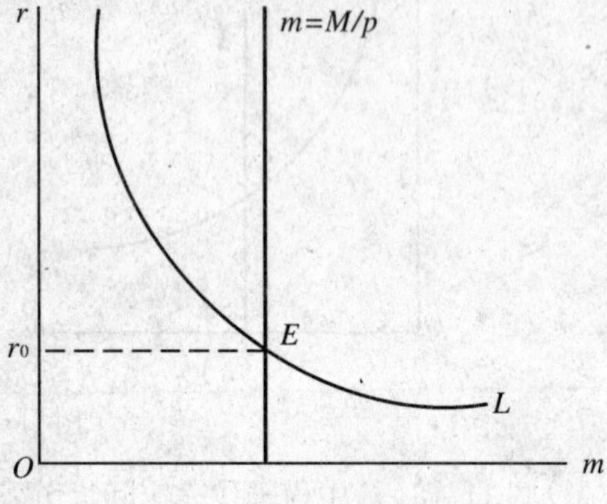

图 11－10　货币供给和货币需求的均衡

图中，横轴代表实际货币供给量和实际货币需求量，纵轴代表利率。m 代表货币供给曲线，L 代表货币需求曲线，两条曲线的交点 E 决定了均衡的利率水平（r_0），该利率水平才能使货币供给等于货币需求，即货币市场实现均衡。如果市场利率低于均衡利率 r_0，则说明货币需求超过货币供给，这时人们感到手中持有的货币太少，就会卖出有价证券，证券价格就要下降，亦即利率要上升。利率上升，一方面会减少对货币的投机需求；另一方面也会抑制投资需求，从而使国民收入下降，进而减少对货币的交易和预防需求。于是利率上升会一直持续到货币供求相等时为止。相反，当市场利率高于均衡利率 r_0 时，说明货币供给超过货币需求，这时人们感到手中持有的货币太多，就会用多余的货币买进有价证券，证券价格就要上升，亦即利率要下降。利率下降，一方面会增加对货币的投机需求；另一方面也会刺激投资需求，从而使国民收入上升，进而增加对货币的交易和预防需求。于是利率下降会一直持续到货币供求相等时为止。只有当货币供求相等时，利率才不会变动。

货币需求曲线和货币供给曲线会发生移动。例如，当人们对货币的交易需求或投机需求增加时，货币需求曲线会向右上方移动；当政府增加货币供给量时，货币供给曲线则会向右移动。如图 11－11 所示。

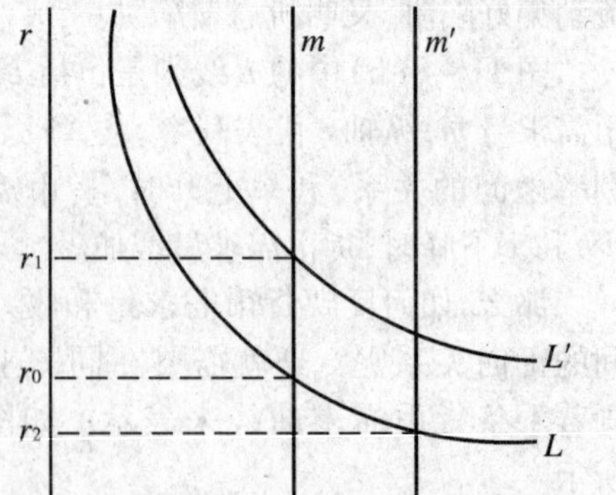

图 11－11　货币需求和供给曲线的变动

若货币供给不变，货币需求曲线从 L 上移到 L' 时，均衡利率就会从 r_0 上升到 r_1，相反，若货币需求不变，货币供给曲线从 m 右移到 m' 时，均衡利率就会从 r_0 下降到 r_2。如果货币需求和供给同时变动，利率就会受到二者的共同影响，在移动后的需求曲线和供给曲线的交点上达到均衡。

从图中还可以看到，当利率降低到一定程度时，货币需求曲线呈接近于水平状态，这就是凯恩斯所说的“流动偏好陷阱”。此时，不管货币供给如何增加即货币供给曲线向右移动多少,都不可能降低利率。

四、LM 曲线

(一)LM 曲线及其推导

前面说过,利率是由货币市场上的供给和需求共同决定,而货币的供给量是由货币当局即中央银行控制,因而假定它是一个外生变量。在货币供给量既定情况下,货币市场的均衡只能通过调节货币需求来实现。

假定 m 代表实际货币供给量,则货币市场的均衡就是 $m = L = L_1(y) + L_2(r) = ky - hr$。从这个等式中可知,当 m 为一定量时,L_1 增加时,L_2 必须减少,否则就不能维持货币市场均衡。L_1 是货币的交易需求和预防需求,它随收入的增加而增加;L_2 是货币的投机需求,它随利率的上升而减少。因此,国民收入增加使货币交易需求上升时,利率必须相应提高,从而使货币投机需求减少,才能维持货币市场的均衡。反之,国民收入减少使货币交易需求下降时,利率必须相应下降,使货币投机需求增加,才能维持货币市场的均衡。

总之,当实际货币供给量 m 给定时,$m = ky - hr$ 的公式可表示为满足货币市场均衡条件下的 y 与 r 的关系,这一关系的图形就被称为 LM 曲线。由于货币市场均衡时 $m = ky - hr$,因此:

$$y = \frac{hr}{k} + \frac{m}{k}$$

或

$$r = \frac{ky}{h} - \frac{m}{h}$$

这两个公式都可以作为 LM 曲线的代数表达式,但由于坐标图中通常用纵轴代表利率,用横轴代表收入,因此一般用第二个公式代表 LM 曲线。

下面用一个具体的例子来说明。假定对货币的交易需求函数 $L_1 = L_1(y) = 0.5y$,对货币投机需求函数 $L_2 = L_2(r) = 1\,250 - 250r$,货币供给量 $m = 2\,500$(亿元),并假定这一实际货币供给量就是名义货币供给量(M)(这暗含价格指数 $P = 1$),则货币市场均衡时,$2\,500 = 0.5y + 1\,250 - 250r$,得 $r = 0.002y - 5$,因此:

当 $y = 3\,000$ 时,$r = 1$

当 $y = 3\,500$ 时,$r = 2$

当 $y = 4\,000$ 时,$r = 3$

当 $y = 4\,500$ 时,$r = 4$

当 $y = 5\,000$ 时,$r = 5$

……

将上面的这些数据,描绘在坐标图 11 - 12 中。

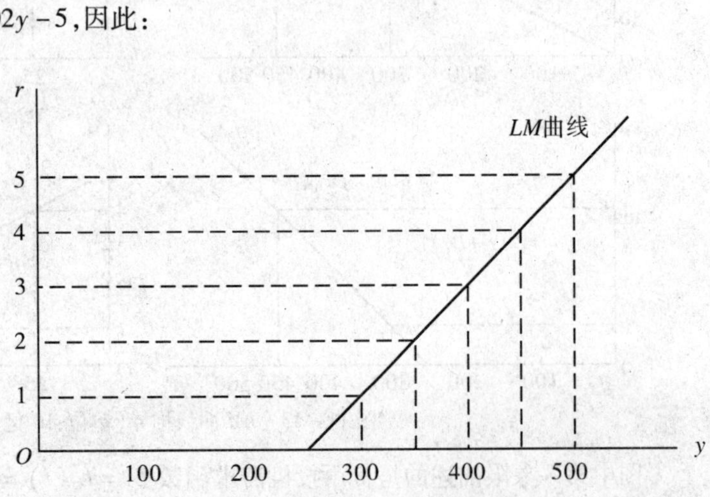

图 11 - 12 LM 曲线(单位:10 亿元)

图中横轴表示国民收入,纵轴表示利率,则可得到一条向右上方倾斜的曲线,这就是 LM 曲线。这条曲线上的任何一点，都表示使货币市场供求相等即货币市场均衡的利率和收入的组合，即$L=M$，所以被称为LM曲线。

LM曲线是满足了货币需求等于货币供给这一均衡条件的所有利率和收入的集合。对于一个既定的产出水平，LM曲线给出了使得货币市场达到均衡所必需的利率水平。当产出增加时，货币交易需求增加，在货币供给量不变的前提下，为了使货币需求等于货币供给，必须减少投机需求，这就要求利率水平上升。反之，当产出下降时则要求利率水平也随之下降。

如经济处于LM曲线右边的区域，即利率低于同一收入水平时的均衡利率，人们实际的货币持有量少于意愿或计划持有量，存在超额货币需求；超额货币需求存在说明人们愿意增加持有货币，这必然使得人们卖出债券而选择更多地持有货币，从而导致债券价格下降，利率水平提高。只有当利率水平升至LM曲线上的均衡点时，这一过程才会停止。简单地说，在LM右边，货币供给小于货币需求，意味债券供给大于债券需求，人们会卖出债券，导致债券价格下降，债券利率上升，利率回到均衡利率水平上。

如经济处于LM曲线左边的区域，意味着利率高于同一收入上的均衡利率，人们持有的货币额超过意愿持有额，存在超额货币供给。为了减少持有的超额货币余额，人们将购买债券，这会使债券价格上升，债券利率下降。只有当利率下降到LM曲线上的均衡点时，利率的下降才会停止。简单说说，在LM左边，货币需求小于货币供给，意味债券需求大于债券供给，人们会买进债券，从而使债券价格上升，利率下降到均衡利率水平。

从上面的例子可以看出，LM曲线实际上是从货币的投机需求与利率的关系，货币的交易需求与收入的关系以及货币需求和货币供给相等的关系中推导出来的。这个推导过程，西方学者也常用下面这样一个包含有四个象限的图11－13来描述。

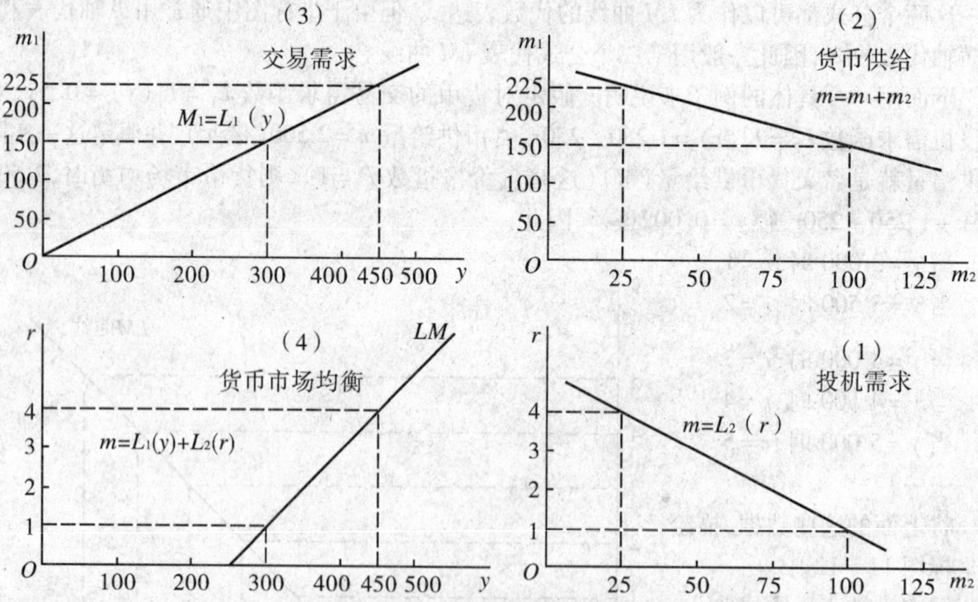

图11－13 LM曲线推导（单位：10亿元）

图中第一象限描述的是货币投机需求函数$L_2=L_2(r)=1\ 250-250r$，其中横轴代表货币的投机需求数量，纵轴代表利率，这是一条向右下方倾斜的曲线，当利率（r）从5％向4％、3％、2％、1％逐渐下降时，货币的投机需求量从0、250亿元、500亿元、750亿元、1 000亿元逐步增加。

第二象限表示当货币供给量既定(2 500 亿元)时,应如何在用于交易需求的货币和投机需求的货币之间划分。其中横轴代表货币的投机需求数量,纵轴代表货币的交易需求数量,由于 $m=L=L_1+L_2$,所以 $L_1=m-L_2$,那条和纵横轴都成 45°的直线就表示这种关系。例如,当投机需求为 1 000 亿元(在横轴上表示),则留作交易之用的货币就为 1500(2 500 - 1 000)亿元(用纵轴表示)。

第三象限描述的是货币的交易需求函数 $L_1=0.5y$,其中横轴代表收入,纵轴代表货币的交易需求数量,这是一条从原点出发向右上方倾斜的直线。当 $y=3\ 000$ 亿元时,$L_1=1\ 500$ 亿元,当 $y=4\ 500$ 亿元时,$L_1=2\ 250$ 亿元。

第四象限描绘的是 *LM* 曲线。其中横轴代表收入,纵轴代表利率。它是将前面三个象限的内容结合起来,说明当货币供给既定时,要实现货币市场均衡,利率和收入的组合应当是多少。比如,当 $r=1\%$ 时,$L_2=1\ 000$ 亿元;由于 $m=2\ 500$ 亿元,因此 $L_1=m-L_2=2\ 500-1\ 000=1\ 500$ 亿元;当 $L_1=1\ 500$ 亿元时,根据货币交易需求函数 $L_1(y)=0.5y$,需要有收入(y)3 000 亿元相对应。这是前面三个象限中说明的内容,第四象限将上面三个象限中的内容结合起来,说明当货币供给为 2 500 亿元时,只有当 $r=1\%$,$y=3\ 000$ 亿元时,货币需求才是 2 500 亿元,从而达到货币市场均衡。同样,当利率为 4%,收入为 4 500 亿元时,货币市场才达到均衡。将满足货币市场均衡的所有利率和收入的组合点连结起来,就得到 *LM* 曲线。之所以称为 *LM* 曲线,是由于这条曲线上的任一点所指示的利率和所对应的国民收入都会使货币供给(M)等于货币需求(L)。

(二)*LM* 曲线的移动

从上面 *LM* 曲线的推导中可以看出,货币投机需求、交易需求和货币供给量的变化,都会使 *LM* 曲线发生相应的移动。

第一,货币投机需求曲线移动,会使 *LM* 曲线发生方向相反的移动。

如果由于某种原因,货币的投机需求增加,即同样利率水平下对持有货币的需求上升,投机需求曲线右移,则在其他情况不变的情况下,会使 *LM* 曲线左移。原因是在同样的利率水平下对货币的投机需求增加,在货币供给量不变的情况下,对货币的交易需求就会减少,所需的国民收入量就会下降。比如,债券回报率的波动加剧,使债券与货币相比风险更大,从而增加对货币的需求量。这样一来,在所有的利率水平上,人们都要持有更多的货币,导致货币的交易需求量和相应的国民收入量减少,显然 *LM* 曲线向左上移动。

第二,货币交易需求曲线移动,会使 *LM* 曲线发生方向相同的移动。

如果由于某种原因,货币的交易需求增加,则在其他情况不变的情况下,同样的收入水平现在需要手持更多的货币以满足交易,或持有同样的用于满足交易的货币量现在只需要更少的国民收入,交易需求曲线向左上方移动,那么 *LM* 曲线也会相应左移。比如,由于相关的交易费用增加,从而对货币的交易需求量增加。这样一来,在所有的收入水平上,人们都要持有更多的货币,货币交易需求曲线向左上方移动,*LM* 曲线也相应地向左上方移动。

这里要注意的是,上述 *LM* 曲线移动的两种情况是在货币的投机需求和交易需求曲线的斜率不变时发生的,即 h 和 k 的值都不变时发生的。如果 h 和 k 发生变化,*LM* 曲线会发生旋转移动而不是平行移动。

第三,货币供给量变动将使 *LM* 曲线发生同方向变动。如图 11-14 所示。

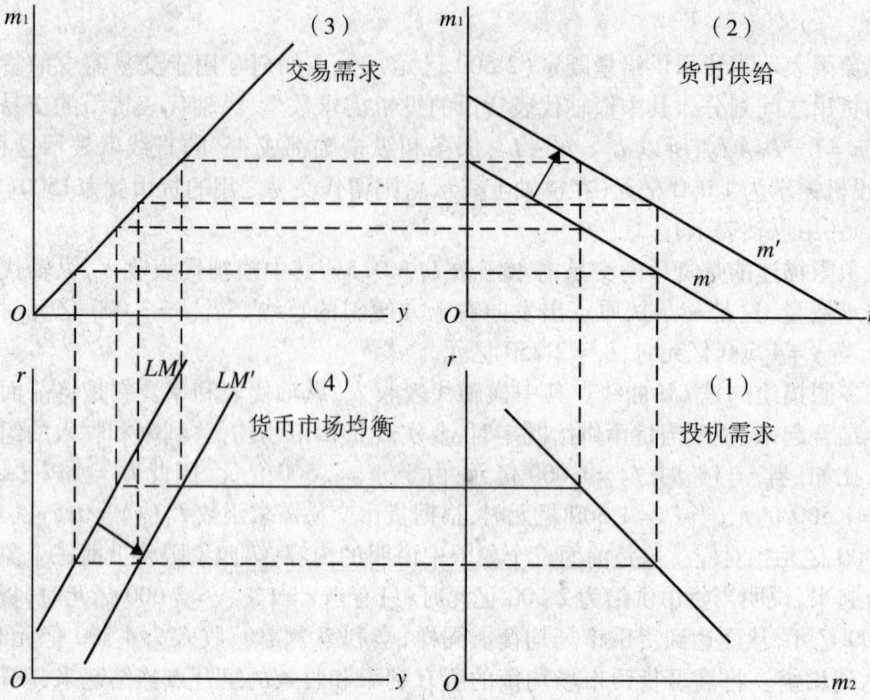

图 11-14 货币供给量变动使 *LM* 曲线移动

当货币供给量增加时，表现为第二象限的货币供给曲线向右上移动，在货币需求（包括货币的交易需求和投机需求）不变的情况下，货币市场要趋向均衡，利率必然下降，利率下降会刺激投资和消费增加，从而国民收入增加，*LM* 曲线向右下移动。

在使 *LM* 曲线移动的三个因素中，特别要重视第三个，即货币供给量变动的因素，因为货币供给量是能够由国家货币当局把握的，用以调整利率和国民收入的重要控制变量，而这种调整正是货币政策的内容。此外，还要注意，名义货币供给和实际货币供给之间的关系：当价格水平 $P=1$ 时，名义货币供给等于实际货币供给，因为 $m=\frac{M}{P}=M$；当 $P>1$ 时，名义货币供给大于实际货币供给；当 $P<1$ 时，名义货币供给小于实际货币供给。因此，当名义货币供给量不变时，如果价格水平下降，意味着实际货币供给增加，这会使 *LM* 曲线向右移动，反之，如果价格水平上升，则会使 *LM* 曲线向左移动。认识到价格水平的重要性对于以后我们讨论总需求曲线很有意义。

五、*IS*－*LM* 模型分析

（一）产品市场和货币市场同时均衡时的利率和收入

从前面的分析中我们了解到，在产品市场上，要使产品市场供求均衡，必须使计划投资等于计划储蓄，而投资是利率的减函数，国民收入是投资的增函数。因此，要求出均衡的收入水平，必须先确定利率。而利率是由货币市场上供给和需求决定的，货币需求是国民收入的增函数，是利率的减函数，在货币供给量既定（为常数）的情况下，当国民收入越高，对货币的交易和预防需求越大，则对货币的投机需求就会降低，利率会越高。于是，要确定利率水平，又首先要决定国民收入。简单地说，从 IS 曲线来看，利率是自变量，国民收入是因变量；从 LM 曲线来看，国民收入是自变量，利率是因变量。因此，我们必须将产品市场和货币市场结合起来，才能决定均衡国民收入和均衡利率，这就是所谓的 IS－LM 模型。如图 11－15 所示。

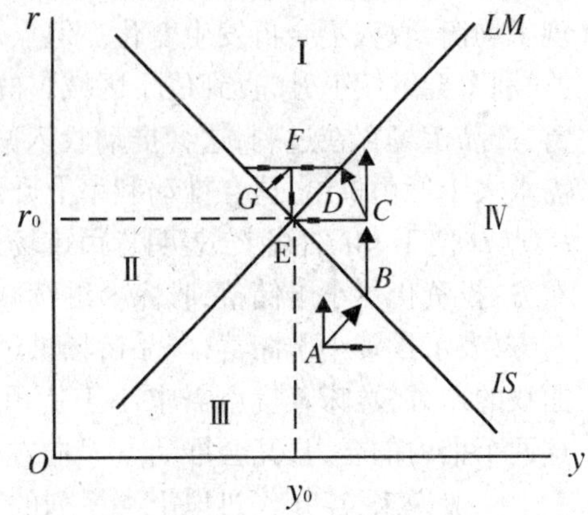

图 11－15 IS－LM 模型

IS 曲线上每一点都表示使产品市场均衡（$I=S$）的利率和收入的组合，LM 曲线每一点都表示使货币市场均衡（$L=M$）的利率和收入的组合。两条曲线的交点 E 表示的是产品市场和货币市场的一般均衡，即此点处产品市场和货币市场同时实现供求平衡，E 点所对应的利率 r_0 和收入 y_0 表示使产品市场和货币市场同时均衡的利率和收入水平。从另一个角度来说，由于 IS 曲线反映的是产业部门（产品市场）的行为，LM 曲线描述的是金融部门（货币市场）的行为，所以，IS－LM 模型又可以用来分析产业部门和金融部门的相互依存、相互作用。

我们沿用前面的数据来具体说明如何求得均衡利率和均衡国民收入。图 11－4 描述的是 IS 曲线：

$i=1\,800-120r, s=-600+0.3y, i=s$ 时，$y=8\,000-400r$

图 11－12 描述的是 LM 曲线：

$L_1=0.5y,\ L_2=1\,250-250r, m=2\,500$（亿元），

$L=m$ 时，$r=0.002y-5$，

两个市场同时均衡时：

$y=8\,000-400r$

$r=0.002y-5$，

将上面两式联立求解，得 $r_0=6.11\%$，$y_0=5\,555.6$（亿元）

这即是图 11－15 中均衡点 E 所对应的利率和收入水平。

当利率和收入组合位于 E 点之外时，意味着产品市场和货币市场没有实现一般均衡。此时，通过政府的经济政策或市场机制进行调整，可以由不均衡逐步趋向均衡。

由不均衡到均衡的调节过程，就是利率和国民收入向均衡水平变动的过程。这一调整过程的假设前提是：第一，产品市场不均衡会导致收入变动，若投资大于储蓄会导致收入增加，投资小于储蓄则会导致收入下降；第二，货币市场不均衡会导致利率变动，若货币需求大于货币供给会导致利率上升，货币需求小于货币供给会导致利率下降。

在图 11－15 中，IS 曲线和 LM 曲线将坐标平面分成了Ⅰ、Ⅱ、Ⅲ、Ⅳ四个区域。区域Ⅰ、Ⅳ位于 IS 曲线的右方，表示投资小于储蓄；区域Ⅱ、Ⅲ位于 IS 曲线的左方，表示投资大于储蓄。区域Ⅲ、Ⅳ位于 LM 曲线的右方，表示货币需求大于货币供给；区域Ⅰ、Ⅱ位于 LM 曲线的左方，表示货币需求小于货币供给。

我们以图中位于区域Ⅲ的 A 点为例，具体考察利率和收入是如何由不均衡趋向均衡的。A 点位于 IS 曲线的左方，表示投资大于储蓄，产品市场供不应求，这会推动收入增加；同时，该点又位于 LM 曲线的右方，表示货币需求大于货币供给，这会推动利率上升。这两

个推动的合力,会使 A 点向右上方移动,直到点 B,点 B 位于 IS 曲线上,意味着产品市场实现了均衡,收入不会再发生变化。但点 B 仍位于 LM 曲线的右方,表示货币需求大于货币供给,利率会继续上升,直到位于区域Ⅳ的 C 点。区域Ⅳ位于 IS 曲线的右方,表示投资小于储蓄,产品市场存在过剩,这会推动收入减少;同时,该区域也位于 LM 曲线的右方,表示货币需求大于货币供给,这会推动利率上升。两个推力的合力,推动 C 点向左上方移动,直到点 D,点 D 位于 LM 曲线上,表明货币市场达到均衡,利率不会发生变化;但点 D 仍在 IS 曲线的右方,投资仍然小于储蓄,收入会继续减少,直到位于区域Ⅰ的点 F。区域Ⅰ位于 IS 曲线的右方,表示投资小于储蓄,产品市场供过于求,这会推动收入继续减少;同时,该区域又在 LM 曲线的左方,意味着货币需求小于货币供给,存在货币的过度供给,这又会推动利率下降。这两个推力的合力,又会推动点 F 向左下方移动,直到点 G……

一般说来,点 A 经过以上一系列的变动后,最终会收敛于 IS 曲线和 LM 曲线的交点 E。在点 E,$I=S$,$L=M$,收入和利率不再变,产品市场和货币市场同时实现均衡。

(二)产品市场和货币市场均衡的变动

IS 曲线和 LM 曲线的交点所确定的利率和收入的均衡组合并非一成不变。当决定 IS 曲线和 LM 曲线的因素发生变动时,IS 曲线和 LM 曲线会相应变动,则使产品市场和货币市场同时均衡的收入和利率也会随之变动。

1. IS 曲线的移动

IS 曲线的移动源于总支出的变动。投资倾向、消费倾向、储蓄倾向的变动,都会影响总支出:总支出的增加使 IS 曲线右移,总支出的减少使 IS 曲线左移。如图 11－16 所示。

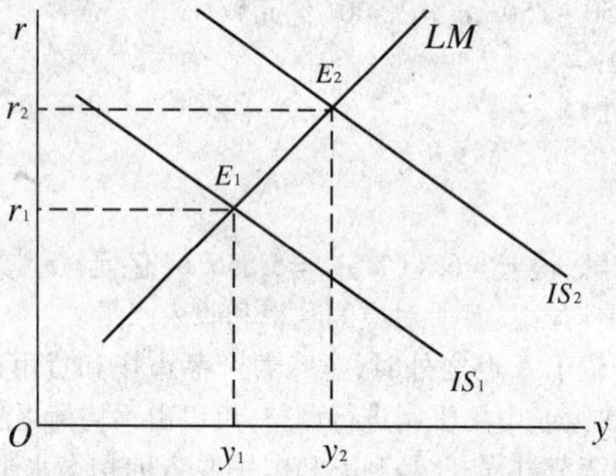

图 11－16 IS 曲线移动对均衡的影响

最初 IS 曲线和 LM 曲线相交于均衡点为 E_1,该点对应的利率和收入水平恰好使产品市场和货币市场同时实现均衡。假设现在由于投资倾向、消费倾向或政府购买、税收等因素使总需求发生变动,导致 IS 曲线右移,从原来的 IS_1 移动到 IS_2,而 LM 曲线仍然不变,则均衡点从 E_1 点移动到 E_2 点,此时均衡的利率和收入水平都上升了。其原因大致如下:当总支出增加时,收入会相应增加,但收入的增加导致对货币的交易需求增加,在货币供给水平不变(即 LM 曲线没有移动)的情况下,货币的投机需求必然减少,利率水平必定上升,这又会导致产品市场上投资需求减少,收入水平下降,即支出增加导致均衡收入增加,但由于受到货币市场的约束,增加的幅度小于简单宏观经济模型;反之,当总需求下降时,IS 曲线向左移动,这会导致均衡的利率和收入水平减少,但减少的幅度受货币市场的约束而减小。

2. *LM* 曲线的移动

名义货币供给量及价格水平的变动会导致 *LM* 曲线的移动：货币供给量的增加使 *LM* 曲线右移，反之则左移。如图 11－17 所示：

最初 *IS* 曲线和 *LM* 曲线相交于均衡点为 E_1，该点对应的利率和收入水平恰好使产品市场和货币市场同时实现均衡。现在假设 *IS* 曲线保持不变，而货币供给增加，则 *LM* 曲线由 LM_1 移动到 LM_2，均衡点从原来的 E_1 点移动到 E_2 点，此时均衡的利率水平下降，而均衡的收入水平却上升了。其原因大致如下：当货币供给增加时，假定利率水平保持不变，则为了维持货币市场的均衡，必然会增加对货币的交易需求，这要求国民收入相应增加；而国民收入的增加会使得产品市场上的储蓄量增加，在投资不变的情况下，产品市场失衡；为了维持产品市场的均衡；利率水平必然要下降：随着利率的下降，一方面投资需求增加，产品市场趋于均衡；另一方面，随着利率的下降，对货币的投机需求会上升，这会挤占对货币的交易需求，导致国民收入水平下降，即当货币供给增加时，均衡的国民收入会增加，但由于受到产品市场的约束，增加的幅度会减小；反之，当货币供给减少时，利率会上升，收入会减少，但由于受到产品市场的制约，收入不会减少得太多。

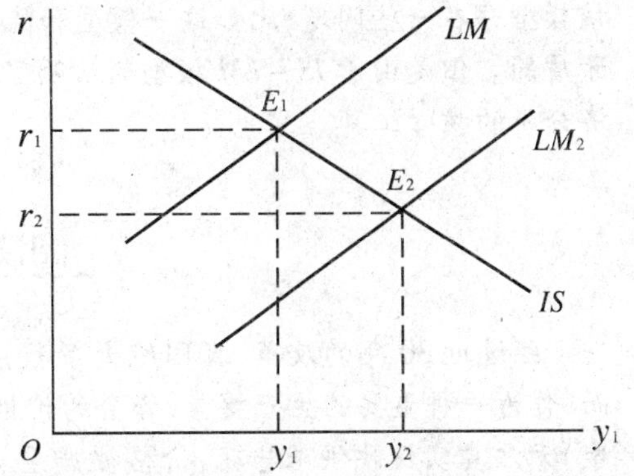

图 11－17　*LM* 曲线移动对均衡的影响

3. *IS* 曲线与 *LM* 曲线同时移动

在现实经济中，*IS* 曲线与 *LM* 曲线往往同时发生移动。两者可能同向移动，也可能反向移动；移动的幅度可能相同，也可能不同。这种错综复杂的情况，使得利率和收入的均衡组合千变万化。对这些不同组合的情况，可以用类似供求变动对市场均衡的价格和产量的影响的方法来分析。这里不再一一赘述。

阅读材料 11－2

IS－*LM* 模型是商品市场和货币市场同时均衡的分析模型，其中 *IS* 是取投资（Investment）和储蓄（Saving）的首字母而得，*LM* 是取流动性偏好（Liquidity Preference）和货币存量（Money Stock）的首字母而得。

这个模型是以凯恩斯的有效需求利率为基础的，被认为是对凯恩斯经济理论最经典的诠释，但是这个模型却不是由凯恩斯本人提出来的。

凯恩斯在讨论商品市场均衡时，以利率为主导变量，利率变动通过投资影响收入；在讨论货币市场均衡时，以收入为主导变量，收入变动通过货币需求影响利率。实际上，凯恩斯陷入了逻辑上的循环推论的陷阱，而他自己未能提供解决方案。

完成这项任务的是后来的经济学家希克斯和汉森。1937 年，汉森发表《凯恩斯先生与古典学派》一书，首次提出 *IS*－*LM* 模型；汉森在 1948 年发表的《货币理论与财政政策》、1953 年发表的《凯恩斯学说指南》中进一步完善了 *IS*－*LM* 模型。

该模型把两个市场的均衡放在同一个框架内分析，很好地解决了凯恩斯的逻辑问题，又称为“希克斯－汉森”模型。

IS－LM 模型是对简单的国民收入模型的一种发展，它作为一种宏观经济分析的核心工具是很重要的，特别是对考察宏观经济政策的调控力度极为有用。但是，一些经济学家认为该模型存在一些问题，比如这一模型和凯恩斯的国民收入决定于消费和投资的基本理论是矛盾的。但是由于 *IS－LM* 模型简洁明了、适用性强，这些争论丝毫不能妨碍其成为短期经济分析的核心工具。

阅读材料 11－3

经过近 30 年的改革，我国绝大多数消费产品和要素产品都实现了市场决定价格。然而，作为一种重要的生产要素，资金的价格却至今仍然处于管制状态。这导致资金价格（利率）无法真实反映供求状况，价格被严重扭曲，近年来出现的投资过热，就是受到资金价格过低的影响。

2007 年伊始，央行隆重推出了“上海银行间同业拆放利率”（简称“Shibor”）。金融市场盼望已久的中国基准利率雏形已经亮相。“上海银行间同业拆放利率”由信用等级较高的银行组成报价团自主报出的人民币同业拆出利率计算确定的算术平均利率，是单利、无担保、批发性利率。目前对社会公布的“Shibor”品种包括隔夜、1 周、2 周、1 个月、3 个月、6 个月、9 个月及 1 年。报价银行团现由 16 家商业银行组成。报价行是公开市场一级交易商或外汇市场做市商，在中国货币市场上人民币交易相对活跃、信息披露比较充分的银行。

对于市场经济下央行的货币政策调控而言，“Shibor”将是一个极为重要的变量。它能在整个利率体系中起主导作用、核心作用，并能制约其他利率。央行以后可通过公开市场操作来调整基准利率，形成合理的市场预期，进而传导并影响微观经济行为，使其调控更加精准和有效。

尽管央行苦心经营的“Shibor”终于面世，然而试运行一个多月的情况却并不十分乐观。据参与试运行的银行交易员透露，“Shibor”目前的变动主要还是以现有货币市场利率作为基准，“Shibor”各品种利率的信息虽然每天都公布，但市场真正据此作为成交依据的情况还不多。此外，“Shibor”发挥基准利率作用的另一个障碍还在于，目前我国的利率实际上还处于管制状态，即存款利率的上限和贷款利率的下限被人为限定。而货币市场的利率水平却基本实现了市场化，这就导致了我国利率市场的双轨运行状况。在此情况下，由货币市场基准利率引导实际资金价格的机制就无法形成，“Shibor”的现实意义自然会打折扣。

第三节　*AD－AS* 模型

一、总需求函数及其推导

（一）总需求函数

前面提及，总需求是经济社会对产品和劳务的需求总量，包括消费需求、投资需求、政府需求和国外需求构成。西方学者认为，影响总需求的因素包括价格水平、人们的收入水平、对未来的预期、政府购买以及政府的政策如税收政策和旨在调节货币供给量的政策等。

总需求函数是指在其他条件不变的情况下，价格水平和全社会总需求之间的函数关系。它描述的是在某个特定的价格水平下，经济社会需要多高的收入才能使总需求实现。总需求函数一般同产品市场和货币市场有关，换句话说，总需求函数可以从产品市场和货币市场的同时均衡中得到。以两部门经济为例，此时，*IS* 曲线的方程是：$s(y)=i(r)$

LM 曲线的方程是： $M/P=L_1(y)+L_2(r)$

将 y 和 r 看成未知数，而把其他变量包括 P 当作参数来对这两个方程联立求解，则所求得的 y 的解式中一般都包含了 P 这一变量。该解式表示了不同价格（P）与不同的总需求量（y）之间的函数关系，即总需求函数。下面用一具体例子加以说明。假设：

IS 曲线的方程是： $0.5y+240r=3$ 子 500

LM 曲线的方程是： $0.5y-260r=1\ 000/p$

联立两式，求出 y 的解式，得到

$$y=3\ 640+960/p$$

这就是总需求函数。

（二）总需求曲线的推导

总需求曲线可以从 *IS* – *LM* 模型中推导出来。在 *IS* – *LM* 模型中，一般价格水平被假定为是一个常数。在价格水平固定不变且货币供给为已知的情况下，*IS* 曲线和 *LM* 曲线的交点决定均衡的收入（产量）水平。下面用图 11 – 18 来具体说明怎样根据 *IS* – *LM* 图形来推求总需求曲线。

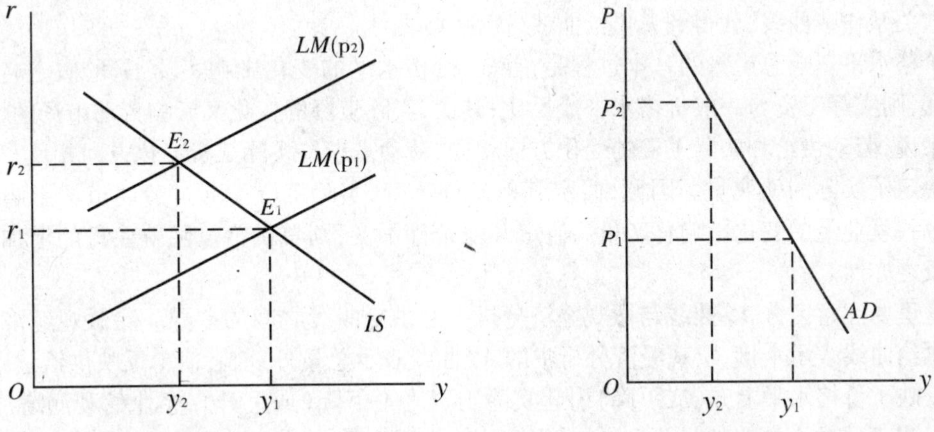

（a）*IS* – *LM* 曲线　　（b）总需求曲线

图 11 – 18　总需求曲线的推导

图（a）描述的是 *IS* – *LM* 曲线。由于构成 *IS* 曲线的投资和储蓄都是国民收入的函数，是实际量而不是名义量，与价格水平无关，因此，图中的 *IS* 曲线一般不受价格水平的影响。而 *LM* 曲线中的实际货币供给量取决于名义货币供给量和价格水平，所以，在假定名义货币供给量不变时，不同的价格水平对应不同的 *LM* 曲线：如 $LM(P_1)$ 意味着此时价格水平为 P_1，而 $LM(P_2)$ 意味着此时价格水平为 P_2。这样，均衡的利率和收入水平也不同。当价格水平为 P_1 时，$LM(P_1)$ 与 *IS* 曲线交于点 E_1，此时实际收入水平是 y_1，因此点（P_1、y_1）是图（b）中总需求曲线上的一点。当价格水平从 P_1 提高到 P_2 时，在名义货币供给量既定时，实际货币供给量减少，利率会从 i_1 上升 i_2，随着利率的上升，投资会下降，实际收入水平随之从 y_1 减少到 y_2，点（P_2、y_2）也是图 2 中总需求曲线上的一点。按照同样的程序，随着 P 的变化，会有无数条 LM 曲线以及无数个与 IS 曲线的交点，每一个交点对应不同的利率和收入水平。将所有收入和价格的组合画在图（b）中，连接起来，就得到总需求曲线 AD。

从上面总需求曲线的推导中可以看出，总需求和价格水平之间呈反方向变化的关系，即总需求曲线是向右下方倾斜的。表示价格水平越高，社会的需求总量越小；价格水平越低，社会的需求总量越大。总需求曲线和微观经济分析中的需求曲线形状极其相似，但两者的内涵差异很大。微观经济分析中的需求曲线表示特定产品的需求量和其价格之间的关系，而宏观经济分析中的总需求曲线则表示全社会总需求量和一般物价水平的关系。同时，需求曲线简单反映需求法则，总需求曲线则反映了价格水平上升（或下降）引起实际货币供给减少（或增加），导致利率水平上升（或下降），进而影响到投资的下降（或上升），最终导致实际收入水平减少（或增加）的这样一种迂回复杂的传导机制。

二、总供给函数

（一）总供给函数

总供给是经济社会的总产量（或总产出），它描述了经济社会的基本资源用于生产时可能有的产量。一般而言，总供给主要是由生产性投入（最重要的是劳动和资本）的数量和这些投入组合的效率（即当时的技术水平）决定的。

总供给函数表示在其他条件不变的情况下，总产量和一般价格水平之间的关系。将这种函数关系作成曲线，就得到总供给曲线，简称 AS 曲线。

价格水平影响总产量的基本过程是：首先，价格水平的变化影响实际工资，假定名义工资不变，则实际工资与一般价格水平成反比；其次，实际工资的变化又影响劳动市场的供求。一般来说，劳动供给和实际工资的变化方向相同，劳动需求与实际工资变化方向相反。劳动供求决定了实际的就业量。因此，假定其他条件不变，实际工资就通过劳动市场影响就业量；最后，就业量的变化影响总产量。假定其他条件不变，则总供给量随就业量的增加而增加。反之亦然。

这里要注意区分 AS 曲线与微观经济分析中的供给曲线之间的差异。除微观经济分析中的供给曲线表示个量，宏观经济分析中的 AS 曲线表示总量外，前者简单反映供给法则，后者则反映了价格水平上升（或下降）引起实际工资水平下降（或上升），企业的利润增加（或减少），进而使整个社会的就业量增加，实际收入水平上升这样一种迂回复杂的传导机制。

（二）不同形状的总供给曲线

总供给曲线的形状是当代经济学家争论的焦点问题之一，各学派都从不同的假设出发，对 AS 曲线作了不同的解释。

古典理论认为，由于价格、工资可以灵活变动，因此所有的生产要素都被充分利用，即资本不存在闲置，劳动达到充分就业，这时经济的产出称为潜在的产出水平，它不受价格变动的影响，而是由技术进步和资本、劳动等要素投入数量决定的，因此总供给曲线为一条垂直于横轴的直线。假定此时政府采取增加货币供应量的扩张性货币政策，使总需求曲线向右上方移动，则只会提高价格水平，而不会影响实际产量水平。

货币主义认为，经济会经常处于接近充分就业状态，所以 *AS* 曲线是一条向右上方倾斜的很陡峭的曲线，随着总需求的增加，产量会增加，但价格水平会以更大的幅度增加。

凯恩斯主义认为，在未达到充分就业时，随着价格水平上升，实际工资水平下降，企业利润增加会扩大生产，就业量和总产量将增加，所以，短期内 *AS* 曲线具有正斜率。一旦达到充分就业，无论价格水平怎样上涨，总供给都不可能增加，所以长期总供给曲线是一条垂直线。

新古典理论强调预期对经济行为的重要影响，认为在短期内，由于人们未能完全预期到价格水平的变化，所以短期总供给曲线向上倾斜，具有正斜率。而在长期，人们能够准确预期到价格水平的变化，所以总供给曲线是一条垂直线，即价格水平上升，仅会导致工资水平的同样上升，却不会带来相应的总产量增加。

新凯恩斯主义认为，分析长期没有意义，而注重短期总供给曲线。短期总供给曲线向上倾斜，但斜率小于新古典理论的短期总供给曲线，这是因为工资、价格等具有粘性，不能及时充分地调节经济，导致价格水平变化幅度小于总供给的变化幅度。

三、*AD* - *AS* 模型分析及其调控

AD - *AS* 模型分析就是将总需求曲线和总供给曲线结合起来，分析总供求均衡及其形成过程，以及当经济中发生某种变化时，对总需求和总供给的影响。

将 *AD* 曲线和 *AS* 曲线叠加起来，并且加上充分就业收入（即充分就业状态下能够达到的国民收入水平）曲线 *FE*，就得到表示总供求均衡及其形成过程，如图 11 - 19 所示。

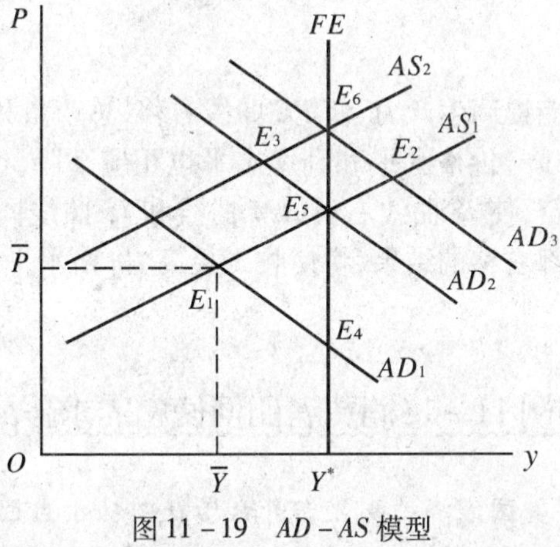

图 11 - 19　*AD* - *AS* 模型

由于 *AD* 曲线是由产品市场和货币市场均衡模型推导得到，*AS* 曲线由劳动市场均衡模型推导得到，因此，当影响产品市场、货币市场、劳动市场的经济政策变化以及科学技术进步，都将引起总供求均衡的变动。

（一）财政政策变化

财政政策将使 *IS* 曲线位移。若政府实施扩张的财政政策，例如增加投资，将会导致多方面的影响，首先导致利率上升，收入增加，*IS* 曲线右移，*AD* 曲线相应由 AD_1 右移至 AD_3。由于 *AS* 曲线既定，*AD* > *AS* 的结果，必然引起价格水平上涨，总供求均衡点由 E_1 移动到 E_2。然后，价格水平上涨必将导致 *LM* 曲线左移，收入水平下降，*AD* 曲线相应左移到 AD_2。同时，

价格水平上涨会促使企业增加生产，以更高工资雇佣更多的工人。这个过程会一直持续下去，直至因投资增加而引起的超额需求消失，均衡点移到 E_5 为止。所以，实行扩张的财政政策，增加投资，将使总供求均衡点移向右上方，即收入水平和价格水平均较高。反之，若政府实施紧缩性的财政政策，将减少总需求，总供求均衡点移向左下方，收入水平和价格水平均较低。

(二)货币政策变化

货币政策会使 *LM* 曲线位移。若政府实施扩张的货币政策，例如增加名义货币供给，会使利率下降，投资增加，就业也增加，因而收入水平提高，使 *LM* 曲线右移，*AD* 曲线也相应由 AD_2 右移至 AD_3。由于总需求增加，而总供给不变，因此 $AD > AS$，将导致价格水平上涨，总供求均衡点由 E_5 移动到 E_6。因此，实施扩张性的货币政策，增加名义货币供给量，除了提高价格水平外，对收入、利率、就业等方面不会有实质性的影响。反之，实施紧缩性的货币政策将会使 *AD* 曲线左移，减少社会总需求。

(三)劳动就业政策变化

如果提高工人的名义工资，一方面会增加就业，进而收入提高，使 *AS* 曲线右移。同时，名义工资增加，也意味着生产成本提高，价格水平随之上涨，又使 *AS* 曲线左移。一般来说，物价上涨幅度要大于收入增加幅度，所以，*AS* 曲线左移的程度大于右移。另一方面，增加名义工资会提高消费，使 *IS* 曲线右移，而价格水平上涨又使 *LM* 曲线左移，这就使利率上升，收入减少，导致 *AD* 曲线左移。总供求曲线的同时左移，使均衡点移向左上方，即价格水平较高，实际收入水平较低。

(四)科学技术进步

科学技术进步一方面能提高生产力，使 *FE* 曲线右移，总产量和收入增加，*AS* 曲线右移。另一方面，它使生产成本下降，价格水平和利率水平也相应下降，使 *LM* 曲线右移，同时，收入增加也会增加消费和投资，使 *IS* 曲线右移，*LM* 曲线和 *IS* 曲线同时右移，必然使 *AD* 曲线右移。*AD* 曲线和 *AS* 曲线都右移的结果，将使收入更高，价格水平也可能较低，即总供求均衡点向右下方移动。

案例 11－1：消费者如何使总需求移动

克林顿总统把 1996 年美国经济的明显回升和活跃归功于自己，但分析家认为应主要归功于消费者。

在 1996 年的大部分时间里，美国人慷慨地支出于住房、汽车、电冰箱和外出吃饭，这使得在 1 月份时看来有停止危险的经济扩张又得以持续下去。在这个过程中，他们基本上没有理会过分扩大支出的警示信号。

经济学家说，在星期五公布的经济惊人强劲的数据中，消费者的无节制支出是主要力量。劳工部估算，经济创造了 23.9 万个工作岗位，远远大于预期的水平，使这个月成为连续第五个月强有力的就业增加。现在的失业率为 5.3%，是 6 年来的最低水平，而且，经济增长如此迅速，以至于又开始担心通货膨胀。

在各个行业中，就业增长最大的是零售业，它在 6 月份增加了 7.5 万个工作岗位，其中有将近一半是政府划归为餐饮的行业。在汽车中间商、加油站、旅馆和出售建筑材料、园艺和家具的商店中，工作岗位的增加也是强劲的。建筑业增加了2.3万个，这部分反映了住房建设的持续上升力量。

大多数经济学家还一致认为，1996年支出迅速增加主要是由暂时的因素引起的——包括低利率，退税高于预期水平，以及汽车制造商的回扣等。

此外，消费者对股票市场将持续上涨的预期也使消费者支出更多。经济学家多年来一直在解决股票市场投资的纸面获益能在多大程度上引起消费者支出更多的问题，而且，他们仍然没有得出一个一致的答案。但是，他们说，近年来的牛市给消费者更多地支出提供了某种刺激。

【本章小结】

本章主要介绍短期国民收入的决定问题，包括简单国民收入决定理论、扩大的国民收入决定理论和总需求－总供给模型。

1. 简单的国民收入决定模型的中心内容是产品市场的均衡。在总供给没有限制的情况下，总需求决定总产出(总收入)。如果总需求发生变动，均衡国民收入会相应改变。引起总需求变动的因素主要有：边际消费倾向、自发消费或投资。

2. 乘数原理是凯恩斯用来说明投资效应的一个理论工具，投资增加所引起的国民收入增加的倍数，就是投资乘数。乘数的大小取决于边际消费倾向，其与边际消费倾向成正比。乘数具有正反两方面的效应。

3. *IS* 曲线是根据产品市场均衡条件推导出来的，其含义是指使产品市场均衡的所有利率和收入的组合。它向右下方倾斜，表明随着利率的下降，均衡的国民收入会增加。

4. *LM* 曲线是根据货币市场均衡条件推导出来的，其含义是指使货币市场均衡的所有利率和收入的组合。它向右上方倾斜，表明随着利率的下降，均衡的国民收入会减少。

5. *IS－LM* 模型放松了简单国民收入决定模型中投资是一常数的假定，引入了利率和货币市场，研究在短期价格水平不变的条件下，使产品市场和货币市场同时均衡的利率和收入水平。这就是产品市场和货币市场的一般均衡。当 *IS* 曲线和 *LM* 曲线发生移动时，均衡的产出水平和利率水平会相应改变。

6. 总需求曲线描述在特定价格水平下经济社会的总需求。当价格水平变动而名义货币供给量既定时，实际货币供给会改变，进而 *LM* 曲线会移动，而 *IS* 曲线不变，根据 *IS* 曲线和移动了的 *LM* 曲线的交点，可以推导出向右下方倾斜的总需求曲线。

7. 总供给曲线描述总产量和一般价格水平之间的关系。

8. *AD－AS* 模型分析就是将总需求曲线和总供给曲线结合起来，分析均衡的产出水平及价格，以及当总需求和(或)总供给发生某种变化时，对均衡的产量和价格的影响。影响产品市场、货币市场、劳动市场的经济政策变化以及科学技术进步，都将引起总供求均衡的变动。

习　题

一、名词解释

1. IS 曲线　　2. LM 曲线　　3. 边际消费倾向　　4. 流动偏好陷阱

二、选择题

1. 根据消费函数,引起消费增加的因素是(　　)。

A. 价格水平下降　　B. 收入增加　　C. 储蓄增加

2. 利息率提高时,货币的投机需求将(　　)。

A. 增加　　B. 不变　　C. 减少

三、问答题

1. 按照凯恩斯主义的观点,总需求如何决定国民收入?

2. 什么是投资乘数? 其发挥作用的机理是什么?

四、计算题

1. 假设 $I = 2\ 000$ 亿元,$C = 500 + 0.8Y$,求投资乘数,均衡国民收入和消费量。

2. 一个简单经济的消费函数和投资函数如下:

$C = 400 + 0.2Y$

$I = 240 - 400r$

(1)构造 IS 曲线,并进行解释。

(2)$Y = 1\ 000$ 时,利率水平是多少? Y 上升到 $1\ 020$ 时,利率水平又是多少?

第十二章　经济增长与经济周期

【教学目的】

宏观经济学研究的核心问题：一是研究经济增长；二是研究经济增长的波动问题。历史资料表明经济在长期的增长过程中并不是直线稳定的上升的，总是围绕着潜在的经济增长量上下波动，并呈现出周期变动的特征。本章主要介绍对经济增长问题的研究（包括对经济增长的界定、源泉、经济增长模型的研究）以及对经济周期问题的研究（包括对周期的阶段划分、特征、类型及成因的研究。）

【教学要求】

通过本章的学习，学生能够：

1. 了解经济增长的定义。
2. 了解经济增长的源泉及各种因素对经济增长的作用方式。
3. 掌握哈罗德—多马模型、新古典增长模型的假设、表达式及结论观点。
4. 了解经济周期的定义、阶段划分及类型。
5. 了解有关经济周期的理论流派。

【重点难点】

本章重点：

1. 经济增长理论。
2. 经济周期的成因研究。

本章难点：

经济增长理论模型。

【知识要点】

经济增长　增长核算　哈罗德－多马模型　新古典增长模型　经济周期

前面一章我们已经学习了短期国民收入增长的相关知识，本章开始我们要来研究长期的经济变化趋势，通过量化经济变量建立经济模型，分析长期经济增长源泉，并介绍一些经济周期理论来解释经济的周期性变动。

第一节　经济增长概述

一、经济增长的定义

经济增长与经济周期分析都是长期的动态的分析。经济周期理论主要研究实际国民收入怎样围绕着充分就业的国民收入运动,经济增长理论则主要分析充分就业的国民收入的变化趋势。在现代西方经济学中,经济增长(economic growth)并不是简单地意味着国民收入的增加,它分析的是长期的动态的实际国民收入的变动趋势。

那么,如何定义经济增长呢?《大英百科全书》把经济增长描述为"国民财富跨时期增长的过程"。《经济学大词典》把经济增长描述为"以固定价格计算的人均国民收入的某种度量的变化率,最广泛采用的是人均国内生产总值的增长率"。美国经济学家西蒙·库兹涅茨把经济增长描述为"一个国家的经济增长,可以定义为给居民提供种类日益繁多的经济产品的能力长期上升,这种不断增长的能力是建立在先进技术以及所需要的制度和思想意识之相应的调整的基础上的。"等等。

类似的描述还有很多,但不论哪种描述,总的来看,经济增长通常都被定义为"产量"的增加。这里,产量既可以表示为经济的总量,也可以表示为人均产量。经济增长的程度可以用增长率来描述。以库兹涅茨的这个定义为例,它就包含了三层含义:第一,经济的增长就是商品和劳务总量的增加,即国民生产总值的增加;第二,技术进步是实现经济增长的必要条件;第三,经济增长的充分条件是制度与意识的相应调整。

现代经济增长又同时具有6个互相联系的特征:第一,人均产值和人口增长率很高。第二,生产率的快速增长。第三,经济结构迅速转变。第四,与经济结构密切相关的社会结构和意识形态也发生了迅速变化。第五,经济增长具有扩散到世界范围的倾向。第六,经济增长在世界范围内扩散的结果是世界经济增长的不平衡。

二、研究经济增长问题的方法

对于经济增长,摆在经济学家面前的难题是,为什么收入和经济增长率在世界各国之间存在着巨大的差异呢?对这一难题的解释,涉及经济增长的三个中心问题,它们是:

1. 为什么一些国家如此富裕,而另一些国家那么贫穷。
2. 什么是经济增长的源泉。
3. 怎样理解像日本和中国香港这样的国家和地区的增长奇迹。

在经济学中,对上述问题的回答有两种互为补充的分析方法:一种是增长核算,它试图通过分析经济增长的源泉,把产量增长的不同决定因素的共享程度数量化。另一种是增长理论,它把增长过程中生产要素供给、技术进步、储蓄和投资的互动关系模型化。大致来说,这两种方法共同构成了分析增长问题的框架。

三、经济增长的源泉

经济增长的重要源泉:

第一,资本。这里的资本主要是指物质资本。一般来说,在劳动数量不变的条件下,物质资本越多,社会生产能力就越高,经济增长就越快。

第二,劳动。这里的劳动包括两个方面的内容,一方面是劳动的质量,主要指人力资本。人力资本是指对人进行生产性投资的资本化价值。对人的生产性投资主要包括教育、训练和保健的支出。投资的效果是人的能力提高了,因而可以获得更高的报酬。人力资本的增加已经成为经济增长的重要源泉。另一方面是指劳动的数量,一定的劳动数量是经济增长所不可缺少的。在没有达到适度人口以前,增加一单位人口可以带来人均国民生产总值的增长。在这种情况下,人口数量对经济增长起着举足轻重的作用。

第三,技术进步。新知识的增加和技术的进步对经济增长起着重要的作用,它在没有资本积累的条件下也可以导致经济的增长。例如,假定新生产的资本品刚好能够补充损耗的资本品,资本存量并没有发生变化。如果新资本品是和以前同样质量的资本品,那么社会生产能力没有提高。但如果新资本品吸收了科学技术的新成果,社会生产能力将提高,它在其他条件不变的情况下将导致经济的增长。

四、增长核算简介

可以借助总生产函数或宏观生产函数来研究经济增长的源泉。

设宏观生产函数为:

$$Y = A \times F(N,K) \tag{12.1}$$

Y—总产出　　N—劳动投入量　　K—资本投入量　　A—技术状况

则有:

$$\Delta Y = MP_N \times \Delta N + MP_K \times \Delta K + F(N,K) \times \Delta A \tag{12.2}$$

MP_N—劳动的边际产量　　MP_K—资本的边际产量

将式(12.2)两边同时除以 Y 可得:

$$\frac{\Delta Y}{Y} = \frac{MP_N}{Y} \times \Delta N + \frac{MP_K}{Y} \times \Delta K + \frac{\Delta A}{A}$$

上式进一步变形为:

$$\frac{\Delta Y}{Y} = \left(\frac{MP_N \times N}{Y}\right)\frac{\Delta N}{N} + \left(\frac{MP_K \times K}{Y}\right)\frac{\Delta K}{K} + \frac{\Delta A}{A} \tag{12.3}$$

根据我们前面所学的内容,在竞争性市场上,厂商使用生产要素的原则是,将要素需求量固定在使要素的边际产量等于要素的实际价格的水平上。因此,表达式 $MP_N \times N$ 和 $MP_K \times K$ 分别为劳动和资本的收益,从而表达式 $(MP_N \times N)/Y$ 就是劳动收益在产出中所占的份额,简称劳动份额,记作 α。同理,表达式 $(MP_K \times K)/Y$ 就是资本收益在产出中所占的份额,简称资本份额,记作 β。

这样式(12.3)可以写为:

$$\frac{\Delta Y}{Y} = \alpha \times \frac{\Delta N}{N} + \beta \times \frac{\Delta K}{K} + \frac{\Delta A}{A}$$

即:

产出增量 =(劳动份额 × 劳动增长)+(资本份额 × 资本增长)+ 技术进步

这就是增长核算的关键公式,它告诉人们经济增长取决三大因素:①资本增长率;②劳动力增长率;③技术进步因素。

表 12-1 就是增长核算或增长原因分析之“父”——美国经济学家爱德华·丹尼森对 1948~1981 年美国经济的增长核算分析。

表 12-1　1948~1981 年美国经济的增长核算分析

作出贡献的要素 (丹尼森估算)	要素对实际 GDP 增长的贡献	
	%(每年)	占总体的%
实际 GDP	3.2	100
投入的贡献	1.1	34

续表

作出贡献的要素（丹尼森估算）	要素对实际 GDP 增长的贡献	
	%（每年）	占总体的%
资本	0.5	15
劳动力	0.6	19
土地	0.0	0
综合全要素生产率	2.1	66
教育	0.6	19
知识和其他要素的进步	1.5	47

案例分析 12-1：克鲁格曼的预言

1994 年，美国经济学家克鲁格曼在《外交》杂志上撰文，指出东南亚国家的高速经济增长是没有牢固基础的“纸老虎”，迟早要崩溃。历史不幸被克鲁格曼言中，1997 年东南亚金融危机的爆发引起这个地区的严重经济衰退。

克鲁格曼之所以认为东南亚国家的经济增长是“纸老虎”，是因为这些国家的经济增长是由劳动与资本的大量增加带动的，缺乏技术进步。而技术进步在经济增长中的中心地位，早已为当今世界各国的经济学家所公认。克鲁格曼认为，东南亚经济增长中技术进步的作用不明显，没有起到应有的中心作用。这些国家和地区缺乏科技创新能力，仅仅依靠投入实现增长，到一定程度就会引起劳动和资本的边际生产率递减，增长必然放慢，甚至衰退。克鲁格曼甚至认为，即使像日本这样的经济大国，由于其主要技术仍然是引进的，缺乏原创性，即使没有各种复杂因素引发的金融危机，其经济的增长也迟早要出问题。

尽管经济学家对东南亚金融危机的发生众说纷纭，但有一点已为所有的人所接受：没有技术进步就没有持久而稳定的经济增长。20 世纪 90 年代美国经济连续近十年的稳定增长则从正面证明了这一点。虽然经济学家对个人电脑、互联网对增长的作用还难以作出准确的定量分析，但这些技术进步对美国经济繁荣的贡献是无人否认的。

克鲁格曼的观点固然冷酷，但它能使我们更加清醒地认识到，21 世纪将是技术进步更加迅猛的时代，发展中国家只有确立技术进步在经济增长中的中心地位，才能实现经济长期的快速增长。

第二节　经济增长理论

现代经济增长理论的一个特点，就是把理论模型化，即通过建立增长模型来阐明国民收入的增长同有关的各经济因素之间的因果关系。其中，影响比较大的增长模型有哈罗德—多马模型、以美国经济学家索洛为代表的新古典增长模型和以英国经济学家卡尔多为代表的新剑桥派模型。本节我们主要给大家介绍哈罗德-多马模型和新古典增长模型。

一、哈罗德－多马模型

英国的哈罗德和美国的多马是研究经济增长问题较早的专家，由于两人提出的模型极为相似，所以合称为哈罗德—多马模型。

哈罗德－多马经济增长模型的假设条件：

(1)整个社会只生产一种产品，它既可以作为消费品，也可以作为资本品；

(2)储蓄 S 是国民收入 Y 的函数，$S=sY$，s 为整个社会的储蓄在国民收入中所占有的份额；

(3)生产过程只使用两种生产要素，即劳动 L 和资本 K。且技术系数固定；

(4)劳动力按照一个固定的比率增长；

(5)不存在技术进步，也不存在资本折旧问题；

(6)生产规模报酬不变，即生产任何一单位产品所需的资本和劳动数量固定不变。

在这样的假设条件下，哈罗德－多马模型说明了两个问题：一是存在性问题，即市场经济的作用能使经济处于均衡点；另一是稳定性问题，即市场经济不能使偏离均衡的经济增长自动恢复均衡增长。

设：$V=\frac{K}{Y}$(固定资本在国民收入中的比例)

则：$K=V\times Y$　　进而有：$\Delta K=V\times\Delta Y$

由于不存在折旧，所以 ΔK 全部由投资 I 转化而来，$I=V\times\Delta Y$，而储蓄 $S=sY$。

国民收入要保持均衡增长，根据凯恩斯的国民收入决定理论 $I=S$ 有：

$V\times\Delta Y=sY$ 从而可得：国民经济的增长$\frac{\Delta Y}{Y}=\frac{s}{V}$。

哈罗德将经济增长分为实际的国民经济增长和满意的国民经济增长：实际增长 $G_A=\frac{s}{V_A}$，满意的增长 $G_W=\frac{s}{V_W}$。当且仅当 $G_A=G_W=n$(劳动力的增长，即$\frac{\Delta N}{N}$)时，为充分就业的增长。哈罗德等人认为充分就业的增长是存在的，即市场机制的作用能使经济处于充分就业的均衡点。而当 $G_A>G_W$ 时，由于 $G_A=\frac{s}{V_A}$，$G_W=\frac{s}{V_W}$，所以能推导出 $V_A<V_W$，进而有$\left(\frac{K}{Y}\right)_A<\left(\frac{K}{Y}\right)_W$，即厂商实际固定资产存量小于想要有的固定资产存量，厂商必会增加投资，从而使实际增长大于想要或满意的增长，即实际增长与想要有的增长一旦发生了偏离，经济活动不仅不能自我纠正，而且还会产生更大的偏离。这个结论被称为哈罗德的“不稳定原理”。

哈罗德－多马经济增长模型出现后在西方经济学界引起了很大反响。但许多经济学家也指出其存在的缺陷，即资本－产出比不变的假定不合理，因为它否定了生产要素之间的可替代性，不符合实际情况。索洛、斯旺等人对哈罗德－多马经济增长模型进行了修改，发展为一个“新古典模型”，即索洛—斯旺模型。

二、新古典增长模型

新古典经济增长模型的代表是索洛－斯旺模型。

(一)基本假设

新古典经济增长模型是建立在哈罗德－多马模型基础之上的,其基本假设条件与哈罗德－多马模型的区别主要是:生产的技术条件是可以改变的,即资本－劳动比率和资本－产出比率是可以变动的。在此前提下,还假定:资本和劳动这两个要素的边际生产力都是递减的;经济处于完全竞争条件下,资本和劳动这两个要素都可以得到充分利用。

社会储蓄函数为:

$$S = sY \qquad (s\text{为国民储蓄率}) \qquad (12.4)$$

不考虑技术进步的宏观生产函数

$$Y = F(N, K) \qquad (12.5)$$

假定规模报酬不变,即有:

$$\lambda Y = F(\lambda N, \lambda K)$$

特别地取 $\lambda = \frac{1}{N}$,则有:$\frac{Y}{N} = F(1, \frac{K}{N})$ (12.6)

为说明简便起见,假定全部人口都参与生产,那么式(12.6)说明,人均产量$\frac{Y}{N}$只取决于人均资本$\frac{K}{N}$。用 y 表示人均产量,k 表示人均资本,即:$y = \frac{Y}{N}, k = \frac{K}{N}$,则生产函数可以表示为人均生产函数形式:

$$y = f(k) \qquad (12.7)$$

它说明在技术不变的前提下,人均产出是人均资本的函数,即:只有人均资本增加,人均产出才可能增加。图 12－1 表示了生产函数式(12.7)的图形。从图形中可以看出,随着每个工人拥有资本量的上升,即 k 值的增加,每个工人的产量也增加,但由于报酬递减规律,人均产量增加的速度是递减的。

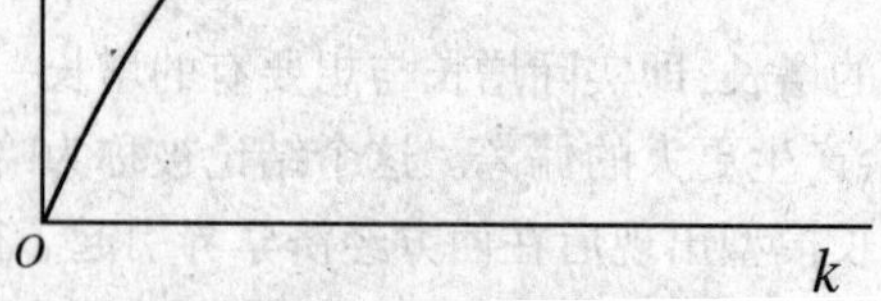

图 12－1 人均生产函数曲线

根据增长核算的关键公式:

产出增量 =(劳动份额 × 劳动增长)+(资本份额 × 资本增长)+ 技术进步

在劳动增长率不变和不考虑技术进步的前提条件下,产出增长率就取决于资本增长率。一般来看,资本增长率由储蓄(或投资)决定,而储蓄又依赖于收入,收入或产量又要视资本而定。于是资本、产量和储蓄(投资)之间建立了一个如图 12－2 所示的相互依赖的体系。

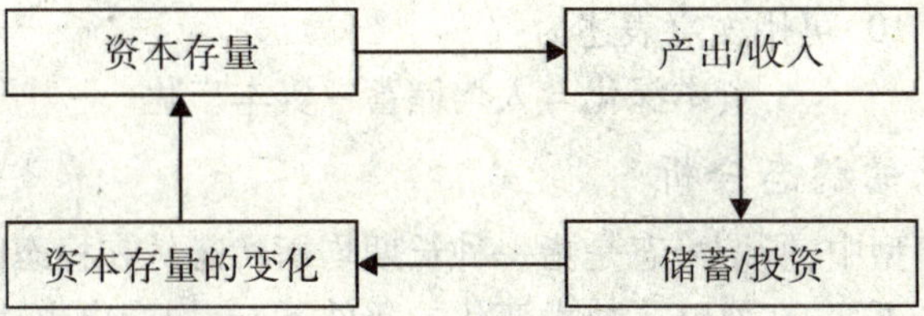

图 12－2　资本、产量、储蓄三者关系

在上述体系中，资本对产出的影响可由人均生产函数(12.7)式来描述。资本存量变化对资本存量的影响是很明显和直观的，无需进一步说明。产出对储蓄的影响可以用储蓄函数来描述。因此，在该体系中，需要重点说明的是储蓄对资本存量变化的影响。

(二)新古典增长模型的基本方程

在一个只包括家庭部门和企业部门的简单经济中，经济的均衡为：

$$I = S$$

即投资或资本存量的增加等于储蓄。资本存量的变化等于投资减去折旧。当资本存量为 K 时，假定折旧是资本存量 K 的一个固定比率 $\delta K(0<\delta<1)$，则资本存量变化 ΔK 为：

$$\Delta K = I - \delta K$$

根据：$I = S = sY$，上式可写为：

$$\Delta K = sY - \delta K$$

上式两边同时除以劳动数量 N，有：

$$\frac{\Delta K}{N} = s\frac{Y}{N} - \delta\frac{K}{N} = sy - \delta k \qquad (12.8)$$

注意到 $k = \frac{K}{N}$，于是 k 的增长率可写为：

$$\frac{\Delta k}{k} = \frac{\Delta K}{K} - \frac{\Delta N}{N} = \frac{\Delta K}{K} - n$$

于是有：

$$\Delta K = \left(\frac{\Delta k}{k}\right)K + nK$$

等式两边同时除以 N 可得：

注：$k = \frac{K}{N}$ 所以 $N = \frac{K}{k}$

$$\frac{\Delta K}{N} = \Delta k + nk \qquad (12.9)$$

由式(12.8)式(12.9)联立可得：

$$\Delta k = sy - (n+\delta)k \qquad (12.10)$$

式(12.10)是新古典增长模型的基本方程。它说明了人均资本的增加等于人均储蓄 sy 减去 $(n+\delta)k$ 项。$(n+\delta)k$ 可以这样来理解：劳动力的增长率为 n，一定量的人均储蓄必须用于装备新工人，每个工人占有的资本为 k，这一用途的储蓄为 nk；另一方面，一定量的储蓄必须用于替换折旧资本，这一用途的储蓄为 δk。总计为 $(n+\delta)k$ 的人均储蓄被称为资本的广化。人均储蓄超过 $(n+\delta)k$ 的部分则导致了人均资本 k 的上升，即 $\Delta k>0$，这被称为资本的深化。所以式(12.10)可用文字表述为：

$$资本深化 = 人均储蓄 - 资本广化$$

(三)经济增长的稳态分析

在新古典增长模型中,所谓稳态是指一种长期均衡状态。在稳态时,人均资本达到均衡值并维持在均衡水平不变,在忽略了技术变化的条件下,人均产出也达到稳定状态。因此在稳态之下,k 和 y 达到一个持久性的水平。要实现这种状态,$\Delta k=0$。则人均储蓄正好等于资本的广化。换句话说,新古典增长理论中的稳态条件是：

$$sy=(n+\delta)k$$

需要注意,稳态虽然意味着 y 和 k 的值固定,但总产量和资本存量都在增长。实际上,在稳态中,总产量和总的资本存量的增长率均与劳动力的增长率相等。理解这一点只需注意到劳动人口以速度 n 增长,由于 $k=\frac{K}{N}$固定,所以总资本存量 K 必须与劳动力 N 按同比率 n 增长。所以在新古典增长理论框架内,稳态意味着：

$$\frac{\Delta Y}{Y}=\frac{\Delta N}{N}=\frac{\Delta K}{K}=n$$

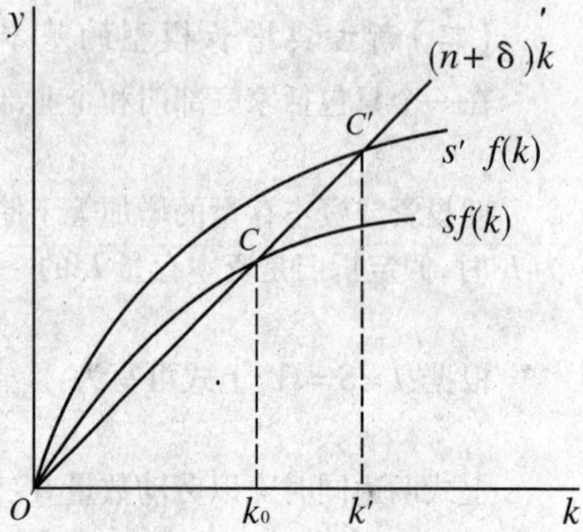

图 12-3 储蓄率提高的影响

(四)储蓄率提高的影响

图 12-3 显示了储蓄率的增加是如何影响产量增长的。

图中,经济最初位于 C 点的稳态均衡。现在假定人们想增加储蓄。这使储蓄曲线上移至 $s'f(k)$的位置。这时新的稳态为 C',比较 C 点和 C'点,可知储蓄率的增加提高了稳态的人均资本和人均产量。

对于从 C 点和 C'点的转变需要指出两点:第一,从短期看,储蓄率的提高可以使资本存量的增长率高于劳动人口增长率,从而使人均资本和人均产出增长。因为增加人均资本的唯一途径是资本存量比劳动力更快地增长,进而又引起产量的更快地增长。第二,由于 C 点和 C'点都是稳态,而稳态中产量增长率是独立于储蓄率的。所以从长期看,只要储蓄率不再提高,资本存量的增长率和总产出的增长率又会回落到等于劳动人口增长率的水平,人均资本和人均产出将在一个更高的水平上保持不变。

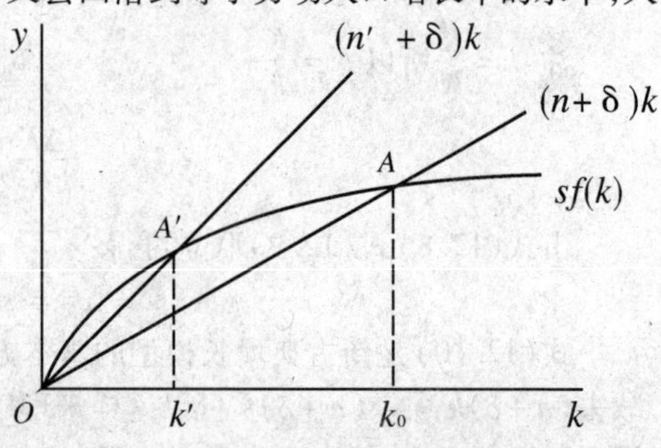

图 12-4 人口增长率提高的影响

(五)人口增长率提高的影响

新古典增长理论虽然假定劳动力按照一个不变的比率 n 增长,但当把 n 作为参数时,就可以说明人口增长对产量增长的影响。图 12-4 可以表示这一分析过程。

图中,经济最初位于 A 点的稳态均衡。现假定人口增长率从 n 增加到 n'。这时新的稳态均衡点为 A'点。比较 A'和 A 点,可知人口增长率 n 的增加降低了人均资本的稳态水平(从原来的 k_0 减少到 k'),进而降低了人均产量的稳态水平。

假定一个国家的劳动人口增长率等于人口增长率,且储蓄率不变,如果人口增长率提高使资本存量的增长率低于劳动人口的增长率,就会导致人均资本和人均产出下降。从长期看,只要人口增长率不再提高,资本存量的增长率和总产出的增长率又会回落到等于劳动人口增长率的水平,人均资本和人均产出将在一个更低的水平上保持不变。

(六)资本的黄金分割率

虽然储蓄率的提高,可以提高人均资本的和人均产出的稳态水平,但是,储蓄率的高低直接影响当前消费水平的高低,当产出一定时,储蓄或积累增加,当前消费就会减少,因而存在着一个如何处理积累与消费的关系问题。从根本上讲,经济增长的目的就是为了提高一个国家的人均消费水平,储蓄或积累也是为了提高人们远期消费水平,如何处理积累与消费的关系问题。实际上也就是如何处理人们的即期消费与远期消费之间关系的问题,从经济学的角度看,就是在经济增长过程中如何选择一个从长期看的人均消费水平的最高点。

美国经济学家,2006 年诺贝尔经济学奖获得者费尔普斯在 1961 年找到了一个要实现人均消费最大化人均资本应满足的关系式,称为资本的黄金分割率,或经济增长的黄金分割率。

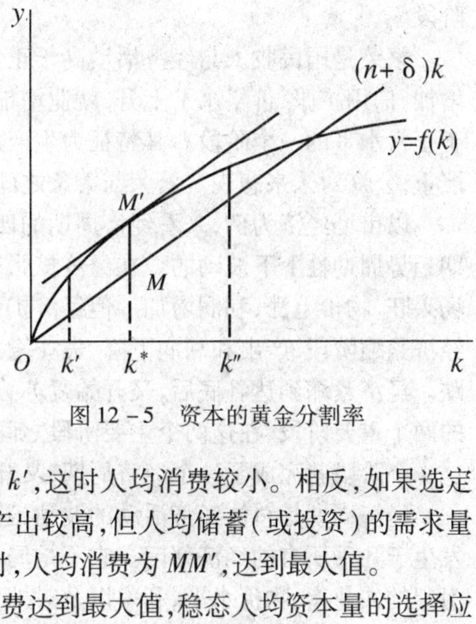

图 12－5　资本的黄金分割率

图 12－5 中,横坐标表示稳态时的人均资本,纵坐标表示与稳态相对应的人均产量、人均储蓄和人均消费。由图可知,在稳态时,人均消费在图形上可表示为曲线 $f(k)$ 与直线 $(n+\delta)k$ 之间的距离。从图中可以看到,如果一个经济中选定一个较低的稳态人均资本水平,比如 k',这时人均消费较小。相反,如果选定一个较高的稳态人均资本水平,比如 k'',这时人均产出较高,但人均储蓄(或投资)的需求量也很大,因而人均消费仍然不高。只有当选择 k^* 时,人均消费为 MM',达到最大值。

黄金分割率的基本内容就是:要使稳态人均消费达到最大值,稳态人均资本量的选择应当是使资本的边际产品等于劳动人口的增长率和折旧率之和,即:

$$f'(k^*)=n+\delta$$

假定没有折旧,即折旧率为零,则稳态人均资本量的选择应当是资本的边际产品等于劳动人口的增长率,即:

$$f'(k^*)=n$$

第三节　经济周期理论

我们知道,在经济增长过程中,常常伴随着经济活动的上下波动,且呈现出周期变动的特征。因此,在论述经济增长理论时,不能不涉及经济周期理论。

一、经济周期的定义及阶段

经济周期(business cycle,也可译作商业周期、商业循环或经济循环)就是国民收入及经济活动的周期性波动。持续时间通常为2~10年,它以大多数经济部门的扩展或收缩为标志。

经济情况很少静止不变,在繁荣之后,可以有恐慌与暴跌。经济扩张让位于衰退,国民收入、就业和生产下降,价格与利润跌落,工人失业,当最终到达最低点以后,复苏开始出现。复苏可以是缓慢的,也可以是快速的。新的高涨可以表现为长期持续的旺盛的需求、充足的就业机会以及增长的生活标准。它也可以表现为短暂的价格膨胀和投机活动,紧接而至的是又一次灾难性的萧条。简单说来,这就是所谓"经济周期"。经济周期一般可分为四个阶段:繁荣、衰退、萧条和复苏。其中繁荣与萧条是两个主要阶段,衰退与复苏是两个过渡阶段。

繁荣是国民收入与经济活动高于正常水平的一个阶段。其特征为生产迅速增加,投资增加,信用扩张,价格水平上升,就业增加,公众对未来乐观。萧条是国民收入与经济活动低于正常水平的一个阶段。其特征为生产急剧减少,投资减少,信用紧缩,价格水平下降,失业严重,公众对未来悲观。繁荣与萧条之间间隔着衰退与复苏两个过渡阶段。

以市场经济为例,来看经济周期的四个阶段。市场经济并不是稳定增长,而是围绕其长期趋势周期性上下波动的。在经济扩张阶段,生产、就业增加,投资高涨,货币信贷扩张,市场兴旺,物价上涨,利润增加。但经济扩张一定时期到顶峰后,危机爆发,紧接着的是累积性经济紧缩阶段,产出和利润下降,失业增加,货币流通量减少、利息率下降,市场萧条,股价下跌。经济紧缩到达谷底后,又开始复苏,逐步进入新的经济扩张期。繁荣和萧条是经济周期的两个重要阶段,在这两个主要阶段之间还有两个转折点:萧条和复苏阶段。经济连续通过这4个阶段就完成了一个经济周期,又开始了下一个周期,这一过程不断循环。

经济周期是总体经济活动的波动,这种波动不是发生在一个或几个经济部门,而是同时发生于几乎所有的经济部门。它不是局部的波动,而是国民收入的波动和由于这种波动而引起的失业率、物价水平、利率以及对外贸易等诸多方面的波动。产出、通货膨胀、利率和就业的波动构成了经济周期,这是所有市场经济的共同特征。

二、经济周期的类型

西方经济学家根据一个周期的长短将经济周期分为长周期、中周期和短周期。

长周期又称长波,一个周期长度平均为50年左右。

中周期又称中波,一个周期平均长度为8~10年。

短周期又称短波,一个周期平均长度约为40个月。

三、经济周期产生的原因

为什么会产生经济周期?长期以来西方经济学家对于这个问题进行了大量研究,提出了种种不同的说明和解释,形成了众多的经济周期理论。总的来看,这些理论一般被分为两大类:外生经济周期理论与内生经济周期理论。

(一)外生经济周期理论

外生经济周期理论认为,经济周期的根源在于经济之外的某些因素的变动。如战争、革命、选举;石油价格、发现金矿、移民;新土地和新资源发现;科学突破和技术创新;甚至太阳黑子活动和气候等等。

(二)内生经济周期理论

内生经济周期理论在经济体系之内寻找经济周期自发地运动的因素。这种理论并不否认外生因素对经济的冲击作用,但它强调经济中这种周期性的波动是经济体系内的因素引起的。这些经济体系内的因素自发地运动就引起了周期性的波动。

关于经济周期内生理论,大致可划分为凯恩斯主义的经济周期理论和非凯恩斯主义的经济周期理论。前者主要利用凯恩斯宏观经济模型中的乘数和加速数模型分析,这部分构成了有代表性和有影响的现代经济周期理论之一。下面介绍几种非凯恩斯主义的经济周期理论。

1. 消费不足周期理论

经济衰退的原因是收入中用于储蓄的部分过多,用于消费的部分不足。而储蓄过多和消费不足,又是由于收入分配不平等而造成的。该理论以西斯蒙弟、马尔萨斯和霍布森为代表。

2. 投资过度周期理论

投资的波动导致了整个经济的波动:经济扩张时,资本品的增长速度快于消费品,减缓扩张并导致衰退;经济衰退时,资本品的下降速度也快于消费品,减缓衰退并导致新的扩张。

3. 纯货币周期理论

经济周期是一种纯粹的货币现象,银行货币和信用交替地扩大与紧缩导致了经济的周期波动:银行货币和信用的扩张导致利率下降,引起投资增加,经济走向繁荣;银行货币和信用的紧缩导致利率上升,引起投资减少,经济走向衰退。

4. 心理周期理论

经济循环周期取决于投资,而投资的大小主要取决于业主对未来的预期,而预期是一种心理现象,心理现象又具有不确定性。因此,经济波动的最终原因取决于人们对未来的预期。当预期乐观时,增加投资,经济步入复苏、繁荣;当预期悲观时,减少投资,经济则陷入衰退与萧条。

四、乘数－加速数模型

乘数－加速数模型是以凯恩斯理论为基础发展起来的一种被广泛接受的周期理论。这个理论的实质在于强调投资波动是国民收入波动的关键因素,用乘数原理(投资影响消费和收入的理论)和加速数原理(消费或收入的变化影响投资的理论)的相互作用来解释市场经济的周期性循环波动,其分析方法是把凯恩斯的静态宏观均衡理论体系发展为动态宏观均衡理论体系。

(一)加速数原理

加速数原理基本含义就是投资的变动大于产量的变动。这一原理最早是由美国经济学家 J. M. 克拉克于 1917 年提出的,后经许多经济学家发展为投资理论的重要组成部分。

在资本的租用成本不变的情况下，合意的资本存量 K^* 和产量水平 Y 之间的函数关系为：

$$K^* = f(Y) = aY \quad (a > 1) \qquad (12.11)$$

其中 a 为合意的资本－产出比率（如生产100万元产值，需要资本150万元，则 $a = K/Y = 1.5$）。合意的资本－产出比率是由生产技术水平、资本和劳动的相对价格等多种因素决定的，我们假定这一比率不变。

实际的资本存量常常偏离厂商的合意资本存量 K^*，投资可以弥补二者的差距。假设从目前实际资本存量调整为合意资本存量是一期完成，并且实际资本存量是上期产出水平 Y_{t-1} 上的合意资本存量 K^*_{t-1}。设当期产出为 Y_t，当期合意资本存量为 K_t^*，当期投资为 I_t，则有：

$$I_t = \Delta K = K_t^* - K^*_{t-1} = a(Y_t - Y_{t-1}) = a\Delta Y \qquad (12.12)$$

式（12.12）即为加速数原理，其中，当期投资 I_t 取决于产量变动 $\Delta Y = (Y_t - Y_{t-1})$ 与资本－产出比率 a，由于 $a > 1$，故 a 对于产量的变化起了放大的作用。由式（12.12）可知，投资的变动一定大于产量的变动，而且是产量变动的 a 倍，a 是资本－产出比率被称为加速数。

从这一点可以看出，产量的微小变动即会导致较大的投资变动；产量的轻微增加会导致较大规模的投资增长；产量的轻微减少也会导致较大规模的投资压缩。

加速数原理是凯恩斯的继承者们对凯恩斯投资理论的重要补充和发展。他们认为，投资增长通过乘数的作用会引起总收入或总供给的增加，而总收入或总供给增加以后，将引起消费的增加，消费品数量的增加又会引起投资的再增加。不仅如此，而且这种投资增长的速度要比总收入或总供给增长的速度快，收入或消费需求的增加必然引起投资若干倍的增加，而收入或消费需求的减少必然引起投资若干倍的减少，这就是所谓“加速原理”的含义。

（二）乘数原理

乘数原理反映了自发总需求变化将引起国民收入同方向变动，但其变化幅度是需求变动的数倍。这里所说的乘数主要是指投资乘数，它表示投资变动将导致国民收入的变动比投资的变动更大。

所谓投资乘数论，就是凯恩斯学派关于投资怎样决定国民生产总值或国民收入的均衡水平的理论。它是“收入决定理论”的核心内容。按照西方经济学家萨缪尔森的话来讲，投资乘数论的主要思想是：“增加一笔投资会带来大于这笔增加额数倍的国民收入增加——即国民收入的增加额会大于投资本身的增加额！用于投资的款项——像政府、外国的或家庭的支出的任何独立的变动一样——可以说是极为有力和一举数得的。”投资的增加额所带来的国民收入增加额的倍数即投资乘数。乘数的具体内容在前面章节已经讲过，这里就不再赘述。

（三）加速数和乘数的相互作用

西方经济学认为，总供给和总需求的波动都可能引起国民收入的波动。随着人类社会的进步和经济的发展，由天灾、人祸、物品缺乏导致的总供给方面的波动对经济的影响越来越小，而总需求方面的波动成为影响经济周期波动的主要因素。

据统计资料分析，总需求的4个组成部分：消费、投资、政府支出和净出口中，对国民收入水平波动起关键作用的是投资波动。由于消费倾向一般是比较稳定的，而且消费的变动更多是作为国民收入变动的函数，而不是国民收入变动的原因。净出口一般在一个大国的国民收入中所占的比例较小，它的波动不可能是导致总体经济周期波动的主要原因，而政府支出常常作为调节经济周期的一种手段，与国民收入水平变动是逆向的。所以，投资波动是经济波动的关键因素。统计资料表明，投资的波动比消费支出的变动更为剧烈，投资变动可以解释经济周期中国民收入的大部分变动。

投资变动与国民收入变动相互作用的机制，构成了经济周期性波动的内在根源。而且这两者形成了一个反馈体系，在加速数原理和乘数原理的作用下，相互放大了对方的作用，形成了累积性的效应。当这种累积性的效应达到一定程度后，受到有限资源约束或技术创新等外在因素的影响，就会自动发生逆转，开始反方向的效应的积累，周而复始形成国民收入的周期性波动。

更具体地讲，经济无论处于任何阶段，都存在外部冲击和自发需求波动。比如，目前经济处于萧条阶段，生产能力闲置，工人失业严重，存货也接近为零。这时，自发需求或自发投资的增加会通过乘数作用引起国民收入较大的增长，而国民收入的增长又经加速数作用引起了投资的进一步增加，增加了总投资又进一步提高了国民收入水平，经过乘数和加速数反复作用经济震荡攀升，产生了累计性的经济扩张。起初这种扩张似乎是没有止境的，但经济扩张到一定程度，就会受到各种物质资源的限制，劳动力也会缺乏，经济增长和国民收入增长减速，导致了投资需求降低，再通过乘数效应导致国民收入更大幅度的下降，并通过加速数的作用导致投资进一步下降，产生了反向的累积性的经济紧缩。经济紧缩到一定程度，资本存量下降，存货下降，固定资产折旧到一定程度，又必须加大对固定资产、存货的投资，经济又开始逐步复苏。

五、其他经济周期理论

（一）货币主义的经济周期理论

货币主义理论的最基本特征是，认为货币是经济活动中最重要的因素，货币量决定着产量和价格水平。因此，货币主义理论认为经济周期纯粹是一种货币现象，货币量和货币流通速度的波动直接决定了产量和价格的波动，其他因素只会引起局部波动，货币因素才会引起整个经济的周期性波动。

货币主义理论在第二次世界大战前的代表人物是英国的霍特莱，战后的代表人物是美国的 M. 弗里德曼。

1. 霍特莱对经济周期的解释

霍特莱认为，在发达的资本主义社会，货币只用于零星支付，流通工具主要是银行信用。由于银行体系有创造信用的能力，因而银行信贷具有很大的伸缩性。当银行体系扩大信用时，货币供应量增加，利率降低，借款成本的降低和易得性使商人增加向银行的借款，以增加向生产者的订货，这样就引起生产的扩张和收入的增加，进而引起了消费品需求的增加和物价上涨，而物价的上涨、市场的繁荣和企业家的乐观情绪反过来进一步促使投资需求和消费需求的兴旺，因此引起货币流通速度的增加，造成累积性的信用扩张和经济高涨，经济进入繁荣时期。

由于银行体系的信用扩张能力并不是无限的，在金本位制度下受黄金储备的限制，在其他汇率体制下，为了稳定汇率防止国际收支逆差的过度扩大或者形成恶性通货膨胀，也不能无限扩张银行信用。当银行体系被迫停止信用扩张，转而紧缩信用时，由于利率提高，商人无法借款，不得不减少订货，引起生产过剩危机和收入水平降低，消费和投资需求随之下降，经济进入累积性紧缩的萧条阶段。在萧条时期，资金又逐渐回到银行，银行又可以再次扩大信用，从而使经济进入复苏阶段，经济又开始下一次周期。

总之，霍特莱认为资本主义经济周期波动之唯一而充分的原因，在于银行体系周期性地扩张和紧缩信用，危机之所以产生完全是由于繁荣后期银行采取的紧缩信用政策造成的。

2. 现代货币主义

现代货币主义对经济周期的观点与霍特莱很相似，但在对货币量变动是如何引起经济波动的解释上却不完全一样，而且注重用实际统计资料证明其观点：货币量的变动通过货币传递机制（货币政策变化影响总需求的过程）的作用引起了产量与就业量的变动，导致经济的周期性波动。

在资本市场均衡时，货币供给量与货币需求量相等，产品市场也处于均衡状态，失业率为自然失业率。这时改变货币供给量，将导致资本市场失衡，再进一步导致产品市场失衡，其他相关经济变量都会发生变动。

当货币供给量增加时，在现行利率和收入水平上的人们拥有超过他们意愿的货币量，他们将通过购买其他资产来减少所拥有的货币资产，从而导致利率与其他金融和实物资产收益率的变化。而利率的降低和其他金融和实物资产收益率的变化进一步影响到货币支出或总需求的变动，因为利率下降会刺激人们对耐用消费品、汽车、房地产等实物资产的购买，也会刺激投资者增加资本设备的购买，政府也会扩大用于公共设施的总投资的借款。因此，货币量的增加引起了对非货币资产支出的增加，刺激了总需求的增加，总需求的增加又导致了价格水平的上升和就业的增加，使经济进入了繁荣时期。但产量的增加最终受到资源、技术等实际因素的限制，同时名义货币量增长引起物价水平上升，使得实际货币量开始下降，实际产量也下降，经济又回到原来水平。

相反，当产品市场和资本市场均衡时，货币供给量的减少通过货币的传导机制又会引起经济萧条。

（二）理性预期学派的经济周期理论

从20世纪80年代开始，理性预期学派开始成为现代宏观经济学的一个重要组成部分。这个学派也强调古典主义经济自身调整的作用，而且比货币主义有过之而无不及，其代表人物是萨金特（T. Sargent）和卢卡斯（R. Lucas）等人。在理性预期学派的经济学家看来，人们会知道政策的最终结果，并对政策做出理性的反应。例如，假定政府准备通过增加预算赤字来增加总需求，从而增加产出。但是人们根据以前的经验已经知道预算赤字的增加将会引起通货膨胀。于是，人们就会立即根据预测到的结果调整自己的行为，从而使政府的政策无法产生实际效果。因此，理性预期学派认为，在理性预期情况下，政策是无效的，所以最好的政策就是不实施政策。只有当政府实施的政策没有被公众预期到时，这种“意外”的政策才会产生一定的效果。为了保持经济的稳定性，理性预期学派的经济学家主张货币供给应该保持稳定的增长率，税率也应该保持稳定性，同时财政政策应该具有公开性并能取信于民。理性预期学派这种经济思想和古典主义的自由放任主张是相同的，所以理性预期学派也经常被称为新古典主义宏观经济学。从20世纪80年代以来，理性预期学派的影响越来越大。

1995 年诺贝尔经济学奖授给卢卡斯就是这种发展趋势的一个反映。

阅读材料 12－1

美国 20 纪最后一轮经济增长始于 1991 年 3 月，到 2000 年 8 月持续了 113 个月。这样，一举打破了 20 世纪 60 年代创造的 106 个月战后最长经济增长纪录。

克林顿政府执政之初曾预计，1993 年到 1999 年，美国国内生产总值的年增长率为 2.7%，但实际达到了 3.4%。同时，2000 年美国失业率处于近 30 年来的最低点，通货膨胀率为 10 多年来的最低记录，财政盈余也正不断增加。

美国经济学家从不同角度分析了美国经济持续增长的原因。

首先，他们认为，过去 20 年经济政策的变化刺激了美国经济。20 世纪 80 年代初，美国联邦储备委员会采取措施遏止了通货膨胀上升的势头，并促使通货膨胀率下降。随后，美国政府对经济采取了放松管制的措施，先是放松了对金融市场、运输、石油和天然气等部门的管制，目前又开始实施对电信和电力部门的松绑。这些措施有力地推动了美国公司改变经营方式，提高了它们的灵活性和竞争力。另外，美国政府推行的贸易自由化政策也促进了企业之间的竞争。1993 年采取的增税和其他一些措施，则为联邦政府财政收支最终扭亏为盈奠定了基础。由于政府支出的增长得到控制，私人部门获得更多的资金。

其次，他们指出，美国经济结构负面发生的一些根本变化减弱了经济的周期性。在信息、网络技术高速发展的带动下，美国企业界普遍采取了即时库存管理方法。这一管理方式意味着企业可随时掌握市场对其产品和服务需求的变化情况，以便迅速对生产进行调整。历史上，美国经济衰退期间产值下降的一半归因于库存的调整，但现在这一因素的影响已越来越小。此外，美国经济比以往更加开放，这使得当美国国内的需求增加或下降时，美国企业不必承受全部的负担，对外贸易可及时充当美国内需波动的减震器。

此外，美国经济的持续发展得益于“天时”之利。90 年代初冷战结束，使美国得以将大量的军费开支转投给私人部门。过去几年，墨西哥金融危机和东南亚金融危机发生，正好是美国需要给经济降温的时候，而来自海外的冲击规模对美国经济来说也正合适。也就是说，这些冲击既足以使美国经济放慢增长速度，同时又不会把美国经济推入衰退。

以上这些因素的综合作用使得美国经济的周期性减弱，由此带来了更多的投资。而投资增加使得美国的劳动生产率增长加快，这既帮助抑制了通货膨胀，同时又给政府带来了更多的税收，从而形成了良性循环。

【本章小结】

本章主要介绍对经济增长问题的研究（包括对经济增长的界定、源泉、经济增长模型的研究）以及对经济周期问题的研究（包括对周期的阶段划分、特征、类型及成因的研究）。

1. 经济增长是指一个经济产量的增加。其中产量既可以表示为经济的总产量，也可以表示为人均产量。经济增长的程度可以用增长率来描述。

2. 经济增长取决三大因素：资本增长率、劳动力增长率和技术进步因素。这三大因素构成了经济增长的源泉。

3. 哈罗德－多马模型说明了两个问题：一是存在性问题，即市场经济的作用能使经济处于均衡点;二是稳定性问题,即市场经济不能使偏离均衡的经济增长自动恢复均衡增长。

4. 在新古典增长模型中,储蓄率的增加不能影响稳态增长率,但确实能提高收入的稳态水平。

5. 在新古典增长模型中,人口增长率的上升增加了总产量的稳态增长率。

6. 资本的黄金分割率水平是指稳态人均消费量达到最大化的资本量。其条件是资本的边际产品等于劳动人口的增长率。

7. 经济周期是指实际总产出和就业相对于它们潜在水平的波动。

8. 西方经济周期理论众多,但可以分为两大类,即内因论和外因论。内因论中较有影响的理论是乘数－加速数模型。

习 题

一、名词解释

1. 经济增长　　2. 人力资本　　3. 不稳定原理

4. 黄金分割率　　5. 加速原理　　6. 经济周期

二、选择题

1. 下列哪一种情况不是人均生产函数的特征(　　)。

A. 随着人均资本存量的增加,人均产量也增加

B. 对于每一个既定的人均生产函数来说,技术状态是不变的

C. 随着资本存量增加,人均生产函数向上移动

D. 收益递减规律适用于人均生产函数

2. 当储蓄水平为既定时(　　)。

A. 政府预算赤字越大,经常账户赤字越大,投资就越多

B. 政府预算赤字越大,经常账户赤字越小,投资就越多

C. 政府预算赤字越小,经常账户赤字越大,投资就越多

D. 政府预算赤字越小,经常账户赤字越小,投资就越多

3. 若想把产量的年增长率从5%提高到7%,在储蓄率为20%的条件下,按照哈罗德模型,资本－产量比约为(　　)。

A. 2　　B. 3　　C. 4　　D. 5

4. 经济周期的四个阶段依次是(　　)。

A. 繁荣、萧条、衰退、复苏　　B. 繁荣、衰退、萧条、复苏

C. 繁荣、复苏、衰退、萧条　　D. 衰退、复苏、萧条、繁荣

5. 乘数原理和加速原理的联系在于(　　)。

A. 前者说明投资的变化对国民收入的影响,后者说明国民收入的变化,有对投资产生影响

B. 两者都说明投资是怎样产生的

C. 前者解释了经济如何走向繁荣,后者说明经济怎样陷入萧条

D. 前者解释了经济如何走向萧条,后者说明经济怎样走向繁荣

三、简答题

1. 经济增长的源泉是什么？
2. 简述哈罗德－多马模型和新古典增长模型的基本假设前提的异同。
3. 在新古典增长模型中，经济稳定增长的条件是什么？
4. 经济周期各个阶段的特征是什么？
5. 西方经济学家对经济周期波动的根源有哪些不同的解释？

四、论述题

1. 评述哈罗德－多马模型。
2. 什么是新古典增长模型的基本公式，它有什么含意？
3. 试运用乘数－加速数模型来解释经济的周期波动。

第十三章 宏观经济政策

【教学目的】:

通过本章的学习,使学生对政府经济政策目标,财政政策和货币政策的概念以及财政政策和货币政策的手段等知识有所了解和熟悉,从而对宏观经济政策的相关知识有系统的认识。

【教学要求】:

通过本章的学习,学生能够:

1. 熟练掌握经济政策目标的内容。
2. 重点掌握财政政策和货币政策的内容。
3. 熟悉财政政策和货币政策的配合使用。

【难点重点】:

本章重点:

1. 经济政策目标的内容。
2. 财政政策内容。
3. 货币政策内容。

本章难点:

1. 财政政策具体类型。
2. 货币政策具体类型。
3. 财政政策和货币政策的协调配合。

【知识要点】:

经济政策目标　财政政策　货币政策　“双松”政策　“双紧”政策　“松紧”政策

在前面的分析中,重点考察居民和企业两个部门,而政府部门作为宏观均衡的外在因素暂时不与考虑。事实上,政府部门在发达市场经济中起着越来越重要的作用,政府部门是国民经济中最大的消费者,也是最大的生产者。美国著名经济学家、诺贝尔经济学奖获得者J. 托宾讲:“宏观经济学的重要任务之一就是要表明如何能够运用中央政府的财政工具和货币工具来稳定经济。”本章将对政府部门为什么要干预经济、怎样干预经济进行分析。

第一节 宏观经济政策目标

一、政府部门及其职能

政府部门是国民经济中最大的消费者,也是最大的生产者,政府部门消费与生产的职能和目的,是提供公共物品,行使公共职能,实现公共利益。

具体来说,在市场经济条件下,政府参与经济活动是为了履行下述功能:

第一,"守夜人"职能。政府是社会经济活动中最主要的制度供给者,它需要履行维护社会秩序和市场经济秩序的职能,防止和惩处各种破坏秩序和损害他人正当利益及公共利益的行为。尤其是在市场经济条件下,政府有责任维护市场正常的交易秩序,防止各种巧取豪夺的掠夺行为;维护市场秩序,限制垄断;对市场必要的监管,制定和监督实施规则;防范或化解国民经济的整体风险,等等。总之,政府具有维护经济安全和经济秩序的职能。

第二,公共物品职能。政府是公共物品的最大提供者。随着社会的进步和经济的发展,公共物品的服务越来越广泛,从而政府作为公共物品生产者和供给者的职能也愈益扩大。政府提供公共物品的根本目的是弥补市场失灵,保障和增进公共利益,提高社会福利水平。现在由政府供给的公共物品的范围包括基础设施、公共事业、科学研究、教育事业、卫生保健服务、文化设施和文化事业、国防及安全、生态环境保护和改善等等。

第三,宏观调控职能。政府这方面的职能是为了稳定经济增长和促进经济发展。政府通过经济、行政和法律等手段,控制经济周期性波动,调整国民经济总量和促进国民经济结构的必要调整,保持经济稳定持续健康地增长,并促进经济发展。

第四,增加社会公平的职能。市场机制促进了效率的提高,但也容易造成收入分配差距的拉大,如果任其自然发展,易于引起强烈的社会不公和尖锐的社会矛盾。政府承担着维护社会稳定、增进社会公平的职能,通过对收入分配的调节、发展教育等措施,达到社会公平的目的。

二、政府宏观经济政策目标

西方经济学者认为,经济政策是指国家或政府为了增进社会经济福利而制定的解决经济问题的指导原则和措施。它是政府为了达到一定的经济目的而对经济活动有意识的干预。因此任何一项经济政策的制定都是根据一定的经济目标而进行的。按照西方经济学的解释,宏观经济政策的目标有四种,即:充分就业、物价稳定、经济持续均衡增长和国际收支平衡。宏观经济政策就是为了达到这些目标而制定的手段和措施。

(一)充分就业

充分就业是宏观经济政策的第一目标。它在广泛的意义上是指一切生产要素(包含劳动)都有机会以自己意愿的报酬参加生产的状态。但通常指劳动这一要素的充分就业。由于测量各种经济资源的就业程度非常困难,因此西方经济学家通常以失业率的高低作为衡量充分就业与否的尺度。失业率指失业者人数对劳动力人数的比率。劳动力是指一定年龄范围内有劳动能力并且愿意工作的人,老人、孩子以及由于这样那样原因放弃了找工作的念头的人,都不能算作劳动力。因此劳动力和人口是两个不同的概念。

(二)物价稳定

物价稳定是宏观经济政策的第二个目标。它是指一般价格水平的稳定。在市场经济中,商品价格是经常变化的。许许多多的商品,有的价格上涨,有的下降,有的不变,而每种商品价格上涨或下降的幅度也不同,因此,价格变化是错综复杂的。西方经济学采用价格指数来表示一般价格水平的变化。

物价稳定的含义不是指价格固定不变,也不是指价格指数固定不变,而是指不出现通货膨胀,即一般价格水平的持续的和显著的上涨。西方经济学家认为,物价稳定和一般价格水平的温和上涨并不矛盾,并把2%、3%、4%以下的通货膨胀率称作是温和的或爬行的通货膨胀,认为缓慢而逐步上升的价格运动,会给经济的车轮增加润滑油,对经济增长有积极的作用。

战后,通货膨胀在西方世界成为普遍发生和经常存在的经济现象,给西方各国经济造成严重危害,西方各国政府和西方经济学界都把物价稳定作为重要的政策目标。

(三)经济持续均衡增长

经济持续均衡增长是宏观经济政策的第三个目标。经济增长是指某个国家在一定时期内,生产商品和劳务的潜在能力的扩大,或者商品和劳务实际产量的增加。经济增长表现为特定时期内,全社会所生产的人均产量和人均国民收入的持续增长。

衡量经济增长的方法,一般是计算实际国民生产总值(GNP)或国内生产总值(GDP)的平均年增长率。西方经济学认为,很难用具体的增长率数值规定经济增长,因为各个国家的经济发展阶段以及资源和技术状况不同,经济发展速度也就不同。一般情况下,经济处于较低发展阶段的国家增长率比较高,而处于较高发展阶段的国家增长率比较低。

(四)国际收支平衡

随着国际间经济交往的密切,如何平衡国际收支也成为一国宏观经济政策的重要目标之一。国际收支平衡的目标要求做到汇率稳定,外汇储备有所增加,进出口平衡。国际收支对现代开放型经济国家至关重要。西方经济学家认为,一国的国际收支状况不仅反映了这个国家的对外经济交往情况,还反映出该国经济的稳定程度。当一国国际收支处于失衡状态时,就必然对国内经济形成冲击,从而影响该国国内的就业水平、价格水平及经济增长。西方经济学认为,在开放经济条件下,改善国际收支状况,实现国际收支平衡的政策目标,有着极其重要的作用。

上述经济政策目标不是孤立的,而是紧密相连的。它们之间有互补关系,也有交替关系。互补关系是指一个目标的实现对另一个目标的实现有促进作用;交替关系是指一个目标的实现对另一个目标的实现有排斥作用。经常见到的是目标之间的交替关系。由此,在制定经济政策时,必须对经济政策目标进行价值判断,权衡轻重缓急和利弊得失,确定目标的实施顺序和目标指数高低,同时使各个目标能有最佳的匹配组合,使所选择的目标体系成为一个和谐的有机的整体。

三、宏观经济政策工具

宏观经济政策工具是用来达到政策的手段。一般说来,政策工具是多种多样的,不同的政策工具都有自己的作用,但也往往可以达到相同的政策目标。宏观经济政策工具包括经济、法律行政等手段,主要是经济手段即经济政策工具。一般包括财政政策手段、货币政策手段、汇率手段、经济管制手段及制度变革等。

1. 财政政策手段

财政政策的一般定义是:为促进就业水平的提高,减轻经济波动,防止通货膨胀,实现稳定增长而对政府支出、税收和借债水平所进行的选择,或对政府收入和支出水平所作的决策。

财政政策的手段分为两个方面：一是内在稳定器；二是酌情运用的政策。具体说来：(1)财政支出政策，支出包括政府的投资、消费和公共部门的薪金、转移支出。(2)政府收入政策，收入有政府经常收入、来自国外的政府经常收入、政府企业收入和政府财产收入。最重要的是政府经常收入中的赋税收入，包括个人所得税、企业所得税、间接税、财产税、关税和社会福利税等。

2. 货币政策手段

货币政策手段是由中央银行控制的，通过对货币和信用的操纵，对各种经济政策目标的实现施加影响。其主要手段有三个：公开市场业务、贴现率和法定准备率，也称作货币政策的三件武器。

3. 汇率政策手段

汇率政策手段是近年来各国常用的政策手段之一。汇率变动将引起对外贸易中相对价格的变动和贸易条件的变化，从而影响国际收支平衡，包括提高汇率和降低汇率两方面。

4. 经济管制手段

经济管制手段分直接管制和间接管制。直接经济管制分对外直接管制与对内直接管制。对外直接管制包括进口出口的贸易管制和资本流动管制。对内直接管制有价格管制、利息率管制、分配管制、工资管制、产量管制、投资管制、原材料管制、消费品配给管制和质量管制等等。一般情况下不采用直接管制，收入政策与人力政策属于直接管制手段。间接管制是采取指导等手段对某些经济变量施加影响。

5. 制度变革手段

制度变革是适合于长期政策目标的政策手段，包含广泛的内容，西方经济学将其划分为三种类型：(1)关于流通、分配领域的体制改革，如赋税体制、金融体制、政府转移支付体制和干预经济形式等等的变革。(2)关于所有制形式和生产组织形式的变革，如土地制度改革、产业国有化形式和企业组织形式的变革。(3)关于国际经济机构的变革。

第二节　财政政策

财政政策在经济政策体系中居于举足轻重的地位，是政府调节和干预经济的主要政策之一。宏观财政政策是政府通过自己的收入和支出，调节社会总需求，以影响经济总量的行为。

财政政策的基本手段就是政府对支出和税收的调节，实施的原则是“逆经济风向行事”，即在经济萧条时，实行扩张性财政政策增加总需求；在经济繁荣时，采取紧缩性的财政政策减少总需求，以缓解通货膨胀的压力。财政政策是西方国家最主要、最常用的宏观经济政策之一，对促进经济正常运行、实现特定目标发挥着重要作用。

一、财政政策的内容

财政政策包括财政支出政策和财政收入政策两部分。

(一)财政支出政策的内容

1. 财政支出政策

财政支出政策包括一个国家各级政府的全部支出主要包括:(1)社会福利支出,即对失业者、老年人、残疾人和生活在贫困线以下的穷人给予的救济和补助。(2)退伍军人的福利支出,包括给退伍军人的津贴与医疗补助,给丧失劳动能力的退伍军人的救济等。(3)国家防务和安全支出。指对军队、警察、法院以及消防所用设施与装备的购买,以及这些部门人员的薪金与工资支出。(4)债务利息支出,指支付政府发行的国库券的利息。(5)教育和职业训练支出。(6)公共卫生和保健支出。(7)科学技术研究费用。包括对基础科学、空间科学等方面研究的支出。(8)交通、公路、机场、港口、和住宅的支出。(9)自然资源和环境保护的支出。(10)国际交往与国际事务的支出。各项支出所占比重与增长速度都不相同,在不同的国家社会福利项目支出差别也很大。

无论是哪一类支出,都是对社会总需求产生影响。在经济萧条时政府可以增加财政支出,向企业进行大规模的采购,以刺激民间投资的增加;也可以兴建更多的公共工程,在创造出更多的就业机会和社会需求的同时,也为经济发展奠定基础。此外,政府还可以增加转移支付,增加对居民的各种补贴,使他们有更大的能力进行消费,从而带动消费需求。总之,增加政府支出,可以增加总需求,这样有助于经济克服萧条,向充分就业方向发展。与此相反,当经济过度繁荣时,政府通过减少财政支出,来抑制总需求,以减少通货膨胀的压力,使经济正常发展。

2. 财政支出方式

财政支出方式有两种:政府购买和政府转移支付。(1)政府购买是政府购买商品和劳务以维持政府正常活动,如购买军需品、警察装备用品、机关办公用品及支付政府雇员报酬等项费用。政府购买的特点是以取得商品和劳务作为有偿支出,他是实质性的支出。西方经济学认为政府购买取决于政治因素,可以作为独立变量。政府购买可以使经济资源的利用从私人部门转到公共部门,强有力地影响经济生活。(2)政府转移支付,即政府对社会福利保险、失业补助、农业补贴和救济金等方面的支出。政府转移支付的特点是不以取得商品和劳务作报偿的支付。它是货币性支出,是通过政府把一部分人的收入转给另一部分人,整个社会的收入总量并没有变化,变化的仅是收入总量在社会成员之间的分配比例。政府转移支付不能对资源的利用发生影响,也不能够强有力地调节和干预经济生活。

(二)财政收入政策的内容

财政收入政策主要是税收政策,税收是国家财政收入的重要来源之一,也是政府调节总需求的重要手段。在西方国家中,政府收入在国内生产总值中所占比重相当大,从20世纪30年代大危机以来,一直呈现递增趋势。在政府收入中占据最重要地位的是税收。在现今发达的资本主义国家里,税收在国民生产总值中经常占20%以上,有的甚至高达50%以上。

政府税收十分复杂,按不同的标准有不同的划分。

1. 按征税对象不同划分

分为三类:财产税、所得税、货物税。

(1)财产税是对私人财产如住宅、土地等征收的税。对留给后代和按照法律规定的继承人作为遗产的财产,征收遗产税;对赠送别人礼物的财产,征收馈赠税。(2)所得税是对公司和个人所得征收的税，包括个人所得税，即对个人收入征税；公司所得税，即对公司利润征税。在美国，所得税是对纯收入征税。所得税在西方国家政府的总税收中占据很大的比重，因此，所得税税率的变化会给经济活动带来很大影响。(3)货物税是对流通领域的商品征税。如对烟、酒、汽油等的消费征税。

2. 按照征税对象的价或量来划分

(1)从价税是按征税对象的货币价值的固定百分比征税。现在，财产税、货物税、大部分关税实行从价税。在价格水平发生变化时，从价税不会受损失。

(2)从量税是按征税对象的实物数量和重量征收的税。一部分关税实行从量税，即不需要对进口商品进行估价，只需要按数量或重量征税。在价格上涨时，从量税会受到损失。

3. 按照纳税的方式划分

按照纳税的方式不同，税收可分为：直接税和间接税。

(1)直接税是直接征收的，不能再转嫁给别人的税。如所得税、财产税等。

(2)间接税是间接地向最终消费者征收的，作为生产商和销售商的原来纳税人能转嫁给最终消费者的税，如营业税、消费税和进口税等。

在现实中，政府的支出政策和收入政策往往会相互配合，同时会发生变化，以使财政政策达到更为理想的效果。在经济萧条时，政府在增加支出的同时，还会采取减税的措施；而在经济繁荣时期，政府在减少支出时会增加税收，以进一步抑制社会总需求，最大限度达到缓解通货膨胀的压力。

案例 13－1：肯尼迪的减税政策

1963 年，美国的失业率达到 5.5%，这是一个令人难以接受的高水平，而 10 年前，美国的失业率是 2.8%。为了振兴美国经济，肯尼迪总统任命凯恩斯主义经济学家海勒为总统经济顾问委员会主任。海勒在其老师，著名凯恩斯主义经济学家托宾的帮助下，提出了一个充分体现凯恩斯主义精神的经济增长政策。该政策的一个重要内容是减税。肯尼迪总统经济顾问们相信，降低个人所得税可以促使居民更多地消费，这将会增加总需求。在经济具有过剩的生产能力，工人和机器处于闲置状态时，总需求的增加将导致产量的增加，而价格水平并不提高。为了实现充分就业和经济增长，肯尼迪政府进行了全面的减税。个人所得税减少 20%，最高税率从 91% 降至 65%，公司所得税率从 52% 降到 47%。此外还采取了加速折旧、投资减税优惠等变相的减税政策。在减税的同时又增加政府支出，包括用于“向贫穷开战”的社会福利支出和用于越战的军事支出。

这些扩张性财政政策的实施对经济起到了有力的刺激作用。从 1964 年到 1966 年，美国实际 GDP 以令人注目的 5.5% 的速度增长，失业率在 1965 年时下降到 4.4%，在 60 年代的其余年份，美国的失业率一直保持在低于 4% 的水平。而物价上升每年仅 2% 左右。肯尼迪减税政策的实施带来了 60 年代美国经济的繁荣，该政策的成功被认为是凯恩斯主义经济学的主要成就之一。

(三)财政赤字和盈余

根据前面的分析，政府在经济繁荣时要采取紧缩性的财政政策，一方面减少支出，另一方面又增税,增加了财政收入,使财政收入大于财政支出,这样便出现了盈余。政府对财政盈余的处理一般有以下几个方面:一是用作政府支出,二是用做国债回购,三是作为贷款贷放出去。但以上三种做法,都会进一步增加社会总需求,加深通货膨胀的压力。因此,各国政府一般都选择冻结盈余的方法,出现财政赤字时用来弥补财政赤字。

在多数情况下,令各国政府头痛的不是盈余的处理,而是财政赤字的解决。在经济萧条时期,政府为了刺激总需求,往往扩大支出和减税,这样就使财政支出大于财政收入,出现财政赤字。如何解决财政赤字?如果要通过减税或减少支出来降低或消除赤字,其结果会使社会总需求进一步下降,加剧经济萧条。因此,通过发行公债筹措资金,弥补赤字,成为各国通行的做法。

二、财政政策的自动稳定器

自动稳定器也叫内在稳定器,是指现代西方财政制度本身具有的能够调节政府收支、减缓经济周期波动的功能。具有内在稳定器作用的财政政策,主要有个人所得税、公司所得税以及各种转移支付。

1. 个人所得税的征收

在经济萧条时,由于个人收入减少了,个人所得税的征收额也就会自动减少。而在通货膨胀时期,由于个人收入增加了,个人所得税的征收额也就会自动增加。这样就符合宏观财政政策减税和增税的要求。

2. 公司所得税的征收

与个人所得税征收有自动调节的作用一样,在经济萧条时期,由于公司利润减少,公司所得税的征收额会自动减少;在通货膨胀时期,由于经济繁荣,利润增加,公司所得税的征收额会自动增加。总之,公司所得税征收额的自动增加或减少,符合宏观财政政策的增税或减税的要求。

3. 失业救济金的发放

这是政府转移支付的一个项目。在经济萧条时期,政府应增加转移支付的政策。实际上,由于经济萧条,企业倒闭,工人失业增多,失业救济金就会自动增加,从而符合政府增加转移支付的要求。在通货膨胀时期,政府就采取减少转移支付的政策。实际上,由于经济繁荣,就业增加,失业减少,随之失业救济金就会自动减少,从而符合政府减少转移支付的要求。

4. 各种福利费的支出

这主要是政府对居民的各种补贴,如医疗卫生补助、教育补助、住房补助等。这些费用与经济形势有密切关系。在经济萧条时,由于人们的收入减少,生活困难加重,政府在这方面的福利费用就会增加,这也就自动符合了政府应扩大支出的要求。相反,在经济繁荣时期,就业增加了,人们生活有所改善,政府在这方面的支出就减少,因此也就符合了政府应减少支出的要求。

5. 农产品的支持价格

很多国家政府为了维持农场主的利益,实行农产品的支持价格政策。当农产品的价格低于支持价格时,政府就按支持价格收购。因此,这等于是对农场主进行了农业亏损补贴。在农业危机时期,农产品严重过剩,农产品价格下降,政府的支持价格支出就会增加,因而自动符合了此时政府应增加购买支出，以扩大需求的意图。反之，在经济繁荣时期，由于价格上涨，政府的支持价格支出自动减少，因而自动符合了政府应减少购买支出，以抑制总需求的目的。

这些内在稳定器自动发挥作用，调节经济，无需政府做出任何决策，它们成为经济生活中的第一道防线，有助于减轻萧条或膨胀的程度，但不能改变萧条或膨胀的总趋势；它们对财政政策起到自动配合的作用，但不能代替财政政策。因此，仍需要政府根据经济发展的具体情况，运用财政政策来调节经济。

案例 13－2　日本提出 1 240 亿美元的经济刺激

面对帮助亚洲临国走出经济低谷的压力，日本政府本周四发出了声明：将增加政府支出和减税 1240 亿美元用以刺激潜在的经济。

但是，国际金融市场反应冷淡，他们对日本政府履行其诺言表示怀疑，而且政府即使实施了这一计划，民众也会将这些额外的收入用于储蓄，以弥补在股票市场和不动产市场上所遭受的损失。

美国驻华大使托马斯·福利在获得更多详细内容之前对此未加评论，这些详细计划将包括公共工程支出，对教育的税收优惠和一个旨在繁荣股市的计划。

分析：日本在 20 世纪 90 年代后期陷入衰退。为刺激更多产出，日本政府采取了包括大幅度增加政府支出的财政刺激计划。

三、财政政策的局限性

财政政策具有直接调节总需求的特点，但其本身也有局限性。因此，在制定和执行财政政策时，要注意以下几个方面：

(1) 运用财政政策时，政府应根据经济发展的不同情况，分别采取扩张性财政政策和紧缩性财政政策。

(2) 财政政策效应的滞后性。财政政策的决策实施与政策实施后真正发挥作用存在着时滞问题。这不仅影响到政策效力的发挥，而且还可能导致政策实施结果与政策目标相背。例如，在经济萧条时期，政府为了反萧条增加财政支出而修建一些大型工程，在工程修建过程中，经济本身已进入高潮时期，实施结果反而加剧了通货膨胀的压力。

(3) 关于财政政策的挤出效应（又叫与民争利）。挤出效应是指增加等数量的公共投资就会减少同等数量的民间投资，从而总投资不变。有两种情况：一种是在一定时期内，社会资源是既定的，政府支出的扩大，往往会与私人企业争夺资源，所以在政府扩大支出的同时，抑制了私人企业的投资需求，使政府财政支出的扩张作用部分或全部取消；二是在有效需求不足的情况下，不存在公共投资对私人投资的挤出效应。因为，这时有效需求不足，商业银行的贷款贷不出去，如果这时政府增加开支，就可以弥补私人投资的不足，最后达到总需求增加。这就是凯恩斯主义的财政支出政策。

(4) 政府的投资效率不高，因此，长时间实行扩张性的财政政策，会造成全社会投资效率下降。

第三节 货币政策

货币政策是政府根据宏观经济调控目标,通过中央银行对货币供给和信用规模管理来调节信贷供给和利率水平,以影响和调节宏观经济运行状况的经济政策。

要了解货币政策,必须先具备一些银行制度的知识,因为货币政策要通过银行制度来实现。在银行制度方面,西方主要国家的金融机构并不完全相同。大致说来,它们的金融机构包括金融中介机构和中央银行两类。金融中介机构中最主要的是商业银行。

一、商业银行和中央银行

1. 商业银行

商业银行之所以称为商业银行,是因为早先向银行借款的人都经营商业,但后来工业、农业、建筑业、消费者也都日益依赖商业银行融通资金,故其客户遍及经济各部门,业务也多种多样,之所以叫商业银行,只是沿用旧称呼罢了。商业银行的主要业务是负债业务、资产业务和中间业务。负债业务主要是吸收存款,包括活期存款、定期存款和储蓄存款。资产业务主要包括放款和投资两类业务。放款业务是为企业提供短期贷款,包括票据贴现、抵押贷款等。投资业务就是购买有价证券以取得利息收入。中间业务是指代为顾客办理支付事项和其他委托事项,从中收取手续费的业务。

2. 中央银行

中央银行是国家最高金融当局,它统筹管理全国金融活动,实现货币政策以影响经济。当今世界除了少数国家和地区,几乎所有已独立的国家和地区都设立了中央银行。它在美国是联邦储备局,在英国是英格兰银行,在法国是法兰西银行,在德国是联邦银行,在日本是日本银行。一般认为,中央银行具有三个职能:

(1)作为发行的银行,发行国家的货币,并根据市场需求调节货币供应量。

(2)作为银行的银行,既为商业银行提供贷款(用票据再贴现、抵押贷款等办法),又为商业银行集中保管存款准备金,还为商业银行集中办理全国的结算业务。

(3)作为国家的银行,第一,它代理国库,一方面根据国库委托代收各种税款和公债价款等收入作为国库的活期存款,另一方面代理国库拨付各项经费,代办各种付款与转账。第二,提供政府所需资金,既用贴现短期国库券等形式为政府提供短期资金,也用帮助政府发行公债或直接购买公债的方式为政府提供长期资金。第三,代表政府与外国发生金融关系。第四,执行货币政策。第五,监督管理全国金融市场活动。

说明了什么是商业银行和中央银行以后,就可以说明什么是货币以及货币供给了。

二、货币与货币供给

(一)货币

货币是充当商品交换的媒介物。从20世纪30年代以来,各国都是以作为货币符号的纸币在市场上流通。

货币的供应一般分为狭义货币和广义货币,M_0为通货,包括流通中的纸币和铸币。其

中狭义货币用 M_1 表示，包括流通中的现金和活期存款。广义货币用 M_2，M_2 包括 M_1 以及定期存款。广义货币和狭义货币的根本区别在于能否直接作为交换的媒介或支付手段在市场上流通。这样货币的构成：

$$M_0 = \text{通货}$$

$$M_1 = \text{现金} + \text{活期存款}$$

$$M_2 = M_1 + \text{银行定期存款}$$

（二）存款创造和货币供给

在西方经济学中，货币被定义为在商品和劳务的交换及债务清偿中作为交换媒介或者支付工具而被法定为普遍接受的物品，最符合这个定义的是硬币、纸币和活期存款。硬币和纸币被称为通货，而活期存款同通货一样随时可用来支付债务，因而也可以看作严格意义上的货币，而且是最重要的货币。因为货币供应量的大部分是活期存款，同时通过活期存款的派生机制还会创造货币。

所谓活期存款，是指不用事先通知就可随时提取的银行存款。虽然活期存款可随时提取，但很少会出现所有储户在同一时间里取走全部存款的现象。因此银行可以把大部分的存款用来从事贷款或购买短期债券等营利活动，只需要留下一部分存款作为应付提款需要的准备金就可以了。这种经常保留的供支付存款提取用的一定金额，称为存款准备金。在现代银行制度中，这种准备金在存款中应当占的比例是由政府规定的。这一比率称为法定准备率。按法定准备率提留的准备金是法定准备金。法定准备金一部分是银行库存现金，另一部分放在中央银行的存款账户上。由于商业银行都想赚取尽可能多的利润，它们会把法定准备金以上的那部分存款当作超额准备金贷放出去或用于购买短期债券投资。正是这种比较小的比率的准备金来支持活期存款的能力，使得银行体系得以创造货币。

那么这种货币创造功能是如何实现的呢？

假定银行的法定准备金率是20%，又假定A银行吸收存款1 000万元，按规定留存的准备金为200万元，可以贷放的款额为800万元。甲企业得到这笔贷款后，把它作为活期存款存入B银行。B银行得到800万元存款后，也按20%法定准备金率，留下160万元作为准备金，剩下的640万元又可以贷放给乙企业，依此类推，各个银行得到的存款总和为：

$$1\,000 + 800 + 640 + 512 + \cdots = 5\,000$$

现假设最初存款额为 R，法定准备金率为 g，各个银行存款额之和为 K，则：

$$K = \frac{R}{g}$$

如果最初存款额为1，则上式可以改写为：$K = 1/g$。

这是货币乘数的一般公式。式中 K 表示存款总额为已定的最初存款的若干倍数，其倍数大小与法定准备金率成反比。

根据上例，在银行最初存款额为1 000万元的情况下，因法定准备金率为20%，则各银行的贷款额之和为：

$$800 + 640 + 512 + \cdots = 4\,000$$

设最初贷款额为 R'，法定准备金率为 g，各银行的贷款总额为 K'，则：

$$K' = \frac{R'}{g}$$

如果最初贷款额已定，假设为1，则上式可以改写为：$K' = 1/g$

存款倍数中的 g 与贷款倍数公式中的 g 相同（例中为20%），因此，存款倍数 K 和贷款倍数则必然相等。也就是说，在一定的法定准备金率下，某家银行在得到一笔存款后，由于各银行之间的连锁反应，会使银行存款总额和贷款总额按同一倍数增长。这就是货币乘数的作用。在上例中货币乘数 K 为：$K = 1/g = 1/20\% = 5$。

这就是说，存款总额为最初存款额1 000万元的5倍，即5 000万元；同时贷款总额为最初贷款总额800万元的5倍，即4 000万元。

因此，所谓货币乘数的作用，是指一定的存款额能因各银行的连锁反应，而使银行存款总额与贷款总额按同一倍数增长。其倍数大小与法定准备金率成反比。法定准备金率越高，倍数越小；法定准备金率越低，倍数越大。

正由于现代商业银行具有货币创造的功能，所以，即使在中央银行货币放行量没有增加的情况下，也会使货币流通中的货币量增加。

三、货币政策的内容

在西方经济学中，中央银行能够运用的政策手段最重要的有三个：调整再贴现率，公开市场业务，变动法定准备金率。

1. 调整再贴现率

再贴现率政策是美国中央银行最早运用的货币政策工具。再贴现率是中央银行对商业银行及其他金融机构的放款利率。一般的，中央银行也给商业银行贷款，以增加商业银行的准备金，但商业银行必须用商业票据或政府债券作担保。因而，现在通常把中央银行给商业银行的贷款称为贴现。

在经济萧条时，社会总需求不足，中央银行就降低再贴现率，刺激商业银行向中央银行增加再贴现额，以增加资金，从而增加向企业放款的规模；同时，商业银行的放款利率会随着中央银行再贴现率的降低而降低，这就刺激企业增加借款，扩大投资，最后达到增加总需求的目的。在通货膨胀时期，中央银行会提高再贴现率，并最终达到减少总需求的目的。

2. 公开市场业务

这是目前中央银行控制货币供给最重要也是最常用的工具。公开市场业务是中央银行在金融市场上公开买卖政府债券（主要是国库券、联邦政府债券、联邦机构债券和银行承兑汇票）以调节货币供给量，进而影响总需求的一种政策手段。

在经济萧条时，社会总需求不足，中央银行在公开市场上买进政府债券，从而把货币投放在市场。由于货币供给量的增加，引起利息率下降，从而刺激投资需求，增加总需求。在通货膨胀时，需求过度，中央银行在公开市场上卖出政府债券，使货币回笼。由于货币供应量的减少，从而利息率上升，投资减少，总需求减少。

公开市场业务之所以能成为中央银行控制货币供给最主要的手段，是因为运用这种政策手段有着比其他手段更多的灵活性。例如在公开市场业务中，中央银行可及时地按照一定的目标来买卖政府债券，从而比较易于准确地控制银行体系的准备金。如果中央银行希望大量地变动货币供给，就可以根据改变量的规模来决定买进或卖出政府证券的数量；如果中央银行希望少量地变动货币供给，就可以用少量的债券买卖来达到目的。由于公开市场操作灵活，因而便于为中央银行及时用来改变货币供给变动的方向，变买进为卖出债券，立即就有可能使增加货币供给为减少货币供给。中央银行可以连续地、灵活地进行公开市场操作，自由决定债券的数量、时间和方向，而且中央银行即使有时会出现某些政策失误，也可以得到及时的纠正，这是贴现率政策和准备金率政策不可能有的长处。

3. 变动法定准备金率

各国中央银行为了维护金融系统的正常运行，都会要求商业银行在手中留有一定比率的现金，以应付随时发生的客户提款要求，其持有现金的比率就是法定准备金率。当法定准备金率发生变动时，商业银行的信贷规模就会相应地调整，从而社会的货币供应量会发生变化，引起利息率变化，并最终影响社会经济的运行。

在经济萧条时期，由于总需求不足，中央银行会降低法定准备金率，使商业银行持有的现金增加，可以对外扩大放款规模，增加货币供应量，使市场利率下降，从而达到刺激投资，增加总需求的目的。在经济繁荣时期，由于总需求过度，中央银行会提高法定准备金率，从而达到抑制总需求，避免经济出现过度膨胀的目的。

改变法定准备金率，会对一个国家所有的商业银行产生影响，其政策效果极为明显。然而频繁改变法定准备金率，会对各家商业银行的日常经营产生相当大的冲击，导致一些银行的财务困难，不利于金融系统平稳运行。因此这一政策称为“猛烈而不常用的武器”，各国政府只有在比较特殊的情况下才动用这一手段。

上述三大政策工具常常需要配合使用。例如，当中央银行在公开市场操作中出售政府债券使市场利率上升（即债券价格下降）后，再贴现率必然提高，以防止商业银行增加贴现。于是，商业银行向它的顾客的贷款利率也将提高，以免产生亏损。相反，当中央银行认为需要扩大信用时，在公开市场操作中买进债券的同时，也可同时降低再贴现率。贴现率政策和公开市场业务虽然都能使商业银行准备金变动，但变动方式和作用还是有区别的。

宏观货币政策除以上三种主要工具外，还有几项辅助性工具：一是道义劝告，是指中央银行运用自己在金融体系中的特殊地位和威望，通过对银行及其他金融机构的劝说，影响其贷款和投资方向，以达到控制信用的目的。如在衰退时期，鼓励银行扩大贷款；在通货膨胀时期，劝阻银行不要任意扩大信用，也往往会收到一定的效果。但是由于道义劝告没有可靠的法律地位，因而并不是强有力的控制措施。二是垫头规定，即规定购买有价证券必须付出的现金比例。这一比例越高，所需要的现款就越多，就会压低证券价格，提高利息率，从而促使投资减少，社会总需求减少。三是规定利息率上限，即规定商业银行和其他储蓄机构对定期存款和储蓄存款的利息上限，以此来调节投资，调节总需求。四是规定消费信贷的条件，这一条件越宽，越有利于扩大消费需求，增加总需求；反之，则不利于总需求。因此政府可以通过对消费信贷条件的调节，来加强对总需求的管理。

案例 13－3：格林斯潘与 90 年代美国的经济繁荣

在美国，美联储主席格林斯潘被称作仅次于总统的实权人物。从 1987 年 8 月 11 日格林斯潘宣誓就任美联储的主席，到 2001 年 1 月 4 日克林顿再次任命格林斯潘为美联储主席，格氏已连续四任这一要职。格林斯潘之所以能在美联储主席的位置上稳坐十几年，是因为他领导的美联储的货币政策创造了美国经济连续增长时间最长的新纪录。20世纪90年代美国经济的繁荣格林斯潘功不可没。

克林顿政府上台时美国经济处于衰退中。为了刺激经济,格林斯潘采用了扩张性货币政策,降低利率,增加货币量。这种政策产生了两个显著的作用:一是增加了投资。降息减少了企业投资的成本,促进了美国的电子、信息、生物工程等高科技产业的迅速发展,带动了整个美国经济的发展;二是提高了股票价格。降息引起了股价上升,道琼斯工业平均指数突破了一万点大关。股市的活跃进一步鼓励了投资。同时,股价上升使许多美国人的资产增加。这就加强了消费者的信心,刺激了消费的增加。长期以来,美国的边际消费倾向为0.676左右。在90年代,边际消费倾向上升为0.68。而这仅仅0.004的增长,对经济的影响是相当重要的。

90年代末,美国经济有过热迹象时,格林斯潘又提高利率,以防止可能出现的通货膨胀加剧。进入21世纪后,美国经济有衰退迹向,格氏又降低利率。特别是2001年,美国的销售与生产疲软,消费者及企业信心下降,为了制止预期的经济疲软,也为了应付9.11恐怖事件对美国经济的冲击,美联储连续11次降低利率,一年里将联邦基金利率从6.5%降到1.75%,降幅达4.75个百分点,最终使美国经济触底回升出现好转迹象。多年来,格林斯潘操纵着美国经济持续发展的把舵,通过交替运用扩张性和紧缩性的货币政策调节经济,实现了美国历史上最长时间的低通货膨胀的持续增长。在谈论美国经济在整个90年代的连续增长时,人们称格林斯潘为“一言九鼎的人”、“最令人尊敬的大管家”和“金融教父”,这是人们对格林斯潘对美国经济命脉的准确把握和市场宏观调控能力的赞誉。

四、货币政策的局限性

货币政策一直作为西方国家宏观经济政策的重要手段而被广泛使用,但货币政策本身有一定的局限性,因此,制定与实施货币政策时,需要注意以下问题:

1. 货币政策的制定和执行时机

货币政策与财政政策一样,实施的基本原则是“逆经济风向行事”,因此,要取得良好的调节效果,就必须对经济运行的状况及总体发展趋势做出正确的判断。由于在现实经济生活当中,宏观经济指标错综复杂,这样一方面加大了政府判断经济形势的难度,另一方面也使人们很难选择在最合适的时机执行特定的货币政策,从而就使货币政策的调节效果往往不够理想。

2. 货币政策的作用有限

虽然货币政策在各国普遍使用,但在现实中,由于各种因素的干扰,政策实施的效果往往难以达到预期目标。例如,人们对未来经济形势的预期有可能使货币政策难以获得理想的效果。在经济繁荣时期,即使货币当局通过紧缩信用的方式提高了市场利率,但出于对未来经济形势乐观的估计,厂商很有可能认为投资仍将取得可观的收益率,足以弥补提高了的投资成本。而在经济萧条时期,即使中央银行扩大了货币供应量,降低了利息率,但如果厂商认为经济前景不明朗,投资风险过大,或是商业银行认为企业经营环境恶劣,经营失败的危险极大,则对外贷款规模也不会有明显的扩大。

第四节　相机抉择

相机抉择是指政府在运用宏观经济政策来调节经济时，可以根据市场情况或各项调节措施的特点，机动地决定和选择某项或某几项政策手段。

一、相机抉择

为了提高宏观经济政策的调节效果，就要对财政政策和货币政策的特点有所了解。

(一)认真分析各项政策手段的特点

宏观财政政策和宏观货币政策各具特点，主要表现在：

(1)猛烈程度不同。政府增加支出和调整法定准备率对经济的影响比较猛烈，而对政府税收的改变与公开市场业务操作的影响比较缓和。

(2)政策效应"时滞"不同。从政策手段执行到收到预期的效果之间的时间间隔称作时滞。财政政策直接调节总需求，而货币政策间接调节总需求，比财政政策要慢一些。

(3)政策影响范围不同。每项政策手段都有其发挥作用的领域，即范围大小不同，例如政府财政支出变化影响面大，而公开市场业务影响面就小。

(4)政策阻力因素不同。政策变化都影响人们切身利益，而政策实施的阻力不同，如增加税收和减少政府支出的阻力大，会引起较多人的反对，而货币政策一般说来阻力比较小。

(二)要根据宏观经济活动状态采取不同的政策手段

宏观经济活动是经济政策发生作用的领域，是选用政策手段的现实依据。如果经济出现严重衰退时，就不该采用作用缓慢的手段，而要采用作用猛烈的手段，如大幅度增加政府支出，举办公共工程等等。如果经济运行中出现衰退的苗头时，就不该采取作用猛烈的手段，而采用某些作用缓慢的手段，如有计划地收购债券，缓慢增加货币供应量，降低利息率等。

(三)要善于把各项政策手段搭配使用

政府宏观经济政策具有"逆对经济风向"行事的特点，经济形势"紧"(失业，萧条)，采用"松"政策；经济形势"松"(膨胀)，采用"紧"政策。但也不是绝对的，要看具体情况把各项政策手段搭配使用。有的搭配形式：

1."双松"的搭配

如果社会需求不足，可以采用"双松"政策，即扩张性财政政策和扩张性货币政策，能有效刺激需求。

2."双紧"的搭配

如果出现了严重通货膨胀时，可以采用"双紧"政策，即紧缩性财政政策和紧缩性的货币政策，能有效地压缩需求。

3."松紧"和"紧松"的搭配

"松紧"搭配是把扩张性财政政策与紧缩性货币政策配合运用，以便刺激总需求时，不会引起严重的通货膨胀。"紧松"搭配是把紧缩性财政政策与扩张性货币政策配合运用，以便既能降低利息率增加投资,又可以减少政府支出,稳定价格水平。

表 13-1 财政政策与货币政策的搭配类型及其适用的宏观经济环境

<table>
<tr><td colspan="2" rowspan="2">政策类型</td><td colspan="3">财政政策</td></tr>
<tr><td>松(扩张性)</td><td>中性</td><td>紧(紧缩性)</td></tr>
<tr><td rowspan="3">货币政策</td><td>松性</td><td>社会总需求严重不足,商品价值实现普遍困难,生产能力和资源得不到充分利用,失业严重</td><td>社会总需求不足,供给过剩,企业投资不足,主要的经济比例结构没有多大的问题</td><td>社会总需求大体平衡,但公共消费偏旺而投资不足,生产能力及资源方面有增产潜力</td></tr>
<tr><td>中性</td><td>社会总需求略显不足,供给过剩,经济结构有问题,主要是公共消费不足,公共事业及设施落后(投资不足)</td><td>社会总供给和社会总需求大体平衡,社会经济的比例结构也基本合理,社会经济的发展健康,速度适中</td><td>社会总需求大于社会总供给,经济的比例结构没有大问题,财政支出规模过大,非生产性积累与消费偏高</td></tr>
<tr><td>紧性</td><td>社会总供给和社会总需求大体平衡(包括平衡关系偏紧),而公共事业、基础设施落后,生产力布局不合理</td><td>社会总需求过大,有效供给不足,经济效益较差,已出现通货膨胀,但财政在保障社会公共需求上正常</td><td>社会总需求大大超过社会总供给,发生了严重的通货膨胀</td></tr>
</table>

西方学者认为,通过相机抉择政策手段的协调运用,就能够有效刺激总需求,或更有效地抑制通货膨胀,以便在刺激总需求时,不致引起严重的通货膨胀。在控制通货膨胀的同时,又不引起过分严重失业,使通货膨胀和失业都同时得到有效控制。在选择具体的政策措施时,首先要对经济运行状况进行测定,再根据萧条与通货膨胀的不同程度,对各项措施进行适当的搭配。

【本章小节】

本章主要介绍宏观经济政策目标的内容,财政政策和货币政策的主要内容及其协调配合使用。

1. 在市场经济条件下政府的职能有:"守夜人职能"、公共物品职能、宏观调控职能、增进社会公平职能。

2. 政府宏观经济政策的目标:充分就业、物价稳定、国际收支平衡、经济稳定增长。

3. 宏观财政政策是政府根据所确定的宏观经济目标,通过财政收入和财政支出的变动来调节总需求。常用的财政政策工具或手段主要有改变政府购买水平、改变政府转移支付水平、改变公共工程支出、调整税率等。

4. 现代市场经济是货币经济或信用经济。货币政策是政府根据宏观经济调控目标,通过中央银行对货币供给和信用规模管理来调节信贷供给和利息率水平,以影响和调整宏观经济运行状况。常用的货币政策工具有:公开市场业务、改变法定准备金率、调整再贴现率。

5. 政府在制定和实施宏观调控政策时一般是财政政策和货币政策配合使用的,政府可以根据经济发展的不同时期的特点选择不同的政策搭配。

习　题

一、名词解释

1. 政策目标　2. 财政政策　3. 货币政策　4. 中央银行
5. 法定准备金率　6. 公开市场业务　7. 再贴现率　8. 相机抉择

二、选择题

1. 下面哪个是宏观经济政策的首要目标:(　　)。
A. 充分就业　B. 物价稳定
C. 经济持续增长　D. 国际收支平衡
2. 中央银行能够运用的政策手段最重要的有:(　　)。
A. 改变法定准备金率　B. 公开市场业务
C. 调整再贴现率　D. 道义劝说
3. 财政政策包括(　　)。
A. 维持货币供给稳定
B. 用消费产品安全法规提高消费者信心
C. 管理银行业和证券业以鼓励有效的投资
D. 用政府开支和税收改善宏观经济运作
4. 当联邦储备委员会买卖政府债券时,它是在(　　)。
A. 操纵贴现率　B. 改变法定准备金率规定
C. 对贴现窗口业务进行配额限制　D. 进行公开市场操作

二、问答题

1. 论述财政政策的内容及运用,谈谈你的认识。
2. 怎样运用货币政策来影响宏观经济活动水平?
3. 中央银行在金融以及宏观经济中的作用如何?
4. 试论政策目标如何匹配协调?

第十四章 通货膨胀和失业

【教学目的】

通过本章的学习，使学生对通货膨胀和失业的概念，通货膨胀和失业的衡量通货膨胀和失业的分类以及通货膨胀和失业对经济的影响有所了解和掌握，从而对通货膨胀和失业的相关知识有整体的把握。

【教学要求】

通过对本章的学习，学生能够：

1. 掌握通货膨胀和失业的概念和衡量。
2. 掌握通货膨胀和失业对经济的影响。
3. 熟悉通货膨胀和失业的治理对策。
4. 了解滞胀的形成原因和治理对策。

【重点难点】

本章重点：

1. 通货膨胀和失业的概念和衡量。
2. 通货膨胀和失业对经济的影响。

本章难点：

1. 通货膨胀和失业的关系。
2. 菲利普斯曲线。

【知识要点】

通货膨胀　充分就业　失业的种类　菲利普斯曲线　滞胀

通货膨胀是当代经济中存在的主要问题之一。无论是发达国家，还是发展中国家，都不同程度地存在着通货膨胀问题。因此通货膨胀就成为宏观经济学研究的主要问题。本章重点介绍通货膨胀和失业的成因和机理，分析通货膨胀和失业对经济的影响，并提出治理通货膨胀和失业的措施。

第一节 通货膨胀的界定

通货膨胀是社会经济活动状态的指示器和宏观经济监测的温度计，是市场经济发展和运行中一个比较古老的经常出现的现象。当今世界各国都不同程度地存在通货膨胀，有的成为国家的头号难题。战后西方各国长期推行凯恩斯主义经济政策，并没有消除经济危机和失业，也没有很好解决通货膨胀，到 20 世纪 70 年代，还出现了经济衰退和通货膨胀并存的滞胀局面，这不但使资产阶级经济理论发生了第二次经济危机，还把发达国家经济拖进了困境，因此通货膨胀就成为西方经济学的重要内容，同时更是人们普遍关注的问题。

一、通货膨胀的定义

对什么是通货膨胀，存在各种各样的观点：

美国经济学家斯蒂格利茨认为："所有价格普遍地向上攀升就是经济学家所说的通货膨胀。"

美国经济学家杰弗里·萨克斯、费利普. 拉雷恩认为："通货膨胀则是既定期间内总体价格水平变化的百分比。"

阿克利认为："通货膨胀定义为平均物价或一般物价水平的持续的、剧烈的上涨。"

弗里德曼认为："物价的普遍上涨就叫通货膨胀，无论何时何地，大规模的通货膨胀总是个货币现象。"

哈耶克指出："通货膨胀一词的原意和真意是指货币数量的过度增长，这种增长会合乎规律地导致价格的上涨。"

在上述的定义中，有的注重原因，有的注重后果。虽然西方经济学界对通货膨胀有各种各样的定义和表述，但一般说来，通货膨胀总是同物价上涨和货币贬值紧密联系在一起的。所以通货膨胀就必然是市场和商品的范畴。通货膨胀普遍使用的定义是：通货膨胀是物价水平持续的和显著的上涨。理解通货膨胀定义要注意以下几点：

(1)一般物价水平的上涨不是指个别商品价格的上涨。在市场经济中，商品价格总是不断变化的，有的上升，有的下降，上升或下降程度大小与时间早晚也不一致，价格变化错综复杂。通货膨胀并不是说所有的商品价格都上涨，而是指平均价格水平或一般物价水平的上涨。

(2)一般物价水平的上涨，包括各种各样的物价水平上涨，有公开形式、变相形式、隐蔽形式，如票证制、工资物价管制等。

(3)一般物价水平持续的上涨，不是暂时或偶然的价格上涨。持续的上涨是指连续不断地一直在上涨，在经济周期中一般物价水平上涨一阵，又下降一阵，如灾害、季节变化出现的物价波动，这不是通货膨胀，通货膨胀意指一般物价水平运动呈上升趋势。

(4)一般物价水平显著的上涨。市场上商品价格时时刻刻都在变化，不是物价水平稍有波动或上升就是通货膨胀，而是一般物价水平相当幅度或程度的上涨。

二、通货膨胀的界定

在市场上，商品种类成千上万，五花八门，各种商品价格变化的方向、变化的幅度和变化的时间千差万别，要对所有这些变化情况都进行精确的统计，在技术上相当困难。因此，在宏观经济分析中，一般物价水平指的是各类商品和劳务的价格加总的平均数，用物价指数表示。物价指数就是用来衡量通货膨胀的指标。

物价指数是衡量商品价格报告期与基期相比综合变动程度的指标。物价指数不是简单算术平均数，而是加权平均数。

根据计算物价指数时包括的商品范围的不同，物价指数可以分为三类：

1. 消费物价指数(CPI)

是指衡量各个时期居民个人消费的商品和劳务零售价格变化的指标。又称零售物价指数或生活费用指数。

它反映居民货币收入购买力的升降和商品与劳务价格变动对居民生活费用的影响，是人们最关心的指数。在美国，列入编制消费物价指数的商品和劳务有382种，包括了具有代表性的家庭各种消费品，如食品、服装、娱乐、房租、家用电器、交通运输等。

2. 批发物价指数(WPI)

又称趸售物价指数。它是表示不同时期批发市场上多种商品价格平均变化程度的指标。批发价格有：生产企业向批发商出售商品的价格、批发商对零售商的批发价格、生产企业之间出售商品价格、生产企业或批发商出口商品的价格等等，主要反映生产企业销售商品价格变动情况。在美国，列入编制批发物价指数的商品有2 400种，如燃料、皮革、木材、机器、农产品、纺织品、化工制品等等。

3. 国内生产总值平减指数(IPD)

又称国内总产值折算物价指数。它是指国内生产总值按当年价格计算的价值与对其按固定价格或不变价格(以某年的基期)计算的价格的比率，即名义国内生产总值对实际国内生产总值的比率。可以按平减指数(或折算指数)衡量从基期到计算期报告期物价水平的变化程度，即通货膨胀率。公式为：

$$国内生产总值平减指数=\frac{名义国内生产总值}{实际国内生产总值}\times 100\%$$

如某国当年国内生产总值为2 000亿元，而按基期固定价格计算为1 600亿元，则平减指数为：2 000/1 600×100%=125%，通货膨胀率为125%-100%=25%。

这三种物价指数都能反映出基本相同的通货膨胀率变动趋势，但由于各种指数所包括的范围不同，所以，数值并不相同。虽然数字有所差异，但是所反映的物价上涨的趋势是一致的。在这三种指数中，消费物价指数与人民生活水平关系最密切，因此，一般都用消费物价指数来衡量通货膨胀。三种物价指数虽然普遍地用来测量通货膨胀，但仍存在某些缺陷，如：没有包括股票、证券、存款等金融资产的价格，公共部门、资本货物等商品价格。

第二节 通货膨胀的类型

随着市场经济不断发展，通货膨胀呈现出多样化、复杂化的趋势，西方经济学笼统地论述通货膨胀问题的著述在减少，往往加上不同的定语(或修饰语)，表示不同类型的通货膨胀。对于通货膨胀，西方学者从不同角度进行了分类。

一、按照物价上涨速度不同分类

根据一般物价水平上涨速度的差异，可以把通货膨胀分为爬行通货膨胀、温和通货膨胀、奔腾式通货膨胀、超级通货膨胀四种类型：

1. 爬行通货膨胀

又称潜行通货膨胀，一般认为，每年一般物价水平上涨率在1%～3%(有的认为1%～5%)，为爬行通货膨胀。如在20世纪50年代，美国、英国和日本的物价水平每年上涨保持在 1% ~3% ,这是典型的爬行通货膨胀。

2. 温和的通货膨胀

有时同爬行通货膨胀不能截然分开,每年一般物价水平上涨 3% ~6% 或 3% ~10% 之间,看做是温和的通货膨胀。当今世界许多国家属于这种通货膨胀类型。

3. 奔腾式通货膨胀

又称飞奔的通货膨胀,在较长时期所发生的一般物价水平以较大幅度的上涨称作是奔腾式通货膨胀,物价上涨幅度在 10% ~100% 之间,如 20 世纪 50 ~70 年代拉美的某些国家。

4. 超级通货膨胀

又称恶性通货膨胀,流通中货币数量的增长速度大大超过货币流通速度,货币迅速贬值,物价上涨率呈现加速度状态。年物价上涨率超过 100% 以上。在经济史上,第一次世界大战后的德国、奥地利,第二次世界大战的匈牙利、中国、希腊等国都发生过超级通货膨胀。如从 1948 年 8 月 ~1949 年 4 月,中国上海的批发物价上涨 62 719 倍。

二、按照对物价影响的差异分类

根据一般物价水平上涨时,对各种商品的影响程度的差异,可以把通货膨胀划分为两种类型:

1. 平衡的通货膨胀

平衡的通货膨胀是指在市场上每种商品和劳务的价格都按照同一比例上涨。包括生产要素以及各种劳动的价格,如工资率、租金、利息率等。这种情况在现实生活中很少见,由于所有商品和劳务价格按相同速度上涨,对整个经济活动不会发生什么严重的影响。

2. 非平衡的通货膨胀

在市场经济运行中,影响商品和劳务价格的因素很多而且在不断变化,变化的程度和快慢也不一样,出现各种商品和劳务价格上涨幅度不同的一般物价水平的上涨称为非平衡的通货膨胀。通常情况是,农产品的价格大于工业品价格上涨幅度,消费品价格上涨幅度高于工资的提高幅度等等。实际通货膨胀绝大多数属此类型。

三、按照需求总量与结构的不同分类

通货膨胀产生的原因和机制是非常复杂的问题。可以按照供给与需求总量的关系,国民经济结构变化的差异,划分通货膨胀类型。

1. 需求拉动的通货膨胀

也称需求型通货膨胀。社会总需求过度增长,大大超过总供给,由于商品供不应求而造成的一般物价水平上涨,就是需求拉动型的通货膨胀。

在西方经济学中关于需求拉动的通货膨胀的论述也分两种:一是以凯恩斯有效需求原理为基础的论述,强调影响社会总需求的实际因素;二是以现代货币数量论为基础的论述,强调影响社会总需求的货币因素。

2. 成本推进的通货膨胀

也称供给型通货膨胀,卖方通货膨胀。是指社会供给方面商品与劳务成本的提高,引起的一般物价水平上涨。

成本推进的通货膨胀的理论基础是生产费用论,从 20 世纪 50 年代逐渐流行,称为“新通货膨胀理论”。根据构成生产成本总额的各部分在引起一般物价水平上涨过程中的作用不同，又可分为两种：

一是工资推进的通货膨胀。工资推进的通货膨胀是指垄断劳动市场的工会组织，迫使雇主提高工资，工资增长率超过了劳动生产率增长率，致使生产成本提高，引起一般物价水平上涨。这种理论又进一步发展为“工资－物价螺旋上升式通货膨胀”，甚至把通货膨胀归罪于工会组织。

二是利润推进的通货膨胀。利润推进的通货膨胀是指垄断商品市场的大企业，为追求更多利润，利用超过生产成本提高幅度的办法，来提高商品价格，而造成一般物价水平的上涨。

3. 供求混合型通货膨胀

西方经济学界有的学者认为，任何实际的通货膨胀很难说清楚只是由需求拉动，或者只是成本推进的，往往是需求和供给双方相互共同发生作用造成的。一种情况是总需求过度促使物价水平提高，物价提高又会提高工资，生产成本增加，又引起成本推动的通货膨胀；另外一种情况是供给方面生产成本增加，将伴随着社会总需求的提高，供求相互作用造成一般物价水平上涨。

4. 结构性通货膨胀

在社会经济发展过程中，由于某些重要商品供求失调，或某些经济部门发展不平衡等经济结构因素变动，而引起的一般物价水平上涨，称为结构性通货膨胀。

社会经济中的各个部门具有不同的特点，例如生产增长的速度、劳动生产率等方面均有不同特点，正是这些特点的变化会引起物价的普遍、持续上涨。例如，轻工业和重工业部门不仅在生产增长速度上存在着差别，而且在劳动生产率上也有差别。但这两个部门的工资却有一直增长的趋势，而工资的增长往往是由生产增长较快或劳动生产率较高的部门来决定并开始的。但是，生产增长较慢或劳动生产率较低部门的工人便会由于攀比行为而绝不落后地向高工资看齐，从而使得整个社会的工资增长率超过了劳动生产率的提高程度以及经济增长的程度而引起通货膨胀。

此外，在某一时期，经济中有的部门处于“朝阳”阶段，有的部门处于“夕阳”阶段。处于“朝阳”阶段的部门需要扩大，需要更多的资源和工人，而处于“夕阳”阶段的部门则由于其生产萎缩，对资源和工人的需求会减少。若资源和工人能够迅速地在部门之间流动，便不会存在通货膨胀。但现实生活中，常常会由于各种条件的限制，处于“夕阳”阶段部门中的资源和工人无法迅速地流动到“朝阳”部门中。这样，“朝阳”工业部门会由于资源与人力的短缺而出现工资上涨的情况；而“夕阳”部门尽管资源与人力过剩，工资不仅不会下降，反而会因攀比行为而与“朝阳”部门的工资水平看齐。这样，便会由于“朝阳”部门的总需求过度和两部门的成本，尤其是工资成本的增加，从而产生通货膨胀。

四、按照物价上涨表现形式分类

现实经济生活中的通货膨胀有不同的表现形式，物价水平上涨在不同程度与不同范围反映出来。据此，可以把通货膨胀分为三种：

1. 公开性通货膨胀

通货膨胀是完全通过一般物价水平上涨形式反映出来，物价上涨率就是通货膨胀率。在一般的市场经济状态下，通货膨胀都是公开性的。公开性通货膨胀的特点是市场机制对物价的调节作用是充分的、有效的。那么,一般物价水平就是总供给和总需求的函数,任何过度需求,即商品或要素缺口,都将表现为物价或工资的上升,这种通货膨胀就是公开性的。

2. 隐蔽性通货膨胀

在社会经济生活中,已出现一般物价水平上涨,但并没有在官方物价指数变化中完全反映出来的通货膨胀,被称为隐蔽性通货膨胀。由于物价上涨在官方物价指数上没有得到充分和准确的反映,或者漏掉了,或者隐蔽起来了,因此官方物价指数反映的物价上涨率低于实际发生的物价上涨率。出现这种情况的原因是官方物价指数编制方面存在缺陷。

3. 抑制性通货膨胀

在社会经济中存在通货膨胀压力或缺口时,由于政府严格管制,商品价格无法上涨,因而在现行价格水平条件下,商品普遍短缺,出现强迫储蓄,这种状况称为抑制性通货膨胀。

五、按照人们对物价上涨的预期不同分类

在社会经济生活中,人们对经济前景,特别是对物价水平都要做出预测或预期,预期对人们的经济行为有重要影响,按照人们对物价上涨预期程度的不同,通货膨胀可分为两种:

1. 未预期到的通货膨胀

未预期到的通货膨胀即价格以突出的、超出人们预料的或根本没有想到的速度上升。例如,国际原材料价格的突然上涨引起的国内价格的上升,或者在长时期中价格不变的情况之后突然出现的价格上涨等。

2. 预期的通货膨胀

即价格的上升速度已在人们的预料之中的通货膨胀。在经济运行中,一般物价水平年复一年地按某一幅度上涨,好像物理学中运动着的物体有惯性一样,又称惯性的通货膨胀。例如,某国一般物价水平年复一年地按5%幅度上升时,人们会预期来年物价水平也要按同一比例上升。人们在签署经济合同和进行经济核算时,要把物价上涨幅度考虑在内,这样,物价、工资、利息和利润等都会以相同幅度提高,预期到的通货膨胀具有自我维持的特点。

第三节　通货膨胀的影响

一、通货膨胀对收入分配的影响

在现实经济中,产出与价格水平是一起变动的,通货膨胀常常伴随有扩大的实际产出。只有在较少的一些场合中,通货膨胀的发生伴随着实际产出的收缩。为了独立考察价格变动对收入分配的影响,假定货币收入是固定不变的,然后去研究通货膨胀如何影响分得收入的所有者实际得到的收入的大小。在分析之前,还要区分货币收入和实际收入。货币收入就是一个人所获得的货币数量;而实际收入则是一个消费者用他的货币收入所能买到的物品和劳务的数量。那么通货膨胀是如何影响收入分配的呢?

（一）通货膨胀不利于靠固定收入维持生活的人，有利于靠变动收入维持生活的人

对于固定阶层来说，其收入是固定的货币数额，落后于上升的物价水平。其实际收入因通货膨胀而变少，他们收入的购买力将随价格的上升而下降，由于他们的货币收入没有变化，因而他们的生活水平必然相应的降低。

属于固定收入阶层的主要是那些领救济金、退休金的人，那些工薪阶层、公务员以及靠福利和其他转移支付维持生活的人。他们在相当长时间内所获得的收入是不变的。特别是那些只得少量救济金的老人，遇到这种经济灾难，更是苦不堪言。他们是通货膨胀的牺牲品。

近年来，西方政府用增加福利的办法来抵消通货膨胀对社会保障接受者的不利的再分配效应。如从 1972 年起，美国根据一项自动调整的公式，使社会保障指数化，工资也指数化，即同消费品价格指数挂钩，自动调整，以避免通货膨胀的影响。

相反，那些靠变动收入维持生活的人，则会从通货膨胀中得益，这些人的货币收入会走在价格水平和生活费用上涨之前。例如，在扩张的行业工作并有强大的工会支持的工人就是这样。他们的工资合同中订有工资随生活费用的上涨而提高的条款，或是有强有力的工会代表为他们与厂商进行谈判，在每个新合同中都能得到大幅度的工资增长。

（二）通货膨胀有利于雇主而不利于工人

在不可预期的通货膨胀下，工资不能迅速地根据通货膨胀来调整，从而在名义工资不变或略有增长的情况下使实际工资下降，实际工资的下降不利于工人。

从利润得到收入的雇主却能从通货膨胀中获利，因为，产品价格比资源价格上升快，厂商的收益将比它的成本增长得快。实际工资下降就会使利润增加，而利润的增加就有利于雇主，能促使厂商扩大生产规模，刺激投资。这正是一些经济学家主张以通货膨胀来刺激经济发展的理由。

（三）通货膨胀对储蓄者不利

随着价格上涨，存款的实际价值或购买力就会降低。那些口袋中有闲置货币和存款在银行的人会受到严重的打击。同样，像保险金、养老金以及其他固定价值的证券财产等，它们本来是作为防患未然和蓄资养老的，在通货膨胀中，其实际价值也会降低。

（四）通货膨胀有利于债务人而不利于债权人

在债务人与债权人之间，通货膨胀有利于债务人而不利于债权人。通货膨胀靠牺牲债权人的利益而使债务人获利。

债务契约根据签约时的通货膨胀率来确定名义利息率，当发生了未预期到的通货膨胀之后，债务契约无法更改，从而就使实际利息率就下降，债务人受益，而债权人受损。假如甲向乙借款 1 万元，一年后归还，而这段时间内价格水平上升一倍，那么一年后甲归还乙的 1 万元相当于借时的一半。如果一旦预期到通货膨胀，则上述的再分配就会改变。

假使你是个债权人，持有固定利率的抵押贷款或长期债券作为资产，那么你的处境就会完全相反。价格突然上涨会使你变得比以前贫困，因为别人还给你货币的实际价值要比你原先借出时小。如果借贷的名义利率为 10%，而通货膨胀率为 20%，则实际利率为 -10%。实际利率为名义利率与通货膨胀率的差额，如果名义利率为 10%，通货膨胀率为 5%，则实际利率

为5%，只要通货膨胀率大于名义利率，则实际利率就是负值。通货膨胀对贷款，特别是长期贷款带来不利的影响，使债权人不愿意发放贷款，贷款的减少会影响投资，使投资减少。

（五）通货膨胀有利于政府不利于公众

第二次世界大战以来，通货膨胀从居民手中把大量再分配的财富转移到政府方面，原因是：

（1）政府已经是负债累累，而大量的债券却掌握在居民手中，也就是说政府是最大的债务人，而居民是债主。于是，战后的通货膨胀就将财富从居民手中转到政府手中。

（2）在不可预期的通货膨胀之下，名义工资有所增加，尽管并不一定能保持原有的实际工资水平，但是，随着名义工资的提高，达到纳税起征点的人增加了，还有许多人进入了更高的税率等级，这样，政府的税收增加，而公众纳税数额增加，其实际收入却减少。政府由这种通货膨胀中所得到的税收称为"通货膨胀税"。这实际上是政府对公众的掠夺。这种通货膨胀税的存在，不利于储蓄的增加，也影响了私人与厂商投资的积极性。

另外，需要注意的是，由于居民户往往同时也是收入获得者、金融证券的持有者和实际财产的所有者。因而通货膨胀对他们的影响能够相互抵消。例如，某个家庭的固定价值货币资产，如储蓄、债券、保险等，会因通货膨胀而减少其实际价值，但同时这一通货膨胀又会使他的房产、土地的价值增加。总之，许多居民同时因通货膨胀受益，又因通货膨胀有所损失。

案例14－1：玉米价格上涨对墨西哥贫苦大众打击巨大

墨西哥政府于1999年的1月1日结束了长期以来对玉米饼的补助，这一举措的结果是自由经济市场中持续5天的混乱场面以及在人群中留下极坏口碑的玉米饼政治。

25年以来，政府一直对玉米饼生产实施补助，并对深受大众喜爱的玉米面薄饼进行价格管制，这种饼对墨西哥人而言，就像宝石对于巴黎人及大米对于中国人那样重要。但是，由于油价下跌以及来自国际贷款人的压力，政府不得不削减开支。当对玉米饼的补助被取消之后，价格就像从游泳池底弹出的篮球，在某些地方涨了两倍以上。

这一政策结果引起了人们，尤其是那些依赖这些软乎乎的耐嚼的饼子充当一半食物的墨西哥人的强烈不满。

政治评论员 Sergio Sarmiento 说道："墨西哥的经济中，玉米饼是最具政治敏感性的产品，这就是它最后一个被取消管制的原因。"

分析：通货膨胀的再分配效应会引起强烈和不利的政治反应。没有人愿意支付更高的价格。

二、通货膨胀对产出的影响

国民经济的产出水平是随着价格变化而变化的，通货膨胀对产出的影响主要体现在以下几个方面：

（一）需求拉动的通货膨胀增加产出

由于需求拉动的通货膨胀的刺激，促进了产出水平的提高。一些经济学家认为爬行的或温和的需求拉动通货膨胀有利于刺激产出和就业的扩大。假设总需求增加，经济复苏，造成一定程度的需求拉动的通货膨胀。在这种情况下,产品的价格会跑到工资和其他资源的价格的前面,由此而增加了企业的利润。利润的增加就刺激了企业扩大生产,从而产生减少失业,增加国民产出的效果。这种情况意味着通货膨胀的再分配后果会由更多的就业、增加产出所获得的收益抵消。例如,对于一个工人来说,如果他唯有在通货膨胀条件下才能得到就业机会,显然,这受益于通货膨胀。

(二)成本推进的通货膨胀增加失业

成本推进的通货膨胀的结果,致使产出和就业的下降。在原总需求水平下,经济中已经实现了充分就业和物价稳定。如果发生成本推进的通货膨胀,则原来总需求所能购买的实际产品的数量将会减少。也就是说,当成本推动的压力抬高物价水平时,既定的总需求只能在市场上支持一个较小的实际产出。所以实际产出下降,失业会上升。美国20世纪70年代的情况就证实了这一点。1973年末,石油输出国组织把石油价格翻了两番,成本推动通货膨胀的后果使1973~1975年的物价水平迅速上升,与此同时,美国失业率从1973年不到5%上升到1975年的8.5%。

(三)恶性膨胀导致经济崩溃

首先,随着价格持续上升,居民户和企业会产生通货膨胀预期,即估计物价会再度升高。这样,人们就不会让自己的储蓄和现行的收入贬值,而宁愿在价格上升前把它花掉,从而产生过度的消费购买。结果是,减少储蓄和投资,使经济增长率下降。

其次,随着通货膨胀而来的生活费用的上升,劳动者会要求提高工资,不但会要求增加工资以抵消过去价格水平的上升,而且要求补偿下次工资谈判前可以预料到的通货膨胀带来的损失。于是企业增加生产和扩大就业的积极性就会逐渐丧失。这样,使生产萎缩,经济增长率下降。

再次,厂商在通货膨胀率上升时会增加存货,以后按高价出售以增加利润,这种通货膨胀预期除了会鼓励厂商增加存货外,还会鼓励企业增加新设备。然而厂商的这些行为在无法筹措到必需的资金时就会停止,银行也会在适当时机拒绝为厂商扩大信贷,加之银行利率上升,厂商会越来越难得到贷款。厂商被迫要减少存货,生产就会萎缩。

最后,当出现恶性通货膨胀时,情况会变得更糟。当人们完全丧失对货币的信心时,货币就再不能执行它作为交换手段和储藏手段的职能。这时,任何一个有理智的人都不会再去从事财富的生产和正当的经营,而把精力用在进行种种投机活动或如何尽快把货币用掉。等价交换的正常买卖,经济合同的签订和履行,经营单位的经济核算,以及银行的结算和信贷活动等等,都无法再实现,市场经济机制也无法再正常运行,大规模的经济混乱也就不可避免了。

案例14-2:恶性通货膨胀的情况

过去我们一般都在兜里装钱去商店购物,将买到的食物装在篮子里带回来。而现在我们是用篮子装钱,再用衣兜装回所买的食品。除了纸票以外,一切都十分缺乏!物价一片混乱,生产也一塌糊涂。以前一次餐费的价钱和一张歌剧票差不多,可现在是原来的20倍。每个人都在囤积“东西”,并尽力抛掉“不值钱”的纸币,这就将值钱的金属货币赶出了流通领域。结果,人们的生活部分回到极不方便的物物交换时代。

第四节 通货膨胀的原因及其治理

一、通货膨胀的原因

关于通货膨胀的原因,西方经济学家提出了种种解释,可以分为三个方面:第一个方面为货币数量论的解释,这种解释强调货币在通货膨胀过程中的重要性;第二个方面用总需求和总供给来解释,包括从需求的角度和供给的角度的解释;第三个方面从经济结构因素变动的角度来说明通货膨胀的原因。本节主要从供求方面来说明通货膨胀的原因。

(一)总需求过热引起的通货膨胀

这是从总需求的角度来分析通货膨胀的原因,认为通货膨胀的原因是由于总需求过度增长,总供给不足,即“太多的货币追逐较少的货物”,或者是“因为物品和劳务的需求超过按现行价格可得到的供给,所以一般物价水平上涨”。总之,就是总需求大于总供给所引起的通货膨胀。对于引起总需求过度增长的原因又有两种解释,其一是凯恩斯主义的解释,强调实际因素对总需求的影响;其二是货币主义的解释,强调货币因素对总需求的影响。与此相应,就有两种需求拉上的通货膨胀理论。

1. 总需求膨胀性缺口的通货膨胀

总需求膨胀性缺口的通货膨胀是由于经济中实际总需求大于充分就业总需求而引起的通货膨胀。

凯恩斯认为,当经济中实现了充分就业,表明资源已经得到了充分利用。这时如果总需求仍然增加,就会由于过度的总需求而出现膨胀性缺口以致引起通货膨胀。膨胀性缺口是通货膨胀产生的原因。膨胀性缺口即指实际总需求大于充分就业总需求时,实际总需求与充分就业总需求之间的差额,总需求膨胀性缺口如图 14－1 所示。

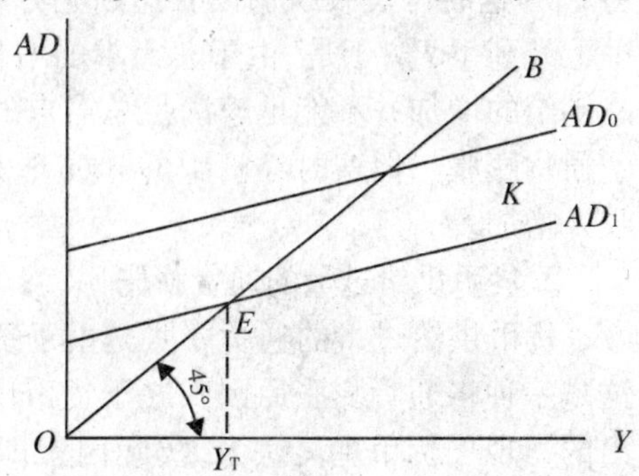

图 14－1 总需求膨胀性缺口

在图 14－1 中,横轴代表国民收入,纵轴代表总需求,AD_1 为充分就业的总需求,与 45°线 OB 相交于 E 点,决定了 OY_T 为充分就业的国民收入。

但是实际总需求为 AD_0。尽管总需求 $AD_0 > AD_1$,但因为国民收入已经达到了充分就业水平,无法再增加,所以,实际总需求 AD_0 与充分就业总需求 AD_1 之间的差额 K,就形成了膨胀性缺口。

膨胀性缺口与需求拉上的通货膨胀之间的关系,如图 14－2、图 14－3 所示。

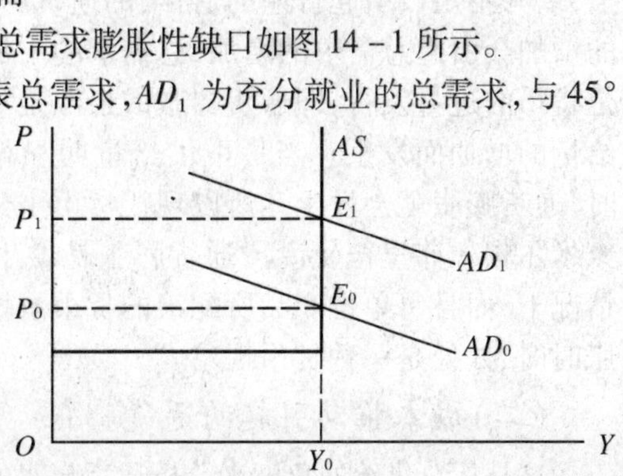

图 14－2

在图 14－2 中,横轴 OY 代表国民收入,纵轴 OP 代表价格,AS 为总供给曲线,与横轴垂直部分为国民收入实现了充分就业的总供给。总需求曲线 AD_0，与总供给曲线相交于 E_0 点，国民收入达到了充分就业的水平 Y_0，价格水平 P_0。当总需求增加到 AD_1 时，与总供给曲线相交于 E_1 点，决定价格水平 P_1，国民收入已无法增加，仍为 Y_0。而价格水平由 P_0 上升到 P_1，这样就由于总需求过度而引起了通货膨胀。

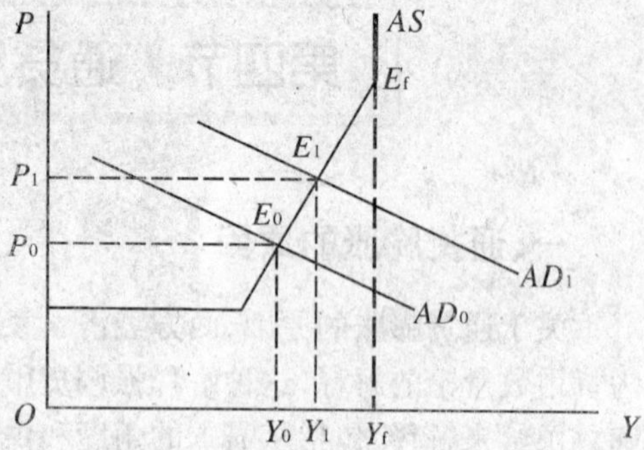

图 14－3

凯恩斯强调通货膨胀与失业不会并存，通货膨胀是在充分就业实现后产生的。但实际上，在经济中未实现充分就业时，也可能产生通货膨胀，这是由于在产量增加的同时总需求增加，也会引起通货膨胀，如图 14－3 所示。

在图 14－3 中，横轴为国民收入，纵轴为价格水平，总供给曲线为 AS，向右上方倾斜的部分表示还没有达到充分就业水平。总需求曲线 AD_0 与总供给曲线相交于 E_0 点，决定了国民收入水平为 Y_0，价格水平为 P_0，这时国民收入并没有达到充分就业的水平 OY_f。当总需求增加到 AD_1 时，与总供给曲线相交于 E_1，决定了国民收入增加到了 Y_1，价格水平为 P_1。这时国民收入仍没有达到充分就业的水平 Y_f，但伴随着国民收入的增加，价格水平上升到了 P_1，于是，由于总需求的增加而发生了通货膨胀。这是因为当总需求增加后，总供给的增加并不能迅速满足总需求的增加，产生暂时的供给短缺，价格水平上升，产生了通货膨胀。但这时经济中并未实现充分就业，价格水平的上升刺激了总供给，使国民收入增加。

2. 货币供给过量的通货膨胀

货币供给过量的通货膨胀是由于货币增加速度超过产量增长速度引起的通货膨胀。这是一种将通货膨胀原因归之于货币供给过量的通货膨胀理论，主要是现代货币主义提出的。现代货币主义认为，实际因素即使对总需求有影响也是不重要的，由此所引起的通货膨胀也不可能是持久的，无论是供给还是需求，它们都只会引起局部的、暂时的物价上升，并不足以引起普遍的、持续的通货膨胀。在货币流通速度稳定的假定下，则货币量的增加会引起总需求的增加，总需求的增加引起通货膨胀。引起总需求过度的根本原因是货币的过量发行，即通货膨胀的根源是货币供给量过多。通货膨胀总是伴随着货币供给量的增加而发生。当货币供给量明显增加，并且其增加速度超过了产量的增加速度时，通货膨胀就会发生。所以现代货币主义的领袖、经济学诺贝尔奖获得者、美国经济学家米尔顿·弗里德曼说："通货膨胀是发生在货币量增加的速度超过了产量增加速度的情况下，而且每单位产品所配给的货币量增加得愈快，通货膨胀的发展就愈快。""通货膨胀时时、处处是一种货币现象。"

（二）成本推动引起的通货膨胀

这是从总供给的角度来分析通货膨胀的原因。供给就是生产，从总供给的角度看，引起通货膨胀的原因是由于成本的增加。成本的增加表示只有在高于从前的价格水平上，才能达到与以前一样的产量水平，即总供给曲线向左上方移动。在总需求不变的情况下，总供给曲线向左上方移动使国民收入减少，价格水平上升，这种价格上升就是成本推动的通货膨胀，如图 14－4 所示。

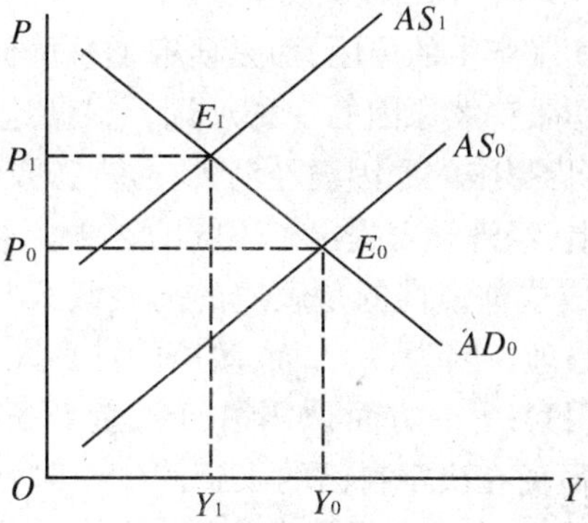

图 14－4 成本推动的通货膨胀

在图 14－4 中，横轴 OY 表示国民收入，纵轴 OP 表示价格水平，总供给曲线 AS_0 与总需求曲线 AD_0 相交于 E_0，决定了国民收入 Y_0，价格水平为 P_0。成本增加，总供给曲线向左上方移动为 AS_1，这时总需求曲线没变，总供给曲线 AS_1 与总需求曲线 AD_0 相交于 E_1 点，决定了国民收入 Y_1，国民收入由 Y_0 减少为 Y_1；价格水平为 P_1，价格水平由 P_0 上升到 P_1，是由于成本的增加引起的。这就是成本推动的通货膨胀。

（三）供求混合推动引起的通货膨胀

这是把总需求和总供给结合起来分析通货膨胀的原因。通货膨胀的根源不是单一的总需求或总供给，而是这两方面共同作用的结果。

如果通货膨胀是由需求拉动开始的，即过度需求的存在引起物价上升，这种物价上升又会使工资增加，而工资的增加又引起了成本推动的通货膨胀。

如果通货膨胀是由成本推动开始的，即由于成本增加引起物价上升。这时如果没有总需求相应的增加，工资上升最终会减少生产，增加失业，从而使成本推动引起的通货膨胀就此停止。只有在成本推动的同时，又增加总需求，这种通货膨胀才能持续下去，如图 14－5 所示。

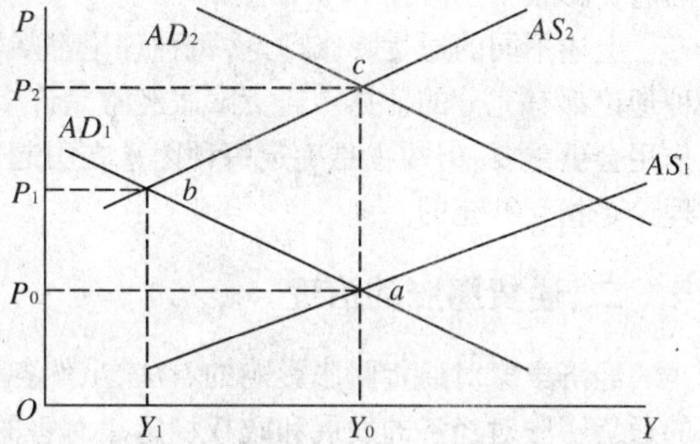

图 14－5　供求混合推动引起的通货膨胀

在图 14－5 中，横轴 OY 表示国民收入，纵轴 OP 表示价格水平，总供给曲线 AS_1 与总需求曲线 AD_1 相交于 a 点，决定了国民收入为 Y_0，价格水平为 P_0。成本增加，总供给曲线 AS_1 移动到 AS_2，与总需求曲线 AD_1 相交于 b 点，决定国民收入为 Y_1，使国民收入由 Y_0 减少到 Y_1。而物价水平为 P_1，使物价水平由 P_0 上升为 P_1，这是成本推动的通货膨胀。但如果仅仅是成本推动，由于价格上升为 P_1，产量由 Y_0 下降为 Y_1，最终由于经济衰退而结束通货膨胀。其结果是，这种通货膨胀不会持续下去。

然而，在成本推动之后，总需求曲线由 AD_1 增加到 AD_2。这样总需求曲线 AD_2 与总供给曲线 AS_2 相交于 c 点，即由于需求拉动的通货膨胀使产量水平恢复到 Y_0，而价格水平却继续上升为 P_2。这种供求混合推动通货膨胀的物价上升的过程是 $a \to b \to c$。

(四)惯性引起的通货膨胀

这种理论不是分析通货膨胀产生的原因,而是研究通货膨胀一旦形成就持续下去的原因。这是用惯性来解释通货膨胀持续原因的一种理论。根据这种理论,无论何种原因引起了通货膨胀,即使当初引起通货膨胀的原因已经消失,通货膨胀也会由于其本身的惯性而持续下去。但在对惯性的解释上,经济学家提出了不同的看法。主要分为两类:

(1)凯恩斯主义认为,造成这种惯性的是政府的财政政策与货币政策以及人们在决定工资与价格时的相互参照的心理。因为,一方面,政府的计划人员要在制定财政政策和货币政策时考虑以前的价格上涨因素;另一方面,如果由于通货膨胀一部分人的工资与价格上升了8%,那么另一部分工人和厂商在决定自己的工资和价格时,就会参照8%而提高自己的工资和物价。这种情况下,谁也不会首先降低自己的工资和物价水平,通货膨胀就会由于这种惯性而持续下去。只有在经济严重衰退时,才会由于工资与物价的被迫下降而使通货膨胀终止。

(2)现代货币主义和理性预期学派及新古典综合派的经济学家认为,造成这种通货膨胀惯性的原因是人们心理上对通货膨胀的预期。因为预期对人们的经济行为有着重要的影响作用,而预期又往往是根据过去的经验形成的。在已产生了通货膨胀的情况下,人们会根据过去的通货膨胀率来预期未来的通货膨胀率,并以此来指导未来经济的行为。如果2000年的通货膨胀率是15%,人们便会根据这个通货膨胀率而预期2001年的通货膨胀率不会低于15%,并以此作为2001年工资谈判的基础,要求2001年的货币工资增长率不能低于15%。2001年的货币工资增长率为15%,就使2001年的通货膨胀率由于工资的增加而在15%水平上。于是,由于预期的原因,即使2000年通货膨胀率为15%的原因消失,2001年的通货膨胀率也会在15%以上。

上述不同的通货膨胀理论,每种理论都从不同的角度对通货膨胀的原因进行了分析,每种理论都有充分的证据。通货膨胀经常是许多因素一起发挥作用的结果,可能某种因素的作用会更重要,但却很难确定每种因素在引起通货膨胀时的重要程度。所以,各种通货膨胀理论是相互补充的。

二、通货膨胀的治理

经济学家对通货膨胀影响的看法,虽然各不相同,但也有一些共同之处,即都认为,严重的通货膨胀对经济的发展和政权稳定是有害的,政府把通货膨胀当成“头号公敌”来加以反对。经济学家提出反通货膨胀的政策主张,往往与他们对产生通货膨胀的原因的分析是密切相关的。前面介绍的对通货膨胀的原因的分析,基本是需求拉动和成本推动两种,因此政策主张也基本上分为两类。

(一)需求方面

1.凯恩斯主义的政策

凯恩斯主义者提出,在经济高涨时期,总需求大于总供给,出现膨胀性缺口,经济中通货膨胀严重,政府要采取紧缩性的财政政策和货币政策来解决通货膨胀问题。

紧缩性的财政政策,即在财政政策上采取增收、节支的措施,压缩需求,以实现物价稳定。物价稳定并不是通货膨胀率为零,而是指在社会所能接受的通货膨胀率的基础上,政府所需维持的一种低而稳定的通货膨胀率。如美国提出理想的通货膨胀率为1% ~3%。紧缩性的财政政策包括减少政府支出,增加税收。政府支出包括公共工程支出、政府的购买及转移支付。减少政府公共工程支出和减少政府的购买,有利于抑制投资,转移支付的减少,能降低个人消费;增加税收,主要是提高税率。增加个人所得税,使个人可支配收入减少,而降低消费水平;增加公司所得税使公司收入减少,结果会减少投资。这样,就能抑制总需求。美国在20世纪50年代,采用紧缩性财政政策,取得了较大效果。

在货币政策上,采取紧缩的货币政策,即紧缩银根的措施,主要是提高商业银行的法定准备金率、提高中央银行的贴现率、出售政府债券以实现物价稳定,降低通货膨胀率。提高法定准备金率,就使商业银行原有的准备金低于法定要求,结果使商业银行不得不收回贷款,从而又通过银行的机制减少货币供给量,提高利息率,借以减少货币流通量,减少投资需求,抑制总需求;中央银行提高贴现率或严格贴现条件,公开市场业务等都能达到减少投资,抑制总需求的效果。美国在20世纪50年代,采取紧缩的货币政策,控制了货币的供给量,在稳定物价、抑制通货膨胀方面,取得了良好的效果。

2. 货币主义的政策

货币主义者主张采取降低货币供应量增长率单一规则,建议货币当局把年货币供应增长率固定在4% ~5%的水平上,借以压缩货币供给,抑制通货膨胀。同时反对依靠财政政策来反通货膨胀的主张。因为在货币主义看来,通货膨胀就是由于货币供应量过多而引起的一个"货币现象",因而采取财政政策是无济于事的。20世纪70年代末、80年代初英国和美国都先后采取了货币主义的紧缩货币政策,控制货币供应量的增长,使通货膨胀率从原来的两位数降到4%左右。可见,货币主义政策对抑制通货膨胀确实发挥了积极的作用。

(二)供给方面

1. 指数化政策

指数化就是以条文规定的形式把工资和某种物价指数联系起来,当物价上升时,工资也随之上升。指数化政策可以部分地消除通货膨胀对收入分配的影响。

指数化政策虽然在一定程度内可以消除通货膨胀在收入分配上的影响,但是,如果运用不当,它也会造成加剧通货膨胀的不良后果。

2. 收入政策

收入政策是通过控制工资与物价来制止通货膨胀的政策,其控制的重点是工资收入,故而称为收入政策。

这种政策要求国家规定一个被认为是恰当的通货膨胀率,然后,以税收的方式惩罚价格和工资的上涨超过恰当的通货膨胀率的厂商和工会。

收入政策是供给方面的一个最主要的政策内容,由于它是从总供给的角度提出的对付通货膨胀的政策,因而属于供给方面的政策范围。

根据成本推进的通货膨胀理论。通货膨胀来自供给方面,是由于成本的增加,特别是由于工资收入成本的增加而引起的。因此,要抑制通货膨胀,就必须有效地控制工资增长率,同时控制物价水平。收入政策一般有三种形式:工资-物价冻结、工资与物价指导线和税收政策。

第五节 失业理论

失业是当代经济中存在的一个世界和世纪难题，无论是发达国家，还是发展中国家，都不同程度地存在失业问题。各个学派的经济学家不遗余力地探讨失业理论，各国政府千方百计地解决这一难题，失业就成为宏观经济学研究的重要问题。

一、就业及失业的界定和衡量

(一)就业与充分就业

1. 就业的含义

就业是指：在劳动年龄内，想工作而受雇或处于自我雇佣的状态。

并不是任何人都是劳动力的承担者，只有在一定成熟程度范围内的人，才是劳动力的承担者。这种成熟程度的基本标志，就是年龄。年龄是劳动者就业与失业的首要条件。开始具备了劳动能力的年龄，是劳动年龄的下限。开始丧失劳动能力的年龄，是劳动年龄的上限。处于劳动年龄的下限和下限之间的年龄即是劳动年龄。在劳动年龄之外不存在就业和失业。

从统计学的角度对就业可以做出各种不同的规定，国际劳工统计会议规定的通用标准是在劳动年龄之内，具有下列情况之一的都列为就业者：

(1)在规定的时期内正在从事有报酬或收入的工作人员。

(2)有职业，但是临时没有工作的人。例如，由于疾病、事故、旷工、休假或气候不良等原因临时停止工作的人。

(3)雇主和自营业人员，或正在协助家庭经营厂商、农场而不领取报酬的家属劳动者，在规定时期内，从事正常工作时间的1/3以上者。

不同的国家根据各自的情况对就业做出不同的规定。由于各国的经济制度特别是劳动就业制度不同，工业化程度及生活水平存在的差异，对就业的划分标准也不相同。即使是同一国家在不同的历史时期划分的标准也不尽相同。

2. 就业的衡量

衡量就业的指标就是就业率。就业率就是就业人数占劳动力总数的百分比。其计算公式是：

$$就业率=(就业人数\div劳动力总数)\times100\%$$

3. 充分就业

充分就业，是指一切具有劳动能力和劳动愿望的劳动者，在现行工资水平下愿意工作的人都得到了工作。

可以从两个方面分析充分就业。首先，从劳动力供求的相互关系看，充分就业是劳动力供给与劳动力需求处于均衡，国民经济的发展充分地满足劳动者对就业岗位需求的状态。其次，从总供给和总需求的关系来看，充分就业是指总需求增加时，总就业量不再增加的状态。换言之，凡是接受市场工资水平愿意就业的人均能实现就业的状态。

充分就业是一个相对的概念。在动态的市场经济中，连续保持总供给与总需求、劳动力供给和劳动力需求在总量及其结构上的持续均衡是非常困难的。一般说来充分就业是一种理想的状态，充分就业实现时，并不意味着失业现象的消失。充分就业并不等于所有愿意就业的人都能得到工作岗位，即就业率为100%，而是有一定的失业率存在。充分就业的失业率即自然失业率，充分就业时的国民收入即被称为潜在的国民收入。

充分就业率的高低，取决于劳动市场的完善程度、经济状况等各种因素。充分就业率是由各国政府根据实际情况确定，各国在各个时期所确定的充分就业率都不同。

（二）失业的衡量与界定

劳动力资源或人力资本是社会经济发展的最重要的生产要素，是经济增长的最重要的源泉之一。失业是经济资源的闲置和浪费，维持充分就业是政府制定经济政策的一个首选目标。

1. 失业的含义

失业是指在社会经济中劳动者处于无工作的状态，这些人有工作能力而且愿意工作，却没有工作或正在寻找工作，均称为失业者。如果一个人虽然没有工作，但不愿意工作或不去寻找工作，就不是失业者。一个社会的劳动力就是就业者和失业者之和。

2. 失业的界定

失业是具有劳动能力的人找不到工作的一种社会现象，所有那些未曾受雇以及正在变换工作岗位或没能按当时通行的工资水平找到工作的人，都是失业者。

在工作年龄内，属于失业范围的人包括：

（1）新加入劳动队伍第一次寻找工作，或重新加入劳动力队伍正在寻找工作已达4周以上的人。

（2）为了寻找其他工作而离职，在找工作期间作为失业者登记注册的人。

（3）被暂时辞退并等待重返工作岗位而连续七天未得到工资的人。

（4）被厂商解雇而且无法回到原工作岗位的人，即非自愿离职者。

3. 失业的衡量

衡量一个社会失业的程度的统计指标是失业率。失业率是失业人数占劳动力总数的比例，计算公式：

失业率 = 失业人数 ÷ 劳动力总数

= 失业人数 ÷（就业人数 + 失业人数）

失业率的计算并不是失业人数和总人口的比率，而是失业人数与劳动力总人数的比率。

需要注意的是，失业率虽是经过复杂的统计计算出来的，但仍有其局限性。第一，凡被支付了报酬的劳动者都被统计在就业者之中，而没有明确地区分是全日制工作还是打短工。例如，一个每周工作16小时的劳动者和每周工作40小时的劳动者在计算失业率时是没有区别的。这样，在统计中忽略了实际工作时间少于劳动者愿意提供的劳动时间，低估了实际的失业率。第二，在统计中还存在着未能充分发挥劳动者技能的问题。例如，一个高级专家，由于经济原因，找不到合适的工作，而只是在做简单的工作，实际上他处在一种半失业状态之中，这样也可能低估失业率。第三，劳动者可能由于主观原因而虚报、谎报就业状况谋取好处，骗取失业救济金等等，这都可能导致计算的不准确。

案例14－3：日本的失业率

1970年以来日本的平均失业率为2.3%，而美国为6.5%。这一差别与两国对失业率的定义不同关系非常小。根据OECD计算的标准化失业率数据——调整了定义上的差异，日本的失业率为2.2%，美国为6.4%。

如果我们把平均失业率作为基本自然失业率的大致估计，那么可以看到日本的自然失业率等于美国自然失业率的三分之一。为什么会产生这种差异？

日本劳动力市场的主要特征就是对终身雇佣的普遍信任。职业生涯的典型模式是新工人很快在新工作中安定下来，并一直从事下去直到退休。与美国相比，到24岁，美国工人已经平均从事了多于4种工作，而日本工人仅为2种左右。到64岁，美国工人平均从事将近11种工作，而日本工人则低于5种。

为了鼓励工人留在工作岗位上，日本企业提供的工资随工人的资力而显著增加，而且大部分提拔是根据资力进行的，并提供巨额的一次性退休金。为了确保工作不丢失，日本工人允许企业重新分配到其他部门或者即使到附属公司。

这种劳动力安排的一个结果就是工人通过劳动力市场的流动在日本要比在美国小得多。在日本没有临时性解雇，永久性解雇也非常少，更大比例的必要的工人的再分配是在企业内部进行，而不是通过劳动力市场。

流入和流出就业人口的流动量非常小是日本自然失业率低于美国的主要原因。

二、失业的种类

宏观经济学通常将失业分为三类，即摩擦性失业、结构性失业以及周期性失业。

1. 摩擦性失业

摩擦性失业是指在生产过程中由于难以避免的劳动力正常流动等原因而造成的短期、局部性失业。

这种失业在性质上是过渡性的或短期性的。它通常起源于劳动力的供给方。像人们换工作或找新的工作便是这种失业的例子，在这里，工作机会和寻找工作的人的匹配在经济中并不是顺利地发生，结果一些人便得不到工作。摩擦性失业被认为在任何时候都存在，但对任何个人或家庭来说，它是过渡性的。因此，摩擦性失业不被认为是严重的经济问题。

2. 结构性失业

结构性失业是指劳动力的供给和需求不匹配所造成的失业，其特点是既有失业，又有职位空缺，失业者或者没有合适的技能，或者居住地点不当，因此无法填补现有的职位空缺。

结构性失业在性质上是长期的，而且通常起源于劳动力的需求方。结构性失业是由经济变化导致的，这些经济变化引起特定市场和区域中特定类型劳动力的需求相对低于其供给。在特定市场中，劳动力的需求相对较低的原因主要有以下几个方面：一是技术变化。尽管技术变化被认为能减少成本，扩大整个经济的生产能力，但它可能也会对某些特定市场（或产业）带来破坏性极大的影响。二是消费者偏好的变化。消费者产品偏好的改变在某些地区扩大了生产，增加了就业，但在其他地区减少了生产和就业。三是劳动力的不流动性。这种不流动性延长了由于技术变化或消费者偏好改变而造成的失业时间。工作机会的减少本应引起失业者流动,但不流动性却没有使这种情况发生。

3. 周期性失业

周期性失业是指经济周期中的衰退或萧条时,因需求下降而造成的失业,这种失业是由整个经济的支出和产出下降造成的。当经济中的总需求的减少降低了总产出时,会引起整个经济体系的较普遍的失业。

除了上述三种失业类型外,在宏观经济学中还有一种关于失业的分类,即所谓的自愿失业和非自愿失业。前者指工人不愿意接受现行工资水平而形成的失业。后者指愿意接受现行工资但仍找不到工作的失业。

需要注意的是,不论在什么时候,市场经济中存在失业都是不可避免的。按凯恩斯观点只要消除了非自愿失业,就是实现了充分就业。实现了充分就业时仍然存在的失业叫做自然失业,这是由经济中某些难以克服的因素造成的,无法避免,包括摩擦性失业和结构性失业。自然失业的大小用自然失业率表示。自然失业率是充分就业的失业率,在不同国家、不同时期高低不一样。在宏观经济分析中,政府可以采取各种办法和措施来降低自然失业率,但是自然失业是不可能完全消除的,研究和分析的重点是周期性失业。

三、失业的影响与奥肯定律

(一)失业的影响

失业是当今世界存在的一个主要问题。高失业率不但是经济问题,而且是社会问题。失业是经济问题,因为它意味着失业浪费有价值的宝贵的劳动资源;其所以又是社会问题,是由于失业使失业者面对收入减少的困境,影响家庭生活的安定,甚至造成社会动荡。

失业有两种主要的影响,即经济影响和社会影响。

1. 失业对经济的影响

失业的经济影响可以用机会成本的概念来理解。当失业率上升时,经济中本可以由失业工人生产出来的产品和劳务就损失了。衰退期间的损失,就好像是将众多的汽车、房屋、衣物和其他物品都销毁掉了。从产出核算的角度看,失业者的收入总损失等于生产的损失,因此,丧失的产量是计量周期性失业损失的主要尺度,因为它表明经济处于非充分就业状态。

2. 失业对社会的影响

失业的社会影响虽然难以估计和衡量,但它最易被人们所感受到。失业威胁着作为社会单位和经济单位的家庭的稳定。没有收入或收入遭受损失,户主就不能起到应有的作用。家庭的要求和需要得不到满足,家庭关系将因此而受到损害。西方学者已经发现,高失业率常常与吸毒、高离婚率以及高犯罪率联系在一起。此外,家庭之外的人际关系也受到失业的严重影响。一个失业者在就业的人员当中失去了自尊和影响力,面临着被同事拒绝的可能性,并且可能要失去自尊和自信。最终,失业者在情感上受到严重的打击。

(二)奥肯定律

从整个经济来看,失业在经济上最大的损失就是实际国民收入的减少。美国经济学家阿瑟·M·奥肯在20世纪60年代所提出的奥肯定律,就是说明失业率与实际国民收入增长率之间关系的规律。这一规律表明,失业率每增加 1%,则实际国民收入减少 2.5%;反之,失业率每减少 1%,则实际国民收入增加 2.5%。

在理解这一规律时要注意以下几个方面:

(1)它表明了失业率与国民收入增长率之间是反方向变动关系。

(2)失业率与实际国民收入增长率之间 1∶2.5 的关系只是一个平均数,是根据经验统计资料得出来的。不同时期并不完全相同。在 20 世纪 60 年代,这一比率是 1∶3;在 70 年代,这一比率是 1∶2.5～2.7;在 80 年代,这一比率是 1∶2.5～2.9。

(3)奥肯定律主要适用没有实现充分就业情况,即是周期性失业。在实现了充分就业的情况下,自然失业率与实际国民收入增长率的比率是 1∶0.76。

第六节　失业与通货膨胀的关系

失业与通货膨胀是经济中的两个主要问题,这两者之间的关系是经济学家所关心的问题。不同学派的经济学家对这一问题有不同的观点,做出了不同的解释。

一、凯恩斯的观点:失业与通货膨胀不会并存

根据凯恩斯的有效需求原理,通货膨胀与失业是相互交替的关系。当有效需求不足时,经济中存在紧缩性缺口,不能实现充分就业,便存在大量的失业;当实现了充分就业以后,因供给弹性等于零,如果有效需求继续增长,需求过度,在经济中存在膨胀性缺口,便会出现物价上升和通货膨胀。即在前一种情况下,通货处于紧缩状态。那么,在后一种情况下,通货处于膨胀状态,就出现所谓的紧缩缺口和膨胀缺口,如图 14－6 所示。

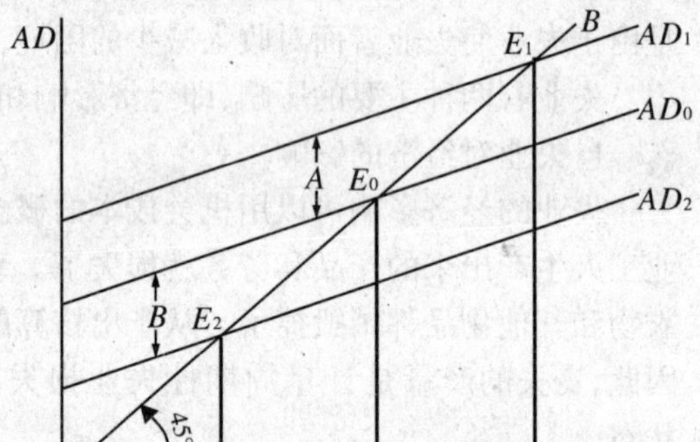

图 14－6　紧缩性与膨胀性缺口

在图 14－6 中,横轴为国民收入,纵轴为总需求,OB 为直角坐标的角平分线,总需求曲线 AD_0 与角平分线 OB 相交于 E_0 点,决定实现充分就业的国民收入为 Y_0。

而当实际总需求曲线为 AD_1 时,与角平分线 OB 相交于 E_1 点,决定了国民收入为 Y_1,$Y_1 > Y_0$,这就必然引起通货膨胀。由于国民收入已经达到充分就业的水平,实际总需求大于充分就业的总需求,实际总需求与充分就业的总需求之间的差额,就形成了膨胀性缺口 A。

而当实际总需求曲线 AD_2 与角平分线 OB 相交于 E_2 点时,决定了国民收入为 Y_2,$Y_2 < Y_0$,这就引起失业。由于实际总需求小于充分就业的总需求,所以,实际的国民收入就小于充分就业的国民收入。实际总需求与充分就业的总需求之间的差额,就形成了紧缩性缺口 B。

二、菲利普斯曲线:失业与通货膨胀之间交替关系

菲利普斯曲线,就是表示通货膨胀率同失业率之间关系的曲线。这条曲线因英国经济学家菲利普斯提出而得名。

1958 年,菲利普斯研究 1861 ~1957 年英国失业和货币工资增长率的统计资料后,提出了以表示失业率和工资增长率替换关系的曲线,在以横轴表示失业率,纵轴表示货币工资增长率的坐标系中,画出一条向右下方倾斜的曲线,这就是最初的菲利普斯曲线。该曲线表明:当失业率较低时,工资增长率较高;反之,当失业率较高时,货币工资增长率较低,甚至为负数,如图 14 -7 所示。

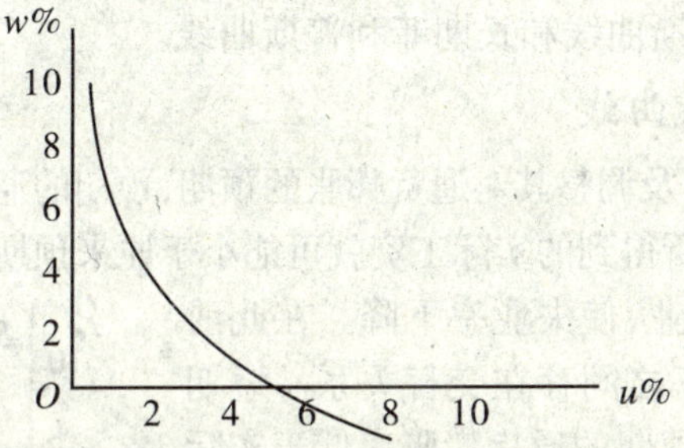

图 14 -7　工资增长率与失业率的关系

以萨缪尔森为代表的新古典综合派随后把菲利普斯曲线改造为失业与通货膨胀之间的关系,并把它作为新古典综合理论的一个组成部分,用以解释通货膨胀。

新古典综合派对最初的菲利普斯曲线加以改造的出发点在于如下所示的货币工资增长率、劳动生产率和通货膨胀率之间的关系:

通货膨胀率 = 货币工资增长率 - 劳动生产增长率

根据这一关系,若劳动生产的增长率为零,则通货膨胀率与货币工资增长率一致。因此,经改造的菲利普斯曲线就表示了失业率与通货膨胀率之间的替换关系,即失业率高,则通货膨胀率低;失业率低,则通货膨胀率高。菲利普斯曲线如图 14 -8 所示。

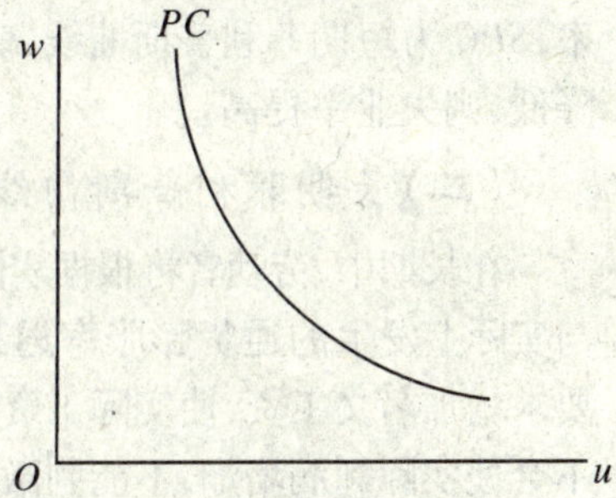

图 14 -8　菲利普斯曲线

图中,横轴代表失业率 u,纵轴代表通货膨胀率 w,向右下方倾斜的曲线 PC 即为菲利普斯曲线。菲利普斯曲线所揭示的失业与通货膨胀的替换关系与美国 20 世纪 60 年代通货膨胀和失业的数据吻合得很好。

菲利普斯曲线提出了这样几个重要的观点:

(1)通货膨胀是由于工资成本推动所引起的,即成本推动通货膨胀理论。正是根据这一理论把货币增长率与通货膨胀率联系起来了。

(2)提出通货膨胀与失业的交替关系,这就否定了凯恩斯关于失业与通货膨胀不会并存的观点。

(3)当失业率为自然失业率时,通货膨胀率为零。因此,也可以把自然失业率定义为通货膨胀率为零的失业率。

(4)可以运用扩张性宏观经济政策,以较高的通货膨胀率来换取较低的失业率;也可以

运用紧缩性宏观经济政策，以较高的失业率换取较低的通货膨胀率。菲利普斯曲线为宏观政策选择提供了理论依据。

菲利普斯曲线所反映的失业与通货膨胀之间的交替关系基本符合20世纪50～60年代西方国家的实际情况。70年代末，由于出现了滞胀，失业与通货膨胀之间又不存在这种交替关系了，于是对失业与通货膨胀之间的关系又有了新的解释。

三、货币主义的观点：短期菲利普斯曲线和长期菲利普斯曲线

货币主义者在解释菲利普斯曲线时引入了预期的因素。他们所用的预期的概念是适应性预期，即人们根据过去的经验来形成并调整对未来的预期。他们根据适应性预期，把菲利普斯曲线分为短期菲利普斯曲线和长期菲利普斯曲线。

（一）短期菲利普斯曲线

在短期中，劳动者来不及调整其对通货膨胀的预期，预期的通货膨胀低于以后实际发生的通货膨胀率。这样劳动者所得到的实际工资就可能小于原来预期的工资。从而使实际利润增加，刺激了投资，扩大了就业，使失业率下降。在此前提下，通货膨胀率与失业率之间存在交替关系。短期菲利普斯曲线正是表明在预期的通货膨胀率低于实际发生的通货膨胀率的短期中，通货膨胀率与失业率之间存在交替关系的曲线。所以，向右下方倾斜的菲利普斯曲线在短期内是成立的。这也说明，在短期中引起通货膨胀率上升的扩张性财政政策与货币政策是可以起到减少失业的作用。这就是宏观经济政策的短期有效性。短期菲利普斯曲线如图14－9所示。

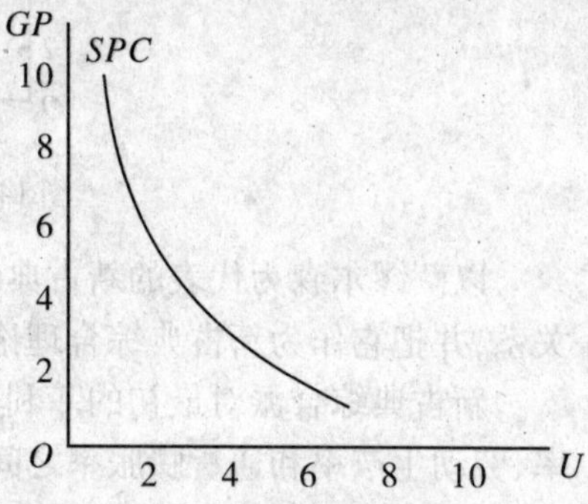

图14－9　短期菲利普斯曲线

在图14－9中，横轴为失业率，纵轴为通货膨胀率，*SPC*为短期菲利普斯曲线，表示在短期内，通货膨胀率提高，则失业率降低；通货膨胀率降低，则失业率提高。

（二）长期菲利普斯曲线

在长期中，劳动者将根据实际发生的情况不断调整自己的预期。他们预期的通货膨胀率与实际上发生的通货膨胀率迟早会一致。这时，工会要求增加名义工资，使实际工资不变，从而通货膨胀就不会使实际利润增加，不能刺激投资，起到减少失业的作用。这时的菲利普斯曲线是一条垂线。它表明失业率与通货膨胀率之间不存在交替关系。而且，在长期中，经济中能实现充分就业，失业率是自然失业率。因此，垂直的菲利普斯曲线表明了，无论通货膨胀如何变动，失业率总是固定在自然失业率的水平上。以引起通货膨胀为代价的扩张性财政与货币政策并不能减少失业，这就是宏观经济政策的长期无效性。

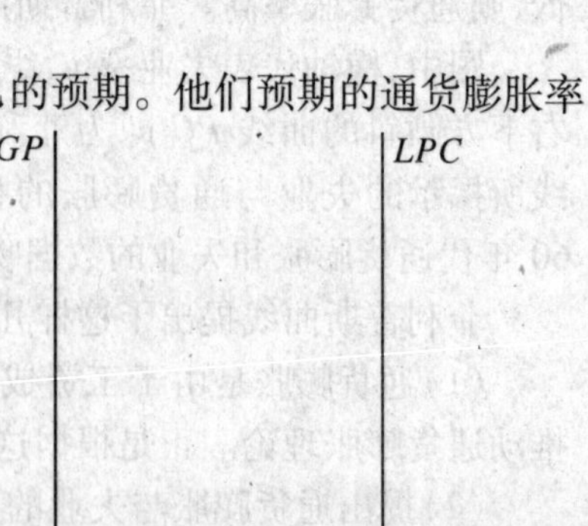

图14－10　长期菲利普斯曲线

长期菲利普斯曲线如图14－10所示。

在图 14－10 中,横轴为失业率,纵轴为通货膨胀率,*LPC* 为长期菲利普斯曲线,它是一条从自然失业率 U_0 出发与横轴垂直的线,说明长期中失业率是自然失业率,失业率与通货膨胀率之间不存在交替关系。

四、理性预期学派观点:与横轴垂直的菲利普斯曲线

理性预期学派所采用的预期概念不是适应性预期,而是理性预期。理性预期是合乎理性的,即其预测值与以后发生的实际值是一致的预期。在这种预期下,短期中也不可能有预期的通货膨胀率低于以后实际发生的通货膨胀率的情况,即无论在短期还是在长期中,预期的通货膨胀率与实际发生的通货膨胀率都是一致的,从而也就无法以通货膨胀为代价来降低失业率,或者以提高失业率为代价来降低通货膨胀率。所以,无论是短期或长期中,菲利普斯曲线是一条从自然失业率出发的垂线(如图 14－10 所示),失业率与通货膨胀率之间不存在交替关系。由此得出的结论就是:无论是在短期中还是在长期中,宏观经济政策都是无效的。

五、停滞膨胀

停滞膨胀是 20 世纪 70 年代出现的新概念。"日益加速的通货膨胀率与上升的失业率和下降的生产率增长率即停滞同时出现,导致经济学流行一个新的术语,即'滞胀'"。

(一)滞胀的原因

在西方经济学界,停滞膨胀成为研究的热点,对引起滞胀的原因出现了各种不同的解释。

1. 失业与空位并存转化为滞胀

美国新古典综合派詹姆斯·托宾和杜森贝里等认为,在现代市场运行中存在两大垄断力量,即大工会与大公司,分别控制与操纵着工资和价格,形成工资和价格的"刚性"。在劳动市场上,根据工种、性别、年龄、住地的不同,可以划分为许多不同的市场,彼此难以相互替代,这往往会出现工人找不到自己的职业,公司雇不到合适的工人;某地区工人找不到工作,另一地区公司又雇不到工人,从而形成了失业与职位空缺并存的局面。

在失业率很高的时候,由于工资刚性使工资不能下降;有职位空缺时,公司为吸引所需工人愿意付高工资,导致工资上升。这样从失业与空位并存转化为失业与工资上升并存。市场存在价格刚性,在工资上升后公司按成本加成定价,又使物价上升。于是失业与工资上升并存又转化为失业与物价上涨并存,出现了失业与通货膨胀并发症。在这种情况下,如果政府要采取政策措施,要消除失业,就会造成更严重的通货膨胀;如果政府要克服通货膨胀,就会引起更严重的失业,政府陷入两难困境。

2. 区分不同类别商品与部门的价格决定来解释滞胀

英国新剑桥学派卡尔多把社会经济活动划分为三部门:初级部门为工业提供必需的食品、燃料、原材料;第二部门即制成品部门把原材料加工成各种商品用以消费和投资;第三部门即服务部门。如果初级部门与制造品部门的增长出现了比例失调,就会导致停滞膨胀的态势。初级品的市场价格是由供求关系决定的,价格变化作为信号调节着生产和消费。制成品的价格是一种操纵价格,是由生产者根据生产成本自己决定,对需求变动反应迟缓,而对成本变化放映灵敏。由此,卡尔多认为农矿产品价格上涨对制成品成本具有强有力的通

货膨胀影响,从而引起制成品部门工资-物价螺旋上升的通货膨胀,从而造成经济衰退,失业增加,出现滞胀。

3. 部门结构的差异变化造成的滞胀

英国经济学家希克斯(1904—1989)运用结构分析,从部门结构性通货膨胀说明滞胀的根源。在出现结构性通货膨胀时,失业并不会因物价上涨而减少,相反却会增加。新兴部门和衰退部门劳动生产率与经济增长率相差较大,新兴部门随着劳动生产率提高,工资要相应上升;衰退部门虽生产下降,但工人要求"公平"、"赶上去",相互看齐,要求提高工资,工资提高,成本增加,导致物价提高。这时,失业并没有增加,可能使衰退部门情况恶化而削减工人。因此出现了一方面失业继续增加,另一方面物价持续上涨的状态。

在社会经济发展过程中,实现充分就业前,各经济部门发展存在差异,总会有些部门的产品或某些工种的工人比较早地出现供不应求的状态,于是引起这些产品价格上涨和这些工人工资提高,这必然会波及其他部门,导致全社会价格上涨。这样,在没有实现充分就业即存在失业同时,出现了通货膨胀。

在社会经济中,开放部门与非开放部门同世界市场密切程度不同,世界市场价格上升,开放部门价格随之上升,工人要提高工资,就会要影响到非开放部门的价格和工资的上升。这种物价和工资的上升,不会使存在的失业减少,却形成了失业与通货膨胀并存的局面。

4. 国家垄断货币发行权造成滞胀

奥地利经济学家哈耶克(1899—1993,1974 年诺贝尔经济学奖获得者)是著名的自由主义经济学家。20 世纪 30 年代哈耶克认为经济危机来自于货币资本的不足货币投资的过度。20 世纪 60~70 年代提出了一套独特的失业与通货膨胀的理论。

哈耶克的分析从货币入手,强调的着眼点不是货币供给量多少,而是货币发行权,认为政府对货币发行权的垄断是经济不稳定的根源,导致失业和通货膨胀。哈耶克认为,从本质上看,市场经济是一种私人经济和自由经济。健全完善的货币制度是市场机制充分发挥作用的前提之一,假如作为交换媒介的货币由私人经济提供,那么私人经济必然会按照实际需要来提供货币,这样,货币制度必定是健全的。但是,如果国家剥夺了私人经济自行提供货币的可能性,而又垄断了货币发行权,那么市场机制的作用就不能充分发挥,结果会造成大规模失业和通货膨胀。

哈耶克指出国家垄断货币发行权的影响,一是私人经济活动难以避免地受到国家货币发行政策的影响;二是国家主观地滥发货币,使社会资源配置失调。这都会挫伤私人投资的积极性,减少市场提供的就业机会,于是大规模失业必然出现。同时,国家垄断了货币发行权,政府可根据财政支出需要而把货币不断投入市场,造成财政赤字,通货膨胀成为必然的结果。哈耶克认为失业与通货膨胀是产生于同一根源,是政府垄断货币发行权的一对孪生子,二者可以同时并存。国家垄断货币发行权、滥发货币的结果,既会造成失业,又会造成通货膨胀。哈耶克进一步指出,认为失业与通货膨胀可以此消彼长的观点是毫无根据的,只要货币发行权的垄断仍然存在并发生作用,那么,依靠通货膨胀来缓解失业或依靠失业来消除通货膨胀的种种办法和一切努力都是无用的。提出了货币非国家化来解决失业与通货膨胀。

(二)治理停滞膨胀的对策

探索停滞膨胀的缘由,寻求治理方案,西方经济学界不同学派提出了不同的对策。

1. 新古典综合派的对策

在坚持以需求管理为主的宏观经济政策基础上,增加与补充了微观经济政策。新古典综合派认为,单独解决失业或通货膨胀,宏观经济政策是有效的,如要同时对付失业与通货膨胀,必须使用微观经济政策,其主要措施是收入政策和人力政策。他们认为通货膨胀的原因在于大工会、大公司所引起的工资和利润过度上升。要抑制通货膨胀,减少失业,就必须对各种收入实行限制,尤其是要使工资增长率低于劳动生产率增长率。具体办法如工资物价管制、工资物价指导线和运用税收控制工资增长等。人力政策即劳工市场政策,如加强劳动力的再培训,提供就业信息,促进劳动力流动等。

2. 货币主义的对策

货币主义是经济自由主义思潮的重要代表之一,强调在宏观经济运行中货币最重要。认为货币供应量的变动是物价水平和经济活动发生变化的根本原因,提出实行简单规则的货币政策来解决失业与通货膨胀问题。货币学派认为无论在什么情况下,通货膨胀都是一种纯粹货币现象,任何通货膨胀如果没有货币供应量增加的支持,或早或迟要趋于缓和或停止。人们对通货膨胀的预期也会随之改变。同时,要解决经济停滞的问题,国家应该减少对经济活动的干预,充分发挥市场机制的调节作用,增进和提高经济效率,推动和促进经济增长与稳定。

3. 供给学派的对策

供给学派认为,对付停滞膨胀最重要方法就是减税。减税可以增加个人可支配收入和纳税后的资本收益,能够刺激消费需求和投资需求的增加,同时更重要的是减税能够提高人们工作的积极性和投资意愿,会大大促进社会总供给的增加。因此,减税将会增加国民收入,同时又降低通货膨胀和增加就业。通过减税降低生产成本,刺激人们热情工作和积极投资,进而提高劳动生产率和增加供给,来缓和停滞膨胀。

失业与通货膨胀关系理论的发展,是对西方国家经济现实的反映。凯恩斯的论述反映了20世纪30年代的情况,菲利普斯曲线反映了50~60年代的情况,而货币主义和理性预期学派反映了70年代的情况。凯恩斯主义、货币主义和理性预期学派,围绕菲利普斯曲线争论,表明了他们对宏观经济政策的不同态度。凯恩斯主义者认为,无论在短期还是长期中,失业率与通货膨胀率之间存在交替关系,从而认为宏观经济政策在短期与长期中都是有用的。货币主义认为,短期中失业率与通货膨胀率之间存在交替关系,而长期中不存在这种关系,从而认为宏观经济政策只有在短期中有用,长期中无用。理性预期学派认为,无论在短期还是长期中,失业率与通货膨胀率之间不存在交替关系,因此,宏观经济政策就是无用的。

【本章小结】

本章主要介绍通货膨胀和失业的衡量,通货膨胀和失业主要类型以及通货膨胀和失业对经济的影响,通货膨胀和失业的关系。

1. 通货膨胀问题,既是重要的经济问题,也是社会问题,直接关系到经济的发展和社会秩序的稳定。

2. 物价水平不断的持续相当程度的上升称为通货膨胀,通货膨胀必须具备两个条件。

3. 衡量通货膨胀的指标是物价指数,主要包括消费物价指数、批发物价指数和国内生产总值平减指数。

4. 通货膨胀的基本类型,有"需求拉上"通货膨胀;"成本推进"通货膨胀、"供求混合推进"通货膨胀等。

5. 通货膨胀对收入分配、产出的影响。

6. 治理通货膨胀的主要财政政策和货币政策。

7. 失业率是失业人口占劳动力总数的百分比。

8. 失业分为多种类型:摩擦性失业、结构性失业和周期性失业。

9. 失业对社会、经济的影响。奥肯定律的内容。

10. 西方经济学各主要流派关于失业与通货膨胀的关系有不同的观点,凯恩斯主义者认为,无论在短期还是长期中,失业率与通货膨胀率之间存在交替关系;货币主义认为,短期中失业率与通货膨胀率之间存在交替关系,而长期中不存在这种关系;理性预期学派认为,无论在短期还是长期中,失业率与通货膨胀率之间不存在交替关系。

习题

一、名词解释

1. 通货膨胀　2. 需求拉动的通货膨胀　3. 成本推进的通货膨胀
4. 失业　5. 奥肯定律　6. 结构性失业
7. 自然失业率　8. 菲利普斯曲线

二、选择题

1. 衡量通货膨胀最重要的指标是(　　)。
A. 消费物价指数　B. 批发物价指数
C. 国内生产总值平减指数　D. 工业指数

2. 菲利普斯曲线描述(　　)之间有关系。
A. 失业与通货膨胀　B. 失业与产量
C. 总需求与总供给　D. 通货膨胀与产量

3. 通常由总需求曲线的变动而引起的通货膨胀称为(　　)
A. 需求拉动型通货膨胀　B. 未被预期到的通货膨胀
C. 被预期到的通货膨胀　D. 成本推动型通货膨胀

4. 自然失业率(　　)。
A. 恒为零　B. 依赖于价格水平
C. 经济处于潜在产出水平时的失业率　D. 是没有摩擦性失业时的失业率

三、问答题

1. 怎样从需求、供给和结构角度分析通货膨胀?
2. 分析通货膨胀对经济和社会的影响。
3. 简述西方学者对菲利普斯曲线的分析。
4. 简述西方学者对失业的种类和原因的分析。

习 题 答 案

第一章 导 论

一、名词解释

1. 见 P.2 2. 见 P.3 3. 见 P.4 4. 见 P.4
5. 见 P.8 6. 见 P.9 7. 见 P.9 8. 见 P.9
9. 见 P.9

二、问答题

1. 见 P.2 2. 见 P.2 3. 见 P.5 ~6 4. 见 P.8 ~9
5. 见 P.10 ~13

第二章 需求、供给与均衡价格

一、名词解释

1. 见 P.16 2. 见 P.19 3. 见 P.19 4. 见 P.21
5. 见 P.24

二、选择题

C

三、问答题

1. 见 P.16 ~17、P.21 ~22 2. 见 P.20 3. 见 P.24 4. 见 P.25 ~26
5. 见 P.28 ~29

四、计算题

解:(1)由 $Q_d = Q_s$ 可以求得均衡价格是 10 元/kg。(2)将均衡价格 10 元/kg 代入 Q_d 或者 Q_s 中,都可以得到均衡销售量为 100kg。(3)如果强行规定猪肉的最高限价为 5 元/kg,就低于均衡价格 10 元/kg,会出现猪肉的需求旺盛,导致超额需求,供不应求,猪肉短缺。由于需求大而供给小,会出现排队抢购、发放票证实行配给、黑市交易等现象。

第三章 弹 性 理 论

一、名词解释

1. 见 P.34 ~35 2. 见 P.40 3. 见 P.41 4. 见 P.41

二、选择题

1. D 2. B 3. C

三、计算题

1. 电影票的价格减少(40 -30)/40 =25%;需求量增加(1500 -1000)/1000 =50%;

电影票的需求价格弹性为:50%/25% =2,这意味着初始价格为40元时,需求对于价格是有弹性的。

四、问答题

1. 见P.35　　2. 见P.36　　3. 见P.37　　4. 见P.42

第四章　消费者行为理论

一、名词解释

1. 见P.47　　2. 见P.48　　3. 见P.54　　4. 见P.51
5. 见P.58　　6. 见P.56　　7. 见P.60

二、选择题

1. A　　2. C　　3. B

三、问答题

1. 见P.55~56　　2. 见P.52、P.59　　3. 见P.48

第五章　生产理论

一、名词解释

1. 见P.68　　2. 见P.69　　3. 见P.69　　4. 见P.68
5. 见P.71　　6. 见P.72　　7. 见P.76　　8. 见P.77
9. 见P.78　　10. 见P.82

二、判断题

1. ×. 生产函数中,只有一种要素可变,是短期生产函数。

2. √. 短期成本曲线上的平均变动成本最低点对应短期生产曲线上的平均产量最高点,而边际成本曲线穿过平均变动成本最低点,边际产量曲线穿过平均产量曲线最高点,因此,在平均变动成本等于边际成本的点所对应的生产函数上,平均产量等于边际产量。

三、问答题

1. 见P.72　　2. 见P.75　　3. 见P.83　　4. 见P.70
5. 见P.73

第六章　成本理论

一、名词解释

1. 见P.90　　2. 见P.90　　3. 见P.92　　4. 见P.90
5. 见P.94　　6. 见P.87　　7. 见P.98

二、选择题

1. C　　2. A

三、问答题

1. 见P.92　　2. 见P.88　　3. 见P.96　　4. 见P.98

第七章 市场理论

一、名词解释

1. 见 P.103　　2. 见 P.109　　3. 见 P.109　　4. 见 P.110
5. 见 P.112　　6. 见 P.113　　7. 见 P.115　　8. 见 P.117
9. 见 P.118

二、选择题

1. D　2. D　3. B

三、问答题

1. 见 P.105。

2. 彩电制造商所在行业不是完全竞争行业。因为完全竞争假定存在许多卖者和买者，无需把其他人作为竞争对手。完全竞争市场中的产品是同质的，厂商之间没有必要进行广告、降价等方面的竞争，故彩电制造商所在行业不是完全竞争行业。

3. 见 P.110。

4. 见 P.107、P.112。

5. 见 P.114。

第八章 分配理论

一、名词解释

1. 见 P.123　　2. 见 P.123　　3. 见 P.127　　4. 见 P.128

二、选择题

1. A　2. C　3. B

三、问答题

1. 见 P.122　　2. 见 P.123　　3. 见 P.125　　4. 见 P.130

第九章 市场失灵与政府干预

一、名词解释

1. 见 P.136　　2. 见 P.137　　3. 见 P.140　　4. 见 P.140
5. 见 P.140　　6. 见 P.140

二、选择题

1. B　2. C　3. D　4. B　5. D

三、问答题

1. 见 P.143　　2. 见 P.136 ~ 141　　3. 见 P.142 ~ 143

第十章 国民收入的核算

一、名词解释

1. 见 P.157　　2. 见 P.155　　3. 见 P.156　　4. 见 P.163
5. 见 P.164　　6. 见 P.156　　7. 见 P.156

二、选择题

1. C　2. C　3. C　4. A

三、问答题

1. 见 P. 155 ~ 156　2. 见 P. 157 ~ 158　3. 见 P. 157 ~ 158

第十一章　国民收入决定理论

一、名词解释

1. 见 P. 178　2. 见 P. 187　3. 见 P. 173　4. 见 P. 186

二、选择题

1. B　2. C

三、问答题

1. 见 P. 174　2. 见 P. 175

四、计算题

1. $K = 1/(1 - MPC) = 1/(1 - 0.8) = 5$；$Y = C + I = 2\,000 + 500 + 0.8Y$，$Y = 12\,500$；$C = 500 + 0.8Y = 500 + 0.8 \times 12\,500 = 10\,500$

2. (1) $S = Y - C = Y - (400 + 0.2Y) = 0.8Y - 400$，$I = 240 - 400r$；令 $I = S$，得 $r = 1.85 - 0.000\,5Y$，这就是 IS 曲线，其含义是使产品市场均衡（投资等于储蓄）的所有利率和收入的组合。(2) $Y = 1\,000$ 时，$r = 1.35$；$Y = 1\,020$ 时，$r = 1.34$

第十二章　经济增长与经济周期

一、名词解释

1. 见 P. 202　2. 见 P. 202　3. 见 P. 205　4. 见 P. 209
5. 见 P. 211　6. 见 P. 210

二、选择题

1. C　2. C　3. B　4. B　5. A

三、简答题

1. 见 P. 202 ~ 203。

2. 答：相同点：(1) 全社会只生产一种产品。(2) 生产中只有劳动和资本两种生产要素。(3) 规模收益不变。不同点：(1) 哈罗德 - 多马模型假设资本和技术不能相互替代，而新古典增长模型假设两者可以相互替代。(2) 哈罗德 - 多马模型假设资本 - 产量比不变，新古典增长模型假设资本 - 产量比可变。

3. 答：新古典增长模型中，稳定增长的条件为人均资本不发生变化，或者说每人使用的资本量不变。要实现这种状态，$\Delta k = 0$。则人均储蓄正好等于资本的广化。换句话说，新古典增长理论中的稳态条件是：$sy = (n + \delta)k$。

4. 答：见 P. 210。

5、答：见 P. 211。

四、论述题

1. (提示)：可以从以下几个方面考虑这个问题：(1) 模型的理论基础和分析方法。(2) 模型的基本假设前提。(3) 模型的基本公式。(4) 模型的基本理论观点。(5) 简要结论。

2.(提示):题目包括两个问题,所以答案可以分为两个层次:首先,要说明基本公式,这包括公式中每个变量的含义。其次,要说明整个公式的含义,以及由此引申出来的经济稳态的条件。

3.(提示):首先解释乘数-加速数原理的内容,然后具体描述其引起经济周期波动的过程,即经济的复苏、繁荣、衰退和萧条的过程。

第十三章 宏观经济政策

一、名词解释

1. 见 P.219　2. 见 P.221　3. 见 P.226　4. 见 P.226
5. 见 P.229　6. 见 P.228　7. 见 P.228　8. 见 P.231

二、选择题

1. A　2. ABC　3. D　4. D

三、问答题

1. 见 P.222~226　2. 见 P.228~229　3. 见 P.226~227　4. 见 P.231~232

第十四章 通货膨胀和失业

一、名词解释

1. 见 P.235　2. 见 P.237　3. 见 P.237　4. 见 P.249
5. 见 P.251　6. 见 P.250　7. 见 P.251　8. 见 P.253

二、选择题

1. A　2. A　3. A　4. C

三、问答题

1. 见 P.243~245　2. 见 P.239~242　3. 见 P.253~255　4. 见 P.250~252

参 考 文 献

[1] 黎诣远主编.西方经济学(第二版).北京:高等教育出版社,2005
[2] 李杨.西方经济学.成都:四川大学出版社,2002
[3] 保罗·萨缪尔森.宏观经济学(第十七版).北京:人民邮电出版社,2004
[4] 于春荣,胡静波主编.西方经济学.北京:中国时代经济出版社,2003
[5] 梁小民.西方经济学导论(第二版).北京:北京大学出版社,1993
[6] 章昌裕,李青.西方经济学原理.北京:对外经济贸易大学出版社,1995
[7] 许纯祯等.西方经济学(第二版).北京:高等教育出版社,2005
[8] 王海滋.经济学原理.武汉:武汉理工大学出版社,2005
[9] 孟祥瑞.经济管理基础.上海:华东理工大学出版社,2005
[10] 曼昆.经济学原理(上、下).北京:三联书店、北京大学出版社,1999
[11] 高鸿业.西方经济学(宏观部分)(第三版).北京:中国人民大学出版社,2005
[12] 牛国良主编.西方经济学.北京:高等教育出版社,2002
[13] 布兰查德.宏观经济学(第二版).北京:清华大学出版社,2003
[14] 布拉德利·希勒.当代经济学(第八版).北京:人民邮电出版社,2003
[15] 杨伯华等主编.西方经济学原理(第三版).成都:西南财经大学出版社,2004
[16] 方福前.当代西方经济学主要流派.北京:中国人民大学出版社,2004
[17] Olivier Blanchard.宏观经济学(第2版).北京:清华大学出版社,2001
[18] 刘凤良主编.西方经济学.北京:中国人民大学出版社,2005
[19] 尹伯成主编.西方经济学简明教程.上海:上海人民出版社,2003
[20] 赵炳新主编.西方经济学教程.济南:山东人民出版社,2002
[21] 胡代光主编.西方经济学大辞典.北京:经济科学出版社,2000
[22] 刘辉煌主编.西方经济学.北京:中国金融出版社,2004
[23] 方福前主编.西方经济学新进展.北京:中国人民大学出版社,2006
[24] 陈承明主编.简明西方经济学.上海:上海财经大学出版社,2006
[25] 厉以宁.西方经济学(第二版).北京:高等教育出版社,2005
[26] N.格里高利·曼昆.宏观经济学.北京:中国人民大学出版社,2004
[27] L.罗宾斯.论经济科学的性质和意义.伦敦:麦克米兰公司,1946
[28] P.A.萨缪尔森.经济学上册.北京:商务印书馆,1979
[29] 汤敏等.现代经济学前沿专题.第1集.北京:商务印书馆,1989
[30] 牛国良.微观经济学.(精品课程课件),北京市经济管理干部学院
[31] 北京晨报,2005-08-19
[32] 岑科.大家的经济学.广州:南方日报出版社,2005
[33] 梁小民.微观经济学纵横谈.北京:三联书店,2000
[34] (美)斯蒂格利茨.经济学小品和案例.北京:中国人民大学出版社,2005
[35] 新民晚报,2005-02-18
[36] 张淑云编著.经济学——从理论到实践.北京:化学工业出版社,2004

[37] 高鸿业主编. 西方经济学. (第二版)(微观部分). 北京:中国人民大学出版社,2000
[38] 平狄克等著. 微观经济学. 北京:中国人民大学出版社,2003
[39] 叶德磊编著. 微观经济学. (第二版). 北京:高等教育出版社,2004
[40] 薛兆丰. 生活中的"成本". 书城,2000(10)
[41] 梁小民编著. 西方经济学. 北京:中央广播电视大学出版社,2002
[42] (美)马克·赫斯切编. 管理经济学. 北京:机械工业出版社,2005
[43] 杨晓东. 农村春联市场:完全竞争的缩影. 经济学消息报第 599 期
[44] 张云峰. 微观经济学典型题解析及自测试题. 西安:西北工业大学出版社,2003
[45] 卢锋. 商业竞争的原则之区别定价. IT 经理世界,2003 - 8 - 28
[46] 中华读书报,2003 - 3 - 29
[47] 中华人民共和国国家统计局编. 中国统计年鉴 2004. 北京:中国统计出版社
[48] 国家统计局网站
[49] 杨长江、石洪波. 宏观经济学. 上海:复旦大学出版社,2004
[50] 中国信息报,2007 - 02 - 13
[51] 梁小民. 宏观经济学纵横谈. 北京:三联书店,2002
[52] 斯蒂格利茨. 经济学(上). 中国人民大学出版社,1997
[53] A. 里期. 经济学. 国际社会科学百科全书. 纽约:美国自由出版社,1968 年第 9 卷
[54] 杰弗里·萨克斯著,费方域译. 全球视角的宏观经济学. 上海:上海人民出版社,1997
[55] 阿克利. 宏观经济理论. 上海:上海译文出版社,1981
[56] 米尔顿·弗里德曼. 论通货膨胀. 北京:中国社会科学出版社,1980
[57] 哈耶克. 无路可逃. 失业必须跟着通货膨胀. 世界经济译丛,1981(2)